U0753989

上海市重点图书

普通高等教育"十三五"规划教材
国家教学改革与质量工程项目
国家级一流本科专业建设点项目

会计学特色专业系列教材

总主编 薛小荣

财务分析

（第二版）

刘 杉／主编

吴艳文 张 佩／副主编

立信会计出版社
LIXIN ACCOUNTING PUBLISHING HOUSE

图书在版编目(CIP)数据

财务分析 / 刘杉主编. —2 版. —上海:立信会计出版社,2020.12(2022.8 重印)

会计学特色专业系列教材

ISBN 978 - 7 - 5429 - 6676 - 6

Ⅰ.①财… Ⅱ.①刘… Ⅲ.①会计分析-教材 Ⅳ.①F231.2

中国版本图书馆 CIP 数据核字(2020)第 267699 号

策划编辑　　张巧玲
责任编辑　　张巧玲

财务分析(第二版)

CAIWU FENXI

出版发行	立信会计出版社		
地　　址	上海市中山西路 2230 号	邮政编码	200235
电　　话	(021)64411389	传　　真	(021)64411325
网　　址	www.lixinaph.com	电子邮箱	lixinaph2019@126.com
网上书店	http://lixin.jd.com	http://lxkjcbs.tmall.com	
经　　销	各地新华书店		
印　　刷	上海华业装潢印刷有限公司		
开　　本	787 毫米×1092 毫米	1/16	
印　　张	21.25	插　　页	1
字　　数	426 千字		
版　　次	2020 年 12 月第 2 版		
印　　次	2022 年 8 月第 2 次		
印　　数	2 101—4 200		
书　　号	ISBN 978 - 7 - 5429 - 6676 - 6/F		
定　　价	49.00 元		

如有印订差错,请与本社联系调换

总　序

西安财经学院会计学专业创建于 20 世纪 50 年代初。在半个多世纪的会计学专业教学中,由具有丰富实践经验和中外会计学专业知识背景的中青年会计学人才组成的专业教学团队,以"重基础、重实践、重规范"为教学理念,自编适合培养对象特点的讲义与教材,形成了自己的教学特色,为新中国,尤其是为西部建设培养了一大批急需的应用型会计专门人才,奠定了会计学专业人才培养的基本教学模式,得到了用人单位和会计教育界的肯定。

进入 21 世纪以来,我校会计学专业秉承并充实传统的教学理念,按照"宽口径、厚基础、强能力、高素质"的人才培养要求,以及培养"信得过、用得上、干得好"且具有创新精神的高级应用型会计专门人才的特色定位,大力进行教学改革,提高教学质量,取得了一系列优秀的教学成果。会计学专业的毕业生就业率一直稳居各相关专业前列,对学生的吸引力进一步增强。2008 年会计学专业被立项为"省级特色专业建设点",2010 年被立项为"国家级特色专业建设点",为提高会计学专业教学质量,以及加快教学改革步伐增添了新的动力。

教材是体现教学内容和课程体系的知识载体,是进行教学的基本工具,也是全面推进素质教育、培养应用型创新人才的重要保证。为了系统总结西安财经学院会计学专业多年来的教学改革成果,整合会计学专业已有的教材、讲义资源,体现会计学专业最新的教学理念和特色,依托国家级和省级教学改革与质量工程项目,西安财经学院组织编写了"会计学特色专业系列教材"。

本系列教材主要包括:《基础会计学》《中级财务会计》《高级财务会计》《成本会计》《审计学》《金融企业会计学》《税务会计》《财务管理》《财务分析》《管理会计学》《会计信息系统实践教程》《会计模拟实践教材》等。本系列教材的特点是重点突出、难点易化;重视系统性、讲求实用性、避免重复性;重基础、重实践、重规范、重应用、重能力培养；便于学习、便于掌握、便于应用和实践。编写本系列教材的目的是使学者能提高学习效率，使教者能提高教学质量。

需要说明的是，本系列教材既是省级、国家级教学改革与质量工程项目的重点资助内容，又是会计学专业教学改革成果的系统总结；反映了前辈们的探索和当今会计学人的研究成果；还有同行们的关心和相关单位、部门的支持，在此一并表示谢意。希望我们的努力能够为我国的会计教育和人才培养作出更多的有益贡献。

期望读者和同行对本系列教材提出宝贵意见和建议。

2020 年 12 月

第二版前言

　　财务分析作为企业决策的支持系统,在企业管理中起着举足轻重的作用。世界经济形势瞬息万变,面对日益复杂的经济环境,企业利益相关者越来越注重企业的财务分析。通过对财务报告及相关资料进行分析,不仅能为投资者、债权人及其他利害关系人进行经济决策提供参考,而且能对企业高层管理者受托经济责任的履行进行有效的监督。

　　作为一门学科,财务分析近年来得到迅速发展。为适应高等教育综合改革和财务分析理论与实务发展的要求,结合 2015 年至 2019 年新颁布的《企业会计准则》,我们在保持原教材基本特色与优点的前提下,对会计学特色专业系列教材《财务分析》进行了修订。本书以现代经济理论、现代科学管理理论和现代企业理论为依据,以近年来世界 500 强企业的财务资料及我国部分上市公司的财务资料为分析对象,以企业财务状况、盈利情况、现金流量、财务信用及其综合财务状况为分析内容,综合运用比较法、比率法、图形法等对企业财务报告及各种财务能力进行系统的介绍与阐述,以满足各高等院校会计学、财务管理、审计学、工商管理学、金融学等专业本科、专科教学的需要。本书既可以作为高等院校以上各专业教学用书,也可以作为财务分析师、企业投资者、债权人、经营管理者、财务管理人员及宏观管理者进行财务分析的工具书。

　　《财务分析》自 2015 年出版以来,一直作为国内很多高等院校的教师和学生用书,并获得了较高的社会评价和声誉,是上海市重点图书之一。本次修订我们对《财务分析》体系与内容进行了完善,使其具有了更广泛的适用性。同时更正了一些文字、数字,修改了部分案例,增补了新会计准则对企业财务报告的新要求,使教材内容更好地反映现行相关法律规范和社会现实,增强了本书的时效性和价值性。

　　本书由刘杉教授任主编,吴艳文和张佩任副主编。各章执笔人分别为:第一章、第二章、第五章、第十一章由刘杉编写;第三章、第四章、第六章、第十章由吴艳文编写;第七章、第八章、第九章由张佩编写;第十二章由王倩编写。本次修订由刘杉进行总纂并定稿。本书在编写过程中参阅了大量文献资料,在此向作者表示衷心的感谢。

　　我们殷切地希望本书的修订和出版,能够为财务分析的教学和实践工作起到积极的推动作用。但由于作者水平有限,书中难免还会存在遗漏和不足,恳请读者批评指正,以便我们在下次修订中加以完善。

刘　杉

2020 年 12 月

目　录

第一篇　财务分析概论

第二篇　会　计　分　析

第三篇 财 务 分 析

第一篇
财务分析概论

第一章　财务分析理论

重点提示

◎ **重点术语**

　　财务分析　体系　信息来源　原则　形式

◎ **重点内容**

　　本章的学习目标是使学生了解财务分析产生与发展的过程;理解什么是财务分析及其学科地位;明确财务分析的作用、原则和形式;掌握财务分析的体系、内容以及信息基础;学会运用财务分析的基本原理说明财务分析的作用。

第一节　财务分析的内涵

一、财务分析的产生与发展

　　财务分析源于美国银行家对企业进行的信用分析。19世纪末20世纪初,由于美国经济的快速发展,企业规模不断扩大,银行贷款在企业融资中的比重迅速增加,银行为了防范贷款的违约风险,需要借助财务报表对贷款人进行信用调查与分析,以判断客户的偿债能力,由此形成了偿债能力分析等内容。起初,银行只是根据企业资产和负债的数量对比,来判断企业对借款的偿还能力和还款保障程度。随后,银行将分析范围扩展到对企业资产结构、负债结构和资金平衡的分析,初步形成了一系列的财务分析方法和分析指标。

　　20世纪20年代,资本市场不断发展,市场规模不断扩大,投资者面临的投资机会和投资风险也随之加大。为了提高投资收益,规避投资风险,投资者纷纷借助财务分析对不同企业的投资风险与盈利能力作出判断,财务分析随之进入投资分析阶段。这一阶段的重点是分析企业的盈利能力与财务风险。随着社会筹资范围扩大,非银行贷款人和股权投资人增加,公众进入证券市场,投资者要求的信息更为广泛,对企业的盈利能力、筹资能力、利润分配、财务风险等信息的需求尤为迫切。为满足这些需求,产生了一系列的财务分析方法,逐步形成了较为完备的外部财务分析体系。外部财务分析所用的资料主要源于已公布的财务报表,一般被理解为财务报表分析。这也是传统财务分析的主流。

随着企业规模的扩大和业务的复杂化,为了加强管理、提高经营活动效率、改善盈利能力和提高偿债能力,企业管理层开始利用财务报表数据对企业进行全面分析,以找出管理行为和报表数据的关系,并通过管理来改善未来的财务状况和经营业绩。传统财务分析的重点是解析,财务报表服务对象为外部投资者与债权人。将传统财务分析方法直接应用于企业内部管理存在一些局限,企业出于加强内部管理的目的,在传统财务分析的基础上,结合内部管理的需要,充分利用内部数据与资料,对企业的财务运行情况与未来发展趋势进行更为细致全面的分析,由此形成了企业的内部财务分析。内部财务分析不仅可以使用公开报表数据,还可以充分利用内部资料,如预算数据、成本数据、业务活动资料等,使分析的资料来源更加丰富,分析的内容更为全面。

20 世纪 70 年代,伴随着世界经济一体化,国际投资迅速增加,国际融资规模不断扩大,财务分析揭示财务信息的广度和深度在很大程度上影响着投资者对投资期望报酬的评估和风险程度的预测,影响着投资者的投资决策。例如,财务信息可以吸引投资者购买公司债券和股票,增强投资者对企业长远发展的信心。财务分析的功能在扩大,不仅对企业的偿债能力、业绩评价、成本费用、现金流量、盈利能力、营运能力、发展潜力等进行全面的分析,而且倾向于对企业存在的问题作更深入的分析,并寻求解决问题的方法。财务分析内容广度和深度的拓展,使财务分析的应用范围日益扩大,其重要性日益提高。

随着财务报表体系和内容的不断完善,其使用的概念越来越专业化,提供的信息越来越多,分析技术日趋复杂,普通报表使用者对财务报表提供的信息进行分析越来越困难,社会对专业财务分析人士的需求越来越大,由此促成了财务分析师职业的发展。专业财务分析师的出现,推动了财务分析技术和内容不断向纵深发展。财务分析师进行财务分析时,不仅注重企业内部财务状况发展前景,而且也注重外部环境、行业特点等,使财务分析逐步扩展为包括战略分析、会计分析、财务分析、前景分析等在内的更为完善的现代财务分析体系。

进入 21 世纪以来,随着大数据时代的来临,人们对包括财务数据在内的企业业务数据的获取将更加快捷和准确,数据分析和提炼的手段将更加先进,财务报表分析的信息基础将会发生根本性的变化,财务报表分析的内涵和外延都会不断拓展,最终演变成大数据分析。这将极大地提高财务分析在企业内部管理中的地位和作用,同时也为企业财务报表分析内容的拓展、方法的完善、质量的提升带来更大的空间。

二、财务分析的概念

财务分析是一个完整的体系,其分析的内容涉及企业的各个方面,其分析方法和指标适用于任何企业及企业内的各个部门,只是不同的企业和部门具体应用时需要注意各自的特殊性。

广义的财务分析应包括企业一般与具体、整体与部门、内部与外部、目前与未来、价值与非价值等各种与企业经营成果和财务状况相关的内容分析。同时,财务分析也不受时间的限制,除了要进行定期的财务分析外,也可在平时对重要事项进行不定期分析,对特殊项目进行专项分析等,以帮助企业解决日常经营问题和特殊事项的决策问题。

从狭义上讲,财务分析是基于财务报表对各项财务指标完成情况所作的分析,或将其理解为财务报表分析。

从以上分析中我们可以看到,财务分析本身不是目的,它只是达到目的的一种手段。例如,为什么有时企业销售情况良好,但其利润增长却十分缓慢? 为什么有时企业利润状况不错,但每股现金流量却很低? 这些问题都有待通过财务分析得出答案。这里应该指出的是,财务分析可以找到出现的问题,但不能根治这些问题。也就是说,财务分析只能揭示问题,但不能提供最终解决问题的办法。综上所述,我们将其基本概念概括为:财务分析是以会计核算和报告资料及其他相关资料为依据,采用一系列专门的分析技术和方法,对企业等经济组织过去和现在的有关筹资活动、投资活动、经营活动的盈利能力、营运能力、偿债能力和增长能力状况等进行分析与评价,为企业的投资者、债权者、经营者及其他关心企业的组织或个人了解企业过去、评价企业现状、预测企业未来、作出正确决策与估价、提供准确信息或依据的方法。

作为一门学科,财务分析学具有独立性、边缘性和综合性。它实际上是在会计信息供给(会计学)和会计信息需求(财务学、经济学、管理学等)之间架起的一座桥梁。随着会计学科地位的提升,以及相关学科理论与实务对会计信息需求的加大,财务分析将在分析主体、分析对象、分析内容上有进一步的扩展,在学科地位上有进一步的提升。财务分析不仅是一门独立的边缘性学科,而且将成为一个独立于会计学和财务学等学科的专业方向。

三、财务分析的目的

财务分析的目的是其内在的本质要求,而财务分析的作用则是其目的的外在体现,是不同的财务信息使用者所赋予的。不同的财务信息使用者所关注的财务分析结论是不同的,因此,财务分析对于他们的作用也就不同。

(一)从投资者角度看财务分析的目的

一般来说,投资者最关注的是企业投资回报率水平和风险程度,他们希望了解企业的短期盈利能力和长期发展潜力。财务分析结论中有大量揭示企业财务目标是否实现的信息，为投资者作出继续投资、追加投资、转移投资或抽回投资等决策提供了重要帮助。

（二）从债权人角度看财务分析的目的

债权人更多地关心企业的偿债能力，关心企业的资本结构及长、短期负债比例。一般来说，短期债权人更多地注重企业各项流动比率，而长期债权人则会更多地考虑企业的经营方针、发展方向、项目性质及潜在财务风险等。财务分析的全面性从不同角度，对长、短期债权人对信息的要求均给予了充分帮助。

（三）从经营者角度看财务分析的目的

财务分析信息对于提高企业内部经营管理水平、制定发展规划、作出有关决策等均具有重要作用。企业外界的利益相关者对企业的影响是间接的，而管理当局利用财务信息作出的决策对企业的影响则是迅速而直接的。经营者对财务信息的要求也更加具体、详细、深入，因此对财务分析的质量要求也就更高。

（四）从政府角度看财务分析的目的

对企业有监管职能的部门主要包括工商、税务、财政、审计等政府部门，他们主要是通过定期了解企业的财务信息来判断企业是否依法经营、依法纳税。同时，在市场经济环境下，国家为了维护市场竞争的正常秩序，也必然会利用财务分析资料来监督和检查企业在整个经营过程中是否严格遵守了国家制定的各项经济政策、法规和有关制度等。

（五）从企业内部员工角度看财务分析的目的

企业员工不但关心企业目前的经营状况和盈利能力，而且也关心企业未来的发展前景，他们也需要通过财务分析结果来获取信息。此外，企业员工要通过财务分析知晓自己将会获得怎样的成果，企业和本部门的指标是否完成，了解工资、奖金和福利变动的原因，以及企业的稳定性和职业保障程度等。

（六）从社会中介机构角度看财务分析的目的

与企业相关的重要中介机构主要有会计师事务所、律师事务所、资产评估事务所以及各类投资咨询公司、税务咨询公司、资信评估公司等。这些机构站在第三方的立场上，对企业发行股票和债券、股份制改制、联营、兼并、清算等各项经济业务，提供独立、客观、公正的服务。他们提供这些服务需要全面了解和掌握企业的财务状况，所获得的信息也主要来自财务分析的结论。

（七）从供应商等与企业有业务往来的企业角度看财务分析的目的

这些单位要通过财务分析提供的信息，了解和掌握企业的财务状况、资金实力和付款能力,掌握企业长期信用状况等。他们通过对企业财务信息的分析,制定信用政策,决定是否延长企业付款期、是否长期合作等。

第二节 财务分析的体系

财务分析作为一门独立学科,必然涉及对财务分析目的、方法、内容的界定与安排问题。从不同角度或不同的分析目的出发,可以得到不同的财务分析体系。

一、西方财务分析体系

从总体看,西方财务分析有以下几种体系。

(一) 会计分析、财务分析

这种体系是在总论财务分析目的、方法、资料、环境的基础上将财务分析内容分为会计分析和财务分析两大部分。

会计分析明确会计信息的内涵与质量,即从会计数据表面揭示其实际含义。会计分析中不仅包括对各会计报表及相关会计科目内涵的分析,而且包括对会计原则与政策变动的分析、会计方法选择与变动的分析、会计质量及变动的分析等。

财务分析是分析的真正目的所在,它是在会计分析的基础上,应用专门的分析技术与方法,对企业的财务状况与经营成果进行分析。通常包括对企业投资收益、盈利能力、短期支付能力、长期偿债能力、企业价值等进行分析与评价,从而得出对企业财务状况及经营成果全面、准确的评价。

这种分析体系的典型代表是 Leopold A. Bernstein 和 John J. Wild 两位教授所著的《财务报表分析——理论、应用与解释》和 Clyde P. Stickney 所著的《财务报表分析——一种战略展望》。《财务报表分析——理论、应用与解释》的基本体系包括财务报表分析与报告、财务报表的会计分析、财务分析的应用与解释、综合案例。

(二) 概论、分析工具、分析应用

第一部分概论是财务分析的理论基础,这个体系中的概论部分主要强调财务分析的环境与目的,而将分析方法专门作为一部分研究。第二部分分析工具是分析的方法论问题,通常包括分析的程序与具体技术分析方法。从方法论角度看,分析程序可分为经营环境分析(包括行业分析、企业经营战略分析等)、基础资料分析(主要指对财务报表的内涵与质量进行分析)、财务分析、前景分析(包括预测分析与价值评价),从而形成完整的分析方法论体系。具体的分析技术则根据不同环节的特点进行选择,如财务分析中的比率分析及前景分析中的预测技术、以现金流量为基础的评价技术和以会计收益为基础的评价

技术等。第三部分分析应用是分析的具体应用问题,即上述分析工具在实践领域的应用,通常包括证券分析、信贷分析及经营分析评价在兼并与收购、公司筹资政策和管理交流等方面的应用。

这种体系的典型代表是 Palepu、Bernard 和 Healy 所著的《经营分析与评价——使用财务报表》一书,该书的体系结构主要包括应用财务报表进行经营分析的框架、经营分析工具、经营分析应用等;另一代表为 George Foster 所著的《财务报表分析》,但他的分析方法部分介绍的不是按分析程序与内容划分的战略分析、会计分析、财务分析、前景分析,而是按具体分析技术划分的横向比较分析、时间序列分析、比率分析、实证分析等。他的分析应用部分是从证券市场分析、信贷分析、财务危机预测、会计政策选择等角度进行分析。

(三) 概论、经营分析、投资分析、筹资分析、价值评估分析

这种体系的概论部分主要论述财务分析的内涵,通常从企业筹资活动、投资活动和经营活动三个方面引出分析目的、分析资料及分析内容。在此基础上,从经营分析、投资分析、筹资分析、价值评估分析几个方面,应用相应的分析方法进行系统分析与评价。

这种体系的典型代表是 Erich A. Helfert 所著的《财务分析技术——管理与计量企业绩效的实践指南》。

从上述分析体系可以看出,一个全面系统的分析体系,无论如何安排其篇章结构,基本内容通常都包括分析理论、分析方法、具体分析及分析应用。

二、本书的财务分析体系

在研究财务分析产生与发展、界定财务分析内涵、明确财务分析目的与作用的基础上,结合对西方财务分析体系与内容的剖析,本书将我国财务分析体系与内容归纳为以下三篇十二章内容。

第一篇为财务分析概论,介绍了财务分析的基本理论与基本方法。

在财务分析理论中,一是介绍了财务分析的产生与发展;二是论述了财务分析内涵及财务分析的目的和作用;三是构建了我国财务分析的体系与内容;四是阐述财务分析的信息来源;五是论述了财务分析的基本原则和要求等。

在财务分析方法中,首先论述了财务分析的组织和程序,其次根据财务分析的作用与职能构建方法体系,最后介绍了财务分析的基本方法,具体包括:①比较分析法;②比率分析法;③因素分析法;④现金流量分析法;⑤图形分析法。

第二篇为会计分析,本篇主要从会计分析角度对财务报告进行分析,包括资产负债表分析、利润表分析、现金流量表分析、所有者权益变动表分析四章内容。

在资产负债表分析中,首先对资产负债表进行水平分析,明确资产与权益变动的原因;其次对资产负债表进行垂直分析,搞清企业的财务状况;最后对资产负债表按资产、负债和所有者权益项目进行分析。

在利润表分析中，首先介绍了利润表的基本结构和内容；其次对利润表进行水平分析和结构分析，通过将企业报告期的利润表数据与前期进行对比，揭示企业各方面存在的问题；最后对利润表的收入、成本费用等重点项目进行分析，找出影响利润变动的关键因素。

在现金流量表分析中，首先从当年现金流量变动角度对现金流量表进行分析；其次从不同时期现金流量变动和现金流量结构变动角度进行水平分析；最后对现金流量表质量进行分析。

在所有者权益变动表分析中，首先明确了所有者权益变动表的内容及其与其他报表的关系；其次对所有者权益变动表进行水平分析与垂直分析；最后从管理决策角度分析股权分置和股利政策对所有者权益变动产生的影响。

第三篇为财务分析，本篇主要从比率分析与因素分析角度研究企业财务能力及其变动情况，包括偿债能力分析、盈利能力分析、营运能力分析、发展能力分析、财务综合分析评价和企业财务战略分析六章内容。

偿债能力分析主要包括企业短期偿债能力分析和企业长期偿债能力分析。短期偿债能力分析在明确影响短期偿债能力因素的基础上，通过对流动比率、速动比率等指标的计算分析，评价企业的短期偿债能力状况；长期偿债能力分析则主要通过对资产负债率等指标的计算与分析，评价企业的长期偿债能力及其财务风险程度。

盈利能力分析主要包括对一般企业资本经营盈利能力进行比率分析与因素分析、对资产经营盈利能力进行分析、分析商品经营能力和影响企业盈利能力的关键因素、对上市公司盈利能力进行分析。

在营运能力分析中，首先对总资产营运能力进行分析，以反映全部资产营运效率；其次对流动资产营运能力进行分析，这是营运能力分析的重点，主要包括对流动资产周转率的分析和流动资产周转加速对资产及收入的影响分析；最后对固定资产进行营运能力分析。

在发展能力分析中，首先说明了企业发展能力分析的目的与内容；其次从企业单项指标角度分析了企业的发展能力，包括资产增长、收入增长和净利润增长能力等；最后从企业整体发展能力角度进行综合分析。

在财务综合分析评价中，首先应用杜邦综合分析体系对企业综合能力进行分析；其次分别运用综合指数法、综合评分法和功效系数法对企业经济效益或企业经营绩效进行综合评价。

企业财务战略分析包括财务战略分析的目的与内容、企业内外部环境因素对财务战略产生的影响、企业成本领先战略和差异化战略的含义与实现途径等。

三、财务分析体系构建的理论基础

(一) 企业目标与财务目标

任何一个学科体系与内容的建立都不能离开其应用领域的目标或目的。作为对企业财务活动及其效率与结果的分析,其目标必然与企业的财务目标相一致。目前,关于企业财务目标的想法或观点较多,如股东权益目标、企业价值目标、利润目标、经济效益目标等。

要研究企业财务目标,先要明确企业目标。其实,企业目标从根本上必然与企业所有者目标相一致。在市场经济条件下,企业所有者是资本所有者,企业目标应与企业资本所有者目标相一致,即资本的保值与增值。

企业资本的保值与增值目标是否与企业财务目标相一致呢? 回答是肯定的。因为无论是股东权益最大化目标、企业价值最大化目标、利润最大化目标还是经济效益最大化目标,追求股东权益或股东价值增加都是企业财务的根本目标,这也与追求企业价值或其他利益方的利益不矛盾。股东价值增加,从长远看必然使企业各利益方同时受益,其不可能以损害其他利益方为基础。股东是企业中为增进自己权益而同时增进每一方权益的唯一利益方。同时股东的价值目标与利润目标和经济效益目标也不矛盾,利润是直接目标,经济效益是核心目标。

(二) 财务目标与财务活动

企业追求财务目标的过程正是企业进行财务活动的过程,这个过程包括筹资活动、投资活动、经营活动和分配活动。图 1-1 反映了企业财务活动过程与财务目标的关系。

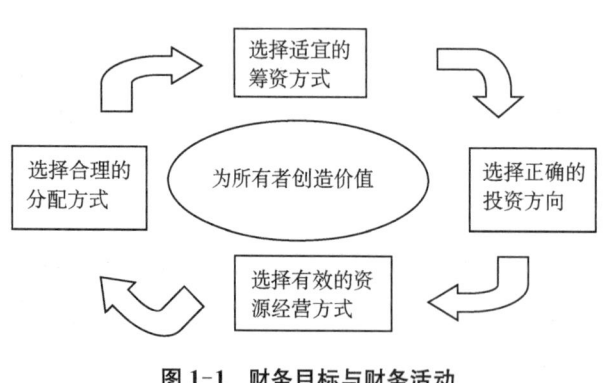

图 1-1　财务目标与财务活动

企业筹资活动过程是资本的来源过程或资本取得的过程,包括自有资本(所有者权益)和借入资本(负债)。企业在筹资活动中或在取得资本时,要考虑资本成本、筹资风险、支付能力和资本结构等因素。筹资活动的目的在于以较低的资本成本和较小的风险取得企业所需要的资本。

企业投资活动过程是资本的使用过程或资产的取得过程,包括流动资产、固定资产、长期投资、无形资产等。企业在投资活动过程中,要考虑投资收益、投资风险、投资结构及资产利用程度等因素。投资活动的目的在于充分使用资产,以一定的资产和较小的风险取得尽可能大的产出。

企业经营活动过程是资本的耗费过程和资本的收回过程,包括发生的各种成本费用和取得的各项收入。企业在经营活动中要考虑生产要素和商品或劳务的数量、结构、质量、消耗、价格等因素。经营活动的目的在于以较低的成本费用取得较多的收入,实现更多的利润。

企业分配活动的过程是资本退出经营和利润分配的过程,包括提取资本公积和盈余公积、向股东支付股利和留用利润等。企业在分配过程中要考虑资本需要量、股东的利益、国家政策、企业形象等因素。分配活动的目的在于兼顾各个方面的利益,使企业步入良性循环的轨道。

(三) 财务活动与财务报表

企业的基本财务报表由资产负债表、利润表和现金流量表组成。企业的各项财务活动都可以直接或间接地通过财务报表来体现,如图 1-2 所示。

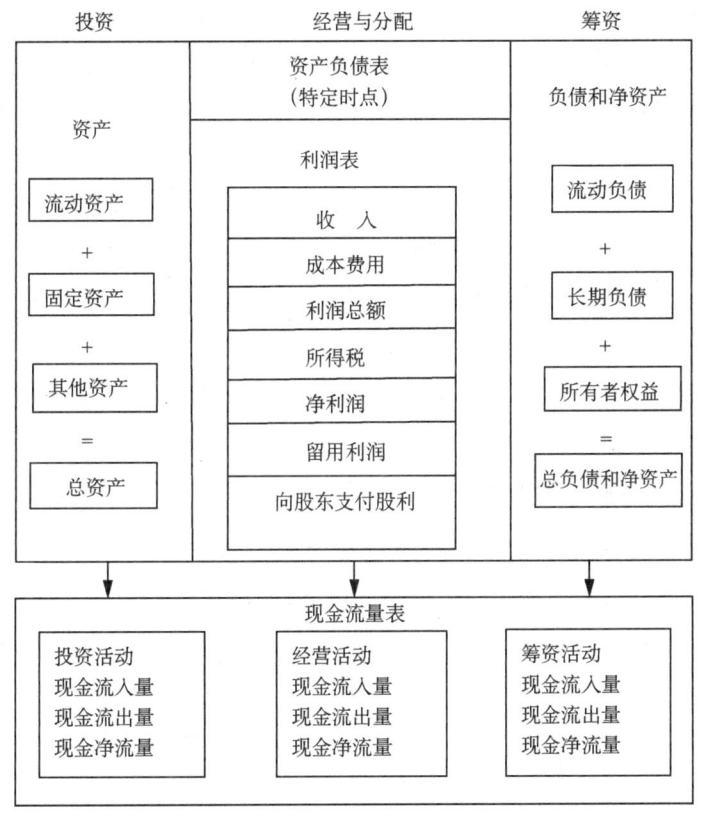

图 1-2 财务活动与财务报表

资产负债表反映企业在某一时点的资本来源和资本使用情况,是企业筹资活动和投资活动的具体体现;利润表反映企业在某一时期的收入、成本、利润及利润分配情况,是企业经营活动和资本活动的具体体现;现金流量表反映企业在某一时期经营活动、投资活动和筹资活动的现金流量情况,它以现金流量为基础,是企业财务活动总体情状况的具体体现。财务报表从静态到动态、从权责发生制到收付实现制,对企业财务活动中的筹资活动、投资活动、经营活动和分配活动进行了全面、系统、综合的反映。

(四)财务报表与财务效率

财务报表包括动态报表和静态报表,其不仅能直接反映筹资活动、投资活动、经营活动和分配活动的状态或情况,而且可间接揭示或通过财务分析揭示财务活动的效率或能力。财务效率是指财务资源投入与产出的比例关系,以及由此派生出的其他比率关系,通常可通过偿债能力、盈利能力、营运能力和发展能力反映企业财务效率。

偿债能力根据偿债期长短可分为短期偿债能力,如流动比率、速动比率等;长期偿债能力,如资产负债率、利息保障倍数等。

盈利能力根据不同的资源投入可分为资本经营盈利能力,即利润与所有者权益之比;资产经营盈利能力,即利润与总资产之比;商品经营盈利能力,即利润与成本费用之比。

营运能力根据不同的资产范围可分为全部资产营运能力,如总资产周转率等;流动资产营运能力,如流动资产周转率和存货周转率等;固定资产营运能力,如固定资产收入率等。

发展能力是指企业保持持续发展或增长的能力,根据影响发展能力的因素可分为盈利增长能力,如销售增长率、三年销售收入平均增长率、三年利润平均增长率;资产增长能力,如总资产增长率、固定资产成新率;资本发展能力,如资本积累率及资本增长率、三年资本平均增长率、技术投入比率。

上述各种能力是企业财务运行效率的体现,而财务效率的计算与分析离不开财务报表。

(五)财务效率与财务成果

企业各项财务效率的高低,最终都体现在企业的财务成果上,即体现在企业的价值上。企业价值是企业财务效率的综合反映或体现,同时企业价值的高低正是评价企业财务目标实现程度的根本。图 1-3 可直观地反映企业从财务目标到财务成果整个循环过程的情况。

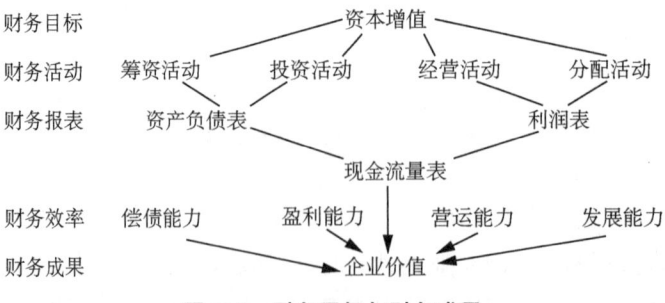

图 1-3 财务目标与财务成果

第三节　财务分析的信息来源

财务分析的信息来源是指进行财务分析所依赖的资料及其取得途径。财务分析的信息来源很多,分析的目的与内容不同,使用的信息资料来源可能是不同的。财务分析的信息资料可以分为企业信息资料、行业信息资料、宏观信息资料等。其中,企业信息资料可以进一步分为企业公开信息资料和企业内部信息资料,企业公开信息资料可供企业内部和外部分析人员使用,企业内部信息资料主要供企业内部分析使用。由于信息不对称的存在,财务分析者无法得到完整的内部信息。因此,他们必须依靠对企业所处的行业及竞争战略的了解、通过信息源的扩展以及信息的客观处理来弥补自身的信息劣势,只有收集到充分、恰当的财务信息,才能得到科学合理的分析结论。

一、企业公开信息资料

企业公开信息资料是企业公开对外发布的信息资料,主要包括企业对外公开披露的财务报告、管理层的讨论与分析、股东大会和董事会发布的各项公告(如审计报告、招股说明书、配股说明书、临时公告、会议公告)等。

(一) 企业财务报告

财务报告是企业对外提供的反映企业某一特定日期的财务状况和某一会计期间的经营成果、现金流量等会计信息的文件。企业财务报告包括会计报表和其他应当在财务报告中披露的相关信息和资料,如图1-4所示。财务报告提供的信息既是对企业经营过程及结果的综合反映,也是进行财务分析最重要的信息来源。

企业财务报告分为中期财务报表和年度财务报表。年度财务报表是指在年末编制的

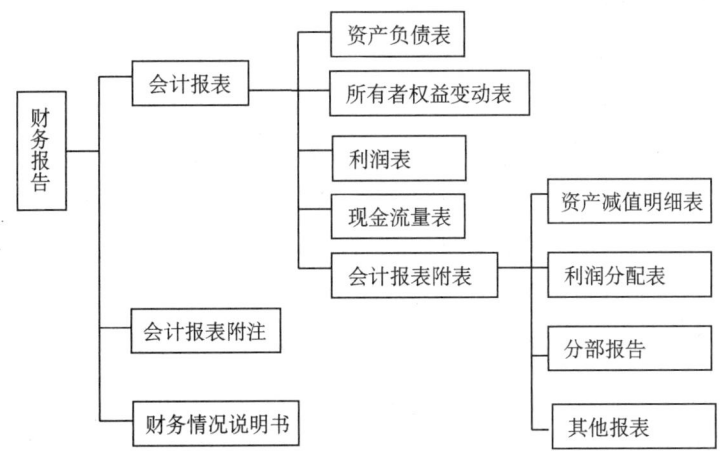

图 1-4　财务报告的构成

反映企业全年的财务状况、经营成果和现金流量状况的报表。年度财务报表至少应当包括资产负债表、利润表、现金流量表、所有者权益变动表和会计报表附注。中期财务报表是以短于一个完整会计年度的报告期间为基础编制的,包括月报、季报和半年报等。中期财务报表和年度财务报表的最大区别在于,除包括的时间不同外,年度财务报表需要通过审计才能对外公开,中期财务报表则不一定经过审计;年度财务报表包括了所有者权益变动表,而中期财务报表是否包括所有者权益变动表由企业自行决定。对于有控股子公司的母公司和企业集团而言,财务报表还分为个别财务报表和合并财务报表。个别财务报表只反映公司本部的情况,未合并下属公司的报表;合并财务报表是以母公司和子公司组成的企业集团为会计主体,根据母公司和所属子公司的财务报表,由母公司编制综合反映企业集团财务状况、经营成果及现金流量的财务报表。

在财务分析过程中,要高度重视会计报表附注揭示的内容。会计报表附注是为便于会计报表使用者了解会计报表的内容而对会计报表的编制基础、编制依据、编制原则和方法及主要项目等所作的解释和进一步说明,以及对未能在报表中列示的项目所作的补充说明。会计报表附注主要披露下列内容:①企业的基本情况;②会计报表的编制基础;③遵循企业会计准则的声明;④重要会计政策和会计估计,说明会计政策时还需要披露财务报表项目的计量基础与会计政策的确定依据;⑤重要会计政策和会计估计变更以及重大会计差错更正的说明;⑥重要报表项目的说明;⑦其他需要说明的重要事项,主要包括或有事项和承诺事项、资产负债表日后非调整事项、关联方关系及其交易等。会计报表附注由于不受众多会计原则的制约,既可以用文字、图表等来定性分析表内的项目,也可以用数字来补充说明表内项目的计量结果。通过会计报表附注,信息使用者不仅可以获得更全面的会计信息,而且还能获得特定项目的会计信息,从而增强对表内信息的理解,提高会计信息的价值。

(二) 管理层的讨论与分析

管理层的讨论与分析是证券市场信息披露制度变迁的产物,在招股说明书和定期报告中占有重要位置。管理层的讨论与分析是向信息使用者传递公司信息的有效渠道,体现了管理层对公司现状及其发展前景的基本判断,有助于信息使用者更好地理解公司经营成果、财务状况和现金流量信息,了解公司经营管理水平以及可能存在的风险和不确定因素,把握公司未来的发展方向。管理层的讨论与分析是对财务报告的一个必要和有益的补充,提供了传统会计报表及会计报表附注所无法提供的信息,赋予了信息使用者通过管理层的眼睛透视公司经济实质的机会,满足了信息使用者对信息相关性和前瞻性的更高要求。

1. 主要内容

管理层的讨论与分析要求披露的内容主要包括报告期内公司经营情况的回顾和对公

司未来发展的展望。

报告期内公司经营情况的回顾是以外部环境和公司所处行业的现状为背景,阐述公司报告期内的以下情况:

(1)总体经营情况。总体经营情况阐述公司营业收入、营业利润、净利润的同比变动情况,说明引起变动的主要影响因素。

(2)公司主营业务及经营状况的分析。公司主营业务及经营状况的分析是按行业、产品或地区说明报告期内公司营业收入、营业利润的构成情况及其产生变化的主要影响因素。

(3)现金流量分析。现金流量分析说明公司经营活动、投资活动和筹资活动产生的现金流量的构成情况。

(4)公司经营相关重要信息的讨论分析。公司经营相关重要信息的分析讨论是对公司设备的利用情况、订单的获取情况、产品的销售或积压情况、主要技术人员变动情况等进行分析。

(5)主要控股和参股公司的经营情况。主要控股和参股公司的经营情况详细介绍主要控股子公司的业务性质或服务、注册资本、资产规模、净利润。

对公司未来发展的展望则包括:

(1)分析所处行业的发展趋势及公司面临的市场竞争格局。若分析表明相关变化趋势已经、正在或将要对公司的财务状况和经营成果产生重大影响的,公司应提供管理层对相关变化的基本判断,详细分析其对公司可能产生的影响程度。

(2)公司发展战略与经营计划。公司发展战略与经营计划是指披露公司发展战略以及拟开展的新业务、拟开发的新产品、拟投资的新项目等。

(3)资金需求及使用计划。资金需求及使用计划说明维持公司当前业务并完成在建投资项目的资金需求、未来重大的资本支出计划以及资金来源安排等。

(4)分析公司面临的风险因素。分析公司面临的风险因素应遵循重要性原则,即披露可能对公司未来发展战略和经营目标的实现产生不利影响的所有风险因素以及对策。

2. 主要特点

管理层的讨论与分析报告披露的信息不受公认会计准则的制约,其提供的信息具有以下特点:

(1)前瞻性信息。管理层的讨论与分析披露的信息具有前瞻性,通过对公司财务报告中相关财务数据的文字解读,对公司经营中固有风险和不确定性的提示及对公司所处行业的发展趋势、公司的应对措施、发展战略和经营计划的阐述,向投资者揭示了公司管理层对于公司过去经营状况的评价分析,以及对公司未来发展趋势和发展前景的判断和预期。管理层的讨论与分析通过对公司经营中面临的风险因素和不确定事项进行说明(包括宏观政策风险、市场或业务经营风险、财务风险、技术风险等),向投资者充分揭示了企业未来面临的风险。

（2）非财务信息。管理层的讨论与分析提供的有非财务信息、预测类信息、分析性信息等会计报表和附注不能提供的信息，如生产力和经营能力、交易协议或合同、经营业务的地区分布、管理层对企业财务状况的分析等，有效地弥补了会计报表信息的不足。

（3）自愿性信息。管理层讨论与分析中的信息，有些是企业根据法规要求提供的，有些是自愿提供的，但大多数信息是自愿提供的。管理层讨论与分析为上市公司自愿性信息披露提供了一个平台，有助于提高信息披露的针对性，让市场充分了解公司的价值。

管理层的讨论与分析对财务分析大有裨益，在财务分析过程中，应该给予足够的重视。

（三）企业公布的其他信息资料

企业公布的其他公开资料较多，也较为凌乱。但与信息披露制度相关的资料如审计报告、招股说明书、上市公告书、临时报告等，则是在财务分析过程中应该予以关注的。

1. 审计报告

审计报告是企业委托注册会计师，根据独立审计准则的要求，对企业对外编报的财务报告的合法性、公允性和一贯性作出的独立鉴证报告。它可增强财务报告的可行性，是财务分析人员判断公司会计信息真实程度的主要依据。

审计报告分为标准审计报告和非标准审计报告。标准审计报告是指注册会计师出具的无保留意见的审计报告，不附加说明段、强调事项段或任何修饰性用语；非标准审计报告是指除标准审计报告以外的其他审计报告，包括带强调事项段的无保留意见的审计报告和非无保留意见的审计报告。非无保留意见的审计报告包括保留意见、否定意见和无法表示意见的审计报告。

注册会计师发表非标准审计报告时，通常会在审计报告的意见段或说明段中阐述。由于注册会计师能够接触到企业的原始凭证、记账凭证、账簿、经济合同等第一手资料，站在独立的角度对财务报告的合法性、公允性发表意见。因此，注册会计师出具的审计报告对报表信息使用者而言具有很大的价值，特别是当审计报告为非标准审计报告时，报表使用者进行财务分析时要对其给予高度重视。

2. 招股说明书和上市公告书

招股说明书是指股票发行人向证监会申请公开发行股票的申报材料的必备部分，是向公众发布的旨在公开募集股份的规范性文件。它是社会公众了解发起人和将要设立公司的情况、作出购买公司股份决策的重要依据。公司首次公开发行股票，必须制作招股说明书。招股说明书通常载明本次发行概况、风险因素、发行人基本情况、业务和技术、同业竞争与关联交易、公司高管人员与公司治理结构、财务会计信息、业务发展目标、募股资金运用、发行定价及股利分配政策等事项。招股说明书经政府授权部门批准后，即具有法律效力,由发起人通过新闻媒介予以公告,以便社会公众知晓。

上市公告书是指发行人于股票上市前向公众公告发行与上市有关事项的信息披露文件。公司股票获准在证券交易所交易之后,需公布上市公告书。上市公告书除包括招股说明书的主要内容外,还包括以下内容:发行人对公告内容的承诺;股票上市情况;发行人、股东和实际控制人情况;股票上市前已发行股票的情况;招股说明书刊登日至公告书刊登日发生的重要事项;上市保荐人及其意见。

招股说明书和上市公告书对企业各主要方面的情况披露比较充分,是进行财务分析特别是企业外部人士进行财务分析可供参考的重要资料。

3. 临时报告

临时报告是指上市公司在发生法定重大事件时对有关情况的报告。在证券交易所的交易中,有关上市公司的信息特别是一些重要事项的信息,会对股票价格产生重大影响。为了使投资者能够平等地了解上市公司的有关信息,防止造成证券交易中的不公平,《中华人民共和国证券法》(以下简称《证券法》)规定,上市公司在发生法定的重大事件时应当制作临时报告。所谓法定的重大事件,是指可能对上市公司股票交易价格产生较大影响而投资者尚未得知的事件,包括公司的经营方针和经营范围的重大变化;公司的重大投资行为和重大的购置财产的决定;公司订立重要合同;公司发生重大债务和未能清偿到期重大债务的违约情况;公司生产经营的外部条件发生的重大变化;公司的董事、1/3 以上监事或者经理发生变动;公司减资、合并、分立、解散及申请破产的决定;公司依法进入破产程序、被责令关闭等。

由于临时报告披露内容的突发性特点,其往往不报告在已经公布的财务报告中。但这些事项有可能对企业未来的经营活动与财务状况产生重大影响,在财务分析过程中,需要给予高度重视。

二、企业内部信息资料

企业内部信息资料是指企业未对外公开披露的各种生产经营活动资料,如会计核算明细资料、营业收入明细资料、成本费用资料、统计资料、业务活动资料、计划与预算资料等。

企业财务活动受业务活动的影响与制约,财务报告提供的信息只是对企业生产经营活动的综合概括。仅仅只依赖企业对外公开的信息进行分析,无法满足企业改善管理的需要。如财务报告反映出的存货量过大、存货周转速度慢这一现象,其原因既可能是销售不畅,也可能是生产技术出现问题且企业质量管理水平不高导致存货积压、仓储管理不善导致产品毁损等,还可能是企业采购缺乏计划性导致采购量过多等。不论是何种情况,仅仅依靠财务报告的信息,无法对原因作出说明。外部分析者由于无法取得内部信息,也无法作出准确判断。企业管理者或企业内部分析人士,则可通过查看存货及其相关信息,作出准确判断。企业内部信息资料往往能揭示出比对外财务报告更具体、更详细的信息,并且具有针对性强、实效性强、灵活性大的特点。因此,企业内部信息资料对企业管理者和企业内部分析人士显得尤为重要。

现代信息技术的发展和企业流程的再造,使得企业生产经营活动的各类信息能够迅速进入企业的信息系统,并能够方便快捷地在各部门、各系统之间传递和提取。存货的进出、材料的收发、生产进度、款项的收付、资产资料等各种详细资料在企业内部非常容易生成和取得,这不仅使得企业内部信息资料数量庞大且容易获得,也使得企业的财务分析更多地与业务分析相结合,大大拓展了企业财务分析的内容。

三、行业信息与产业政策

行业信息主要是指企业所处行业的相关企业、产品、技术、规模、效益等方面的情况。企业的财务特点受制于企业的行业特点,对企业财务状况的优劣进行评价,要结合行业特点和横向类比进行判断。例如,房地产开发企业的资产负债率可能比一般行业高,商业企业的存货周转速度要远远高于制造业企业等。分析者要关注商品供求与价格变化对企业产品或服务质量与收入的影响,劳动力供求与价格对企业人工费用的影响,技术市场供求及价格对企业无形资产规模、结构的影响,资本市场资金供求渠道及价格对企业投资、融资的影响,以便从市场环境的变化中分析企业财务变化的成因及变化趋势。

收集行业信息,要更多地收集行业标准、行业经验值、行业典型企业的财务值等信息。分析者对于不熟悉的行业,则应从理解行业的特点、业务流程、行业环境、发展动态等环节入手,要着重关注行业平均水平、先进水平以及行业发展前景的信息,以客观评价企业当时的经营现状,合理预测、把握企业财务状况经营业绩与现金流量的发展趋势,为决策提供可靠的信息依据。

产业政策是政府为了合理调配经济资源、实现特定经济和社会目标而对特定产业实施干预的政策和措施。特定的产业政策面向特定产业,对产业内的企业发挥作用。产业政策按照其作用方向可分为产业扶植政策、产业规范政策和产业抑制政策。产业扶植政策是指运用财政、金融、价格、贸易、政府购买和行政等手段扶植和保护幼稚产业、主导产业等特定产业发展的政策,它的功能在于倾斜性地为特定产业提供资源并扩大市场;产业规范政策是指为了环保、安全、保护战略资源等经济社会发展需要,规范产业发展方式和发展方向的产业政策;产业抑制政策是指为了供求平衡、环保、安全等原因短期性或长期性地抑制甚至禁止一定产业发展的政策。

产业政策改变社会经济资源在产业之间和产业内的分配,对企业发展和生产经营活动产生重要影响,从而改变企业的财务状况和经营成果。国家实行固定资产投资项目资本金制度,对不同行业固定资产投资资本金比例的改变会影响相关行业的资本结构和资产负债率,改变企业的财务风险。国家对特定行业实行淘汰落后产能的政策,会打压行业内的中小企业的生存空间,提高产业的集中度,对产业内的大企业和技术先进企业而言,则意味着扩大了市场空间。进行财务分析必须要关注产业政策的变化与调整,及其对产业内不同企业的影响。

四、宏观经济政策与信息

宏观经济政策是指政府调节宏观经济运行的政策与措施。宏观经济政策主要着眼于经济增长、稳定物价、促进就业等目标。它包括财政政策、金融政策等。宏观经济政策的变化,最终会改变企业的财务运行过程和结果。从企业的行业性质、组织形式等角度分析企业财务对政策法规的敏感程度,全面揭示了经济政策变化及法律制度的调整对企业财务状况、经营成果和现金流量的影响。

财政政策是指政府运用支出和收入来调节总需求、控制失业和通货膨胀、实现经济稳定增长和国际收支平衡的政策。财政政策工具包括财政支出(政府购买和政府转移支付)、政府税收、国债等。在财政政策中,税收政策对企业的影响最直接。政府会根据经济运行情况和财政政策的特点不断调整国家财政政策。国家财政政策的调整会直接或间接地影响到企业。国家实行积极财政政策时,财政支出会扩大,社会消费能力会增强,经济增长速度会加快(或经济下降速度会减缓),物价会回升;而国家实行紧缩财政政策时,则会出现相反的效应。财政政策的变化对不同企业会产生不同的影响。

金融政策是指中央银行为实现宏观经济调控目标而采用各种方式调节货币、利率和汇率水平,进而影响宏观经济的各种方针和措施的总称。金融政策一般是稳定货币供应、维护金融秩序,进而实现经济增长、物价稳定、充分就业和国际收支平衡。它主要包括货币政策、利率政策和汇率政策。

货币政策是指中央银行为实现特定的经济目标而采用的各种控制和调节货币、信用及利率的方针和措施的总称。货币政策工具分为一般性货币政策工具和选择性的货币政策工具。前者包括法定存款准备金制度、再贷款、再贴现业务和公开市场操作,后者主要有消费者信用控制、证券市场信用控制、不动产信用控制、信贷配给、直接信用控制等。

利率政策是指中央银行调整社会资本流通的手段。利率的变化会改变居民储蓄和消费,改变社会资本的流量和流向,改变企业的融资和投资策略,可以在一定程度上调节产品结构、产业结构和整个经济结构。

汇率政策对于国际贸易和国际资本流动具有重要的影响,汇率变化对出口型企业和依赖进口的企业会产生不同的影响。

宏观经济信息是国民经济运行情况的信息。宏观经济信息反映了经济运行的一般状况,包括物价指数、社会商品零售总额、固定资产投资规模、货币供应量、贷款总额、工业品出厂价格、生产用电量、就业人数等指标。宏观经济信息的主要来源渠道为宏观经济统计报告。由于财务分析的对象是针对单个企业的财务状况和经营情况,分析者往往容易忽视宏观经济信息,忽视宏观经济数据变化对企业可能产生的影响。宏观经济数据的变化预示着经济发展趋势的变化,如物价指数的下降或增幅的降低,预示着有可能存在经济下行的情况,对于资本结构不合理的企业,有可能在未来存在较大的财务风险。在财务分析过程中,分析者需要结合宏观经济信息,才能对企业未来发展前景、财务风险的大小等,作出正确的判断。

第四节　财务分析的原则与形式

一、财务分析的基本原则

财务分析的基本原则既是财务分析工作内在要求的集中反映,也是财务分析所提供信息的使用者对分析工作具体要求的集中体现。财务分析的基本原则源于财务分析工作实践经验的提炼与概括,它已成为财务分析工作的指导规范。财务分析应遵循的基本原则如下。

(一) 实事求是原则

所谓实事求是原则,就是要从企业实际财务状况出发,进行财务分析。由于企业在会计计量、会计处理方法选择等方面的不一致和主观因素的干扰,财务分析所提供的信息有时并不能真实地反映企业财务状况和经营成果。因此,在进行财务分析之前,应采用一定的方法对有关数据资料进行核查、修改与调整;分析者还应深入实际,掌握第一手资料,尽可能使分析结论符合企业的实际情况。因此,实事求是原则要求财务分析工作人员应具备客观、公正的优秀品质,要敢于面对现实,充分揭露问题,遵从让事实说话。坚持实事求是原则,并不排斥具体问题具体分析、具体情况具体对待,即要求在尊重事实的基础上,充分考虑分析对象的特殊性,善于把分析对象与所处的特殊环境结合起来,全面、深入地分析影响分析对象的各种不同因素,找出使其发生增减变动的真实原因。

(二) 成本效益原则

组织任何一项简单或复杂的财务分析工作,总要花费一定的人力、物力和财力。成本效益原则要求在开展财务分析时,要讲求成本最低、效果最佳。分析者应十分重视每一项分析工作所费成本与其可能取得的效果之间的对比关系,为此应注意以下几点:①当某一具体分析对象在整个分析指标体系中无足轻重,而分析工作量又过大时,可予以舍弃;②当有些资料难以收集或某个数据难以认定时,可视情况从简处理;③由于事物的普遍联系性,某一财务指标的变动可能受若干因素的影响,在分析时,应对主要因素进行分析与评价;④注意定量分析与定性分析相结合,对某些难以定量的问题,可采用定性分析方法。

成本效益原则还要求财务分析应注意时效性。对于财务活动中出现的新情况、新问题,要及时展开分析,找到问题的症结,防止矛盾的扩大;在企业作出各种财务决策的同时,要积极配合开展可行性分析,以便及时发现问题,总结经验,为有效开展各项理财活动提出建设性意见。

(三)可理解性原则

财务分析是财务信息深度加工与转换的过程,其目的是为企业管理者和外部利害关系者提供更具有使用价值的决策信息。因此,这些信息应该是容易被理解的。如果分析指标复杂繁琐,就不易被信息使用者所接受,从而也就丧失了财务分析应有的功能。可理解性原则要求分析结论简明扼要、通俗易懂,不仅专业人员可以理解,也尽量能为广大非专业人士所接受。这有利于将分析中提示的成绩与问题公之于众,集思广益,为更有效地开展财务分析奠定坚实的群众基础;有利于进一步增强企业职工的主人翁责任感,充分调动他们在生产经营管理中的积极性。

二、财务分析的形式

由于进行财务分析的角度不同,如分析的主体不同、客体不同、目的不同等,财务分析形式有所不同。明确不同财务分析形式的特点及用途,对于准确分析企业财务状况、实现分析目标有着重要的意义和作用。通常,财务分析的形式可从以下几个方面进行划分。

(一)内部分析与外部分析

财务分析根据分析主体的不同,可分为内部分析与外部分析。

1. 内部分析

内部分析,亦称内部财务分析,主要是指企业内部经营者对企业财务状况的分析。内部分析的目的是判断和评价企业生产经营是否正常、顺利。例如,可通过流动性分析,检验企业的资金运营速度、货款或债务的支付或偿还能力;通过收益性分析,可评价企业的盈利能力、资本保值和增值能力;通过对企业经营目标完成情况的分析,可考核与评价企业经营业绩,及时、准确地发现企业的问题与不足,为企业未来生产经营的顺利进行、提高经济效益指明方向。

2. 外部分析

外部分析,亦称外部财务分析,主要是指企业外部的投资者、债权者及政府部门等,根据各自需要或分析目的,对企业的有关情况进行的分析。投资者主要是看企业的盈利能力及其发展后劲,以及资本的保值与增值能力;债权者主要是看企业的偿债能力和信用情况,判断其本金和利息能否及时、足额收回;政府有关部门对企业的财务分析主要是看企业的经营行为是否规范、合法,以及对社会的贡献状况。在现代企业制度条件下,外部财务分析是财务分析的重要或基本形式。

应当指出,内部分析和外部分析并不是完全孤立或隔离的,要保证财务分析的准确性,内部分析有时也应站在外部分析的角度,而外部分析也应考虑或参考内部分析的结论,避免出现片面性。

(二) 全面分析与专题分析

财务分析根据分析的内容与范围的不同,可分为全面分析和专题分析。

1. 全面分析

全面分析是指对企业一定时期内的生产经营情况进行系统、综合、全面的分析与评价。其目的是找出企业生产经营中带有普遍性的问题,全面总结企业在这一时期的成绩与问题,为协调各部门关系、搞好下期生产经营安排奠定基础或提供依据。全面分析通常在年终进行并形成综合、全面的财务分析报告向职工代表大会或股东代表大会汇报。

2. 专题分析

专题分析是指根据分析主体或分析目的的不同,对企业生产经营过程中某一方面的问题所进行的较深入的分析。如经营者对生产经营过程某一环节或某一方面存在的突出问题进行分析,投资者或债权者对自己关心的某个方面的问题进行分析等,都属于专题分析。专题分析能及时、深入地揭示企业在某方面的财务状况,为分析者提供详细的资料信息,对解决企业的关键性问题有重要作用。例如,当企业某时期资金紧张时,通过财务专题分析,可从筹资结构、资产结构、现金流量及支付能力等方面,研究资金紧张的原因并找到解决的对策。

在财务分析中,应将全面分析与专题分析相结合,这样才能全面、深入地揭示企业的问题,正确地评价企业各个方面的状况。

(三) 静态分析与动态分析

财务分析根据分析的方法与目的的不同,可分为静态分析和动态分析。

1. 静态分析

静态分析是根据某一时点或某一时期的会计报表或分析信息,分析报表中各项目或报表之间项目关系的财务分析形式。例如,可通过某一财务比率或某几个财务比率揭示财务关系,也可以通过垂直分析或结构分析揭示总体中各项目的水平。静态分析的目的在于找出财务活动的内在联系,揭示其相互影响与作用,反映经济效率和财务现状。

2. 动态分析

动态分析是指根据几个时期的会计报表或分析信息,分析财务变动状况。例如,水平分析、趋势分析等都属于动态分析。动态分析通过对不同时期财务活动的对比分析,揭示财务活动的变动及其规律。

静态分析与动态分析各有优点与不足,要全面综合地分析会计报表,这两类分析都是必需的。

本 章 小 结

财务分析的产生与贷款人和投资者密切相关,正是他们对财务信息的需要促进了财务分析的产生,并影响着它的发展;企业经理、银行家和其他利益相关者对财务信息的需要,则是推动财务分析学科不断丰富与完善的原动力。

广义的财务分析应包括企业一般与具体、整体与部门、内部与外部、目前与未来、价值与非价值等各种与企业经营成果和财务状况相关的内容分析;从狭义上讲,财务分析是对各项财务指标完成情况所作的分析,或将其理解为会计报表分析。作为一门学科,财务分析学具有独立性、边缘性和综合性。

财务分析的目的是其内在的本质要求,而财务分析的作用则是其目的的外在体现,是不同财务信息使用者所赋予的。不同的信息使用者所关注的财务分析结论是不同的,因此,财务分析对于他们的作用也就不同。

财务分析的信息来源是指进行财务分析所依赖的资料及其取得途径,包括企业信息资料、行业信息资料、宏观信息资料等。

财务分析的基本原则来源于财务分析工作实践经验的提炼与概括,它已成为财务分析工作的指导规范。财务分析的基本原则既是财务分析工作内在要求的集中反映,也是财务分析所提供信息的使用者对分析工作具体要求的集中体现。

财务分析根据分析主体的不同,分为内部分析与外部分析;根据分析的内容与范围的不同,分为全面分析和专题分析;根据分析的方法与目的的不同,分为静态分析和动态分析。

案 例 分 析

屡次出逃的獐子岛扇贝

獐子岛 2006 年在深圳证券交易所(以下简称"深交所")上市,是一家渔业上市公司,主营海洋水产业,虾夷扇贝是其主打产品之一。其也是一家集体企业,长海县獐子岛投资发展中心的大股东是长海县獐子岛镇人民政府。政府既是大股东,也是卖方,收取獐子岛的海域使用金。

2014 年,一股未被大连市气象局通报的"冷水团"让獐子岛在海底底播养殖的扇贝受灾,獐子岛由盈利转为净利润亏损近 12 亿元,这起事件成为 A 股著名的"黑天鹅事件"。

2018 年,相似场景再次上演,这一次的诱因是降水,獐子岛称降水减少导致扇贝的饵料生物数量下降,再加上海水温度的异常,造成高温期后的扇贝越来越瘦,最后诱发死亡,并又一次带来了獐子岛的巨额亏损。2018 年 2 月 9 日,獐子岛收到了中国证券监督委员会(以下简称"中国证监会")的《调查通知书》,因獐子岛涉嫌信息披露违法违规,中国证监会决定对其立案调查。而此后獐子岛依然在当年 4 月公布的 2017 年年报中涉嫌虚假记载。

根据中国证监会的调查结果显示,獐子岛这场财务造假从 2016 年就已经开始。獐子岛在 2016 年年报中以虚减营业成本、虚减营业外支出的方式,虚增利润 1.3 亿元,虚增的利润占当期披露利润总额的 158.15%,獐子岛披露的 2016 年度报告中净利润为 7 571 万元,实际上獐子岛在 2016 年的真实利润总额为-4 822.23 万元,净利润为-5 543.31 万元。獐子岛 2017 年度报告虚减利润 2.8 亿元,占当期披露利润总额的 38.57%,追溯调整后,业绩仍为亏损。獐子岛在此前 2014 年、2015 年净利润均为负数,加之 2016 年和 2017 年的净利润为负,按照深交所的规定,连续亏损三年将被暂停上市,连续亏损四年将被终止上市。

獐子岛具体应该如何调整? 这与獐子岛养殖方法有关。据獐子岛内部人士介绍,獐子岛养殖扇贝主要技术是深水贝类底播增殖技术,即通过撒播的方式将贝苗放在适宜养殖的海域,让贝苗在海底自然生长,长到合适大小后再进行捕捞。一位会计师对记者称,由于对存货的核查困难等因素,农业股容易进行财务造假,A 股至今已经出过多起农业股造假事件。从会计审计的角度讲,会计师很难深入海底计算到底有多少扇贝,且扇贝的大小不同,定价也不同。

中国证监会查明,獐子岛 2016 年真实采捕区域较账面多出 13.93 万亩,致使账面虚减营业成本 6 003 万元。同时,对比 2016 年年初和 2017 年年初库存图发现,部分 2016 年有记载的库存区域虽然没有显示采捕轨迹,但在 2016 年年底重新进行了底播。根据獐子岛成本核算方式,上述区域应重新核算成本,既往库存成本应作核销处理。根据獐子岛 2016 年度盘点记录,其在 2017 年 1 月 8 日、1 月 11 日等日进行了 2016 年度盘点,合计 130 个点位。通过对比发现,2013 年底播区域的 34 个点位中有 12 个已实际采捕,2014 年底播区域的 36 个点位有 32 个已实际采捕。獐子岛 2017 年账面记载采捕面积较真实情况多出 5.79 万亩。经比对实际采捕区域与账面结转区域,獐子岛存在随意结转的问题,且存在将部分 2016 年实际采捕海域调至 2017 年度结转成本的情况发现,致使 2017 年度虚增营业成本 6 159 万元。同时,对比獐子岛 2016 年年初库存图和 2017 年底播图,部分 2016 年有记载的库存区域虽然在 2016 年和 2017 年均没有显示采捕轨迹,也没有在 2016 年底播,但在 2017 年年底重新进行了底播,根据獐子岛成本核算方式,上述区域应重新核算成本,既往库存成本应作核销处理,致使 2017 年账面虚减营业外支出 4 187 万元。獐子岛在 2017 年的业绩预告中才披露亏损情况。2018 年 1 月底,獐子岛称发现部分海域的底播虾夷扇贝存货异常,可能对部分海域的底播虾夷扇贝存货计提跌价准备或核销处理,相关金额将全部计入 2017 年度损益,预计可能导致公司 2017 年度全年亏损。在之前公告了半年报、三季报均公告盈利的情况下,獐子岛公告年报业绩公告称将亏损 5.3~7.2 亿元。然而,在正式公告之前,獐子岛董事长吴厚刚就已明确知道 2017 年将巨亏,但并未及时披露。2017 年 10 月,獐子岛单月亏损 1 000 余万元。2017 年 11 月中旬,上半月销售数据出炉,獐子岛财务总监勾荣发现扇贝销售数据大幅下降。截至 2017 年 11 月末,獐子岛亏损进一步加大,合并后当年利润仅剩 5 000 万元左右,与三季报中全年盈利预测 9 000 万元至 1.1 亿元相差远超 20%。2017 年 12 月 23 日,獐子岛收到韩国公司收益预测数据,显示 12 月预计亏损 272 万元,全年预计亏损 528 万元。2018 年 1 月 29 日,韩国公司发送最终版收益预测,显示全年亏损 535 万元。不晚于 2018 年 1 月初,獐子岛财务总监勾荣已知悉公司 2017 年净利润不超过 3 000 万元,"2017 年第四季度业绩下滑,全年业绩与原业绩预测偏差较大",并向吴厚刚进行汇报。然而吴厚刚等人并未按时披露事实,根据相关规定,獐子岛应及时披露业绩预告修正公告,该信息在 2018 年 1 月初勾荣将全年业绩与预期存在较大差距情况向吴厚刚汇报时触及信息披露时点,应在 2 日内进行信息披露,但獐子岛迟至 2018 年 1 月 30 日才予以披露。

截至 2019 年 7 月 10 日,獐子岛财务造假事件随着中国证监会下发的《行政处罚及市场禁入事先告知书》得以披露。该文件显示,獐子岛涉嫌信息披露违法违规一案,已由中国证监会调查完毕,獐子岛及相关人员涉嫌财务造假、涉嫌虚假记载、涉嫌未及时披露信息等,中国证监会已依法拟作出行政处罚及采取市场禁入措施。

(资料来源:经济观察报)

案例思考题:什么是财务报表分析? 结合本案例探讨财务分析的重要性。

练 习 题

一、单项选择题

1. 财务分析最初应用于( )。

A. 投资领域　　B. 金融领域　　C. 企业评价　　D. 铁路行业

2. 财务分析的最初形式是( )。

A. 趋势分析　　B. 水平分析　　C. 比率分析　　D. 垂直分析

3. 从狭义上讲,财务分析是指对各项财务指标完成情况所作的分析,也可以将其理解为( )分析。

A. 资产　　B. 所有者权益　　C. 会计报表　　D. 会计要素

4. 动态分析是指根据几个时期的会计报表或相关信息,分析( )。

A. 财务变动状况　　B. 财务活动　　C. 财务关系　　D. 会计数据

5. 财务分析的信息资料来源可以分为企业信息资料、行业信息资料和(　　)。

A. 宏观信息资料　　　B. 经济数据　　　C. 会计资料　　　D.统计资料

二、多项选择题

1. 财务分析的产生与(　　)密切相关,正是他们对财务报表信息的需要促进了财务分析的产生,并影响着它的发展。

A. 贷款人　　　　B. 投资者　　　　C. 政府部门　　　　D. 经营者

2. 企业公开信息资料是企业公开对外发布的信息资料,主要包括(　　)及股东大会和董事会发布的各项公告,如招股说明书、配股说明书、临时公告、会议公告等。

A. 财务报告　　　　　　　　　　B. 审计报告

C. 管理层的讨论与分析　　　　　D. 内部报表

3. 财务分析的基本原则包括(　　)。

A. 可理解性原则　　　B. 成本效益原则　　　C. 实事求是原则　　　D. 实质重于形式

4. 财务分析根据分析的内容与范围的不同,可分为(　　)。

A. 全面分析　　　B. 专题分析　　　C. 外部分析　　　D. 内部分析

5. 财务分析根据分析的方法与目的的不同,可分为(　　)。

A. 静态分析　　　B. 动态分析　　　C. 报表分析　　　D. 指标分析

三、判断题

1. 财务分析的信息来源就是进行财务分析所依赖的资料及其取得途径。　　　(　　)

2. 财务分析的目的是其内在的本质要求,而财务分析的作用则是其目的的外在体现。

(　　)

3. 作为一门学科,财务分析学具有独立性、边缘性和综合性。它实际上是在会计信息供给和会计信息需求之间架起的一座桥梁。　　　(　　)

4. 债权人最关注的是企业投资回报率水平和风险程度,他们希望了解企业的短期盈利能力和长期发展潜力。　　　(　　)

5. 投资者更多地关心企业的偿债能力,关心企业的资本结构及长短期负债比例。

(　　)

四、简答题

1. 财务分析是如何产生和发展的?

2. 什么是财务分析? 财务分析有哪些作用?

3. 财务分析的信息来源有哪些?

4. 财务分析应遵循哪些基本原则?

5. 财务分析的形式应如何划分?

第二章　财务分析方法

重点提示

◎ **重点术语**

方法体系　比率分析法　比较分析法　因素分析法　现金流量分析法　图形分析法

◎ **重点内容**

本章的学习目标是使学生理解财务分析方法体系的特征与功能；掌握财务分析的基本分析方法，如比率分析法、趋势分析法、因素分析法等；学会灵活运用财务分析基本程序和方法分析财务状况及财务成果。

第一节　财务分析的方法体系

财务分析方法是完成财务分析的方式和手段。为服务市场经济环境中企业相关利益者的财务经济决策需要，财务分析方法体系应具备评价、预测、发展、协调四大基本功能。评价功能是指及时考核财务指标的实现情况，正确评估财务能力大小，对企业财务状况变动情况及其影响因素进行说明，其基本要求是结论公允，强调客观性。传统的财务分析主要是分析财务计划以及各项经济指标的完成情况，因而已经较好地显示了评价功能。预测功能是指在进行总结评价的同时，要求揭示财务能力指标的变化前景。一方面是通过现代经济预测技术所拥有的各种动态数列为依据的预测方法；另一方面可以从财务活动过去和现在的组成要素预测未来要素的角度来研究财务活动的各种现象和过程。发展功能是指通过分析各种因素变动对财务能力指标的影响，把未被挖掘出来的潜力当作提高工作效率和增强财务能力的机会。协调功能是指通过一定的分析方法综合地研究各项财务经济指标之间及其影响因素之间的相互关系，适时地调整它们的比例关系，使之协调配合，通力合作，以达到最佳状态。评价、预测、发展和协调四大基本功能是构成财务分析方法体系的基本目标。财务分析的过程不只是运用各种分析方法相对静止地反映矛盾、揭示问题的过程,而且是运用各种分析方法能动地处理矛盾、解决问题的过程。可以说,评价功能与预测功能是财务分析方法的静态功能,发展功能和协调功能是财务分析方法的动态功能。

财务分析方法体系的构建应适应市场环境中全面评价、科学预测、持续发展和合理协调财务能力的要求,注意传统分析法与现代分析法相结合、因素分析法与综合分析法相结合、全面分析法与重点分析法相结合、定量分析法与定性分析法相结合。可见,财务分析方法体系是多层次立体结构的。

一、传统分析法与现代分析法相结合

传统分析法即以因素分析法为代表的某些分析方法,它们在反映和监督计划完成情况时起很好的作用。在市场经济条件下,我们仍应认真继承、总结和改进传统的分析方法,使之成为现代分析法的组成部分。

现代分析法包括我国广大财务工作者在实践中创造的新分析方法和从国外引进的分析方法两大部分。现代分析法的明显特征是数学方法在经济管理中的应用推广,并出现了一系列数学学科(概率论和数理统计学、随机控制、数学逻辑学和函数分析等)与财务分析相结合的新趋势。现代分析法大量地运用数学模型,有利于推广和运用电子计算机处理财务经济信息,从而进一步改善财务分析方法。

但是,经济数学方法用于财务分析并不意味着传统分析法已经完全过时,我们应在进行财务分析的过程中将两者合理地、有机地结合起来运用,将经济现象过于数字化、形式化,反而不利于问题的解决。指望借助某一数学模型就能彻底解决复杂的经济系统中的一切问题的想法是十分幼稚的,分析者应将现代分析法与传统分析法相结合,构成完整的现代分析方法体系,以便更好地进行财务分析。

二、因素分析法与综合分析法相结合

财务分析的主要任务在于分析各种因素变动给财务活动带来的影响,进而为企业经营管理提供决策资料。分析因素与综合因素在完成上述财务分析任务的过程中是两个同等重要的手段,这无疑确定了因素分析法与综合分析法是财务分析的主要定量分析方法。

因素分析法在财务分析中具有特殊、重要的地位。财务指标大多有综合性,只有把它们分解为原始因素,才能明确指标完成好坏的原因和责任。因素分析法是研究各种因素变动对总体指标变动影响程度的分析方法。

财务分析如同化学分析一样,需要对分析对象的构成要素进行分解。这种分解的过程是由此及彼、由表及里的不断深化的过程。人们在用肉眼观察某物体时,一般只能了解其外部形状;若用放大镜作进一步观察,则能对其内部作认真的研究;若再用显微镜观察,则能了解其分子结构等,从而对该物体的本质进行研究。财务分析也要运用类似肉眼、放大镜、显微镜等手段对分析对象进行分解和研究,使分析工作不断深化,直至该因素分析能为改善财务状况指明方向和制定措施为止。

用相互联系的观点对指标进行总体评价是财务分析方法的另一个特征。上述对影响因素的研究绝不可孤立地进行。因为经济现象都要受因果依存关系的制约,财务分析方法要能揭示因素之间的横向联系与纵向联系及其变化规律,从而对指标总体作出本质的描述。

在进行财务分析的过程中,研究客体的财务指标被称为成果指标,而评价成果指标特性的指标被称为因素指标。可见,财务分析就是运用一系列专门方法将财务分析体系从成果指标体系过渡到因素指标体系,并揭示因素指标变动对成果指标变动的影响。研究和认识财务活动的过程,既要求利用因素分析也要求利用综合分析。因素分析与综合分析在财务分析过程中是相互联系的,因此,从一定意义上说,财务分析方法是用于研究财务活动及其结果的辩证法。

如上所述,一方面,财务分析通过因素分析法剖析财务分析的方法体系,研究这些指标发生变化的原因,并查明各种因素变动对指标变动的影响程度;另一方面,财务分析还必须通过综合分析方法用相互联系的观点对财务能力指标和企业财务状况进行总体性研究和评价。这种由合到分、又由分到合的过程体现了经济过程所固有的规律性特征——由量变到质变、否定之否定等。它说明财务分析方法的使用过程就是唯物辩证法的运用过程。

综合分析法就是将财务活动中的各项指标与其分解的各种因素相互联系地进行总体性研究的一种分析方法。因素分析法可以确定各因素变动对综合指标变动的影响程度,同时也说明各项财务指标的变动情况是由多种因素按其固有的联系综合作用的结果。只有综合地而不是孤立地进行观察、比较与分析,才能从整体上对财务能力指标变动乃至财务活动全过程有一个全面的认识与了解,便于我们正确地预测、有效地控制和科学地总结。

三、全面分析法与重点分析法相结合

以上所提到的基本分析方法是对财务能力指标进行分析时经常使用的方法,这些方法在进行财务分析时比较完整、系统,具有全局性的特征。

除此以外,还可以根据分析任务的具体要求采用一些其他分析方法,以解决某些特定的分析课题。例如,指数法用来观察和分析某些财务能力指标的发展动态和增长速度;分组法是按照一定标志把同类指标进行归类,以分析总体中组成指标之间的相互联系和在总体内部的变动规律;图表法可以将分析数据画成图表,使数学资料更加清晰并使分析指标之间的对应关系更加明确;线性规划法能够找出在一定限制因素条件下某项目标函数

的最大值或最小值,以便从多种选择性方案中选取出最优方案,取得最大的经济效果;相关分析法则通过数字上掌握有关指标之间的联系来确定函数关系,用某一指标或几个指标来推断另一相关指标。

这些重点分析法是对上述全面分析法的必要补充,虽然它们在整个财务分析过程中并不是经常地、系统地采用,往往只用于局部性分析或专题性研究,但它们在具体运用中能使整个财务活动分析更为深入和细致,做到全面分析与重点分析相结合,有利于分析结论的形成。

四、定量分析法与定性分析法相结合

研究社会经济现象,既要研究其质的变化,又要研究其量的变化,而对于企业财务活动的分析则更是如此。我们一方面应避免只看重定性分析而忽视定量分析;另一方面也不要把定量分析变成公式罗列、繁琐计算,而应从实际需要出发,灵活地运用这些方法,以正确地认识财务活动的本质。

值得一提的是,逻辑分析法虽然不是一种专门的财务分析方法,但是它是各个学科领域都普遍适用的科学分析方法,在财务分析中同样具有重要意义。当然,逻辑分析方法应紧密结合上述定量分析法,对错综复杂的经济现象进行逻辑推理和科学判断,以正确认识财务活动的本质。

在财务分析中具体运用逻辑分析,主要包括两类方法。

1. 求同法与求异法

求同法与求异法是在多种场合出现多种因素的情况下,通过分析影响因素的同异来判断主要因素的逻辑推理方法。求同法即对被分析的指标在不同的情况下的分析结果异中求同,将多次出现的共同影响因素确定为主要因素。例如,企业在分析各月影响资金占用额外负担上升的诸多原因中,将每月都出现的应收款上升确定为主要因素,决定采取及时结算、催收债权的措施。求异法则是对被分析的指标在不同情况下的分析结果同中求异,将产生某种现象的异常因素确定为主要因素。例如,甲、乙两个同类企业拥有相同的设备、厂房和职工人数,但是,甲厂经济效益却明显优于乙厂。经对比分析,乙厂工人技术水平比甲厂低,造成乙厂产品质量等级偏低,销售价格下降,影响销售盈利。因此,乙厂通过分析,可以采取岗位培训、技术练兵的措施加以改进。

2. 演绎法与归纳法

演绎法与归纳法是运用逻辑学由一般性前提推出一般性结论的分析法。演绎法是由一般性较大前提推出一般性较小结论的推理分析方法。它按照一般经济规律、理论原理和历史经验来分析财务指标的变动原因,观察、观测财务活动的发展变化趋势。例如,某厂根据市场调查改进了产品设计,从而得出产品更新可以扩大销售、减少成品资金、加速资金周转的结论。归纳法是由一般性较小前提推出一般性较大结论的推理分析方法。它通常以部分分析对象的研究结论为依据，来概括财务指标甚至财务活动的状况、特点及其发展趋势。例如，通过对各种有利或不利因素的预测，可以归纳出经济效益上升或下降的未来前景。

定性分析法除逻辑分析法外，还可以采用调查分析、会议分析、心理分析等方法，它们均是财务分析方法体系的一个必要构成部分。

综上所述，财务分析方法体系是一个适应市场经济、满足财务信息需求者要求的多层次的实用方法系统。该系统由观念分析方法、基本分析方法和具体分析方法三个层次组成。观念分析方法为财务分析方法体系的第一层次，如全面分析法与重点分析法、定性分析法与定量分析法等；基本分析方法为财务分析方法体系的第二层次，如比较分析法、因素分析法、比率分析法、现金流量分析法和图形分析法等；具体分析方法为财务分析方法体系的第三层次，主要有量本利分析法、线性回归法、内含报酬率分析法、净现值分析法和连环替代法等。这些共同构成方法科学、易于操作、相互联结的财务分析方法体系。

第二节　财务分析的基本方法

财务分析的基本方法是指在发挥财务分析功能时经常使用的具有普遍适用性的方法。最常用的基本方法有比率分析法、比较分析法、因素分析法、现金流量分析法、图形分析法等。

一、比率分析法

比率分析法是财务分析的最基本、最重要的分析方法。比率分析法是指将影响财务经济状况的两个相关因素联系起来，通过计算比率反映它们之间的关系，借以评价企业财务经济状况的一种财务分析方法。

比率分析法的运用有两种情况：一种是通过计算两个相关指标的比值，即求出比率为分析结果；另一种是继续将不同时空条件下计算出来的同一种比率进行比较，即求出比率之间的差异作为分析结果。由于财务分析的目的、角度等不同，比率分析法中的比率形式有很多。按照它们在分析中所起的作用不同，主要可分为趋势比率、构成比率和相关比率。

（一）趋势比率分析法

趋势比率分析法是指对不同时期的财务指标进行对比以确定其增减差异和变动趋势的分析方法。

趋势比率分析法的计算指标包括差异数、差异率和趋势比率。

差异数是指将不同的计算指标直接相减后的差数,它可以使人们获得明确的增减概念,由此直观地判断财务指标的规律。其公式如下:

$$差异数 = 报告期数 - 基期数$$

差异率是差异数与基期数的比值,它可以使人们获得相对变动的概念,由此来判明财务指标的变动水平,亦称增减幅度。其公式如下:

$$差异率 = \frac{差异数}{基期数} \times 100\%$$

趋势比率是将不同时期的同类指标进行对比,计算出比率以反映该项指标的变动趋势,从动态上研究其特征和发展规律。它是将不同时期的财务信息换算为同一基期的百分比,它不但能单独地表明该项财务指标的变动情况,而且能在一系列比率的横向联系中显示出未来的发展趋势。其公式如下:

$$趋势比率 = \frac{报告期数}{基期数} \times 100\%$$

在进行趋势分析时,确定好基期是至关重要的。在实务中一般有两种选择:一种是以某个选定时期为基础,即固定基期,以后各期数均以该期数作为共同基期数,计算出的趋势比率叫定基发展速度,亦称定比;另一种是以上期为基数,即移动基数,各期数分别以前一期数作为基期数,基期不固定且顺次移动计算出的趋势比率叫环比发展速度,亦称环比。

【例 2-1】 ABC 公司 20×0 年产品销售收入分季实现情况为第一季度 80 万元、第二季度 100 万元、第三季度 110 万元、第四季度 116.6 万元。现分别按固定基期和移动基期对该公司产品销售收入指标的变化趋势进行分析,如表 2-1 所示。

表 2-1　ABC 公司产品销售收入趋势分析

基数	差异数(万元)			差异率			趋势比率		
	第二季度	第三季度	第四季度	第二季度	第三季度	第四季度	第二季度	第三季度	第四季度
固定基期(第一季度)	+20	+30	+36.6	+25%	+37.5%	+45.75%	+125%	+137.5%	+145.75%
移动基期(上一季度)	+20	+10	+6.6	+25%	+10%	+6%	+125%	+110%	+106%

由表 2-1 的固定基期趋势分析来看,20×0 年内各类产品销售收入指标无论从变动规模、增长幅度和发展趋势来看都是不断上升的;但由移动基期趋势分析表明,从逐季对比来看,上述各项指标均为下降趋势,说明公司应采取促销措施,以保持产品销售收入指

标能持续增长。

值得指出的是,计算趋势比率应认真、谨慎地选择好基期,使之符合代表性或正常性条件。在通常情况下,选择第一期为固定基期计算时比较方便,观察时比较符合习惯,分析时也顺乎逻辑。当第一期不具备基期条件时,则应根据实际情况选择其他适合时期作为基期。此外,当选择的基期数为零或基期数与报告期数符号相反时,均不应计算趋势比率。例如,甲厂建厂第一年未正式投产,无利润;第二年开始获得利润5万元;第三年获得利润10万元。又如,乙厂第一年发生亏损5万元;第二年开始获得利润5万元;第三年获得利润10万元。这两种情况均不应以建厂第一年计算趋势比率的基期,因后两年与建厂第一年没有共同的比较基础,而甲、乙两厂均以第二年为基期计算第三年的趋势比率对表明利润增长趋势十分有利。

财务指标的趋势分析目的在于对企业连续各期财务指标数额进行对照比较,用来说明企业财务状况和经营业务的增减情况和变动趋势,通常采用编制比较财务报表的方式。

编制比较财务报表进行趋势分析时,通常是将邻近两期或数期内的指标数据并列,并在比较报表中设趋势分析的有关指标栏,分别列示财务指标的增减变动情况。现仍以[例2-1]中 ABC 公司各季度利润表(因产品销售收入指标是利润表中的第一个指标)编制比较财务报表进行趋势分析,如表2-2、表2-3、表2-4所示。

表2-2 比较利润表(a)

20×0年6月   单位:万元

项 目	第二季度	第一季度	增减额	趋势百分比	趋势百分比
产品销售收入	100	80	+20	+25%	+125%
…	…	…	…	…	…

表2-3 比较利润表(b)

20×0年9月   单位:万元

项 目	第三季度	第二季度	增减额	趋势百分比	趋势百分比
产品销售收入	110	100	+10	+10%	+110%
…	…	…	…	…	…

表2-4 比较利润表(c)

20×0年12月   单位:万元

项 目	第四季度	第三季度	增减额	趋势百分比	趋势百分比
产品销售收入	116.6	110	+6.6	+6%	+106%
…	…	…	…	…	…

以上是按最近两期数据编制比较财务报表进行趋势分析,其增减额、增减百分比和趋势比率都是按分别移动基期(以上季度为基期)计算的差异数、差异率和环比发展速度。若按连续数期数据编制比较财务报表进行趋势分析,其增减金额、增减百分比和趋势比率则应是分别按固定基期(以第一季度为基期)计算差异数、差异率(见表 2-5)或计算环比发展速度(见表 2-6)。

表 2-5　比较利润表(格式一)

20×0 年 12 月　　　　　　　　　　　　　　　单位:万元

项目	金额				增减金额			增减百分比		
	第一季度	第二季度	第三度季	第四季度	第二季度	第三季度	第四季度	第二季度	第三季度	第四季度
产品销售收入	80	100	110	116.6	+20	+30	+36.6	25%	37.5%	45.5%

表 2-6　比较利润表(格式二)

20×0 年 12 月　　　　　　　　　　　　　　　单位:万元

项目	金额				趋势百分比			
	第一季度	第二季度	第三季度	第四季度	第一季度	第二季度	第三季度	第四季度
产品销售收入	80	100	110	116.6	100%	125%	137.5%	147.5%

(二)构成比率分析法

所谓构成比率是计算某项财务指标各构成项目占总体指标的百分比。构成比率分析法是通过分析指标结构来反映该项指标的特征和变化规律的一种分析方法。其公式如下:

$$构成比率 = \frac{构成项目}{总体指标} \times 100\%$$

构成比率的计算均是以财务指标总体数值(各组成项目的合计数)作为共同的比较基础,因而也称之为共同比。

在财务分析资料中,如果我们仅仅列示某总体指标与各组成项目的绝对值,远不如列示其构成比率简便醒目。构成比率可以显示总体指标的内部架构,表现各构成项目相互间的联系和区别及其在总体指标中所占地位的重要程度,便于人们分清主次因素,突出分析工作的重点。

在进行财务分析时,如果说趋势比率是对报表中的财务指标进行横向分析的话,则构成比率可以显示报表中各联系项目相互之间的垂直关系,因此可称之为对报表中的财务指标进行纵向分析。

现承接[例2-1]资料编制共同比报表,并对 ABC 公司产品销售收入进行构成比率分析,如表2-7所示。

表 2-7 共同比利润表

项　　目	金额(万元)		构成比率	
	第一季度	第二季度	第一季度	第二季度
一、产品销售收入	80	100	100%	100%
减:产品销售成本	52	64	65%	64%
产品销售费用	4	3	5%	3%
产品销售税金及附加	4	5	5%	5%
二、产品销售利润	20	28	25%	28%
………	…	…	…	…

由构成比率分析可知,该企业产品销售收入中产品销售利润所占比例由第一季度的25%上升为第二季度的28%。纵观其他各组成项目所占比例的变化,即是影响产品销售利润所占构成比率变动的原因。

(1) 产品销售成本占产品销售收入的比例由65%下降到64%,这是对提高利润水平有利的变化。此外,从该项目比重来看,无论是第一季度还是第二季度都在各项目中居首位,因此应将其作为影响产品销售利润变化最重要的因素,并加强日常成本管理与分析。

(2) 第二季度产品销售费用比例略有下降,也是利润水平上升的原因。经分析得知,是由于第一季度已为扩大产品销路作了大量基础工作,才使得第二季度产品销售费用减少。

(3) 税率保持5%不变,对销售利润水平的变化无影响。对财务报表中的总体指标进行构成比率分析可以分层次进行。即首先计算各分指标占总指标的比重,然后根据需要,再计算各分指标组成项目的比重以及各组成项目本身构成因素的比重。例如,在对产品销售收入指标进行比重分析后,又可计算产品销售成本中材料、工资及费用项目所占比重;根据需要还可以对材料项目中的材料种类、工资项目中的构成内容、各费用项目中的具体细目等计算比重。这样,有利于将财务分析工作层层深入下去,追查发生问题的具体原因,总结取得成绩的经验,落实挖掘企业潜力的各项措施。

(三) 相关比率分析法

从一定意义来说,趋势比率分析法是将不同时空条件下的同一指标进行比较,构成比率分析法是将各组成项目与同一总体指标进行比较,均局限于对同一财务指标进行横向分析或纵向分析。而相关比率分析法中的比率主要是两个不同质指标相比,扩大了分析范围。可见,相关比率分析法是将两个相互联系的指标,以其中某项指标为基数,求得两者数值的比率,用来反映一定财务关系的分析方法。

由于各种经营指标、财务指标分别反映不同的经济内容,它们又是在同一财务活动的进行过程中互为条件、彼此影响,因此将它们联系起来进行研究是十分必要的。相关比率分析法对指标的变动分析不是直接比较,而是通过将某一相关指标作基数求得比值后进行间接比较。如对企业的利润指标进行分析,除了可以用绝对额直接对比以外,还可以通过对形成利润有关的指标(如代表人力、物力、财力等方面的指标)计算比率进行分析研究。

例如,甲、乙企业年利润额均为 20 万元,无法直接比较两个企业的经济效益。若已知甲企业职工人数 100 人,乙企业职工人数 80 人,则甲企业人均利润为 0.2 万元,乙企业人均利润为 0.25 万元,此时可以判明乙企业经济效益优于甲企业。

两个性质不同的指标一旦结合形成比率则能反映各项财务指标相互之间的比例关系是否正常、合理,便于在管理工作中进行控制,促其转化,以对财务活动各环节进行协调平衡。这种比率的形成比较灵活,可以根据分析工作的实际需要进行组合。在通常情况下,可以按照它们反映关系的区别形成如下几类比率:反映因果关系的比率、反映并列关系的比率、反映对应关系的比率、反映转化关系的比率、反映周转关系的比率。

反映因果关系的比率在比率分析中具有十分重要的地位。该比率可以体现投入与产出的关系,反映经济效益的大小,故也称效率比率。其公式如下:

$$效率比率 = \frac{产出数}{投入数} \times 100\%$$

所谓投入,表示占用与消耗的社会物质财富,主要是指劳动力、劳动手段(房屋建筑物、设备等固定资产)、劳动对象(材料、燃料等流动资产)及其货币表现——资金的占用与消耗量。

所谓产出,表示为社会作出的贡献,主要是指生产成果(总产值、净产值等)、销售成果(销售数量、销售收入等)、财务成果(税金、利润等)等一系列生产经营成果。提高效率比率的途径包括:投入数减少,产出数不变;投入数不变,产出数增加;投入数减少,产出数增加;投入数与产出数同时增加,投入数增长幅度小于产出数增长幅度;投入数与产出数同时减少,投入数降低幅度大于产出数降低幅度。

在计算与分析比率时,区别投入数中的占用部分与消耗部分是很重要的,因为它们的内容是不相同的。对固定资产来说,占用数额包括其全部数额,而消耗部分仅指它的折旧部分;对流动资产而言,占用部分是指其经常拥有量,如机械制造厂的钢材储备量,而消耗部分是指某一时期的消耗量,如机械制造厂的钢材消耗量。反映占用与生产经营成果的效率比率有资金产值率、资金利润率、设备利用率、劳动生产率等;反映消耗与生产经营成果的效率比率有成本产值率、费用产值率、原材料利用率、成本利润率等。

反映并列关系的比率是指比较指标在同一指标体系中地位平等,各司其职,如流动资产与固定资产都是企业资产的重要组成部分,作为资金占用的两种主要形态,它们各自在生产经营活动中发挥作用。企业应根据本身的具体情况,确定两者之间的合理比例关系。一般来说,固定资产代表企业的生产能力,而一定的流动资产是保证企业生产正常进行的必要条件。流动资产过多导致现有固定资产无力适应过大的生产规模,表现为生产能力不足,必然造成材料、物资等的积压浪费;流动资产过少导致现有固定资产闲置多余,表现为生产能力过剩,不能充分发挥作用。其他反映并列关系的比率有长期投资与短期投资的比率、长期负债与短期负债的比率等。

反映对应关系的比率是指比较指标与被比较指标分属两类不同的指标体系,但两者之间存在相互适应和相对平衡的关系。如流动比率是流动资产与流动负债的对应关系比率,资产负债率是负债总额与资产总额的对应关系比率,权益比率是股东权益总额与资产总额之间对应关系比率等,它们主要体现了资产方与权益方两大指标体系对应指标之间的依存关系与适应程度。

反映转化关系的比率是指生产经营过程中各项成果指标相互转化的程度,如产品销售率是反映生产成果转化为销售成果的比率等。由于财务成果是企业实现最终经济效益的奋斗目标,而生产成果是实现财务成果的实物基础,销售成果是实现财务成果的前提条件,因此提高转化程度是促进企业经营效益不断增长的重要途径。

反映周转关系的比率是指一定期间内某项资产指标与它完成业务量指标的比值,比值越大,说明工作效率越高或周转速度越快,是经营能力强的表现。如存货周转率反映企业推销业务的能力,应收账款周转率反映企业收回赊账的能力等。分析反映周转关系的比率有利于加速企业资金周转,提高企业资金的利用效果。

比率分析法的运用有两种情况:一种情况是通过计算两个相关指标的比值,将求出的比率与标准比率进行比较;另一种情况是对不同时空条件下计算出来的同一种比率进行比较。以上两种情况得到比率之间的差异即为分析结果。可见,比率分析法在很大程度上都与比较分析法结合进行。

用计算比率的方法来分析财务报表是认识企业财务状况的重要途径。比率分析法原理具体运用到财务报表分析中需要设计和计算一套能全面反映企业财务状况和评价经营管理业绩的财务比率指标体系。财务比率是指各项有关财务指标之间的比率,是用一定的财务数据来衡量和评价企业财务状况和经营业绩的一种标准。

二、比较分析法

比较分析法是财务报表分析中最常用的一种方法,也是一种基本的方法。

比较分析法是指将实际达到的数据同特定的各种标准相比较,从数量上确定其差异,并进行差异分析或趋势分析的一种方法。差异分析是指通过差异揭示成绩或差距,作出评价,并找出产生差异的原因及其对差异的影响程度,为今后改进企业的经营管理指引方向的一种分析方法。趋势分析是指将实际达到的结果与不同时期的财务报表中同类指标的历史数据进行比较,从而确定财务状况、经营结果和现金流量的变化趋势和变化规律的一种分析方法。比较分析可以是静态的比较,也可以是动态的比较。

在财务分析中经常使用的比较分析法有水平分析法和垂直分析法。

(一) 水平分析法

1. 水平分析法的定义

水平分析法,也称横向比较法,是指将反映企业报告期财务状况、经营成果和现金流量的信息与反映前期或历史某一时期财务状况、经营成果和现金流量的信息进行对比,研究企业财务状况、经营成果和现金流量某一方面变动情况的一种财务分析方法。例如,可以将资产负债表中应收账款的期末余额与期初余额进行比较分析,也可以将利润表中的营业收入本期金额和上期金额进行比较。当然,水平分析法进行的对比不是仅仅针对单一项目进行比较分析。因此,通常也将水平分析法称为会计报表分析方法。

2. 水平分析法的原理

水平分析法的基本原理是将报表资料中不同时期的同项数据进行对比,对比的方式主要有绝对数和相对数两种,即分别计算变动额和变动率,其计算公式如下:

$$变动额＝报表某项目分析期金额－报表同项目基期金额$$

$$变动率＝\frac{变动额}{报表某项目基期金额}×100\%$$

绝对数比较,即利用财务报表中两个或两个以上的绝对数进行比较,以揭示其数量差异。

【例 2-2】 ABC 公司 2×18 年年末的资产总额为 3 456 万元,2×18 年年末的资产总额为 3 736 万元,则 2×19 年与 2×18 年的变动额为 280 万元。

相对数比较,即利用财务报表中的有相关关系的数据的相对数进行对比,如将绝对数换算成百分比、结构比重、比率等进行对比,以揭示相对数之间的差异。

【例 2-3】 ABC 公司 2×18 年年末的资产负债率为 57%,2×19 年年末的资产负债率为 58%,则 2×19 年与 2×18 年的变动率为 1%,即资产负债率上升了 1%,这就是利用百分比进行比较分析。

3. 水平分析法的应用

变动额衡量的是企业会计报表某一项目的变动额度,反映了该项目的变动规模;变动率衡量的是企业会计报表某一项目的变动幅度,反映了该项目的变动程度。因此,运用水平分析法,可以了解项目增减变动额度和变动幅度情况,从而发现可疑点。一般而言,变动额度多少为异常应视企业资产基础或收入基础确定,变动幅度如果超过 20%则应视为异常,当然还必须结合项目的性质。需要提出的是在应用水平分析法的过程中应将两种对比方式结合运用,仅用变动额或仅用变动率都可能得出片面的甚至是错误的结论。

(二) 垂直分析法

1. 垂直分析法的定义

垂直分析法,也叫结构分析法、纵向分析法,也属于比较分析法的一种类型。与水平分析法不同,垂直分析法的基本点不是将企业报告期的分析数据直接与基期进行对比,以求出增减变动量和增减变动率,而是通过计算会计报表中各项目占总体的比重或结构,反映会计报表的总体结构关系。垂直分析法可以分别应用于资产负债表、利润表和现金流量表等会计报表。会计报表经过垂直分析法处理后,通常称为同度量报表、总体结构报表、共同比报表等。

2. 垂直分析法的原理

垂直分析法的一般步骤如下:

(1) 确定报表中各项目占总额的比重或百分比,其计算公式如下:

$$某项目的比重 = \frac{该项目金额}{各项目总金额} \times 100\%$$

(2) 通过各项目的比重,分析各项目再企业经营中的重要性。一般而言,项目比重越大,说明其重要程度越高,对总体的影响越大。

(3) 将分析期各项目的比重与前期同项目比重对比,研究各项目的比重变动情况。也可将本企业报告期某项目比重与同行业企业的可比项目比重进行对比,从而确定差异。

3. 垂直分析法的应用

应用垂直分析法,需要注意以下问题。

1) 总体基础的唯一性

财务报告分析中,总是将财务报告中某一关键项目当作一个整体,然后再把构成这一整体的部分与之进行对比,因此总体基础的选择需要事先明确。一般来说,如果对资产负债表进行垂直分析,则选择资产总额作为总体基础;如果对利润表进行垂直分析,则选择营业收入作为总体基础;如果对现金流量表进行垂直分析,则分别选择现金流入总额和现金流出总额作为总体基础。除此以外,财务报告使用者还可以根据需要进一步确定不同的总体基础,如流动资产总额(进行流动资产结构分析)、存货总额(进行存货结构分析)、流动负债总额(进行流动负债结构分析)等。

2) 分析角度的多维性

即使对同一种总体基础,财务报告使用者也可以从不同维度进行分析,从而满足不同的分析目的。例如,对于资产结构分析,既可以从流动资产与非流动资产比例角度分析,也可以从有形资产与无形资产角度分析;对于应收账款结构分析,既可以进行账龄结构分析,也可以进行客户结构分析;对于负债结构分析,不仅可以进行负债期限结构分析,还可以进行负债方式结构分析、负债成本结构分析；对于营业收入结构，既可以分析营业收入来源的业务结构，也可以分析营业收入来源的地区结构。总之，财务报告使用者可以具体情况具体分析，在实际分析中根据不同的需要灵活地选择分析角度，而不能局限于单一角度的分析。

3）项目数据的可比性

在进行同一企业前后期或不同企业同一期的结构对比时，应尽量保持结构比重计算口径的一致性。因为如果同一企业前后期或不同企业同一期对于同一项目采取不同的会计政策和会计估计，会直接导致数据的不可比。例如，固定资产折旧方法包括平均年限法、双倍余额递减法、年数总和法等，对于同一类型的固定资产采用不同的折旧方法会导致企业固定资产价值大小不同，从而使计算出来的结构比重不可比；再如，存货计价方法包括加权平均法、先进先出法等多种方法，两个企业或同一企业在不同时期，即使实际情况完全相同，也会因为采用不同的计价方法对期末存货、企业利润等产生重大影响。如果面临这样的情形，财务报告使用者需要进行调整。

比较分析与比率分析的共性在于，都是采用将两数进行对比的手段来揭示指标之间的差异程度。两者的区别在于：其一，比较分析法强调对比指标之间的可比性，即只有同质的指标才能进行比较；而比率分析法中大部分比率是在不同质但相关的指标之间计算比值。因此，比率分析法运用的范围较之比较分析法更为广泛。其二，比较分析法的分析结果主要强调绝对差异的大小（即差异数），以表示同质指标变动的规律；而比率分析法的分析结果是以相对数表示，以说明两者的相互关系。

三、因素分析法

采用比较分析法将财务指标用不同的比较形式对比后，可以找出差异，发现成绩或问题，从而对企业财务活动作出初步评价。比较分析法的优点是简便、及时、直观。但是，比较分析法不能说明财务指标出现差异的原因，即财务指标变动是受什么因素影响以及各个因素变动对指标变动的影响程度，如哪些是有利因素、哪些是次要因素等。为此，还需要运用因素分析法。因素分析法是指对某一指标各种因素的变动及其对该分析指标的影响程度进行分析的一种方法，该分析方法由连环替代法及其简化形式差额计算法和平衡分析法构成。

连环替代法是指通过顺次逐个替代影响因素，计算各因素变动对指标变动影响程度的一种因素分析方法。

假设某财务指标 P 受 a、b、c 三个因素的影响，关系式为 $P = a \cdot b \cdot c$，设基数指标 P_0 由 a_0、b_0、c_0 组成，变动数指标 P_1 由 a_1、b_1、c_1 组成。即：

$$P_0 = a_0 \cdot b_0 \cdot c_0$$

$$P_1 = a_1 \cdot b_1 \cdot c_1 \tag{1}$$

变动数与基数的差异 $P_1 - P_0$ 为分析对象。我们用连环替代法顺次逐个地测定 a、b、c 三个因素变动对指标 P 变动的影响,当分析其中某一因素时,要把其他因素暂时当作不变的因素。

第一次替代:假定 a 因素发生变动,b、c 因素保持基数不变。

$$P_2 = a_1 \cdot b_0 \cdot c_0 \tag{2}$$

式(2)-式(1)=$P_2 - P_0$,表示 a 因素变动对指标 P 的影响。

第二次替代:假定 b 因素发生变动,a 因素已成为变动数不再变动,c 因素保持基数不变。

$$P_3 = a_1 \cdot b_1 \cdot c_0 \tag{3}$$

式(3)-式(2)=$P_3 - P_2$,表示 b 因素变动对指标 P 的影响。

第三次替代:假定 c 因素发生变动,a、b 因素已成为变动数不再变动。

$$P_1 = a_1 \cdot b_1 \cdot c_1 \tag{4}$$

式(4)-式(3)=$P_1 - P_3$,表示 c 因素变动对指标 P 的影响。

将 a、b、c 三个因素影响程度相加,即$(P_2 - P_0) + (P_3 - P_2) + (P_1 - P_3) = P_1 - P_0$。分析结果与分析对象(变动数指标与基数指标的差异)相符合。

下面举例说明连环替代法的具体运用。

【例 2-4】　某班组上月材料费用总额为 20 000 元,本月为 24 840 元,增加了 4 840元。根据资料查明,上月产品产量为 100 件,本月为 115 件;上月单位产品材料耗用量为 20 千克,本月为 18 千克;上月材料单价为 10 元,本月为 12 元。现分析该班组材料费用总额增加的原因如下:

材料费用总额＝产品产量×单位产品耗用量×材料单价

上月数:

$$100 \times 20 \times 10 = 20\ 000(元) \tag{5}$$

第一次替代:

$$115 \times 20 \times 10 = 23\ 000(元) \tag{6}$$

第二次替代:

$$115 \times 18 \times 10 = 20\ 700(元) \tag{7}$$

第三次替代:

$$115 \times 18 \times 12 = 24\ 840(元) \tag{8}$$

式(6)－式(5)＝23 000－20 000＝3 000(元)，由于本月产品产量比上月略增而使材料费用总额增加。

式(7)－式(6)＝20 700－23 000＝－2 300(元)，由于本月材料单耗比上月下降而使材料费用总额减少。

式(8)－式(7)＝24 840－20 700＝4 140(元)，由于本月材料单价提高使材料费用总额增加。

3 000＋(－2 300)＋4 140＝4 840(元)，产品产量、材料单耗、材料单价三个因素变动对材料费用总额变动的共同影响。

在上述分析结果中，a、b、c 三个因素变动的影响程度分别为：

$$P_2 - P_0 = a_1 \cdot b_0 \cdot c_0 - a_0 \cdot b_0 \cdot c_0$$
$$P_3 - P_2 = a_1 \cdot b_1 \cdot c_0 - a_1 \cdot b_0 \cdot c_0$$
$$P_1 - P_3 = a_1 \cdot b_1 \cdot c_1 - a_1 \cdot b_1 \cdot c_0$$

将其简化后，可以用公式直接计算：

a 因素变动影响程度：$(a_1 - a_0) \cdot b_0 \cdot c_0$

b 因素变动影响程度：$(b_1 - b_0) \cdot a_1 \cdot c_0$

c 因素变动影响程度：$(c_1 - c_0) \cdot a_1 \cdot b_1$

因此，[例 2-4]分析过程可以简化为：

产品产量增加的影响：$(115 - 100) \times 20 \times 10 = 3\ 000$(元)

材料单耗下降的影响：$(10 - 20) \times 115 \times 10 = -2\ 300$(元)

材料单价提高的影响：$(12 - 10) \times 115 \times 18 = 4\ 140$(元)

三个因素影响合计：$3\ 000 + (-2\ 300) + 4\ 140 = 4\ 840$(元)

这种利用各个因素本身变动差额直接计算各个因素变动对某指标变动影响程度的方法称之为差额计算法，它是连环替代法的简化形式，在实际分析工作中被广泛运用。

从以上连环替代法(包括差额计算法)的替代规则和计算程序来看，连环替代法具有连环性和顺序性两个特点。

连环性是指连环替代法在计算每个因素的影响时，都要以前一次计算指标为基础，采用连环比较差异的方法来确定因素变动对指标变动的影响程度。也就是说，在计算第一个因素的影响程度时，是将第一个因素变动与其他因素不变时的指标数值减去各个因素均不变时的基数指标数值来确定的，在计算第二个因素的影响程度时，是以第一个因素变动和第二个因素变动与其他因素不变时的指标数值减去第一个因素变动与其他因素不变时的指标数值来确定的，而不再以各个因素均不变的指标数值为比较基础。以此类推，在计算以后各个因素的影响程度时，都必须以前一次计算的指标数值作为比较基础，即移动比较基础。因为只有保持替代计算时的连环性，才能使各个因素影响程度之和等于所分析指标变动的总差异,即分析结果与分析对象相符。遵守连环性,不但可以完整地说明被分析指标变动的原因,而且能够对分析计算的正确性进行检查验证。

下面试用非连环性来计算 a、b、c 三个因素变动对指标 P 变动的影响。

基数指标:

$$P_0 = a_0 \cdot b_0 \cdot c_0 \qquad (9)$$

第一次替代:

$$P_2 = a_1 \cdot b_0 \cdot c_0 \qquad (10)$$

第二次替代:

$$P_3 = a_0 \cdot b_1 \cdot c_0 \qquad (11)$$

第三次替代:

$$P_4 = a_0 \cdot b_0 \cdot c_1 \qquad (12)$$

式(10)－式(9)＝$P_2 - P_0$,表示 a 因素变动对指标 P 的影响。

式(11)－式(9)＝$P_3 - P_0$,表示 b 因素变动对指标 P 的影响。

式(12)－式(9)＝$P_4 - P_0$,表示 c 因素变动对指标 P 的影响。

$$(P_2 - P_0) + (P_3 - P_0) + (P_4 - P_0) \neq P_1 - P_0$$

由此可见,各个因素影响程度的合计数不等于 P 指标的变动总差异,即分析结果与分析对象不相符合。

承接[例 2-4]资料,当采用非连环替代时(分析对象仍为＋4 840 元):

上月数:

$$100 \times 20 \times 10 = 20\ 000(元) \qquad (13)$$

第一次替代:

$$115 \times 20 \times 10 = 23\ 000(元) \qquad (14)$$

第二次替代:

$$100 \times 18 \times 10 = 207\ 000(元) \qquad (15)$$

第三次替代:

$$100 \times 20 \times 11 = 24\ 000(元) \qquad (16)$$

$$式(14)－式(13)＝23\ 000－20\ 000＝3\ 000(元)$$

$$式(15)－式(13)＝18\ 000－20\ 000＝－2\ 000(元)$$

$$式(16)－式(13)＝24\ 000－20\ 000＝4\ 000(元)$$

3 000＋(－2 000)＋4 000＝5 000≠4 840(元),三个因素影响合计数不等于材料费用

总额变动差异数。

由于非连环性采取固定比较基础(基数指标)而不是移动比较基础,致使分析结果不等于分析对象。因此,遵守连环替代法在替代计算上的连环性是正确运用连环替代法的基本要求。

顺序性是指连环替代法在替代转换各因素时,要按一定的顺序逐个替代,不能随意改变各个因素替代的先后顺序。若对同一指标的分析采用不同的替代顺序,则各个因素变动影响的总和虽然仍会等于指标变动的总差异,但是各个因素变动的影响程度会随着不同的替代顺序而不同。

试改变以上 a、b、c 三个因素的替代顺序,改变 c、a、b 的顺序替代计算。

基数指标:

$$P_0 = c_0 \cdot a_0 \cdot b_0 \tag{17}$$

第一次替代:

$$P_2 = c_1 \cdot a_0 \cdot b_0 \tag{18}$$

第二次替代:

$$P_3 = c_1 \cdot a_1 \cdot b_0 \tag{19}$$

第三次替代:

$$P_1 = c_1 \cdot a_1 \cdot b_1 \tag{20}$$

式(18)－式(17)＝$P_2 - P_0$,表示 c 因素变动对指标 P 的影响。

式(19)－式(18)＝$P_3 - P_2$,表示 a 因素变动对指标 P 的影响。

式(20)－式(19)＝$P_1 - P_3$,表示 b 因素变动对指标 P 的影响。

此时,虽然三个因素变动的影响合计数等于 P 指标变动的总差异,即:

$$(P_2 - P_0) + (P_3 - P_2) + (P_1 - P_3) = P_1 - P_0$$

但是,各个因素的影响数值与原来按 a、b、c 替代顺序计算的影响数值出现了差别。

对于 c 因素的影响数来说:$(c_1 - c_0) \cdot a_0 \cdot b_0 \neq (c_1 - c_0) \cdot a_1 \cdot b_1$

对于 a 因素的影响数来说:$(a_1 - a_0) \cdot c_1 \cdot b_0 \neq (a_1 - a_0) \cdot b_0 \cdot c_0$

对于 b 因素的影响数来说:$(b_1 - b_0) \cdot c_1 \cdot a_1 \neq (b_1 - b_0) \cdot a_0 \cdot c_0$

承接[例 2-4]资料,若按材料单价、产品产量、材料单耗的顺序替代计算各个因素影响,即:

材料费用总额＝产品单价×产品产量×材料单耗

上月数:10×100×20＝20 000(元)

本月数:12×115×18＝24 840(元)

分析对象:24 840－20 000＝4 840(元)

由于材料单价提高的影响:

$$(12-10)\times100\times20=4\ 000(元)$$

由于产品产量增加的影响:

$$(115-100)\times12\times20=3\ 600(元)$$

由于材料单耗下降的影响:

$$(18-20)\times12X\times115=-2\ 760(元)$$

虽然 4 000＋3 600＋(-2 760)＝4 840(元),但是材料单价影响比原计算数 4 140 元少 140 元,产品产量影响比原来计算数 3 000 元多 600 元,材料单耗影响比原计算数－2 300元少 460 元。

由此可见,不同的因素替代顺序实质上表明在不同的客观条件下来衡量因素变动的影响。如前一种替代顺序在分析销售单价变动影响时,是假定销售量已作为本月数,而按后一种替代顺序,是假定销售量保持上月数,因此,两个因素影响数值出现了差异。在运用连环替代法或差额计算法计算各因素变动对指标变动的影响程度时,既要遵守连环性(为了使各因素影响数合计与分析指标总差异相等),又要遵守顺序性(为了使各因素影响数计算一致以保证分析结论的可比性)。在进行财务分析时,应该根据各个因素之间的逻辑关系和按照公认的原则,确定合理的因素替代顺序,避免各行其是。在实际工作中,一般将各个因素区分为数量因素和质量因素,先分析数量因素变动的影响,后分析质量因素变动的影响。替代顺序的确定应从各个因素的经济含义及其相互依存关系出发,使分析结果有助于区分经济责任,加强经济核算。

由于连环替代法具有连环性和顺序性两个特点,在依次替代计算各个因素的影响程度时,必须假定其他因素不变或已变作为前提条件。同时,各个因素的替代顺序不同,会得出不同的影响数值。因此,连环替代法或差额计算法的分析结果不免带有假定性。基于这点认识,我们在分析时,应力求使这种假定成为合乎逻辑的、具有实际经济意义的假定,尽可能地使计算结果的假定性不影响分析结论的科学性和实用性。同时,我们认为连环替代法只不过是对财务指标进行定量分析的技术方法之一,它并非财务分析的全部。它的主要作用在于帮助人们加深对企业财务活动的认识,分清影响某项指标变动的有利因素与不利因素、主要因素与次要因素,以便在企业内部划分经济责任,有的放矢地制定措施。

连环替代法不应被认为只能对乘法关系的指标进行分析,它可以对各种关系组成的财务指标进行因素分析,但最适合对乘除关系的指标进行因素分析。

当分析指标 $P = \dfrac{b}{a}$ 时,设基数指标 $P_0 = \dfrac{b_0}{a_0}$,变动指标 $P_1 = \dfrac{b_1}{a_1}$,分析对象为 $P_1 - P_0$。

基期指标:

$$P_0 = \frac{b_0}{a_0} \tag{21}$$

第一次替代:

$$P_2 = \frac{b_0}{a_1} \tag{22}$$

第二次替代:

$$P_1 = \frac{b_1}{a_1} \tag{23}$$

$$\text{式}(22) - \text{式}(21) = P_2 - P_0 = \frac{b_0}{a_1} - \frac{b_0}{a_0}$$

$$\text{式}(23) - \text{式}(22) = P_0 - P_2 = \frac{b_0}{a_0} - \frac{b_0}{a_1}$$

$$(P_2 - P_0) - (P_1 - P_2) = P_1 - P_0$$

$$\left(\frac{b_0}{a_1} - \frac{b_0}{a_0}\right) - \left(\frac{b_1}{a_1} - \frac{b_0}{a_1}\right) = \frac{b_1}{a_1} - \frac{b_0}{a_0}$$

即:

$$P_1 - P_0 = \frac{b_1}{a_1}\frac{b_0}{a_0}$$

分析结果与分析对象相符合。

因此,当分析的两个因素相除的指标变动时,可以直接用上述分析结果中的计算公式。

【例2-5】 ABC 公司上年度销售收入 80 万元,销售利润 20 万元,本年度销售收入 100 万元,销售利润 30 万元,则上年销售利润率 $= \dfrac{20}{80} \times 100\% = 25\%$,本年销售利润率 $= \dfrac{30}{100} \times 100\% = 30\%$。本年销售利润率比上年销售利润率提高 5% 的原因分析如下:

由于销售收入增加,销售利润率下降:

$$\frac{20}{100} \times 100\% - \frac{20}{80} \times 100\% = -5\%$$

由于销售利润增加,销售利润率上升:

$$\frac{30}{100} \times 100\% - \frac{20}{100} \times 100\% = 10\%$$

两个因素的合计影响为：$(-5\%)+10\%=5\%$

对加减关系组成的财务指标也可以用连环替代法计算各组成因素对指标变动的影响，但其计算重复，工作量大，不便采用，因而拟用平衡分析法进行分析。

平衡分析法是指根据某项具有平衡关系的指标之间的依存关系，测定各因素变动对该指标变动影响程度的一种方法。其特点是各个因素本身差异额合计数等于指标变动总差异额。

如：本期销售量＝期初结存量＋本期生产量－期末结存量

利用以上加减平衡关系式可以分析期初结存量、本期生产量、期末结存量三个因素变动对本期销售量指标变动的影响。

利用以上加减平衡关系式，可以假设：

上年销售量 100(件)＝10＋110－20

本年销售量 120(件)＝20＋115－15

差异＋20(件)＝10＋15－5

可见本年比上年多销售 20 件产品是与生产量，与期初、期末结存量变动直接相关。用连环替代法也可计算出相同结果，但不如此法简洁。

四、现金流量分析法

所谓现金流量分析法就是把一定时期内经营过程中所产生的现金流入与现金流出的方向、数量、时间等因素结合起来，进一步考察其各个时间段的净现金流量（现金流入量与现金流出量之差）。在财务分析中，现金流量分析法一般是在多个可行性方案中选择净现金流量最大的方案为最优方案。例如，在短期偿债能力分析中，当净现金流量大于 0 时，说明企业能基本保证短期债务的及时偿付；当净现金流量小于 0 时，说明不能保证某项债务或某些债务的及时偿付。又如，在长期偿债能力分析中，如果长期投资过程中所产生的现金流入量大于其现金流出量，则表明该项投资基本上能保证长期债务的及时偿付，同时也说明该项投资具有可行性；若情况相反，则结论亦相反。

在财务分析中，必须充分了解现金流量的时间价值。现金流量的时间价值是指因现金流量发生的时间不同而使现金流量所具有的不同价值。例如，现值是指未来某一时期一定数额的货币折合成现在的价值。运用现值概念可以通过净现值法开展现金流量的时间价值分析。净现值是按未来现金流量的现值减去初始投资现金流量折现值之差。净现值也可理解为是从投资项目开始直到项目寿命终结的所有现金流量的现值的代数和。净现值法是指通过比较各个方案净现值的大小而选择最优可行性方案的一种方法。净现值大于 0 的方案一般为可行性方案，而在多个可行性方案中，净现值最大者为最优方案。

把现金流量分析运用于财务分析工作中，具有明显的理论意义和实践意义。

首先,现金流量分析法与上述其他基本分析方法一样,既是一个可以单独操作的具体方法,又同时是一种基础性较强的分析方法类型。其次,利用现金流量分析方法可以更科学地考核企业的财务能力,特别是企业的盈利能力。以往,我们单纯以各种利润为指标来反映企业的盈利水平,其真实性颇值得怀疑,因利润额高低要受会计核算程度的影响(如存货结转、折旧计算、费用摊配等方法的变化)。权责发生制的运用使当期利润额并不能代表企业当期实际可以动用的财力,加之人为因素的干扰也会直接或间接影响利润额的大小。最后,利用现金流量分析法有助于协调盈利能力与偿债能力之间的矛盾关系。现金流量分析区分现金流入与现金流出两个方面,展开现金流量分析可以适当地调整两者的方向、数量和时间,有助于科学调度财务资金的收支活动,既可以增加企业盈利能力,又可以提高企业偿债能力。

把现金流量分析引入各种财务投资决策过程中,一方面能够预测投资效益,另一方面能够预先把偿债风险降到最低限度,从而把两大财务能力之间的矛盾消除在萌芽状态之中。

总之,由于现金流量分析法的运用,使得投资报酬率分析、投资回收期分析等具体分析方法得到了改善。与此同时,净现值分析法、内含报酬率分析法也得到了重视和广泛采用,使整个财务分析方法体系增强了活力。

【例 2-6】 已知某项目投资总额 20 万元,投产后年收益额 10 万元,建成投产后有效使用期为 5 年。若按甲方案施工,每年投资 10 万元,建设期为 2 年;若按乙方案施工,当年投资 20 万元,建设期为 1 年。

我们分析评价甲、乙方案的优劣时,可以分两种情况运用现金流量分析法。

第一种情况:不考虑现金流量的时间价值。

此时:

$$净现金流量＝收益总额－投产总额$$
$$10×5－20＝30(万元)$$

甲、乙两方案净现金流量相同。也可以按投资回收期分析法计算甲、乙两个方案的投资回收期,其都是 2 年。即:

$$投资回收期＝\frac{投资总额}{投产后收益总额}＝\frac{20}{10}＝2(年)$$

或用其倒数计算,即:

$$投资效果系数＝\frac{投产后年收益总额}{投资总额}＝\frac{10}{20}＝0.5$$

以上分析均未考虑现金流量的时间价值,不能区分甲、乙两个方案的优劣。

第二种情况:考虑现金流量的时间价值。

即：

净现值＝收益额现值－投资额现值

采用净现值分析法不仅要考虑当前投资所用资金的现值,还需要考虑不同时期建成投产以后的收益额现值。在按照一定利率把投资额和收益额折算成现值后,再将收益额现值减去投资额现值,其差额称为净现值,以此作为评价投资效果的指标。净现值为正数时体现投资效果,净现值越大,效果越好。这种方法可以用于评价投资项目的实际效果与预算指标的差异,也可以用于选择不同的投资方案。

若已知年利率为6%,则可计算甲、乙两个方案的净现值如下：

甲方案：

投资额现值＝$10\div(1+6\%)^2+10\div(1+6\%)=8.90+9.43=18.33$(万元)

收益额现值＝$10\div(1+6\%)^7+10\div(1+6\%)^6+10\div(1+6\%)^5+10\div(1+6\%)^4+10\div(1+6\%)^3$
$=6.65+7.05+7.47+7.92+8.40=37.49$(万元)

净现值＝$37.49-18.33=19.16$(万元)

乙方案：

投资额现值＝$20\div(1+6\%)=18.86$(万元)

收益额现值：

$10\div(1+6\%)^6+10\div(1+6\%)^5+10\div(1+6\%)^4+10\div(1+6\%)^3+10\div(1+6\%)^2$
$=7.05+7.47+7.92+8.40+8.90=39.74$(万元)

净现值＝$39.74-18.86=20.88$(万元)

乙方案的净现值大于甲方案的净现值,体现了施工进度快、建设工期短、投产日期早的优越性,故应采用乙方案。可见,净现值分析法能全面反映不同方案在投资总额和预计收益水平相同的条件下,由于建设有快慢、投资使用有迟早、收益实现有先后,因而投资效果有差异。

五、图形分析法

图形分析法是指将企业的相关财务指标以某一图形揭示出来,以说明经营、财务状况变化的一种分析方法。由于图形可将多项指标多形式地在图形上直观地显示出来,具有直观、形象的特征,图形分析法已越来越引起人们的重视。例如,量本利分析中的盈亏平衡图、反映上市公司股票行情波动的K线图等均得到了广泛的应用。现以前面所述趋势比率法为例,在编制比较报表的同时,还可以采用绘制图形的方法。

绘制图形表示趋势分析是将连续各期某指标数据在坐标图上描点连线,形象、直观地反映财务指标的变化趋势,既可以按固定基期计算出各期趋势比率进行比较,也可按指标的绝对数值进行比较。

现将表2-1的固定基期趋势分析结果,结合表2-8的资料,绘制成ABC公司产品销售收入趋势分析图,如图2-1所示。

表2-8 ABC公司计划产品销售收入和同类企业产品销售收入资料 单位:万元

指 标	第一季度	第二季度	第三季度	第四季度
计划产品销售收入	70	80	90	100
定期发展速度	100%	114.3%	128.6%	142.9%
同类企业产品销售收入	100	120	140	160
定期发展速度	100%	120%	140%	160%

从图2-1可以看出,该企业产品销售收入指标一年内各季呈不断上升趋势,特别是第二季度比较第一季度增长幅度较大。同时,实际水平高于计划水平,说明产品销售收入增长计划完成得比较好。但是,与同类企业相比,ABC公司除第二季度发展速度略高外,总的水平比同类企业发展速度低,存在着一定差距。

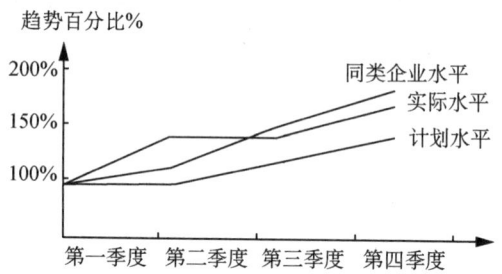

图2-1 ABC公司产品销售收入趋势分析图

如上所述,比较分析法、比率分析法、因素分析法、现金流量分析法和图形分析法等共同构成财务分析的基本方法。它们既是单独的方法,具有可操作性,又是某类具体方法的综合名称。例如,连环替代法、差额计算法、平衡分析法、投资报酬分析法、投资回收期分析法等属于具体的分析方法。基本分析方法指导和规范具体分析方法的操作实务,具体分析方法充实、发展基本分析方法的理论研究,两者互为条件、相辅相成。

本 章 小 结

随着现代企业制度的建立,企业的财务分析工作将逐步走上制度化、规范化的道路。这就要求企业必须建立与健全完善的财务分析组织体系,及时、系统、全面地分析企业的经营状况和财务成果。财务分析的程序是财务分析的一般规程。研究财务分析组织和程序是进行财务分析的基础与关键,它为开展财务分析工作、掌握财务分析技术指明了方向。

财务分析方法是完成财务分析的方式和手段。为服务市场经济环境中企业相关利益者的财务经济决策需要,财务分析方法体系应具备评价、预测、发展、协调四大基本功能。

财务分析方法体系的构建应适应市场环境中全面评价、科学预测、持续发展和合理协调财务能力的要求,注意传统分析法与现代分析法相结合、因素分析法与综合分析法相结合、全面分析法与重点分析法相结合、定量分析法与定性分析法相结合。可见,财务分析方法体系是多层次立体结构的。

　　财务分析的基本方法是指在发挥财务分析功能时经常使用的具有普遍适用性的方法。最常用的基本方法有比率分析法、比较分析法、因素分析法、现金流量分析法、图形分析法等。

案 例 分 析

重新发现三一重工

　　三一重工股份有限公司(以下简称“三一重工”)的母公司三一集团于 1989 年在湖南涟源正式创立,公司名称源于创业初期提出的“创建一流企业,造就一流人才,作出一流贡献”的企业愿景。多年来,三一重工以“品质改变世界”为使命,致力于为中华民族贡献一个世界级品牌。2019 年 11 月 13 日,三一重工上榜单项冠军产品名单。2019 年 12 月,三一重工入选“2019 中国品牌强国盛典榜样 100 品牌”。

　　2011 年,是工程机械制造行业的一个拐点。

　　2011 年,三一重工营业收入达到 507.76 亿元人民币,同比增长 49.54% ;净利润为 86.49 亿元,较上年同期增长 54.02%。同年 7 月,三一重工以 215.84 亿美元的市值,入围 FT 全球 500 强,成为中国机械行业唯一入围的企业。而在 2004 年,三一重工的主营业务收入还只有 9.27 亿元人民币,利润总额只有 1.79 亿元人民币。

　　2011 年至今,三一重工一直致力于信息化变革、多维度发展,致力于成为智能制造、物联网和大数据一体化的公司。

　　独立看一组报表数据,很难发现数据存在的问题及其背后的意义,下面是三一重工近两年的会计报表,如表 2-9 及表 2-10 所示。

表 2-9　三一重工资产负债表

编制单位:三一重工股份有限公司　　2019 年 12 月 31 日　　　　　　　　　　单位:千元

资产	期末余额	上年年末余额	负债及所有者权益	期末余额	上年年末余额
流动资产:			流动负债:		
货币资金	13 526 744	11 985 039	短期借款	8 641 155	5 416 746

（续表）

资产	期末余额	上年年末余额	负债及所有者权益	期末余额	上年年末余额
交易性金融资产	8 367 396	1 556 719	衍生金融负债	503 030	898 547
衍生金融资产	323 728	559 072	应付票据	8 018 394	8 405 000
应收票据	—	668 643	应付账款	12 276 227	8 785 710
应收账款	21 792 894	20 133 360	预收账款	1 280 954	1 357 096
应收款项融资	1 037 461	—	应付职工薪酬	1 289 623	1 046 253
预付款项	633 585	981 653	应交税费	1 490 456	523 752
其他应收款	2 786 500	1 703 612	其他应付款	4 149 550	2 960 738
存货	14 251 743	11 594 627	持有待售负债	—	—
待摊费用	—	—	一年内到期非流动负债	2 129 687	2 919 081
待处理流动资产净损失	—	—	其他流动负债	2 369 518	1 622 435
一年内到期的非流动资产	508 164	233 231			
其他流动资产	5 272 008	2 479 986			
流动资产合计	68 500 223	51 895 942	流动负债合计	42 148 594	33 935 358
非流动资产：			非流动负债：		
可供出售金融资产		1 120 510	长期借款	1 302 835	1 940 704
长期应收款	1 285 891	365 793	应付债券	—	4 033 475
长期股权投资	2 985 437	2 328 352	长期应付款	121 498	242 733
投资性房地产	126 320	50 113	长期应付职工薪酬	83 972	78 997
固定资产	10 615 375	11 867 237	预计负债	234 509	117 209
在建工程	1 104 777	791 073	递延收益	401 908	271 746
无形资产	3 339 313	3 879 500	递延所得税负债	713 866	649 817
开发支出	53 292	147 964	其他非流动负债	7 371	2 571
商誉	50 847	49 445	非流动负债合计	2 865 959	7 337 252
长期待摊费用	76 312	27 360	负债合计	45 014 553	41 272 610

(续表)

资产	期末余额	上年年末余额	负债及所有者权益	期末余额	上年年末余额
递延所得税资产	1 109 374	1 151 953	所有者权益:		
其他非流动资产	150 061	98 079	实收资本	8 426 246	7 800 711
非流动资产合计	22 041 075	21 878 781	其他权益工具	—	368 996
			资本公积	5 948 317	1 883 392
			减:库存股	839 552	111 106
			其他综合收益	−1 291 401	−1 420 244
			盈余公积	3 225 142	3 181 806
			未分配利润	28 952 232	19 781 350
			所有者权益合计	45 526 745	32 502 113
资产总计	90 541 298	73 774 723	负债及所有者权益总计	90 541 298	73 774 723

表 2-10 三一重工利润表

编制单位:三一重工股份有限公司　　　　2019 年 12 月　　　　　　　　　单位:千元

项　　　目	本期金额	上期金额
一、营业收入	75 665 760	55 821 504
减:营业成本	50 932 269	38 727 958
税金及附加	370 910	326 364
销售费用	5 487 589	4 446 632
管理费用	2 051 664	2 045 899
研发费用	3 644 408	1 754 475
财务费用	−46 387	135 645
其中:利息收入	557 163	563 522
利息费用	504 859	343 601
加:其他收益	568 110	341 568
投资收益(损失以"—"号填列)	382 852	637 456
其中:对联营企业和合营企业的投资收益	139 528	128 265

（续表）

项　目	本期金额	上期金额
公允价值变动收益（损失以"一"号填列）	289 648	－361 676
信用减值损失（损失以"一"号填列）	－1 116 793	
资产减值损失（损失以"一"号填列）	－142 448	－1 095 384
资产处置收益（损失以"一"号填列）	568 750	－28 053
二、营业利润（亏损以"一"号填列）	13 775 426	7 878 442
加：营业外收入	182 694	123 184
减：营业外支出	503 802	451 382
三、利润总额（亏损以"一"号填列）	13 454 318	7 550 244
减：所得税费用	1 959 870	1 246 757
四、净利润（亏损以"一"号填列）	11 494 448	6 303 487
（一）持续经营净利润（净亏损以"一"号填列）	11 494 448	6 303 487
（二）终止经营净利润（净亏损以"一"号填列）		
五、其他综合收益的税后净额	151 032	106 331
（一）不能重分类进损益的其他综合收益	262 955	－2 425
1. 重新计量设定受益计划净负债或净资产的变动	－6 074	－2 425
2. 权益法下在被投资单位不能重分类进损益的其他综合收益中享有的份额	279 933	
……		
（二）将重分类进损益的其他综合收益	－116 038	113 803
1. 权益法下在被投资单位以后将重分类进损益的其他综合收益中享有的份额	5 966	－4 055
2. 可供出售金融资产公允价值变动损益		
3. 持有至到期投资重分类为可供出售金融资产损益		288 374
4. 现金流量套期损益的有效部分	－10 979	
5. 外币财务报表折算差额	－111 025	－170 516
……		
六、综合收益总额	11 645 480	6 409 818
七、每股收益：		

(续表)

项　　目	本期金额	上期金额
（一）基本每股收益	1.3595	0.7907
（二）稀释每股收益	1.3520	0.7466

（资料来源：上海证券交易所）。

案例思考题：利用所学方法，分析 2019 年三一重工的财务状况和经营成果。

练 习 题

一、单项选择题

1. 属于综合财务分析法的是(　　)。

A. 比率分析法　　　B. 比较分析法　　　C. 杜邦分析法　　　D. 趋势分析法

2. 可用于企业财务状况趋势分析的方法为(　　)。

A. 比较分析法　　　　　　　　B. 比率分析法

C. 财务比率综合分析法　　　　D. 杜邦分析法

3. 传统分析方法即以(　　)为代表的某些分析方法，它们在反映和监督计划完成情况时起到很好的作用。

A. 因素分析法　　　B. 趋势分析法　　　C. 比较分析法　　　D. 比率分析法

4. 财务分析组织应以(　　)为核心，进行比较全面综合的分析，横向比较各部门单位、纵向比较各车间、班组也应进行专题分析。

A. 财务部门　　　B. 财务总监　　　C. 总会计师　　　D. 管理层

5. 财务分析资料的质量，主要是(　　)所提供信息的质量要高，才能保证分析结果的正确性。

A. 财务报表　　　B. 经济数据　　　C. 内部资料　　　D. 宏观信息资料

二、多项选择题

1. 财务分析方法体系应具备(　　)基本功能。

A. 评价　　　B. 预测　　　C. 发展　　　D. 协调

2. (　　)等共同构成财务分析的基本方法。

A. 比较分析法　　　　　　　　B. 比率分析法

C. 因素分析法　　　　　　　　D. 现金流量分析法

E. 图形分析法

3. 从财务分析信息的需要者来说，财务分析可分为(　　)等。

A. 信用分析　　　B. 经营决策分析　　　C. 投资分析　　　D. 税务分析

4. 现代分析方法中出现了( )等与财务分析相结合的新趋势。

A. 概率论　　　　　　B. 数理统计学　　　C. 随机控制　　　　D. 数学逻辑学

E. 函数分析

5. 财务分析具体分析方法有( )。

A. 量本利分析法　　　　　　　　　B. 线性回归法

C. 内含报酬率分析法　　　　　　　D. 比率分析法

E. 净现值分析法

三、判断题

1. 比率分析法是财务分析的最基本、最重要的分析方法。　　　　　　　( )

2. 财务分析方法体系是一个适应市场经济、满足财务信息需求者要求的多层次的实用方法系统。　　　　　　　　　　　　　　　　　　　　　　　　　( )

3. 因素分析法与综合分析法是财务分析的主要定性分析方法。　　　　( )

4. 企业的财务分析组织并不一定只对本企业的财务状况和经营业绩进行分析。

( )

5. 外部分析组织是指企业外部机构或个人对企业财务活动进行分析的组织,即成立财务分析小组,其主要工作包括财务分析小组人员的配备与分工。　　　( )

四、简答题

1. 简述财务分析的一般程序。

2. 什么是比率分析法? 比率分析法有哪些类型?

3. 什么是现金流量分析法? 应用时需注意哪些方面?

4. 举例说明什么是图形分析法?

第二篇
会计分析

第三章 资产负债表分析

第一节 资产负债表概述

一、资产负债表的结构与内容

(一) 资产负债表的结构

资产负债表是一种静态报表,反映企业某一特定日期财务状况的会计报表,即反映了企业在这一时点拥有了多少资产,承担了多少对债权人和股东的义务。资产负债表的编制基础是权责发生制。

资产负债表的结构一般是指资产负债表的组成内容及各项目在表内的排列顺序。我国企业的资产负债表是按双边式编制,左右双方平衡,其编制原理遵循"资产＝负债＋所有者权益"这一会计最基本的等式。资产负债表的右边反映资金的来源——筹资活动,主要源自两大渠道,它们分别为负债和所有者权益;左边反映资金的占用——投资活动,投资活动的结果是给企业形成了一系列的资产。

(二) 资产负债表的基本格式和内容

根据我国 2018 年颁布的《企业会计准则》规定,一般企业资产负债表的基本格式和内容如表 3-1 所示。

表 3-1　ABC 公司资产负债表　　　　　　　　会企 01 表

编制单位：ABC 公司　　　　　　　　2019 年 12 月 31 日　　　　　　　　单位：万元

资产	期末余额	上年年末余额	负债和股东权益	期末余额	上年年末余额
流动资产：			流动负债：		
货币资金	156 280	76 556	短期借款	208 800	154 000
以公允价值计量且其变动计入当期损益的金融资产	120	64	以公允价值计量且其变动计入当期损益的金融负债	—	—
衍生金融资产	—	—	衍生金融负债	—	—
应收票据	39 000	16 000	应付票据	7 600	2 520
应收账款	31 668	47 104	应付账款	51 404	31 672
预付款项	36 536	143 220	预收款项	10 468	7 572
其他应收款	1 300	1 632	应付职工薪酬	11 900	1 752
存货	34 424	19 352	应交税费	20736	5 692
持有待售资产	—	—	其他应付款	95 144	39 536
一年内到期的非流动资产	—	—	持有待售负债	—	—
其他流动资产	8 000	4 848	一年内到期的非流动负债	96 232	50 432
流动资产合计	307 328	308 776	其他流动负债	36 216	24 884
非流动资产：			流动负债合计	538 500	318 060
可供出售金融资产	—	—	非流动负债：		
持有至到期投资	—	—	长期借款	955 816	956 848
长期应收款	—	—	应付债券	—	—
长期股权投资	126 268	107 460	长期应付款	18 984	340
投资性房地产	1 436	—	预计负债	—	—
固定资产	1 605 572	1 220 316	递延收益	—	—
在建工程	26 140	84 840	递延所得税负债	—	—
生产性生物资产	—	—	其他非流动负债	—	—
油气资产	—	—	非流动负债合计		

（续表）

资产	期末余额	上年年末余额	负债和股东权益	期末余额	上年年末余额
无形资产	30 868	31 248	负债合计	1 513 300	1 275 248
开发支出	—	—	所有者权益（或股东权益）：		
商誉	—	—	实收资本（或股本）	320 056	238 532
长期待摊费用	372	392	其他权益工具	—	—
递延所得税资产	4 072	5 036	资本公积	122 132	153 340
其他非流动资产	—	—	其他综合收益	13 600	—
非流动资产合计	1 794 728	1 449 292	专项储备	—	—
			盈余公积	20 396	17 960
			未分配利润	112 572	72 988
			所有者权益（或股东权益）合计	588 756	482 820
资产总计	2 102 056	1 758 068	负债和所有者权益（或股东权益）总计	2 102 056	1 758 068

二、资产负债表分析的内涵

资产负债表可以看成是某一特定日期会计人员对企业会计价值所拍的一个快照，仿佛企业在那一瞬间是静止的。它是报表使用者了解、分析企业财务状况的重要信息来源。

企业通过财务报告对外披露的财务数据与企业的原始经济业务数据是有区别的，财务报告是对原始经济业务进行会计确认和计量的结果。在会计确认和计量的过程中，会计人员运用职业判断对会计政策和方法进行了选择。财务分析人员需要对会计人员职业判断的合理性进行评估，也就是要评价企业会计政策和方法的选用是否恰当。

管理层有可能在非正当利益的驱使下，出于业绩考核、获取信贷资金、发行股票、上市资格维护和政治目的等动机，而有意粉饰财务报告。财务报告信息是各项财务能力分析的主要信息资料和重要依据，如果在这种情况下使用虚假信息进行财务分析，进而指导财务决策，那么财务决策的结果将是灾难性的。

为了确保财务能力分析的准确性和有效性，有必要在财务能力分析之前对财务报告信息的质量进行一次"评估"。本章要讲解的资产负债表分析就属于这样一种"评估"。

三、资产负债表分析的目的

资产负债表分析在于了解企业对财务状况的反映程度及所提供会计信息的质量,据此对企业资产和权益的变动情况及企业财务状况作出恰当的评价。

1. 揭示资产负债表中相关资产、负债及权益项目的内涵

资产负债表上的数据是企业相关经营活动的直接结果,但这种结果是通过企业会计依据相关的会计政策、按照具体会计处理方法进行会计处理后编制出来的。因此,企业采用何种会计政策及使用何种会计处理方法,必然会对资产负债表的数据产生影响。因此,要解读资产负债表中相关项目的真正内涵,必须了解企业所依据的会计政策和采用的会计方法。

2. 了解企业财务状况的变动情况和变动原因

企业在经营过程中,资产规模及其结构会不断发生变动,与之相适应的资金来源也会发生变动,资产负债表只是静态地反映变动的后果。而企业的资产、负债及所有者权益在企业经营一段时期后发生了什么样的变动,以及变动的原因是什么,需要通过资产负债表分析才能知道,并在此基础上对其变动状况的原因作出合理的解释。

3. 评价企业会计对企业经营状况的反映程度

企业若存在粉饰财务报告与欺诈的动机,可能会歪曲或隐瞒重要的会计信息。而资产负债表是否充分反映了企业经营状况,其信息的真实性如何,资产负债表本身不能说明这个问题。只有通过资产负债表分析,才能对其信息反映的真实程度作出评价,进而对企业的真实财务状况进行解读。

4. 修正资产负债表的数据

资产负债表是进行财务分析的重要基础资料,即使企业不是出于某种目的进行调整,资产负债表的数据也不能完全真实地反映其财务状况。会计政策的选择与变更、会计估计的选择与变更等企业经营以外的因素也对资产负债表数据有一定的影响。资产负债表分析就是要揭示出资产负债表数据所体现的财务状况与真实财务状况之间的差异,进而对差异进行调整,修正会计数据,为进一步利用资产负债表的信息打下基础。

第二节 资产负债表水平分析

一、资产负债表水平分析的目的和思路

资产负债表水平分析就是通过对企业各项资产、负债和所有者权益的对比分析,揭示企业经营导致的财务状况变动及分析其变动的原因。

资产负债表水平分析的目的就是从总体上概括了解资产、权益的变动情况,揭示出资

产、负债和所有者权益变动的差异,分析其差异产生的原因。

资产负债表水平分析的依据是资产负债表,通过采用水平分析法,将资产负债表的实际数与选定的标准进行比较,编制出资产负债表水平分析表,并在此基础上进行分析评价。

二、编制资产负债表水平分析表

资产负债表水平分析要根据分析的目的来选择比较的标准(基期),当分析的目的在于揭示资产负债表实际变动情况,分析产生实际差异的原因,其比较的标准应选择资产负债表的上年年末余额;当分析的目的在于揭示资产负债表预算或计划执行情况,分析影响资产负债表预算或计划执行情况的原因,其比较的标准应选择资产负债表的预算数或计划数。

资产负债表水平分析除了要计算某项目的增减额和增减率外,还应计算出该项目变动对总资产或负债和所有者权益总额的影响程度,以便确定影响总资产或负债和所有者权益总额的重点项目,为进一步分析指明方向。某项目变动对总资产或负债和所有者权益总额的影响程度可按下式计算:

$$某项目变动对总资产(权益总额)的影响 = \frac{某项目的变动额}{基期总资产(权益总额)} \times 100\%$$

根据表 3-1 提供的资料,编制 ABC 公司资产负债表水平分析表,如表 3-2 所示。

表 3-2　ABC 公司资产负债表水平分析表　　　　　　　单位:万元

资产、负债和股东权益	期末余额	年初余额	增减额	增减率	对总资产的影响
流动资产:					
货币资金	156 280	76 556	79 724	104.14%	4.53%
以公允价值计量且其变动计入当期损益的金融资产	120	64	56	87.50%	0.00%
应收票据	39 000	16 000	23 000	143.75%	1.31%
应收账款	31 668	47 104	−15 436	−32.77%	−0.88%
预付款项	36 536	143 220	−106 684	−74.49%	−6.07%
其他应收款	1 300	1 632	−332	−20.34%	−0.02%
存货	34 424	19 352	15 072	77.88%	0.86%
其他流动资产	8 000	4 848	3 152	65.02%	0.18%
流动资产合计	307 328	308 776	−1 448	−0.47%	−0.08%
非流动资产:					
长期股权投资	126 268	107 460	18 808	17.50%	1.07%
投资性房地产	1 436	0	1 436		0.08%

（续表）

资产、负债和股东权益	期末余额	年初余额	增减额	增减率	对总资产的影响
固定资产	1 605 572	1 220 316	385 256	31.57%	21.91%
在建工程	26 140	84 840	−58 700	−69.19%	−3.34%
无形资产	30 868	31 248	−380	−1.22%	−0.02%
长期待摊费用	372	392	−20	−5.10%	0.00%
递延所得税资产	4 072	5 036	−964	−19.13%	−0.05%
非流动资产合计	1 794 728	1 449 292	345 436	23.83%	19.65%
资产总计	2 102 056	1 758 068	343 988	19.57%	19.57%
流动负债：					
短期借款	208 800	154 000	54 800	35.58%	3.12%
应付票据	7 600	2 520	5 080	201.59%	0.29%
应付账款	51 404	31 672	19 732	62.30%	1.12%
预收款项	10 468	7 572	2 896	38.25%	0.16%
应付职工薪酬	11 900	1 752	10 148	579.22%	0.58%
应交税费	20 736	5 692	15 044	264.30%	0.86%
其他应付款	95 144	39 536	55 608	140.65%	3.16%
一年内到期的非流动负债	96 232	50 432	45 800	90.82%	2.61%
其他流动负债	36 216	24 884	11 332	45.54%	0.64%
流动负债合计	538 500	318 060	220 440	69.31%	12.54%
非流动负债：					
长期借款	955 816	956 848	−1 032	−0.11%	−0.06%
长期应付款	18 984	340	18 644	5 483.53%	1.06%
非流动负债合计	974 800	957 188	17 612	1.84%	1.00%
负债合计	1 513 300	1 275 248	238 052	18.67%	13.54%
所有者权益(或股东权益)：					
实收资本(或股本)	320 056	238 532	81 524	34.18%	4.64%
资本公积	122 132	153 340	−31 208	−20.35%	−1.78%
其他综合收益	13 600	0	13 600	0	0.77%
盈余公积	20 396	17 960	2 436	13.56%	0.14%
未分配利润	112 572	72 988	39 584	54.23%	2.25%
所有者权益(或股东权益)合计	588 756	482 820	105 936	21.94%	6.03%
负债和所有者权益(或股东权益)总计	2 102 056	1 758 068	343 988	19.57%	19.57%

三、资产负债表规模变动情况的分析评价

(一) 从资产角度进行分析评价

第一,分析总资产规模的变动状况以及各类、各项资产的变动状况,揭示出资产变动的主要方面,从总体上了解企业经过一定时期经营后资产的变动情况。

第二,发现变动幅度较大或对总资产变动影响较大的重点类别和重点项目。分析时一是要注意发现变动幅度较大的资产类别或资产项目,特别是发生异常变动的项目。二是要把对总资产变动影响较大的资产项目作为分析重点。某资产项目变动自然会引起总资产发生同方向变动,但不能完全根据该项目本身的变动来说明其对总资产的影响。该项目变动对总资产的影响,不仅取决于该项目本身的变动程度,还取决于该项目在总资产中所占的比重。当某项目本身变动幅度较大时,如果该项目在总资产中所占比重较小,则该项目变动对总资产的变动就不会有太大影响。反之,即使某个项目本身变动幅度较小,如果其比重较大,则其对总资产变动的影响程度也很大。如表 3-2 中其他流动资产项目,在所有资产项目中变动幅度较大,本期增加了 65.02%,但由于该项目仅占总资产的0.28%(4 848÷1 758 068),所以其仅使总资产减少 0.18% (3 152÷1 758 068);相反,固定资产虽然仅增加 31.57%,但由于其所占比重较大,对总资产的影响却达到了 21.91%。分析时只有注意到这一点,才能突出分析重点,抓住关键问题进行深入分析,而且能减轻分析工作量。

通过水平分析,可以看出 ABC 公司资产总额 2019 年较上年增加 19.57%,增加额为343 988 万元,可以说资产规模增长较大。其中,流动资产较上年减少 0.47 %,减少额为1 448 万元,减少幅度不大,流动资产的减少主要是由预付款项的大幅度减少所致;而非流动资产则有较大幅度的增加,增长率达到了 23.83%,增长额为 345 436 万元,其增加主要是由固定资产的大幅度增长所致,表明企业的生产能力有所增加。

(二) 从权益角度进行分析评价

第一,分析权益总额的变动状况以及各类、各项筹资的变动状况,揭示出权益总额变动的主要方面,从总体上了解企业经过一定时期经营后权益总额的变动情况。

第二,发现变动幅度较大或对权益总额变动影响较大的重点类别和重点项目,为进一步分析指明方向。

从企业的负债和所有者权益状况来看,负债和所有者权益均有增加。负债增长额为238 052 万元,增幅达到了 18.67%。其中,流动负债增幅很大,达到了 69.31%,增长额为220 440 万元。流动负债总额增长主要体现在短期借款和其他应付款的增长,短期借款本期增加 54 800 万元,增长幅度为 35.58%,其他应付款本期增加 55 608 万元,增长幅度为140.60%。流动负债的增加在一定程度上表明企业的短期偿债风险有所增大。而非流动

负债变动较小,比较稳定。从所有者权益角度来看,企业的所有者权益较上年增长220 440万元,增幅达到了21.94%。所有者权益的增长主要源于实收资本和未分配利润的增长。

另外,对资产负债水平分析表的分析评价还应结合资产负债表结构分析、重点项目分析进行,同时还应注意与利润表、现金流量表结合进行评价。

第三节　资产负债表结构分析

一、资产负债表结构分析的目的和思路

资产负债表结构分析,也叫资产负债表垂直分析,就是通过将资产负债表中各项目与总资产或总权益进行对比,分析企业的资产构成、负债构成和所有者权益构成,揭示企业资产结构和资本结构的合理程度,探索企业资产结构优化、资本结构优化及资产结构与资本结构适应程度优化的思路。

资产负债表结构分析的目的是分析评价企业资产结构和权益结构变动的合理程度,具体讲就是:分析评价企业资产结构变动情况及变动的合理性;分析评价企业资本结构的变动情况及变动的合理性;分析评价资产结构和资本结构的适应程度。

资产负债表结构分析的依据是资产负债表,通过采用水平分析法,计算出资产负债表中各个项目占总资产(或总权益)的比重,将这个比重的实际数与选定的标准进行比较,编制出资产负债表垂直分析表,在此基础上进行分析评价。

二、编制资产负债表垂直分析表

根据表 3-1 提供的资料,编制 ABC 公司资产负债表垂直分析表,如表 3-3 所示。

表 3-3　ABC公司资产负债表垂直分析表　　　　　　　　　单位:万元

资产、负债和所有者权益 (或股东权益)	期末余额	年初余额	期末各项 所占比重	期初各项 所占比重	变动情况
流动资产:					
货币资金	156 280	76 556	7.43%	4.35%	3.08%
以公允价值计量且其变动 　计入当期损益的金融资产	120	64	0.01%	0.00%	0.01%
应收票据	39 000	16 000	1.86%	0.91%	0.95%
应收账款	31 668	47 104	1.51%	2.68%	−1.17%

(续表)

资产、负债和所有者权益（或股东权益）	期末余额	年初余额	期末各项所占比重	期初各项所占比重	变动情况
预付款项	36 536	143 220	1.74%	8.15%	−6.41%
其他应收款	1 300	1 632	0.06%	0.09%	−0.03%
存货	34 424	19 352	1.64%	1.10%	0.54%
其他流动资产	8 000	4 848	0.38%	0.28%	0.10%
流动资产合计	307 328	308 776	14.62%	17.56%	−2.94%
非流动资产：					
长期股权投资	126 268	107 460	6.01%	6.11%	−0.10%
投资性房地产	1 436	0	0.07%	0.00%	0.07%
固定资产	1 605 572	1 220 316	76.38%	69.41%	6.97%
在建工程	25 940	84 840	1.24%	4.83%	−3.59%
无形资产	30 868	31 248	1.47%	1.78%	−0.31%
长期待摊费用	372	392	0.02%	0.02%	0.00%
递延所得税资产	4 072	5 036	0.19%	0.29%	−0.10%
非流动资产合计	1 794 728	1 449 292	85.38%	82.44%	2.94%
资产总计	2 102 056	1 758 068	100%	100%	—
流动负债：					
短期借款	208 800	154 000	9.93%	8.76%	1.17%
应付票据	7 600	2 520	0.36	0.1%	0.22%
应付账款	51 404	31 672	2.45%	1.80%	0.64%
预收款项	10 468	7 572	0.50%	0.43%	0.07%
应付职工薪酬	11 900	1 752	0.57%	0.10%	0.47%
应交税费	20 736	5 692	0.99%	0.32%	0.66%
其他应付款	95 144	39 536	4.53%	2.25%	2.28%
一年内到期的非流动负债	96 232	50 432	4.58%	2.87%	1.71%
其他流动负债	36 216	24 884	1.72%	1.42%	0.31%
流动负债合计	538 500	318 060	25.62%	18.09%	7.53%
非流动负债：					

(续表)

资产、负债和所有者权益 （或股东权益）	期末余额	年初余额	期末各项 所占比重	期初各项 所占比重	变动情况
长期借款	955 816	956 848	45.47%	54,43%	−8.96%
长期应付款	18 984	340	0.90%	0.02%	0.88%
非流动负债合计	974 800	957 188	46.37%	54.45%	−8.07%
负债合计	1 513 300	1 275 248	71.99%	72.54%	−0.55%
所有者权益（或股东权益）：					
实收资本（或股本）	320 056	238 532	15.23%	13.57%	1.66%
资本公积	122 132	153 340	5.81%	8.72%	−2.91%
其他综合收益	13 600	0	0.65%	0	0.65%
盈余公积	20 396	17 960	0.97%	1.02%	−0.05%
未分配利润	112 572	72 988	5.36%	4.15%	1.20%
所有者权益（或股东权益）合计	588 756	482 820	28.01%	27.46%	0.55%
负债和所有者权益 （或股东权益）总计	2 102 056	1 758 068	100%	100%	—

三、资产结构的分析评价

（一）资产结构的种类

1. 经营资产与非经营资产的比例关系

企业占有的资产是企业进行经营活动的物质基础，但并不是所有的资产都是用于企业自身经营的。其中有些资产被其他企业所运用，如一些债权类资产和投资类资产；有些资产已转化为今后的费用，如长期待摊费用和递延所得税资产等。这些资产尽管是企业的资产，但已无助于企业自身经营。如果这些非经营资产所占的比重过大，企业的经营能力就会远远小于企业总资产所表现出来的经营能力。当企业资产规模扩大时，从表面上看，似乎是企业经营能力增强了，但如果仅仅是非经营资产比重上升，经营资产比重反而下降了，是不能真正增强企业的经营能力的。

2. 固定资产与流动资产的比例关系

一般而言，企业固定资产与流动资产之间只有保持合理的比例结构，才能形成现实的生产能力，否则，就有可能造成部分生产能力闲置或加工能力不足。以下三种固流结构政策可供企业选择：

（1）适中的固流结构政策。采取这种策略，就是将固定资产存量与流动资产存量的比例保持在平均水平。这种情况下,企业的盈利水平一般,风险程度一般。

(2)保守的固流结构政策。采取这种策略,流动资产的比例较高。这种情况下,由于增加了流动资产,企业资产的流动性提高,资产风险会因此降低,但可能导致盈利水平的下降。

(3)激进的固流结构政策。采取这种策略,固定资产的比例较高。这种情况下,由于增加了固定资产,会相应提高企业的盈利水平,同时可能导致企业资产的流动性降低,资产风险会因此提高。

3.流动资产的内部结构

流动资产的内部结构是指组成流动资产的各个项目占流动资产的比重。分析流动资产结构,可以了解流动资产的分布情况、配置情况、资产的流动性及支付能力。

当然,对于企业流动资产的内部结构以多少为标准比较合理这个问题不能一概而论。企业应首先选择一个标准,然后将流动资产结构与标准进行比较,以反映流动资产结构变动的合理性。一般来说,选择同行业的平均水平或财务计划中确定的目标还是比较合理的。因为同行业的平均水平是该行业目前已经达到的平均水平,具有代表性,应当被认为是合理的。企业财务计划关于标准的选定是根据企业整体经营目标确定的,也可作为评价标准。

(二)资产结构的分析评价

1.静态方面分析

从静态角度观察企业资产的配置情况,特别关注流动资产和非流动资产的比重以及其中重要项目的比重,分析时可通过与行业的平均水平或可比企业的资产结构进行比较,对企业资产的流动性和资产风险作出判断,进而对企业资产结构的合理性作出评价。

就一般意义而言,流动资产变现能力强,其资产风险较小;而非流动资产变现能力较差,其资产风险较大。所以,流动资产比重较大时,企业资产的流动性强而风险小;非流动资产比重较大时,企业资产弹性较差,不利于企业灵活调度资金,风险较大。从表3-3可以看出,ABC公司本期流动资产比重仅为14.62%,非流动资产比重高达85.38%。根据ABC公司的资产结构,可以认为ABC公司资产的流动性较差,资产风险较大。

2.动态方面分析

从动态角度分析企业资产结构的变动情况,对企业资产结构的稳定性作出评价,进而对企业资产结构的调整情况作出评价。

从表3-3可以看出,ABC公司流动资产比重降低了2.94%,非流动资产比重上升了2.94%,结合各资产项目的结构变动情况来看,变动幅度不是很大,说明ABC公司的资产结构相对比较稳定。

四、资本结构的分析评价

(一)资本结构的定义

所谓资本结构,狭义地说,是指企业长期负债和权益资本的比例关系。广义上则指企业各种要素的组合结构,是股权资本与债权资本的比例关系,它反映的是市场经济条件下企业的金融关系。在我们国家对资本结构的理解一般是广义的。

(二)资本结构的总体分析评价

1.静态方面分析

从静态角度观察资本的构成,衡量企业的财务实力,评价企业的财务风险,同时结合企业的盈利能力和经营风险,评价其资本结构的合理性。

从表3-3可以看出,ABC公司所有者权益比重为28.01%,负债比重为71.99%,资产负债率较高,财务风险相对较大。这样的财务结构是否合适,仅凭以上分析难以作出判断,必须结合企业盈利能力,通过权益结构优化分析才能予以说明。

2.动态方面分析

从动态角度分析企业资本结构的变动情况,对资本结构的调整情况及对股东收益可能产生的影响作出评价。

从表3-3可以看出,所有者权益比重上升了0.55%,负债比重下降了0.55%,表明该公司资本结构还是比较稳定的,财务实力略有增加。

(三)负债结构的具体分析评价

负债是指过去的交易、事项形成的现时义务,履行该义务预期会导致经济利益流出企业。根据债务偿还期限,负债可以分为流动负债和非流动负债,需要在一年内或超过一年的一个营业周期内偿还的债务为流动负债,其余的则为非流动负债。

负债结构是负债筹资的结果,包括负债期限结构、负债方式结构和负债成本结构,负债结构分析必须结合下列有关因素进行。

1.负债结构与负债规模

负债结构反映的是各种负债在全部负债中的组成情况,虽然与负债规模相关,却不能说明负债规模的大小。负债结构变化既可能是负债规模变化引起的,也可能是负债各项目变化引起的。换言之就是负债规模不变,不等于说负债结构不变,而负债结构不变,不等于说负债规模不变。分析时,只有联系负债规模,才能真正揭示出负债结构变动的原因和变动趋势。

2.负债结构与负债成本

企业举债,不仅要按期归还本金,还要支付利息,这是企业使用他人资金必须付出的代价,通常称为资金成本。企业在筹集资金时,总是希望付出最低的代价,对资金成本的权衡,会影响到企业筹资方式的选择,进而对负债结构产生影响。反过来,负债结构的变化也会对负债成本产生影响。这是因为,不同的负债筹资方式所取得的资金,其成本是不一样的,任何一个企业都很难只用一种负债筹资方式来获取资金,当企业用多种负债筹资方式筹资时,其负债成本的高低除与各种负债筹资方式的资金成本相关外,还取决于企业的负债结构。

3. 负债结构与债务偿还期限

这是负债结构分析要考虑的一个极其重要的因素。负债是必须要偿付的,而且要按期偿付,企业在举债时,就应当根据债务的偿还期限来安排负债结构。企业负债结构合理的一个重要标志就是使债务的偿还期与企业现金流入的时间相吻合,债务的偿还金额应与现金流入量相适应。如果企业能够根据其现金流入的时间和流入量妥善安排举债的时间、偿债的时间和债务金额,使各种长、短期债务相配合,各种长、短期债务的偿还时间分布合理,企业就能及时偿付各种到期债务,维护企业信誉。否则,如果债务结构不合理,各种债务偿还期相对集中,就可能产生偿付困难,造成现金周转紧张局面,影响到企业的形象,也会增加企业今后通过负债筹资的难度。

4. 负债结构与财务风险

企业的财务风险源于企业采用的负债经营方式。不同类型的负债,其风险是不同的,在安排企业负债结构时,必须考虑到这种风险。任何企业,只要采取负债经营方式,就不可能完全回避风险,但通过合理安排负债结构降低风险是完全可以做到的。一般说来,流动负债的风险要高于非流动负债,这是因为:①企业使用非流动负债筹资,在既定的负债期内,因利率不会发生变动,其利息费用是固定的。如果在相同期限内使用流动负债来衔接,一方面会产生难以保证及时取得资金的风险,另一方面可能会因利率调整而使利息费用发生变动,尤其是在通货膨胀条件下,可能因当前的短期借款利率超过以往的长期借款利率而使企业利息费用增加。②非流动负债的偿还期较长,使企业有充裕的时间为偿还债务积累资金,虽有风险,但相对小些。如果企业以多期的流动负债相衔接来满足长期资金的需要,可能会因频繁的债务周转而发生一时无法偿还的情况,从而落入财务困境,甚至导致企业破产。

5. 负债结构与经济环境

企业生产经营所处的经济环境也是影响企业负债结构的因素之一,其中,资本市场的资金供求情况尤为重要。当国家紧缩银根时,企业取得短期借款就可能比较困难,其长期债务的比重就会高些;反之,企业较容易取得贷款时,其流动负债的比重就会大些。在这种情况下,经济环境对企业负债结构的影响是主要方面,企业自身的努力也会发挥相当的作用。

6. 负债结构与筹资政策

企业负债结构的安排和变动受到许多主、客观因素的影响和制约,企业筹资政策完全可以说是一个纯粹的主观因素。企业根据自身的经营实际和资产配置情况所制定的筹资政策,直接决定企业的负债结构。从这个意义上说,负债结构分析也是筹资政策分析。

从表3-3可以看出,2019年年末ABC公司流动负债、非流动负债在权益中所占的比重分别为25.62%、46.37%,由此可知流动负债、非流动负债在总负债中所占比重分别为

35.59％、64.41％。根据该公司的负债结构，表明公司在使用负债资金时，以长期资金为主，该公司负债筹资的财务风险较小、成本较大。从动态的角度分析，2019 年流动负债在总负债所占的比重从 24.94％变为 35.59％，增加了 10.65％，非流动负债在总负债中所占的比重也就降低了 10.65％，表明 2019 年该公司负债筹资的风险增加、成本降低。

（四）所有者权益结构的具体分析评价

所有者权益是指所有者在企业资产中享有的经济利益，其金额为资产减去负债后的余额。所有者权益是由企业投资人投资和企业生产经营所得净收益的积累组成的，具体包括四个部分：实收资本（或股本）、资本公积、盈余公积、未分配利润。

所有者权益又称为自有资本、主权资金、权益资金，是企业资金来源中最重要的组成部分，是其他资金来源的前提和基础。权益资金在企业生产经营期间不需返还，是可供企业长期使用的永久性资金，而且没有固定的利息负担。所以，权益资金越多，企业的财务实力越雄厚，财务风险越小，如果企业的资金全部是权益资金，则无财务风险可言。

所有者权益结构是由于企业采用产权筹资方式形成的，是产权筹资的结果。对股东权益结构进行分析，必须考虑以下因素。

1. 所有者权益结构与所有者权益总量

所有者权益结构变动既可能是因为所有者权益总量变动引起的，也可能是因为所有者权益内部各项目本身变动引起的，两者的变化可分为：①总量变动，结构变动。例如，当各具体项目发生不同程度变动时，其总量会因此变动，但由于各项目变动幅度不同，其结构会随之变动。②总量不变，结构变动。这是所有者权益内部各项目之间相互变动造成的。例如，以盈余公积转增股本。③总量变动，结构不变。当所有者权益内部各项目按相同比例呈同方向变动时，会出现这种情况。在实务中，第三种情况几乎没有，而第一种、第二种情况却普遍存在。

2. 所有者权益结构与企业利润分配政策

所有者权益虽然由四个部分组成，实质上却可以分为两类：投资人投资和生产经营活动形成的积累。一般说来，投资人投资不是经常变动的，因此，由企业生产经营获得的利润积累而形成的所有者权益数量的多少，就会直接影响所有者权益结构，而这完全取决于企业的生产经营业绩和利润分配政策。如果企业奉行高利润分配政策，就会把大部分利润分配给投资者，留存收益的数额就较小，所有者权益结构变动就不太明显，生产经营活动形成的所有者权益所占比重就较低；反之，其比重就会提高。

3. 所有者权益结构与企业控制权

企业真正的控制权掌握在投资人手里，特别是投资比例较大的投资人。如果企业通过吸收投资人追加投资来扩大企业规模，就会增加所有者权益中投入资本的比重，使所有者权益结构发生变化，同时也会分散企业的控制权。如果投资人不想其对企业的控制权被分散,就会在企业需要资金时,采取负债筹资方式。在其他条件不变时,这既不会引起企业所有者权益结构发生变动,也不会分散企业控制权。

4. 所有者权益结构与权益资金成本

所有者权益结构影响权益资金成本的一个基本前提是所有者权益各项目的资金成本不同。事实上,在所有者权益各项目中,只有投资人投入的资本才会发生实际资金成本支出,其余各项目是一种无实际筹资成本的资金来源,其资金成本只不过是机会成本,即它们无须像投入的资本那样,分配企业的利润。在实务中,即使把这种成本考虑进去,由于筹措这类资金既不花费时间,也无须支付筹资费用,因而这类资金的成本要低于投入资本的资金成本。基于此类资金的这一特点,在所有者权益中,这类资金比重越大,权益资金成本就越低。

5. 所有者权益结构与经济环境

企业筹资渠道有多条,筹资方式也有多种,企业可以根据需要进行选择。企业在选择筹资渠道和筹资方式时,不仅取决于企业的主观意愿,而且还受外界经济环境影响。例如,当资金市场比较宽松时,企业可能更愿意通过举债来筹集资金,这样既可以降低整个企业的资金成本,又可以获得财务利益;而资金市场紧张时,企业则会利用产权筹资方式来筹集资金,且更注意企业自身的积累,其结果就会影响所有者权益结构。

从表3-3可以看出,该实收资本、资本公积、盈余公积、未分配利润在总权益中所占的比重分别为15.23%、5.81%、0.97%、5.36%,表明公司投入资本(实收资本和资本公积)、内部积累(盈余公积和未分配利润)在归属于母公司的所有者权益合计中所占比重分别为75.12%、24.98%。根据该公司的所有者权益结构,可以认为该公司所有者权益筹资主要依靠外部投入,所有者权益筹资的成本较大。从动态的角度分析,投入资本在归属于母公司的所有者权益合计中所占比重从年初的81.17%变为75.12%,降低了6.05%,表明ABC公司2019年所有者权益筹资越来越依靠内部积累,筹资成本降低。

五、资产结构与资本结构适应程度的分析评价

企业的资产结构受制于企业的行业性质,不同的资产性质的企业资金融通的方式也有差异。因此,尽管总资产与总资本在总额上一定相等,但由不同投资方式产生的资产结构与不同筹资方式产生的资本结构却不完全相同。虽然资产结构与资本结构的适应形式千差万别,但归纳起来可以分为保守结构、稳健结构、平衡结构和风险结构四种类型。

(一)保守结构

在保守结构形式中,无论资产负债表左方的资产结构如何,资产负债表右方的资金全部来源于长期资金。其形式如表3-4所示。

表 3-4　保守结构

流动资产	非流动负债
非流动资产	所有者权益

保守结构的主要标志是没有短期负债。其特点是：①企业风险极低。从前面的风险分析中我们知道，一般说来，流动负债的风险要高于非流动负债，所以相对于其他结构形式，这一形式的偿债风险最低。由于这一形式中的偿债风险极低，因此，即使提高长期资产比例，加大资产风险，两方综合起来，也会形成一方较大的风险被另一方极小的风险中和，而使企业风险降低。②企业资金成本较高。一般说来，短期债务成本低于长期债务成本，所以相对于其他结构形式，这一形式的资金成本最高。③筹资结构弹性弱。一旦企业进入用资淡季，对资金存量不易作出调整，尽管企业可以通过将闲置资金投资于短期证券市场来调节，但必须以存在完善的证券市场为前提。

在实务中，这种形式很少被企业普遍采用。

（二）稳健结构

在稳健结构形式中，长期资产的资金需要依靠长期资金来解决，短期资产的资金需要则使用长期资金和短期资金共同解决。其形式如表 3-5 所示。

表 3-5　稳健结构

流动资产	流动负债
	非流动负债
非流动资产	
	所有者权益

稳健结构的主要标志是流动资产大于流动负债。其特点是：①企业风险较小。在这种形势下，通过流动资产的变现足以满足偿还短期债务的需要，足以使企业保持相当优异的财务信誉，企业风险较小。②负债成本相对较低。企业可以通过调整流动负债与非流动负债的比例，使负债成本达到企业目标，相对于保守结构形式而言，这一形式的负债成本相对较低，并具有可调性。③有一定的筹资弹性。在这种形势下，当临时性资产需要降低或消失时，可通过偿还短期债务或进行短期证券投资来调整，一旦临时性资产需要再产生时，又可以通过重新举借短期债务或出售短期证券来满足其所需。

这是一种能为所有企业普遍采用的资产与权益对称结构。

（三）平衡结构

在平衡结构形式中，以流动负债满足流动资产的资金需要，以非流动负债及所有者权益满足长期资产的资金需要。其形式如表 3-6 所示。

表 3-6 平衡结构

流动资产	流动负债
非流动资产	非流动负债 所有者权益

平衡结构的主要标志是流动资产等于流动负债。其特点是:①企业风险均衡。同样高的资产风险与筹资风险中和后,使企业风险均衡。②负债成本受制于资产结构。负债政策要依据资产结构变化进行调整,与其说负债结构制约负债成本,不如说资产结构制约负债成本。③存在潜在的风险。这一形式以资金变现时间和数量与偿债时间和数量相一致为前提,一旦两者出现时间上的差异和数量上的差异,如营业收入未能按期取得现金、应收账款没能足额收回、短期证券以低于购入成本出售等,就会使企业资金周转困难,并有可能陷入财务危机。

这一结构形式只适用于经营状况良好,具有较好成长性的企业,但要特别注意这一结构形式的非稳定性特点。

(四) 风险结构

在风险结构形式中,流动负债不仅用于满足流动资产的资金需要,而且还用于满足部分长期资产的资金需要,这一结构形式不因流动负债在多大程度上满足长期资产的资金需要而改变。其形式如表 3-7 所示。

表 3-7 风险结构

流动资产	流动负债
非流动资产	非流动负债 所有者权益

风险结构的主要标志是流动资产小于流动负债。其结果是:①财务风险较大。在这种形势下,较高的资产风险与较高的筹资风险不能匹配,流动负债和长期资产在流动性上并不对称,如果通过长期资产的变现来偿还短期内到期的债务,必然给企业带来沉重的偿债压力,从而要求企业极大地提高资产的流动性。②负债成本最低。③企业存在"黑字破产"的潜在危险。由于企业时刻面临偿债的压力,一旦市场发生变动或发生意外事件,就可能引发企业资产经营风险,使企业资金周转不灵而陷入财务困境,造成企业因不能偿还到期债务而"黑字破产"。

这一结构形式只适用于处在发展壮大时期的企业,而且只能在短期内采用。

通过 ABC 公司的资产负债表可以发现,该公司 2019 年流动资产的比重为 14.62%,流动负债的比重为 25.62%,属于风险型结构。该公司上年流动资产的比重为 17.56%,流动负债的比重为 18.09%。从动态方面看,相对于上年,该公司本年的资产结构和资本结构都有所改变,但资产结构和资本结构适应程度的性质也有所改变,财务风险增加。

第四节　资产负债表重点项目分析

一、资产项目分析

(一)货币资金分析

货币资金是指企业在生产经营过程中处于货币状态的那部分资产,包括库存现金、银行存款和其他货币资金。货币资金列于流动资产项目的第一项,流动性最强。它本身就是现金,无需变现,可以用它直接偿还到期债务或支付投资者利润。

企业为了满足交易性、投机性及预防性的需要必须持有一定量的货币资金。从财务管理角度来看,过低的货币资金持有量会影响企业的正常经营活动及短期偿债能力,过高的货币资金持有量会降低资金的收益性,增加持有资金的机会成本,并反映企业的货币资金管理不善,所以要权衡成本与收益的关系。

1. 影响企业货币资金规模的因素

影响企业货币资金规模的因素有:第一,企业资产规模、业务收支规模。一般来说,企业货币资金的规模与企业资产规模、业务收支规模相匹配,资产总额越大,相应的货币资金规模也越大;业务收支越频繁,货币资金需要量越大,处于货币形态的资产也越多。第二,行业特点。不同的行业有不同的业务特点,因而其货币资金规模也不相同,例如,在相同的资产规模下,商品零售业货币资金的规模比工业企业货币资金规模要大得多。第三,企业筹资能力。一般来说,若企业的筹资能力强,企业的货币资金规模会较小;反之则相反。第四,企业对货币资金的运用能力。若企业运用货币资金的能力较强,将货币资金用于投资活动,则会给企业带来较高的收益,因此企业便没有必要持有较大规模的货币资金。第五,货币资金的用途是否被限定。如果有部分的货币资金用途被限定或被冻结,再加上企业日常的周转资金,那么货币资金规模必然加大。

如果货币资金规模异常,而又无法找到合理的原因,那么分析人员就应注意该项目是否有可能被人为操纵。

2. 货币资金变动原因分析

货币资金发生增减变动的原因有:第一,销售规模的变动。企业销售规模发生变动,在信用政策未发生较大变化的条件下,货币资金规模也会发生变动,两者之间具有一定的相关性。第二,信用政策的变动。企业货币资金规模也与企业采用的信用政策相关,如果企业采用严格的信用政策,提高现销比例,可能会导致货币资金规模提高;反之,若企业采用宽松的信用政策,则可能导致货币资金规模降低。第三,为大笔现金支出做准备。企业准备派发现金股利、偿还将要到期的巨额银行借款或集中购货等,这些都会增加企业的货币资金规模。第四,筹集资金尚未使用。企业通过发行新股、债券和银行借款而筹得大量资金,但由于时间关系还没来得及运用或暂时没有合适的投资机会进行投资,会增加企业的货币资金规模。

(二) 应收款项分析

1. 应收账款分析

应收账款是指企业因销售商品、提供劳务等应向购货单位或接受劳务单位收取的款项。尽管企业都倾向于现金销售,但应收账款几乎是无法避免的。应收账款对于企业的价值在于支撑销售规模的扩大。对应收账款的分析可以从以下几个方面进行。

(1) 影响应收账款规模的因素。第一,应结合企业所处行业进行分析。例如,商品零售业一般多采用现销方式,故其应收账款较少。而大部分工业企业一般采取赊销方式,从而形成较多的商业债权,应收账款数额较大。第二,企业应收账款规模与生产经营规模有直接联系。生产经营规模大,应收账款的规模也较大;而生产规模较小的企业,则其应收账款的规模一般来说也较小。第三,企业应收账款规模还与信用政策有直接联系。从企业采用信用政策来看,若采用相对宽松的信用政策,销售量增加,应收账款的数额也增大;反之,则会减少应收账款。第四,巨额的应收账款也有可能是因为应收账款质量不高,存在长期挂账且难于收回的账款,或因客户发生财务困难,暂时难以偿还所欠货款。

(2) 发现应收账款规模异常的对比分析方法。第一,对比前后几个会计年度的应收账款及坏账准备的有关信息,查看是否有重大波动,这可以从应收账款的总量及应收账款分别占营业收入及资产总额的比例来分析。第二,与同行业的其他企业进行对比。这种分析一般是比率分析,因为同行业内的企业商业模式大体相同。一般而言,应收账款的比例及坏账损失率也应具有一定的可比性,当然这种分析也可以跨年度进行,即对比分析两家或多家企业多年的情况,从横截面上分析判断应收账款质量的好坏。第三,应收账款与现金流量、营业收入进行对比分析,也即对应收账款的来龙去脉进行分析。应收账款的产生源于营业收入的增长,若两者的增长比率相差过多,则应当提高警惕并分析其原因。一般而言,应收账款的回收(减少)伴随着货币资金的相应增加。因此,应收账款的增减变动与营业收入以及现金流量表中销售商品、提供劳务收到的现金应该有一个大概的数量勾稽关系,若三者之间严重脱节,则应追查原因,以便作出更为全面的分析与评价。

(3) 分析会计政策变更和会计估计变更的影响。会计政策变更是指企业对相同的交易或事项由原来采用的会计政策改用另一会计政策的行为。一般情况下,企业每期应采用相同的会计政策,但在某些制度允许的情况下,也可以变更会计政策。在涉及应收账款方面的会计政策如果变更,应收账款就会发生变化。例如,在应收账款入账金额的确认上由总价法改为净值法,应收账款余额就会因此而降低,但这不是应收账款本身减少形成的。又如,在坏账损失的核算上,由直接转销法改为备抵法,应收账款余额就可能因此而降低。此外,由于企业经营活动中内在不确定因素的影响,某些会计报表项目不能精确地计量,而只能加以估计。会计估计变更是因为:①赖以进行估计的基础发生变化,或者由于取得新的信息,积累更多的经验以及后来的发展变化,可能需要对会计估计进行修订。②会计估计的随意性。企业管理人员为达到特定的目的,如追求高盈利,用带有倾向性的假设对当前业务的未来结果作出预测。如果会计估计变更是因为①发生的,这种变更会增加会计报表资料的真实性;但如果是因为②发生的,会计报表资料就可能掩盖了某些事实,造成财务信息人为失真。无论哪种情况发生,对应收账款的会计估计变更,最终都会使应收账款发生变动。

(4) 分析企业是否利用应收账款进行利润调节。企业利用应收账款进行利润调节的案例屡见不鲜,因此,分析时要特别关注:①不正常的应收账款增长,特别是会计期末突发性产生的与营业收入相对应的应收账款。如果一个企业在平时的营业收入和应收账款都很均衡,而唯独第四季度特别是12月份营业收入猛增,并且与此相联系的应收账款也直线上升,就有理由怀疑企业可能通过虚增营业收入或提前确认收入进行利润操纵。②应收账款中关联方应收账款的金额与比例。利用关联交易进行盈余管理是一些企业常用的手法。如果一个企业应收账款中关联方应收账款的金额增长异常或所占比例过大,应视为企业利用关联方交易进行利润调节的信号。

(5) 要特别关注企业是否有应收账款巨额冲销行为。一个企业巨额冲销应收账款,特别是其中的关联方应收账款,通常是不正常的,或者是在还历史旧账,或者是为今后进行盈余管理扫清障碍。

2. 其他应收款分析

其他应收款是指企业赊销货款以外的其他各种应当收回的款项,其他应收款分析的要点如下。

(1) 其他应收款的规模。若企业生产经营活动正常,其他应收款的数额不应接近或大于应收账款,若其他应收款数额过大,属于不正常现象,容易产生一些不明原因的占用。分析时,要通过会计报表附注分析它的构成、内容和发生时间。特别是其中金额较大、时间较长的款项,要警惕企业把一些本应计入当期费用的支出放在其他应收款里,利用该项目粉饰利润以及转移销售收入偷逃税款。

(2) 其他应收款的内容。在实际工作中,一些企业为了种种目的,常常把其他应收款当成蓄水池,任意调整成本费用,进而达到调整利润的目的。分析时要注意,企业是否把一些本应计入当期费用的支出或本应计入其他项目的内容放在其他应收款中。因此,分析其他应收款时,最主要的是观察其他应收款的增减变动趋势,若发现企业的其他应收款余额过大甚至超过应收账款,就应注意分析是否存在操纵利润的情况。

3. 坏账准备分析

坏账准备作为应收款项的备抵科目,也被经常用来进行费用调整,以致对资产负债表和利润表产生影响。坏账准备的分析应注意以下几个方面:

(1)分析坏账准备的提取方法、提取比例的合理性。按会计制度规定,企业可以自行确定计提坏账准备的方法和计提的比例,这可能导致一些企业出于某种动机,利用会计估计的随意性选择提取比例,随意选择计提方法,造成人为地调节应收款项净额和当期利润。

(2)比较企业前后会计期间坏账准备提取方法、提取比例是否改变。一般说来,企业坏账准备的提取方法和提取比例一经确定,就不能随意变更。企业随意变更坏账准备的提取方法和提取比例,往往隐藏着一些不可告人的目的。分析时,应首先查明当企业坏账准备提取方法和提取比例变更时,企业是否按照信息披露制度规定,对其变更原因予以说明。然后分析企业这种变更的理由是否充分合理,是正常的会计估计变更还是为了调节利润。

(3)区别坏账准备提取数变动的原因。坏账准备提取数发生变动,既可能是应收款项变动引起的,也可能是会计政策或会计估计变更引起的,分析时应加以区别。

(三) 存货分析

存货是指企业在日常经营活动中持有以备出售的产成品或商品、处在生产过程中的在产品、在生产过程或提供劳务过程中耗用的材料和物料等。存货总是处于不断地销售、重置或耗用当中,它通常在一年以内或是一个经营周期内被销售或者耗用,因而具有较强的变现能力,所以将其划分为流动资产。但是,存货的变现能力相对于货币资金、应收账款等流动资产而言又稍低一些。

存货之所以重要,主要有以下两个方面的原因:第一,存货是企业的一项重要资产,在流动资产甚至总资产中占有很大的比重,因此在会计期末应以正确的金额将其列示于资产负债表中;第二,存货的计价直接影响销货成本的确定,从而影响当期的损益,因此企业要加强对存货的管理与控制,并且要对其进行正确的确认与计量。

1. 存货真实性分析

存货是企业重要的实物资产,资产负债表上列示的存货应与库存的实物相符,待售商品应是完好无损,产成品的质量应符合相应的产品质量要求,库存的原材料应属于生产所需等。对这一项目进行分析,应结合资产负债表附注给出的存货结构及种类的详细信息。同时,存货的真实性分析应结合企业的内部控制制度分析来进行。企业存货的质量,不仅取决于存货的账面数字,还与企业存货的管理制度密切相关。由于存货种类多、数量大,如果没有完善的管理制度控制,极易流失。

2.存货的结构分析

存货主要由材料存货、在产品存货和产成品存货构成。存货结构是指各类存货在存货总额中的比重。各类存货在企业再生产过程中的作用是不同的。其中,材料类存货是指维持再生产活动的必要物质基础,但属于生产的潜在因素,所以应把它限制在能够保证再生产正常进行的最低水平上。产成品存货是指存在于流通领域的存货,它不是保证再生产过程持续进行的必要条件,因此必须压缩到最低限度。而在产品存货是指保证生产过程持续进行的存货,企业的生产规模和生产周期决定了在产品存货的存量。企业在正常的经营条件下,在产品存货应保持一个稳定的比例。

一个企业在正常情况下,其存货结构应保持相对稳定性,分析时应特别注意对变动较大的项目进行重点分析。任何存货比重的剧烈变动,都表明企业生产经营过程中有异常情况发生,因此应深入分析其原因,以便最终能够判断存货结构的合理性。

3.存货的计价分析

在资产负债表中,各种存货是以实际成本反映的,但在日常会计核算中,由于同类存货的进价成本不一定相同,在计算耗用成本或销售成本时,就要采用一定的计价方法进行核算。存货发出采用不同的计价方法对企业的财务状况、盈亏情况会产生不同的影响。在实际工作中,一些企业往往利用不同的存货计价方法来实现其操纵利润的目的。例如,当物价持续上涨时,将存货的计价方法由加权平均法改为先进先出法,能够提高期末存货成本,从而达到增加本期利润的效果。因此,企业当期的存货计价方法发生变更时,要注意分析变更的真正原因及其对当期利润的影响。

4.存货跌价准备分析

在一般情况下,企业应当按照每个存货项目的成本与可变现净值逐一进行比较,取其低者计量存货,并且将成本高于可变现净值的差额作为计提的存货跌价准备。

要确定存货的可变现净值需要进行估计,但是不同的人估计的结果是不一样的,而这些结果又会直接影响到企业期末存货的计价和本期损益的确定,因而对企业具有重要的财务影响。因而,财务报告分析者要特别注意存货的期末计价及存货跌价损失准备的提取情况,分析其对企业的财务影响。

一般而言,计提存货跌价准备会产生如下几个方面的影响:第一,由于存货跌价准备是作为存货的减项出现的,因而计提存货跌价准备会减少存货资产的价值;第二,增加本期的管理费用,从而减少当期利润;第三,由于计提准备后的存货账面价值较低,以后期间存货耗用或者销售时,所结转的成本也较低,从而产生较高的利润,即对未来会计期间的利润产生积极的影响。

任何事物都有两面性。《企业会计准则》要求期末存货按照成本与可变现净值孰低法计价是一柄双刃剑:一方面,它有利于促使企业按照稳健性的要求提供更为可靠的财务报告,避免虚增资产、利润和所有者权益;另一方面,也给企业调节利润提供了一种较为便利的工具,尤其是当企业有特殊动机的时候,如上市公司需要扭亏为盈,或者需要"脱帽",或者公司有融资需求的时候,更容易利用计提准备进行利润操纵。

(四) 固定资产分析

固定资产是指寿命超过一个会计年度,为生产商品、提供劳务、出租或经营管理而持有的有形资产。固定资产是企业维持持续经营所必需的投资,主要的特点为:长期拥有并在生产经营过程中发挥作用;投资数额较大,风险也大;反映企业生产的技术水平、工艺水平;对企业的经济效益和财务状况影响巨大;变现能力差。

1. 固定资产的规模分析

分析固定资产,应对其总额进行数量判断,即将固定资产与资产总额进行比较。这种分析应当结合行业、企业生产经营规模及企业生命周期来进行。

2. 固定资产的结构分析

合理配置固定资产,既可以在不增加固定资金占用量的同时提高企业生产能力,又可以使固定资产得到充分利用。固定资产按经济用途使用情况,可分为生产用固定资产、非生产用固定资产、未使用和不需用固定资产等。在各类固定资产中,生产用固定资产,特别是其中的生产设备,同企业生产经营直接相关,在全部资产中占较大比重。非生产用固定资产是指职工宿舍、食堂、俱乐部等非生产单位使用的房屋和设备。非生产用固定资产应在发展生产的基础上,根据实际需要适当增加,但增长速度不应超过生产用固定资产的增长速度,它的比重降低应当认为是正常现象。一般而言,生产用固定资产所占比重越大,说明企业固定资产的质量越高。未使用和不需用的固定资产对固定资金的有效利用是不利的,应该查明原因,采取措施,积极处理,将其压缩到最低限度。例如,未来得及安装或某项资产正在进行检修等,这虽属于正常原因,但也应加强管理,尽可能缩短安装和检修时间,使固定资产尽早投入到生产运营中去。

3. 固定资产折旧的计提分析

采用合理的固定资产折旧方法计提固定资产折旧额,对于加强企业经济核算,正确计算产品成本和企业盈利,足额补偿固定资产损耗,保证固定资产再生的顺利进行均有重要意义。同时,采用不同的折旧方法,对企业的利润及纳税会产生不同的影响。

在进行固定资产折旧分析时,财务分析人员应该注意以下几个方面的问题。

第一,分析企业固定资产折旧方法的合理性。企业选择折旧方法应从企业实际情况出发,但是在实际中企业往往利用折旧方法的选择,来达到调整固定资产净值和利润的目的。

第二,观察企业的固定资产折旧方法是否前后一致。因为折旧方法一经确定,除非企业的经营环境发生变化,一般不得随意变更。企业变更固定资产折旧方法,可能隐藏一些不可告人的动机。

第三,分析企业对固定资产净残值及使用年限的估计是否符合国家有关规定及企业的实际情况。在实际中,一些采用直线法折旧的企业在固定资产没有减少的情况下,通过延长折旧年限,使得折旧费用大量减少,转眼之间就"扭亏为盈"。对于这样的会计失真现象,财务分析人员在分析时应持谨慎态度,并利用相关信息进行调整。

4. 固定资产减值分析

固定资产减值需要专业性很强的职业判断。分析者分析企业的固定资产减值问题时,要注意:企业对固定资产的使用目的,绝不是为了将其出售"收回",而是在长期使用过程中逐渐收回。因此,必须考虑固定资产在企业被利用的状态如何,如果固定资产能够按照既定的用途被企业所利用,即使其市场价格已经低于账面价值,也不能认为企业的固定资产质量低劣。

新的《企业会计准则》规定固定资产的资产减值损失不得转回,这在一定程度上避免了上市公司利用资产减值操纵利润。同时,新的《企业会计准则》对可收回金额作了明确的解释:可收回金额是指公允价值减去处置费用后的净额与未来现金流量现值孰高;公允价值要综合考虑销售协议价格、市场价格、比较价格;未来现金流量现值要综合考虑未来现金流量、使用寿命、折现率等;把资产可回收金额与资产账面价值比较;确认资产减值损失的同时计提资产减值准备,减值资产的折旧和摊销在未来进行调整。

(五) 无形资产分析

无形资产是指企业所拥有的没有实物形态的长期资产,包括专利权、商标权、著作权、非专利技术、专营权、土地使用权等。要注意的是,不能认为企业拥有这些东西就拥有了无形资产,会计上确认无形资产有一个先决条件,就是要给企业带来经济利益。有些专利,即使是尖端技术,若不能给企业带来经济利益,也不能作为无形资产入账。企业内部产生的品牌、人力资源、报刊名等,由于不能可靠计量,不应确认为无形资产。石油、天然气等开采权归国家所有,且开采具有特殊性,也不包括在无形资产中。

根据惯例,企业入账的无形资产大多是外购的,而企业自己创造的无形资产一般不入账。自己开发的无形资产所发生的费用大多作当期费用处理(开发支出符合资本化条件时可以资本化)。因此,资产负债表中的无形资产大多是从其他单位购入的。目前,我国企业账面上的无形资产主要是土地使用权。企业取得土地使用权主要有两种方式,一是交纳土地出让金取得;二是国家无偿划拨取得。对于很多上市公司而言,其土地使用权可能是国家作为股本投入的。

若发生减值现象,无形资产也需要计提减值准备。

二、主要负债项目分析

(一) 短期借款分析

短期借款是指企业向银行或其他金融机构借入的期限在两年以下的各种借款。企业借入短期借款的目的一般是维持正常的生产经营活动。具有一定数量的短期借款,表明企业拥有较好的商业信用,获得了金融机构的有力支持。对短期借款规模的分析应注意以下两点。

1. 与流动资产的规模相适应

从财务角度考察,短期借款筹资快捷,弹性较大。任何一个企业,在生产经营中都会发生或多或少的短期借款。但短期借款的目的是维持企业正常的生产经营活动,因此短期借款必须与当期流动资产,尤其是存货项目相适应。一般而言,短期借款应当以流动资产的数额为上限。

2. 短期借款规模的变动

短期借款数量的多少往往取决于企业生产经营和业务活动对流动资金的需要量、现有流动资金的沉淀和短缺情况等。短期借款发生变化,其原因不外乎两大方面:生产经营的需要和企业负债筹资政策的变动。具体来说可能是以下几个方面的原因。

第一,流动资产资金需要,特别是临时性占用流动资产需要发生变化。当季节性或临时性需要产生时,企业就可能通过举借短期借款来满足其资金需要;当这种季节性或临时性需要消除时,企业就会偿还这部分短期借款,从而造成短期借款的变动。

第二,节约利息支出。一般来讲,短期借款的利率低于长期借款和长期债券的利率,举借短期借款相对于长期借款来说,可以减少利息支出。

第三,调整负债结构和财务风险。企业增加短期借款,可以相对减少对长期负债的需求,使企业负债结构发生变化。相对于长期负债而言,短期借款具有风险大、利率低的特点,负债结构变化将会引起负债成本和财务风险发生相应的变化。

第四,增加企业资金弹性。短期借款可以随借随还,有利于企业对资金存量进行调整。

(二) 应付账款分析

应付账款是指企业因赊购材料、商品或接受劳务供应等而应付给供应单位的款项。应付账款是企业在采购业务中较普遍的一项流动负债,它是一种商业信用行为。与应付票据相比,它是以企业的商业信用作为保证的。利用应付账款进行资金融通,基本上是无资金成本或资金成本很低的融资方式,但企业应注意合理使用,以避免造成企业信誉损失。分析应付账款的规模时应注意以下问题。

1. 应付账款的质量界定

判断企业应付账款的质量应与存货相联系,在企业供货商赊销政策一定的条件下,企业的应付账款规模应该与企业的采购规模保持一定的对应关系,且应付账款一般不应高于存货。在企业产销较为平稳的条件下,企业的应付账款规模还应该与企业的营业收入保持一定的对应关系。企业的应付账款平均付账期应保持稳定。但是,如果企业的购货和销售状况没有发生很大的变化,企业的供货商也没有主动放宽赊销的信用政策,则企业应付账款规模的不正常增加、应付账款平均付账期的不正常延长就是企业支付能力恶化、资产质量恶化、利润质量恶化的表现。对此,应当结合行业、企业生产经营规模、企业经营生命周期及企业的信用政策来分析。一般而言,成长型企业的应付账款较少,而成熟型的企业则较多。

2. 应付账款规模变动的原因

第一,企业销售规模的变动。当企业销售规模扩大时,会增加存货需求,使应付账款债务规模扩大,反之会使其降低。

第二,为充分利用无成本资金。应付账款是因商业信用产生的一种无资金成本或资金成本极低的资金来源。如果企业在遵守财务制度、维护企业信誉的条件下充分加以利用,可以减少其他筹资方式的筹资数量,节约利息支出。

第三,提供商业信用企业的信用政策发生变化。如果供应商放宽信用政策和收账政策,企业应付账款的规模就会大些,反之就会小些。

第四,企业资金的充裕程度。企业资金相对充裕,应付账款的规模就小些;当企业资金比较紧张时,就会影响到应付账款的清欠。

(三) 应付票据分析

应付票据是指企业为了抵付货款等而签发、承兑的尚未到期的票据,包括商业承兑汇票和银行承兑汇票。应付票据相比短期借款,其付款时间更具有约束力。若到期不能支付,不仅会影响企业的信誉和以后的筹资活动,而且会受到银行的惩罚。应付票据是因商业信用产生的一种无资金成本或资金成本极低的资金来源,企业在遵守财务制度、维护企业信誉的条件下充分加以利用,可以减少其他筹资方式的筹资数量,节约利息支出。

(四) 应付职工薪酬分析

职工薪酬是指企业为获得职工提供的服务而给予职工的各种形式的报酬及其他相关支出,包括职工在职期间和离职后提供给职工的全部货币性薪酬和非货币性福利。企业提供给职工配偶、子女或其他被赡养人的福利等,也属于职工薪酬。职工薪酬的具体内容有:企业支付给职工的工资、奖金、津贴和补贴、职工福利费;为职工交纳的医疗保险费、养老保险费、失业保险费、工伤保险费和生育保险费等社会保险费,以及为职工购买的商业保险;为职工交纳的住房公积金;计提的工会经费和职工教育经费;发给职工的非货币性福利;辞退福利等。

这里所说的职工,既包括与企业订立正式劳动合同的所有人员,含全职、兼职和临时职工,也包括未与企业订立正式劳动合同但由企业正式任命的人员,如董事会成员、监事会成员等。此外,在企业的计划、领导和控制下,虽与企业未订立正式劳动合同或企业未正式任命,但为企业提供了类似服务的人员,也纳入职工范畴,如劳务用工合同人员。

应当注意的是,并不是将所有职工薪酬全部作为当期损益而计入利润表。生产工人的薪酬费用先计入存货,若存货没有出售,则作为存货成本保留在资产负债表中。而计入利润表的职工薪酬费用,分散在营业成本、销售费用和管理费用等项目中,这主要取决于职工所从事工作的性质。

在分析应付职工薪酬时,要关注应付职工薪酬是否为企业真正的负债,注意企业是否存在通过应付职工薪酬调节利润的情况。

以股票结算的职工薪酬与现金流量无关,即使实施了股权激励计划,向职工授予了股票期权,也不能作为负债反映。股票期权作为一种报酬形式,也需要确认费用(详见股东权益变动表)。

(五) 应交税费分析

应交税费是企业按照税法规定在未来一年内向税务机关缴纳的各种税金,包括所得税、增值税、营业税、消费税、城市维护建设税、车船使用税、资源税、房产税、土地使用税、土地增值税、印花税和教育费附加等。企业代扣代缴的个人所得税,应在本项目核算。企业所缴纳的税金不需要预计应交数的,如印花税,不在本项目列示。

分析时,可将不同税种按照一定的标准进行归类,按其性质和作用大致分为五类:①流转税,包括增值税、消费税、营业税和关税;②所得税,包括企业所得税、个人所得税;③资源税,包括资源税、土地使用税;④特定目的税,包括城市维护建设税、土地增值税、车辆购置税、耕地占用税等;⑤财产和行为税,包括房产税、印花税、契税、车船使用税等。

由于应交税费涉及较多税种,在分析应交税费时,应当注意了解应交税费的具体内容,有针对性地分析该项负债的形成原因。应交税金是每个企业应尽的法定义务,企业应按有关规定及时、足额缴纳。应交税费的变动与企业营业收入、利润的变动有关,分析时应意查明企业是否有拖欠国家税款的现象。若该项目为负数,则表明企业多交而财税机关应当退回企业或由企业以后期间抵交的税款。

(六) 长期借款分析

长期借款是指企业向银行或其他金融机构借入的期限在一年以上的各项借款,此外,还包括长期借款中没有支付的利息。长期借款一般用于固定资产的购建、固定资产改扩建工程、固定资产大修理等。长期借款是银行信用,具有很强的偿还约束性,企业要严格按照借款协议规定用途、进度等使用借款。对长期借款进行分析时应注意以下几点。

1. 长期借款规模变动的原因

长期借款规模变动的原因通常有:第一,银行信贷政策及资金市场的资金供求状况;第二,为了满足企业对资金的长期需要;第三,保持企业权益结构的稳定性;第四,调整企业负债结构和财务风险。

2. 与固定资产、无形资产的规模相适应

长期借款的目的是满足企业扩大再生产的需要。一般而言,长期借款应当以小于固定资产与无形资产之和的数额为上限;否则,企业有转移资金用途之嫌,如将长期借款用于炒股或期货交易。

3. 与企业当期收益相适应

长期借款使企业在一定时期内形成了一项固定的利息费用。对此,应注重其产出是否大于投入,即资金运用收益是否高于借款利率,可利用财务杠杆进行分析。

4. 长期借款利息费用的处理

《企业会计准则》规定,长期借款的利息费用应当按照权责发生制原则的要求,按期预提计入所购建资产的成本(即予以资本化)或直接计入当期损益(即予以费用化)。由于长期借款利息费用数额较大,直接影响资产账面价值和当期损益的高低,因此必须关注会计报表附注中关于借款费用的会计政策,分析长期借款利息费用的会计处理(资本化或费用化)的合理性和合规性。

(七) 应付债券

应付债券反映企业发行的尚未偿还的各种长期债券的本息。应付债券因债券的法律凭证性而使偿还具有较强的法律约束,当债券的偿付遇到困难或者预期存在困难时,债券的价格必然下降,企业的信誉和财务形象将受损,企业将遇到再融资困难,这就迫使企业按期偿付。这说明债券的偿付具有较强的社会约束和市场约束,比长期应付款的流动性要强。

在进行报表分析时,应对应付债券的金额、增减变动及其对财务状况的影响给予关注。

三、主要所有者权益项目分析

所有者权益是指企业资产扣除负债后由所有者享有的剩余权益。股份公司的所有者权益又称为股东权益。所有者权益包括所有者投入的资产、直接计入所有者权益的利得和损失、留存收益等。所有者权益分为实收资本、资本公积、盈余公积和未分配利润。其中,盈余公积和未分配利润统称为留存收益。

(一) 实收资本(或股本)

实收资本是指企业实际收到的投资者投入的资本。在上市公司中,实收资本又称为股本。除非企业出现增资、减资等情况,实收资本在企业正常经营期间一般不发生变动,即资产负债表中这个数字是固定的。按照我国法律的要求,实收资本和注册资本在数额上是相等的。我国于1993年7月1日开始的财务制度改革中要求建立资本金制度,其实质是从法律上明确建立企业必须有合法投资者的最低限额的入资。分析时,要关注实收资本(或股本)的增减变化情况。若企业实收资本与注册资本不一致,则要注意是否存在注册资本不到位的现象,要查明企业注册资本是否可靠。

(二) 资本公积

资本公积是指企业收到投资者出资超出其在注册资本或股本中所占份额以及直接计入所有者权益的利得和损失。资本公积是指由投资者或他人投入,所有权归属于投资者,但不构成实收资本的那部分资本,主要有股本溢价和其他资本公积。分析时,要注意资本公积的构成及增减变化情况。

(三) 盈余公积

盈余公积是指企业从当年净利润中提取的留在企业具有专门用途的部分。其构成有两类,即法定盈余公积和任意盈余公积。其中,法定盈余公积按照税后利润的 10% 提取,在此项公积金达到注册资本的 50% 时企业可不再提取,任意盈余公积按股东大会决议提取。分析时,要关注盈余公积的构成及变化情况。

(四) 未分配利润

未分配利润是指企业留待以后年度进行分配的结存利润,也是留存于企业的收益,可以由企业任意支配使用。分析时,要注意未分配利润的构成及变化情况。

本 章 小 结

资产负债表分析的目的在于了解企业会计对企业财务状况的反映程度,以及所提供会计信息的质量。

资产负债表水平分析是在运用水平分析法编制资产负债表水平分析表的基础上,从资产和权益两方面对其进行分析评价。从资产角度分析评价主要围绕两个方面进行:①分析评价总资产的变动情况和各类、各项资产的变动情况;②发现变动幅度较大或对总资产影响较大的重点类别或项目;从权益角度分析评价主要围绕三个方面进行:①分析评价权益总额的变动情况及各类、各项目的变动情况;②找出重点类别和重点项目;③分析评价表外项目的影响。

资产负债表垂直分析是在运用垂直分析法编制资产负债表垂直分析表的基础上,首先从静态态度对资产结构和权益结构进行分析评价,然后从动态角度对资产结构和权益结构的变动情况进行分析评价。在理解负债结构影响因素的基础上,应从负债的期限结构、负债的方式结构和负债的成本结构三个方面进行分析评价。对股东权益内的分析评价应区分投入资本和内部形成的权益资金两个方面。在分别分析资产结构、负债结构和股东权益结构的基础上,根据资产结构与权益结构的适应情况,将其概括为保守结构、稳健结构、平衡结构和风险结构四种适应类型。

货币资金、应收账款、存货、固定资产、银行借款、应付账款、长期借款是资产负债表最重要的项目,不仅需要搞清影响这些项目变动的原因及变动情况,更应注意分析评价会计政策和会计估计变更的影响。

案 例 分 析

天和光能的应收账款质量分析

上海证券交易所网站于 2019 年 5 月 16 日晚间披露,其已受理天和光能股份有限公司(以下简称"天和光能")科创板上市申请,天和光能成为科创板第 110 家受理企业。记者通过梳理发现,2018 年,天和光能应收账款余额 52.45 亿元,占同期流动资产的比例为29.59%。此外,天和光能报告期内毛利率呈逐年下降的趋势,2018 年的毛利率为15.29%,在 110 家已受理企业中排名倒数第二。2018 年,天和光能获政府补助 1.27 亿元,在 110 家已受理企业中排名第一。

美股退市转战科创板

天和光能的招股说明书显示,该公司是一家全球领先的光伏智慧能源整体解决方案提供商,主要业务包括光伏产品、光伏系统、智慧能源三大板块,光伏产品包括单、多晶的硅基光伏组件的研发、生产和销售;光伏系统包括电站业务及系统产品业务;智慧能源包括光伏发电及运维服务、智能微网及多能系统地开发和销售以及能源云平台运营等业务。

2016—2018 年,天和光能营业收入分别为 225.94 亿元、261.59 亿元和 250.54 亿元;净利润分别为 4.79 亿元、5.59 亿元和 5.42 亿元;研发投入占营业收入的构成比例分别为 5.46%、4.50% 和 3.86%。天和光能本次上市拟融资 30 亿元,主要用于补充流动资金、铜川光伏电技术领跑基地宜君县天兴 250 MWp 光伏发电项目、盐城天和国能光伏科技有限公司高效太阳能电池和组件技改项目等。

天和光能曾于 2006 年在美国交易所上市,2017 年 3 月 13 日,天和光能宣布正式私有化,并向纽约证券交易所(以下简称"纽交所")提出终止交易的请求以及退牌请求,最终从美股退市。

应收账款占比较高且逐年增长

2016—2018 年,天和光能应收账款余额分别为 46.91 亿元、53.81 亿元和 52.45 亿元;同期公司流动资产分别为 267.92 亿元、254.70 亿元和 177.28 亿元;应收账款占同期流动资产的比例分别为 17.51%、21.13% 和 29.59%。报告期内公司的坏账准备也相应较高,分别为 3.44 亿元、4.35 亿元和 4.02 亿元。

天和光能应收账款余额及还账计提情况

天和光能表示,2017—2018 年,光伏系统应收账款增加,主要是光伏扶贫相关项目的回款周期相对较长所致。报告期内,该公司坏账计提比例充分考虑了应收账款的坏账风险。公司不排除因经营规模扩大或者宏观经济环境、客户经营状况发生变化,应收账款过快增长引致应收账款周转率下降甚至发生坏账的风险。

该公司的资产负债规模也较大,且资产负债率超过 50%。2016—2018 年,该公司的资产负债率分别为 75.35%、67.54% 和 57.83%。资产负债率较高可能加大公司财务风险,对公司盈利造成不利影响。

毛利率呈逐年下降的趋势

值得注意的是,该公司近三年的毛利率分别为 19.27%、18.38% 和 15.92%,呈逐年下降趋势。尤其是 2018 年 15.29% 的毛利率,在 110 家已受理企业中排名倒数第二。

天和光能表示,光伏组件产品是公司毛利的主要来源,2016—2018 年其占主营业务毛利的比例分别为 85.92%、74.89% 和 61.42%。光伏组件产品毛利率呈逐年下降趋势的主要原因:一是光伏产品的平均单价持续下降,2016—2018 年的平均售价分别为 3.34 元/W、2.56 元/W 和 2.17 元/W;二是 2018 年受行管政策及公司生产线技改的影响,发行人组件出货量出现下降、当年的组件业务毛利下降较为明显。

该公司 2016—2018 年研发收入占比也呈现逐年下降趋势、研发收入占营业收入的比例分别为 5.46%、4.60% 和 3.86%。2018 年,天和光能研发收入的薪酬为 12.26 万元,而该公司董事长薪酬为 505.198 万元,在 110 家已受理企业董事长薪酬中排名第二。

政府补贴排名第一

2018 年,天和光能获得政府补助 1.27 亿元,在 110 家已受理企业中排名第一。该公司表示,2016—2018 年,公司的营业收入主要来自和公司日常活动无关的政府补助。2018 年,公司营业外收入增加,主要由于当年收到较多政府补助。

天和光能表示,光伏电站业务的盈利较大程度上依赖于电站建成后能否顺利并网发电,以及发电时国家、政府对光伏发电上网电价的补贴政策。若项目建成后无法顺利并网发电,或无法纳入享受补贴的范围,或并网发电前国家、地方政府下调对光伏发电上网电价的补贴,将对项目的运营和转让收益产生影响。

案例思考题:

(1) 天和光能的应收账款占比较高且逐年增长可能受到哪些因素的影响? 如何进行质量分析? 是否会给公司带来财务风险?

(2) 天和光能毛利率逐年下降可能受哪些因素的影响?

(3) 天和光能受政府补贴政策的盈利性如何? 应收账款质量对此有何影响?

练 习 题

一、单项选择题

1. 下列项目中,不属于长期资产项目的是(   )。

A. 固定资产   B. 无形资产   C. 交易性金融资产   D. 长期投资

2. 进行资产结构变动分析时,应采用(   )。

A. 水平分析法   B. 垂直分析法   C. 趋势分析法   D. 比率分析法

3. 下列选项中,不属于货币资金变动原因的是(   )。

A. 为大笔支出做准备   B. 信用政策变动

C. 销售规模变动   D. 将库存现金存入银行

4. 下列哪种原因不会引起固定资产增加(   )。

A. 投资转入   B. 自行购入   C. 融资租入   D. 盘亏

5. 在通货膨胀条件下,存货采用先进先出法对利润表的影响是(   )。

A. 利润被低估   B. 利润被高估

C. 基本反映当前利润水平   D. 利润既可能被低估也可能被高估

二、多项选择题

1. 采取保守的固流结构政策可能出现的财务结果有(   )。

A. 资产流动性提高   B. 资产风险减低

C. 资产流动性降低   D. 资产风险提高

E. 盈利水平下降

2. 企业货币资金发生增减变动,可能基于以下原因的有(   )。

A. 企业销售规模变动   B. 信用政策改变

C. 坏账准备计提方法的变化   D. 为大笔现金支出做准备

E. 存货盘存制度的变化

3. 以下各项属于应收账款变动原因的有(   )。

A. 企业销售规模变动   B. 信用政策改变

C. 收款政策改变   D. 巨额冲销

E. 关联方占用

4. 导致长期股权投资账面价值发生变动的因素有(   )。

A. 进行投资   B. 转让投资

C. 追加投资   D. 因权益法确认投资收益

E. 收回投资

5. 在对下列资产项目进行分析时,应关注其资产减值准备计提情况的有(   )。

A. 存货   B. 长期投资   C. 交易性金融资产   D. 固定资产

E. 应收账款

三、判断题

1. 如果本期总资产比上期有较大幅度增加,表明企业本期经营卓有成效。 （ ）

2. 固定资产比重越高,企业资产的弹性越差。 （ ）

3. 稳健结构的主要标志是流动资产的一部分资金需要由长期资金来解决。 （ ）

4. 平衡结构的主要标志是流动资产的资金需要全部由短期资金来满足。 （ ）

5. 提取坏账准备表明企业应收款项的实际减少。 （ ）

四、计算题

1. 对 A 公司的负债变动情况和负债结构分析,分析资料如表 3-8 所示。

表 3-8 A公司资产负债表(部分)   单位:万元

项目	期初余额	期末余额
流动负债:		
短期借款	55 000	37 600
应付票据	8 000	7 000
预收款项	7 500	6 600
应付职工薪酬	3 270	4 000
应交税费	4 500	1 600
其他应付款	230	387
持有待售负债	2 000	1 100
一年内到期的非流动负债	430	700
其他流动负债	2 400	4 100
流动负债合计	83 330	63 087
非流动负债:		
长期借款	17 000	18 400
应付债券	25 000	20 000
长期应付款	181 000	18 100
非流动负债合计	223 000	219 400
负债总计	306 330	282 487

要求:

(1) 对负债的变动情况进行分析。

(2) 进行负债结构分析。

2. 对 B 公司的存货进行分析,B 公司的存货结构如表 3-9 所示。

表 3-9   B 公司存货结构

单位:万元

项目	期初余额	期末余额
原材料	1 880 000	2 366 450
在产品	658 000	517 000
自制半产品	1 325 400	1 379 450
产成品	1 015 200	775 500
合计	4 878 600	5 038 400

要求:

(1) 对存货的变动情况进行分析。

(2) 对存货结构进行分析。

五、业务题

C 公司的资产负债表如表 3-10 所示。

表 3-10   C 公司资产负债表(简表)

单位:万元

资产	期初余额	期末余额	负债和所有者权益(或股东权益)	期初余额	期末余额
流动资产:			流动负债:		
货币资产	40 000	50 000	短期借款	37 600	55 000
应收票据	28 000	20 000	应付账款	13 600	15 500
应收账款	15 500	25 000	应付职工薪酬	7 400	9 530
存货	97 000	85 000	其他流动负债	4 487	3 300
其他流动资产	37 910	48 510	流动负债合计	63 087	83 330
流动资产合计	218 410	228 510	非流动负债:		
非流动资产:			长期借款	38 400	42 000
长期股权投资	42 200	51 000	应付债券	181 000	181 000
固定资产	631 000	658 500	非流动负债合计	219 400	223 000
无形资产	91 000	94 000	负债合计	282 487	306 330
			所有者权益(或股东权益):		
			实收资本(或股本)	500 000	500 000
			资本公积	107 000	102 640
			盈余公积	82 423	85 320

（续表）

资产	期初余额	期末余额	负债和所有者权益 （或股东权益）	期初余额	期末余额′
			未分配利润	10 700	37 720
			所有者权益 （或股东权益）合计	700 123	725 680
资产总计	982 610	1 032 010	负债和所有者权益 （或股东权益）总计	982 610	1 032 010

要求：

(1) 运用水平分析法分析资产负债表的变动情况并作出评价。

(2) 运用垂直分析法分析资产负债表结构变动情况并作出评价。

(3) 对资产负债表的变动原因进行分析。

(4) 进行资产负债表的对称结构分析。

第四章　利润表分析

第一节　利润表概述

企业利润是指企业在一定时期内生产经营的财务成果,包括营业利润、投资收益和营业外收支净额。在商品经济条件下,企业追求的根本目标是企业价值最大化或股东权益最大化。而无论是企业价值最大化,还是股东权益最大化,其基础都是企业利润,利润已成为现代企业经营与发展的直接目标。企业的各项工作,最终都与利润的多少相关。

一、利润的意义与作用

(一) 利润是企业和社会积累与扩大再生产的重要源泉

企业实现的净利润,从分配渠道看,一是作为股利分配给企业所有者;二是作为盈余公积和未分配利润留在企业内部。然而,无论利润分配到何处,其用途主要有两个:积累和消费。从根本上说,没有积累,就没有扩大再生产,或者说没有利润就没有扩大再生产。

(二) 利润是反映企业经营成果的最综合的指标

利润受企业生产经营各个环节、各个因素的影响,供、产、销各个环节和人、财、物各个要素等的变动无不影响着利润的增减变动。企业各个环节和各个因素的状况好,利润就高;反之,某一环节或因素出现问题,就会影响利润的增长。因此,利润对于评价企业经营者的经营业绩是至关重要的。

(三) 利润是企业投资与经营决策的重要依据

在现代企业制度下,所有权与经营权分离,企业的经营自主权扩大。决策问题是企业经营管理中的核心问题,也是企业外部各投资者、债权人十分关心的问题。然而,无论何种经济决策,都离不开利润这一重要的依据或标准。凡有利于利润增长的方案,或只有使利润增长的方案才是经济上可行的方案。

二、利润表的结构和内容

(一) 利润表的结构

利润表是反映企业在一定会计期间经营成果的会计报表,因此它是一种动态报表。我国企业的利润表是采用多步式格式编制的,其编制原理遵循另一会计等式,即"利润＝收入－费用"。与资产负债表一样,利润表编制的基础是权责发生制。

(二) 利润表的基本格式和内容

根据我国 2018 年颁布的《企业会计准则》的规定,企业利润表的基本格式和内容如表4-1 所示。

表 4-1　ABC 公司利润表　　　　会企 02 表

编制单位:ABC 公司　　　　2019 年　　　　单位:万元

项目	本期金额	上期金额
一、营业收入	607 452	266 432
减:营业成本	402 288	178 260
税金及附加	7 716	2 456
销售费用	440	288
管理费用	39 51	11 448
研发费用	0	0
财务费用	69 336	27 096
其中:利息费用	69 336	27 096
利息收入	0	0
加:其他收益	0	0
投资收益(损失以"－"号填列)	13 726	9 068
公允价值变动净收益(损失以"－"号填列)	56	24
资产减值损失(损失以"－"号填列)	－388	－2 040

（续表）

项目	本期金额	上期金额
资产处置收益(损失以"－"号填列)	0	0
二、营业利润(亏损以"－"号填列)	102 416	53 936
加:营业外收入	4 104	1 776
减:营业外支出	444	396
其中:非流动资产处置净损失	112	296
三、利润总额(亏损总额以"－"号填列)	106 076	55 316
减:所得税费用	33 380	15 044
四、净利润(净亏损以"－"号填列)	72 696	40 272
五、其他综合收益的税后净额	13 600	0
六、综合收益总额	86 296	40 272
七、每股收益:		
(一)基本每股收益	1.32	0.92
(二)稀释每股收益	1.32	0.92

(三) 利润表主要项目的介绍

1. 营业利润

营业利润是指企业从事生产经营活动所产生的利润,是企业在某一会计期间的营业收入与为实现这些营业收入所发生的费用、成本比较计算的结果。它主要是企业通过自身的生产经营活动所取得的。营业收入包括主营业务收入和其他业务收入等;营业成本包括主营业务成本和其他业务成本;税金及附加反映企业经营业务应负担的消费税、营业税、城建税、资源税、土地增值税和教育费附加等;销售费用反映企业在销售商品过程中发生的费用;管理费用反映企业为组织和管理生产经营发生的管理费用;财务费用反映企业筹集生产经营所需资金等而发生的筹资费用;投资收益反映企业以各种方式对外投资所取得的收益;资产减值损失、公允价值变动损益则属于非经营活动的损益。

2. 利润总额

利润总额是指在营业利润的基础上,考虑营业外收支后的利润成果。利润总额是衡量企业经营业绩的十分重要的财务指标。

企业的利润总额由正常利润和非正常利润构成。正常利润是指由企业生产经营活动所产生和实现的利润,包括企业从事经营活动、投资活动、筹资活动等实现的利润,也就是营业利润;非正常利润是指与企业生产经营活动无关事项所引起的损益,包括遭受自然灾害导致的损失、罚款支出和滞纳金支出等与正常生产经营活动无关的项目,也就是营业外收支。由于产生正常利润的生产经营活动可由企业管理层控制,而非正常利润是不可控制的,因而将利润划分为正常利润和非正常利润(即在利润表中分开列示)有利于更客观地衡量企业管理层的经营管理效率。

3. 净利润

净利润是指在利润总额中按规定缴纳了所得税后企业的利润留成,一般也称为税后利润或净收入。它反映了企业全部活动的经营成果。

净利润是反映企业经济效益的一项重要指标。一般来讲,净利润多,企业的经营效益就好;净利润少,企业的经营效益就差。对于企业投资者来说,净利润是衡量投资回报大小的基本指标;对于企业管理者而言,净利润是进行经营管理决策的基础。

4. 每股收益

每股收益即 EPS,又称每股税后利润、每股盈余,它是指企业某一时期净利润与股份数的比率。它是测定股票投资价值的重要指标之一,是综合反映企业盈利能力的重要指标。每股收益包括基本每股收益和稀释每股收益两种形式。

三、利润表分析的内涵

如果说资产负债表是一张"快照",那么利润表就是记录人们在两张"快照"之间做了些什么的一段"录像"。它反映了企业的收入、成本、费用、税收情况,揭示了企业利润的构成和实现过程。利润表是企业内外部相关利益者了解企业经营业绩的主要窗口,由于它在多种场合常常以业绩评价基准的身份出现,所以企业出于各种不同动机,费尽心机地粉饰利润表,其根本目的就是能够按照个人意愿操纵利润。因此,利润表往往是财务舞弊的"重灾区"。投资者和分析人员如不小心谨慎,就很有可能掉进利润"陷阱"。

对利润表进行分析是指以利润表为主要依据,对利润及其影响因素进行分析,以评价企业业绩、发现问题和向企业相关利益者提供真实业绩信息为目的的分析方法。

四、利润表分析的目的

(一)利润表分析可正确评价企业各方面的经营业绩

由于利润受各个环节和各个因素的影响,因此,通过不同环节的利润分析,可准确说明各个环节的业绩。如通过产品销售利润分析,不仅可说明产品销售利润受哪些因素影响以及影响程度,而且还可说明这些因素是主观影响还是客观影响,是有利影响还是不利影响等,这对于准确评价各个部门和各个环节的业绩是十分必要的。

(二)利润表分析可及时、准确地发现企业经营管理中存在的问题

正因为分析不仅能明确成绩,而且还能发现问题,因此,通过对利润的分析,可发现企业在各环节存在的问题或不足,为进一步改进企业经营管理工作指明了方向。这有利于促进企业全面改进经营管理,使利润不断增长。

(三) 利润表分析可为投资者、债权者的投资与信贷决策提供正确信息

由于企业产权关系及管理体制的变动,越来越多的人关心企业的利润。企业经营者是这样,投资者、债权者也是如此,他们通过对企业利润的分析,揭示出企业的经营潜力及发展前景,从而作出正确的投资与信贷决策。

另外,利润分析对于国家宏观管理者研究企业对国家的贡献也有重要意义。

第二节　利润表水平分析

一、利润表水平分析的目的和思路

利润表水平分析是指通过将企业报告期的利润表数据与前期对比,揭示各个方面存在的问题,为全面深入分析企业的利润情况奠定基础。

运用水平分析,可以了解项目增减变动额度和幅度情况,从而发现可疑点。变动额度多少为异常应视企业收入基础确定,一般而言,变动幅度如果超过 20% 则应视为异常,当然还必须结合项目的性质(重要还是不重要)。

利润表水平分析的依据是利润表,通过水平分析法,将利润表的实际数和选定的标准进行比较,编制出利润表水平分析表,并在此基础上进行分析评价。

二、编制利润表水平分析表

利润表水平分析主要是要计算某项目的增减额和增减率,根据表 4-1 提供的资料,编制 ABC 公司利润表水平分析表,如表 4-2 所示。

表 4-2　ABC 公司利润表水平分析表　　　　　　单位:万元

项目	2019 年度	2018 年度	增减额	增减率
一、营业收入	607 452	266 432	341 020	128.00%
减:营业成本	402 288	178 260	224 028	125.67%
税金及附加	7 716	2 456	5 260	214.17%
销售费用	440	288	152	52.78%
管理费用	39 516	11 448	28 068	245.18%
财务费用	69 336	27 096	42 240	155.89%
加:投资收益	13 816	9 068	4 748	52.36%
公允价值变动净收益	56	24	32	133.33%
资产减值损失	−388	−2 040	−1 652	−199.02%

（续表）

项目	2019 年度	2018 年度	增减额	增减率
二、营业利润	102 416	53 936	48 480	89.88%
加:营业外收入	4 104	1 776	2 328	131.08%
减:营业外支出	444	396	48	12.12%
其中:非流动资产处置净损失	112	296	184	−62.16%
三、利润总额	106 076	55 316	50 760	91.76%
减:所得税费用	33 380	15 044	18 336	121.88%
四、净利润	72 696	40 272	32 424	80.51%
五、其他综合收益	13 600	0	13 600	0
六、综合收益总额	86 296	40 272	46 024	114.28%
七、每股收益:				
（一）基本每股收益	1.32	0.92	0.4	43.48%
（二）稀释每股收益	1.32	0.92	0.4	43.48%

三、利润表规模变动情况的分析评价

利润表水平分析应抓住几个关键利润指标的变动情况,如净利润、利润总额和营业利润的变动额与变动幅度,再逐项分析这些利润变动的原因。例如,营业利润的增加可能是由于营业收入的增加,也可能是由于营业成本和费用的减少,还可能是两者共同作用的结果,当然还有其他可能的情况;但营业收入的增加水平如果低于营业成本或者期间费用的增加水平时,就说明企业成本控制较差或者费用利用不合理,从而导致获取利润能力降低,企业在以后的年度应采取措施降低营业成本、减少期间费用,从而增强企业的盈利能力。

以下是对 ABC 公司的利润表变动情况进行的分析。

（一）净利润或税后利润分析

净利润是企业所有者最终取得的财务成果或可供企业所有者分配或使用的财务成果。通过表4-2可知,ABC 公司 2019 年度实现净利润 72 696 万元,比上年增长了32 424万元,增长率为80.51%,增长幅度较高。从水平分析表看,ABC 公司净利润增长主要是利润总额比上年增长 50 760 万元引起的。所得税比上年增长 18 336 万元,两者相抵,净利润增长了 32 424 万元。

（二）利润总额分析

利润总额是反映企业除税收活动以外的其他活动财务成果的指标,它不仅反映企业

的营业利润,而且反映企业的营业外收支情况。通过表 4-2 可知,ABC 公司利润总额增长 50 760 万元,其关键原因是营业利润增长导致利润总额的增长,营业利润比上年增长了 48 480 万元,增长率为 89.88%;同时受营业外收入增加的有利影响,利润总额增加了 2 328 万元。这两个主要原因使利润总额增加了 50 760 万元。

(三) 营业利润分析

营业利润是企业营业收入与营业成本、营业税费、期间费用、资产减值损失、公允价值变动净收益、投资净收益之间的差额。它既包括企业的主营业务利润和其他业务利润,又包括企业公允价值变动净收益和对外投资的净收益,它反映了企业正常生产经营活动的财务成果。通过表 4-2 可以看出,ABC 公司营业利润增加主要是营业收入增加和投资收益增加所致。营业收入比上年增加 341 020 万元,增长率为 128.00%。根据 ABC 公司年报,其营业收入大幅增长,主要原因在于公司不断调整产品结构,增加产量,不断满足市场需求,从而造成营业收入大幅上升;投资收益增加,导致营业利润增加了 4 748 万元;同时资产减值损失减少导致营业利润增加 1 652 万元;但由于营业成本、营业税费、销售费用、管理费用、财务费用的增加,减少利润 299 748 万元,增减相抵,ABC 公司营业利润增加了 48 480 万元,增长率为 89.88%。

第三节　利润表结构分析

一、利润表结构分析的目的和思路

利润表的结构分析是通过计算利润表中各项目占营业收入的比重或结构,反映利润表中的项目与营业收入关系情况及其变动情况,分析说明财务成果的结构及其增减变动的合理程度。

通过各项目的比重,分析各项目在企业经营收入中的重要性。一般来说,项目比重越大,说明其重要程度越高,对总体的影响越大。将分析期各个项目的比重与前期同个项目的比重进行对比,研究各个项目的比重变动情况及取得的业绩和存在的问题。

利润表垂直分析的依据是利润表,通过垂直分析法,计算出利润表中各个因素或各种财务成果在营业收入中所占的比重,并将这个比重的实际数和选定的标准进行比较,编制出利润表垂直分析表,在此基础上进行分析评价。

二、编制利润表垂直分析表

利润表结构分析主要是要计算某项目在营业收入中所占的比重,根据表 4-1 提供的资料,编制 ABC 公司利润表垂直分析表,如表 4-3 所示。

表 4-3　ABC 公司利润表垂直分析表

项目	2019 年度	2018 年度
一、营业收入	100%	100%
减:营业成本	66.23%	66.91%
税金及附加	1.27%	0.92%
销售费用	0.07%	0.11%
管理费用	6.51%	4.3%
财务费用	11.41%	10.17%
加:投资收益	2.27%	3.4%
公允价值变动净收益	0.01%	0.01%
资产减值损失	0.06%	0.77%
二、营业利润	16.86%	20.24%
加:营业外收入	0.68%	0.67%
减:营业外支出	0.07%	0.15%
其中:非流动资产处置净损失	0.02%	0.11%
三、利润总额	17.46%	20.76%
减:所得税费用	5.5%	5.65%
四、净利润	11.97%	15.12%

三、利润表结构的分析评价

在利润表垂直分析中,首先要看收入结构情况,如果营业收入中主营业务收入占的比重较大,说明企业的盈利主要来自主营业务,有利于企业的持续发展。而如果企业的营业收入中其他业务收入或者营业外收入的比重较大,那么说明企业的收入是不稳定的,不利于企业利润的积累和长远发展。在利润结构中,如果一个企业的利润主要来自营业利润,说明企业的盈利状况是比较稳定和可持续的;而如果利润是来自如投资净收益、营业外收入等项目,那么企业的利润可能会因为这些收益的消失而发生巨大变化。以下是对 ABC 公司利润结构的分析,可从中发现影响利润变动的主要因素。

从表 4-3 可以看出,ABC 公司 2019 年度各项财务成果的构成情况。营业利润占营业收入的比重为 16.86%,比 2018 年度的 20.24%降低了 3.38%;2019 年度利润总额的构成为 17.46%,比 2018 年度的 20.76%减少了 3.3%;2019 年度净利润的构成为 11.97%,比 2018 年的 15.12%减少了 3.15%。可见,从 ABC 公司利润的构成情况看,盈利能力比 2018 年度有所降低。各项财务成果降低的原因,从营业利润结构增长看,主要是税金、管理费用和财务费用结构上升所致,说明管理费用和财务费用上升是降低营业利润比重的根本原因。但是利润总额比重降低的主要原因,除受营业利润影响以外,主要还在于营业外收支的变动,另外还有投资净收益比重下降的不利影响;当然,营业成本、销售费用、资产减值损失、营业外支出和所得税费用比重的减少,对营业利润、利润总额和净利润带来了一定的积极影响,但由于消极影响要大于积极影响,致使盈利能力总体下降。

第四节　利润表重点项目分析

一、企业收入分析

我国《企业会计准则——基本准则》对收入的定义是:收入是指企业在日常活动中形成的、会导致所有者权益增加的、与所有者投入资本无关的经济利益的总流入。其中,日常活动是指企业为完成其经营目标所从事的经常性活动以及与之相关的活动。收入具体包括销售商品收入、提供劳务收入和让渡资产使用权收入。

(一) 企业收入确认与计量分析

1. 企业收入确认原则

收入的确认至少应当符合以下条件:一是与收入相关的经济利益应当很可能流入企业;二是经济利益流入企业的结果会导致资产的增加或负债的减少;三是经济利益的流入额能可靠计量。

(1) 销售商品。当商品所有权的主要风险和报酬转移给购货方,且企业不再对该商品实施继续管理权和实际有效控制权时,相关的收入已经收到或取得了收款凭证,并且与销售该商品相关的已发生或将发生的成本能够可靠地计量时,确认销售收入的实现。

(2) 提供劳务。企业在资产负债表日提供劳务交易的结果能够可靠估计时,应按完工百分比法确认收入的实现;当交易的结果不能可靠估计时,按预计能够获得补偿的劳务成本金额确认收入,并将已经发生的成本计入当期损益。

(3) 让渡资产使用权。企业因让渡资产使用权而发生的利息收入、使用费收入和现金股利收入按有关合同或协议规定的收费时间和方法确认,并同时满足相关的经济利益很可能流入企业及收入的金额能够可靠计量时,才予以确认收入这两个条件。

2. 企业收入确认分析

企业收入的确认在明确收入内涵的基础上,应着重进行以下几个方面的分析:

(1) 收入确认时间合法性分析,即分析本期收入与前期收入或后期收入的界线是否分清。

(2) 特殊情况下企业收入确认的分析,如商品需要安装或检验时收入的确认;买主有退货权时收入的确认;建造合同收入的确认等,其收入的确认与一般性收入确认不同。

(3) 收入确认方法合理性的分析,如对采用完工百分比法的条件与估计方法是否合理等的分析。

3.企业收入计量分析

企业收入计量分析主要是指营业收入计量分析。企业的营业收入是指全部营业收入减去销售退回、折扣与折让后的余额。企业因售出商品的质量不合格等原因而在售价上给的减让属于销售折让;企业因售出商品质量、品种不符合要求等原因而发生的退货属于销售退回。企业已经确认销售收入的售出商品发生销售折让和销售退回,应当在发生当期冲减当期销售商品收入。企业为促进商品销售而在商品价格上给予的价格扣除属于商业折扣,商品销售涉及商业折扣的,应当按照扣除商业折扣后的金额确定销售商品收入金额。债权人为鼓励债务人在规定的期限内付款而向债务人提供的债务扣除属于现金折扣,销售商品涉及现金折扣的,应当按扣除现金折扣前的金额确定销售商品收入金额,现金折扣在实际发生时作为财务费用扣除。因此,营业收入计量分析的关键在于确认销售退回、折扣与折让的计量是否准确。

无论是收入确认分析,还是收入计量分析,关键在于明确分析的目的是确认收入的正确性;而其正确与否的关键在于分析时选择的会计政策、会计方法的准确性与合理性。

(二) 营业收入因素分析

企业营业收入的多少主要受销售数量和销售价格的影响。因此,营业收入分析应在分析收入总量变动的基础上,进一步确认销售量和价格对其影响程度。分析的步骤如下:

(1) 计算营业收入增长额和增长率。其公式如下:

$$营业收入增长额 = 本期实际营业收入 - 基础营业收入$$

$$营业收入增长率 = \frac{营业收入增长额}{基期营业收入} \times 100\%$$

(2) 计算销售量变动对营业收入的影响。其公式如下:

$$销售量变动对营业收入的影响 = 基期营业收入 \times 销售量增长率$$

$$销售量增长率 = \left[\frac{\sum(产品实际销售量 \times 基期单价)}{\sum(产品基期销售量 \times 基期单价)} - 1 \right] \times 100\%$$

(3) 计算价格变动对收入的影响。其公式如下:

$$价格变动对收入的影响 = 营业收入增长额 - 销售量变动对营业收入的影响$$

通过销售量与价格对收入的影响分析,不仅可明确企业销售量及价格对收入的影响程度,而且可了解企业的竞争战略选择及其效果。

(三) 企业收入构成分析

企业收入分析不仅要研究其总量,而且应分析其结构和变动情况,以了解企业的经营方向和会计政策选择。收入构成分析可主要从主营业务收入与其他业务收入、现销收入与赊销收入的结构进行。

1. 主营业务收入与其他业务收入分析

企业收入包括主营业务收入和其他业务收入。通过对主营业务收入与其他业务收入的构成情况的分析,可以了解与判断企业的经营方针、方向及效果,进而可分析、预测企业的持续发展能力。如果一个企业的主营业务收入结构较低或不断下降,其发展潜力和前景显然是值得怀疑的。

2. 现销收入与赊销收入分析

企业收入中的现销收入与赊销收入构成受企业的产品适销程度、企业竞争战略、会计政策选择等多个因素影响。通过对两者结构及其变动情况的分析,可了解与掌握企业产品销售情况及其战略选择,分析判断其合理性。当然,在市场经济条件下,赊销作为商业秘密并不要求企业披露其赊销收入情况,所以,这种分析方法更适用于企业内部分析。

(四) 收入操纵的常用手段

1. 提前确认未实现收入

这一做法固然可以在短期内使销售收入大幅提升,但其实质是透支未来会计期间的收入,其常用做法如下。

第一,利用补充协议,隐瞒风险和报酬尚未转移的事实。风险和报酬的转移是确认收入的前提条件。例如,《企业会计准则第 14 号——收入》规定,附有退货条款的企业,如果无法根据以往经验确定退货比例,在退货期届满前不得确认销售收入。为了规避此规定,一些公司在销售合同中,只字不提退货条款等可能意味着风险和报酬尚未转移等事项,而是将这些重大事项写进补充协议,以达到其提前确认收入的目的。

第二,填塞分销渠道,刺激经销商提前购货。填塞分销渠道是一种向未来期间预支收入的恶性促销手段。卖方通过向买方(通常是经销商)提供优厚的商业刺激,诱使买方提前购货,从而在短期内实现销售收入的大幅增长,以达到美化其财务业绩的目的。

第三,违反《企业会计准则》规定,将尚未达到收入确认条件的收入确认为当期收入。

2. 延迟确认已实现收入

这一操纵手法往往以稳健主义为幌子,通过递延收入或指使被收购企业在收购日之前推迟确认收入等手法,将本应在当期确认的收入推迟至以后期间确认,并将当期储备的收入在经营陷入困境的年份予以释放,以达到以丰补歉、平滑收入和利润的目的。

3. 伪装收入性质以夸大营业收入

上市公司为了迎合经营业绩预期,可能不惜采用鱼目混珠的方法,将非经常性收益,如投资收益、补贴收入和营业外收入等包装成营业收入。尽管这种收入操纵手法并不会改变利润总额,但它却歪曲了利润结构,夸大了企业创造营业收入和经营活动现金流量的能力,特别容易误导投资者对上市公司盈利质量和现金流量的判断。

4. 歪曲事实以虚增收入

这主要指代理代销业务,该业务分为买断式和非买断式两种,两者的差别在于风险与报酬是否转移。对于买断式的代理代销业务可视同销售,按代理代销总额确认收入;对于非买断式的代理代销业务,由于风险和报酬仍然保留在被代理方或委托方,代理方或受托方应当按代理代销可望收取的净额(如代理佣金)确认收入。显而易见,总额法与净额法对利润表所体现的营业收入将产生迥然不同的影响。一些上市公司为了夸大收入,对《企业会计准则》的规定置若罔闻,将本应采用净额法反映的业务,改按总额法反映。

5. 凭空虚构收入

有些企业为了达到多计当期收益的目的,人为地通过"应收票据""应收账款"等账户虚增销售收入。而又有一些企业为了在破产倒闭风潮中争得一线生机,铤而走险,使出"瞒天过海"的招数,策划了一系列不合乎商业逻辑的交易来虚构经营收入。

6. 通过关联交易操纵收入

市场交易实现的途径主要有两种:一是与独立当事人的交易;二是与关联方的交易。与独立当事人的交易一般遵循供求关系,并通过价格机制决定是否成交和成交价格,这种途径最为公允和真实;然而,与关联方发生的交易很可能扭曲供求关系和价格机制,掩盖企业产品或劳务市场实现缺乏竞争力的事实。《企业会计准则》要求上市公司披露关联交易的性质、交易条件、金额和对财务报告的影响。由于证券市场对独立交易和关联交易所产生的销售收入赋予迥然不同的权重,如实披露很可能降低证券市场对上市公司的价值评估。为此,一些上市公司蓄意隐瞒关联关系,将关联交易所产生的收入包装成独立交易的收入,以获得证券市场的青睐。

7. 篡改收入分配

在一些特殊行业里,尤其是设备租赁和系统软件行业,企业在出售产品的同时,还向客户提供融资和售后服务。在这些行业里,允许客户分期付款、向客户提供维护和技术更新服务,往往是取得销售收入的前提条件。因此,在这些行业里,企业与客户签订一揽子协议、进行捆绑销售等现象司空见惯。在捆绑销售中,收入确认最棘手的问题是如何将合同总价分配至各个要素。其他条件保持相同,资金融通和售后服务要素分配的金额越少,企业能够立即确认的产品销售收入就越多。为此,一些上市公司随意改变收入分配所运用的假设,低估融资收入和服务收入,夸大产品销售收入,以达到证券分析师的盈利预期。

8. 双向交易或三角交易

双向交易就是交易双方互为买方和卖方,为彼此"创造"收入。由于双向交易容易引起外界的怀疑,于是与双向交易相似的三角交易登场了。三角交易实质上也是一种双向交易,但因为引入了第三方或过桥公司,使其双向交易不容易被外界发觉。

二、成本费用分析

成本费用是销售成本、销售费用、管理费用及财务费用的统称。从各项财务成果的分析可以看出，成本费用对财务成果有着十分重要的影响，降低成本费用是增加财务成果的关键或重要途径。因此，进行财务成果分析，应在揭示财务成果完成情况的基础上，进一步对影响财务成果的基本要素——成本费用进行分析，以找出影响成本升降的原因，为降低成本费用、促进财务成果的增长指明方向。

(一) 产品销售成本分析

销售成本分析包括全部销售成本分析和单位销售成本分析两个部分。

1. 全部销售成本分析

全部销售成本分析是根据产品生产、销售成本表的资料，对企业全部销售成本的本年度实际完成情况与上年度实际情况进行对比分析，从产品类别角度找出各类产品或各主要产品销售成本升降的幅度，以及对全部销售成本的影响程度。全部销售成本分析的一般步骤是：

第一，将本年度全部产品销售总成本与按本年度实际销售量计算的上年度实际销售总成本进行对比，求出销售成本的降低额和降低率。其计算公式如下：

$$\text{全部销售成本降低额} = \text{按本年度实际销售量计算的上年度实际销售总成本} - \text{本年度实际销售总成本}$$

$$\text{全部销售成本降低率} = \frac{\text{全部销售成本降低额}}{\text{按本年度实际销售量计算的上年度实际销售总成本}} \times 100\%$$

第二，计算主要产品和非主要产品的销售成本降低额和降低率，以及其对全部产品销售成本降低率的影响。主要产品和非主要产品销售成本降低额和降低率的计算可依据上式进行，只是产品的范围不同。它们对全部销售成本降低率影响的计算公式如下：

$$\text{主要产品销售成本降低对全部销售成本降低率的影响} = \frac{\text{主要产品销售成本降低额}}{\text{按本年度实销量计算的上年度销售总成本}} \times 100\%$$

$$\text{非主要产品销售成本降低对全部销售成本降低率的影响} = \frac{\text{非主要产品销售成本降低额}}{\text{按本年度实销量计算的上年度销售总成本}} \times 100\%$$

第三，计算各主要产品销售成本降低额和降低率，以及它们对全部产品销售总成本降低率的影响。计算方法可采用上述全部销售成本降低额和降低率的计算公式，以及主要产品销售成本降低对全部销售成本降低率影响的公式，只是产品的口径和范围不同。

通过以上三个步骤，不仅分析了全部销售成本的完成情况，而且从产品类别上找出了销售总成本增减变动的原因，为加强成本管理指明了方向。

2. 单位销售成本分析

从上述产品销售成本分析可以看出，无论是全部销售成本分析，还是百元销售收入成本分析,单位销售成本都是影响和决定它们的重要因素,因此深入地对单位销售成本进行分析是十分必要的。进行单位销售成本分析,应明确单位销售成本与单位生产成本的关系,它们之间的关系可通过以下关系式反映出来:

某产品单位销售成本 = 该产品销售总成本 ÷ 该产品销售量

某产品销售总成本 = 本期生产总成本 + 期初结存成本 - 期末结存产品

某产品单位生产成本 = 该产品本期生产总成本 ÷ 该产品当期生产量

由此可见,当期单位销售成本与单位生产成本的差异主要受期初和期末结存成本变动的影响,如果企业当期生产产品在当期全部销售出去,则当期单位销售成本与当期单位生产成本可能是相同的或差异较小。在这种情况下,对单位销售成本的分析与对单位生产成本的分析是一致的,可利用主要产品单位成本表的资料进行分析。

(二) 期间费用分析

与财务成果直接相关的费用有销售费用、管理费用和财务费用等,对各项费用进行分析可采用水平分析法和垂直分析法。运用水平分析法可将各费用项目的实际数与上期数或预算数进行对比,以揭示各项费用的完成情况及产生差异的原因;运用垂直分析法则可揭示各项费用的构成变动,说明费用构成变动的特点。

1. 销售费用分析

销售费用是指企业在销售商品、提供劳务过程中发生的费用及为了销售本企业商品而专设的销售机构的经营费用。在商品流通企业中,购买商品过程中所发生的进货费用也包括在内,一般包括应由企业负担的运输费、装卸费、包装费、保险费、展览费、广告费、租赁费及为销售企业产品而专设销售机构的职工工资、福利费等经常性支出。销售费用是一项期间费用,在报告期末要全部结转以计算本期收益。

销售费用可能对销售收入产生很大的影响。当销售费用增加时,应该关注其是否带动了营业收入的增加。营业费用超过一定水平后,由于市场趋于饱和,收入的增长率将降低。如果企业的销售费用增长幅度远远大于营业收入的增长幅度,其获利空间是非常有限的,收入增长的可持续性值得怀疑。在对企业未来经营状况进行预测时,有理由认为要维持营业收入的增长,企业仍然需要支付高额的销售费用来实现营销目标。

2. 管理费用分析

管理费用是指企业行政管理部门为管理和组织企业生产经营活动而发生的各项费用支出,包括由企业同意负担的行政管理人员工资及福利费、保险费、业务招待费、研究费用、董事会费、工会经费、咨询费、诉讼费、技术转让费、排污费、矿产资源补偿费、聘请中介机构费和企业在筹建期间内发生的开办费、房产税、土地使用税、车船使用税、印花税等。

对于管理费用而言,一般来说,在企业的组织结构、管理风格、管理手段、业务规模等方面变化不大的情况下,企业的管理费用规模变化不会太大。这是因为变动性管理费用会随着业务量的增长而增长,固定性管理费用则不会有较大变化。

行政管理部门计提的固定资产折旧也在管理费用科目中核算。在管理费用分析过程中,分析人员尤其要注意企业是否通过固定资产折旧调节成本利润。考虑到固定资产使用情况的复杂性,《企业会计准则》对于固定资产折旧提供了多种可供选择的会计政策。这种会计处理的灵活性为上市公司利润操纵提供了机会。利用固定资产折旧方法的变更已经成为企业管理当局进行利润操纵的常用手段。

3. 财务费用分析

财务费用是指企业为筹集生产经营所需资金等发生的费用,主要包括企业生产经营期间发生的利息净支出(减利息收入)、汇兑损失(减汇兑收益)及相关手续费、企业发生的现金折扣或收到的现金折扣等。

企业贷款利息水平的高低主要取决于以下三个因素:

(1) 贷款规模。概括地说,如果因贷款规模导致计入利润表的财务费用下降,则企业会因此而提高盈利能力。但是,还应该看到,企业可能因贷款规模的降低而限制了其发展。

(2) 贷款利息率和贷款期限。从企业融资的角度来看,贷款利息率的具体水平主要取决于以下几个因素:一定时期资本市场的供求关系、贷款规模、贷款的担保条件及贷款企业的信誉等。在利率的选择上,可以采用固定利率、变动利率或浮动利率等。可见,贷款利率中,既有企业不可控制的因素,也有其可以选择的因素。在不考虑贷款规模和贷款期限的条件下,企业的利息费用将随着利率水平而波动。总体来说,贷款期限对企业财务费用的影响主要体现在利率因素上。企业的利率水平主要受一定时期资本市场的利率水平的影响,所以不应该对企业因贷款利率的宏观下调而导致的财务费用降低给予过高的评价。

总之,财务费用是由企业筹资活动发生的,因此在进行财务费用分析时,应当将财务费用的增减变动和企业的筹资活动联系起来,分析财务费用增减变动的合理性和有效性,发现其中存在的问题,查明原因,采取对策,以期控制和降低费用,提高企业利润水平。

三、其他重点项目分析

(一) 税金及附加

税金及附加是企业进行日常活动应负担的各种税金及附加,包括营业税、消费税、城市维护建设税、资源税和教育费附加等相关税费。应该注意的是,税金及附加中不包括增值税。由于增值税是价外税,其核算方法不同于营业税等价内税,所以企业所缴纳的增值税在利润表中是反映不出来的。

在分析税金及附加时,应注意与营业收入进行配比,若两者之间不配比,则可能存在"偷税漏税"之嫌。

（二）资产减值损失

资产减值损失是企业根据资产减值等准则计提各项资产减值准备所形成的损失,包括坏账准备、存货跌价准备、长期股权投资减值准备、持有至到期投资减值准备、固定资产减值准备、在建工程减值准备、无形资产减值准备等。除应收项目的坏账损失是按照比例估计外,所有其他资产的减值损失都是预计可收回金额低于账面价值的差额,因此,资产减值损失具有很强的主观判断。

研究表明,资产减值损失具有明显的操纵利润的特征,利润高时,计提的减值损失较多;而利润低时,计提的减值损失较少甚至不提,计提减值损失的时间和金额也不符合客观性要求。

为减少上述行为的发生,我国现行《企业会计准则》对资产减值计提作了规范要求。资产减值准备计提的方法和计提比例一经确定不得随意变更。除了存货、应收账款等流动资产计提的资产减值可以转回以外,其他非流动资产计提的减值准备,如长期股权投资减值准备、持有至到期投资减值准备、固定资产减值准备、在建工程减值准备、无形资产减值准备等在以后会计期间均不得转回。

（三）公允价值变动损益

公允价值变动损益是指企业在初始确认时划分为以公允价值计量且其变动计入当期损益的金融资产或金融负债,以及采用公允价值模式计量的投资性房地产、生物资产等公允价值变动产生的收益或损失。应该注意的是,公允价值变动损益主要反映的是企业未实现的投资收益。

（四）投资收益

投资收益是指企业对外投资确认的投资收益或投资损失。包括长期股权投资采用成本法核算时,被投资单位宣告发放的现金股利或利润中属于本企业的部分;长期股权投资采用权益法核算时,资产负债表日根据被投资单位实现的净利润或经调整的净利润计算的本企业应享有的份额;出售长期股权投资时,实际收到的金额与其账面余额的差额;出售采用权益法核算的长期股权投资时,按处置长期股权投资的投资成本比例结转的原计入"资本公积——其他资本公积"项目的金额;企业持有交易性金融资产、持有至到期投资、可供出售的金融资产期间取得的投资收益;处置交易性金融资产、持有至到期投资、可供出售的金融资产实现的损益等。

分析时,要注意投资收益占总利润的比例和上市公司的资本运作情况。虽然投资收益属于企业营业利润的一部分,但它属于一种间接获得的收益。投资是通过让渡企业部分资产而换取的另一项资产,即通过其他单位使用投资人投入的资产所创造的效益后分配所得的,或通过投资改善贸易关系等手段达到获取利益的目的。正是由于对外投资这种间接获取收益的特点,投资收益的高低及真实性不易控制。

要关注企业的营业利润与投资收益之间是否出现了互补性变化趋势。当然,营业利润与投资收益之间出现互补性变化并不一定就是利润操纵的结果。但是,财务报告分析者有充分理由对营业利润中的投资收益较高增长保持警惕。企业本年度投资收益的大幅增加不代表未来企业仍会保持高位收益。例如,七喜控股(002027)2018年年初动用1600万元自由资金进场炒股,当年就大赚4163万元,但在2019年,其炒股业绩却是实亏加浮亏共计折损894万元,超过了初始投资的一半。

应该注意的是,不能把上市公司会计报表中的公允价值变动作为上市公司的投资收益,它随着市场价格的变动而发生账面价值变化,是没有产生现金流的未实现收益。

(五)营业利润

营业利润是指企业正常经营活动所产生的税前利润,正数为营业利润,负数为营业亏损。营业利润或营业亏损代表着企业的经营成果,是预测企业未来盈利能力的重要信息。营业利润占主营业务收入的比重称为销售营业利润率,是衡量企业经营业务盈利能力的一个重要指标。其计算公式如下:

$$\text{营业利润} = \text{营业收入} - \text{营业成本} - \text{税金及附加} - \text{销售费用} - \text{管理费用} - \text{财务费用} - \text{资产减值损失} \pm \text{公允价值变动损益} \pm \text{投资收益}$$

企业营业利润的多少,代表了企业的总体经营管理水平和效果。通常营业利润越大的企业,效益越好。营业利润是一个很重要的项目,但应该注意的是,营业利润中包括了三个特殊项目,即资产减值损失、公允价值变动损益和投资收益。资产减值损失具有一次性特点;公允价值变动损益则属于未实现收益,具有很大的波动性;投资收益包括有价证券买卖损益和企业的长期股权投资的损益。分析时,应当根据具体情况加以调整。

区分利润来源项目是为了评价利润质量的需要。在分析利润质量时,可以把营业利润以上的项目称为"线上项目",营业利润以下的项目称为"线下项目",显然,利润总额的质量高低,取决于线上项目的结果,即营业利润的多少。若某些企业的营业利润为负,正的利润完全来自线下项目,则表明其前景可能不妙。

(六)营业外收入

营业外收入是指企业发生的与其经营活动无直接关系的各项净收入。主要包括非流动资产处置利得、非货币性资产交换利得、债务重组利得、政府补助、盘盈利得、捐赠利得等。与营业收入与营业成本需要配比不同,营业外收入与营业外支出一般不存在直接的对应关系和配比关系。

营业外收入是一种利得,通常从偶发的经济业务中取得,属于不经过经营过程就能取得或不曾期望获得的收益。营业外收入项目的金额通常较小,但因其属于非正常经营的产物,因此必须与正常的损益区别开,在利润表中单独列示。阅读报表时若发现其数额较大,则需要具体分析。

应该注意的是,企业出售、转让和置换资产(存货、固定资产、无形资产等)是企业优化资产结构、实施战略重组的重要手段。但若作价不符合市场运作规则,就极有可能作为营业外收入成为调整企业利润的最简单、最直接和最有效的方法。与此类似,债务重组、非货币性资产交换也会给企业带来营业外收入。因这种收益具有临时性、一次性特点,应关注其交易的客观性判断。

(七) 营业外支出

营业外支出是指企业非日常活动中所发生的、会导致所有者权益减少的、与向所有者分配利润无关的经济利益的流出。包括非流动资产处置损失、非货币性资产交换损失、债务重组损失、公益性捐赠支出、非常损失、盘亏损失等。由于营业外支出直接减少利润总额,因此,《企业会计准则》中明确规定了应计入营业外支出项目的具体内容,并在利润表中单独列示,以便与正常的经营性支出区别开来。

营业外支出与费用的区别主要在于,费用是日常活动产生的,是经常性损益;而营业外支出是由非日常活动产生的,属于企业的非经常性损益。

(八) 利润总额

利润总额也称为税前利润,是指企业在营业活动、投资活动以及其他企业活动中所实现的利润,等于营业利润加上营业外收入减去营业外支出。该项目涵盖了企业全部活动的收入和支出,可用于衡量企业的综合效益。利润总额代表企业当期综合盈利能力,直接关系到各利益相关者的利益分配问题。其计算公式如下:

$$利润总额 = 营业利润 + 营业外收入 - 营业外支出$$

应当注意的是,利润总额所包含的损益项目最全,是一定时期企业利润额的完整表现,但因其包含了非正常经营业务活动的利润,该利润额并非全部来源于销售收入,在计算企业的销售利润率时,若用利润总额进行计算,则会导致与分母(销售收入)不匹配,因此,最适合于销售利润率计算的利润应该是营业利润。它既扣减了与企业经营业务活动相关的所有成本、费用项目,是真正意义上的利润,同时它又是正常经营业务活动的利润,与销售收入具有正常的逻辑关系。

(九) 所得税费用

所得税费用反映企业已确认的应当从当期利润总额中扣除的金额,是企业根据税法的要求确认的本期所得税,包括本期已经缴纳和应缴纳的所得税以及递延的所得税。所得税是根据企业应纳税所得额的一定比例上缴的一种税金。所得税是企业取得可供分配的净收益所必须花费的代价,目前,会计上将其作为一项费用处理。这一方面说明所得税具有的强制性和无偿性,只要企业有收益,都要依法缴纳所得税;另一方面也符合收入与费用的配比原则。

所得税费用的计算比较复杂,主要有以下几个原因:

(1) 利润表上"利润总额"项目即税前利润并不是税务当局征收企业所得税的依据。税务当局是按照税法规定确定一个"应纳税所得额",然后再乘以企业适用的税率计算企业应纳所得税额。

企业的应纳税所得额是在企业税前会计利润(利润总额)的基础上调整确定的。其计算公式如下:

$$应纳税所得额 = 税前会计利润 + 纳税调整增加数 - 纳税调整减少数$$

纳税调整增加数主要包括税法规定允许扣除项目中,企业已经计入当期费用但超过税法规定扣除标准的金额(如超过税法规定标准的业务招待费等)以及企业已经计入当期损失但税法规定不允许扣除项目的金额(如税收滞纳金、罚款等)。

纳税调整减少数主要包括按税法规定允许弥补的亏损和准予免税的项目,如五年内未弥补完的亏损和国债利息收入等。

(2) 我国税法规定的税前利润补亏也会造成利润表中"所得税费用"项目并不总是等于企业当期应缴的所得税额。税法规定,纳税人发生年度亏损的,可以用下一纳税年度的所得额弥补;下一纳税年度的所得额不足弥补的,可以逐年延续弥补,但是延续弥补期最长不得超过五年。由此,当企业利润总额大于零时,未必缴所得税;而利润总额小于零时,也可能缴纳所得税。企业当期所得税的计算公式如下:

$$当期所得税费用 = 应纳税所得额 × 所得税税率$$

企业在计算确定当期所得税以及递延所得税费用(或收益)的基础上,应将两者之和确认为利润表中的所得税费用(或收益)。其计算公式如下:

$$所得税费用(或收益) = 当期所得税费用 + 递延所得税费用(- 递延所得税收益)$$

(十) 净利润

净利润是指企业当期利润总额(税前利润)减去所得税费用后的金额,即企业的税后利润。它是企业最终的财务成果,属于企业全体股东所有,导致所有者权益总额增加。如果是净亏损,则导致所有者权益减少。其计算公式如下:

$$净利润 = 利润总额 - 所得税费用$$

净利润属于所有者权益,是构成利润分配的对象。在其他条件不变的情况下,净利润越大,企业盈利能力越强。从表面上看,它是收入与费用的差额,但实际上它还反映了企业产品产量及质量、品种结构、营销等方面的问题,因此,一定程度上反映了企业的经营管理水平。

将净利润与营业收入比较,可以从企业经营角度评价企业的盈利能力;将净利润与所有者权益比较,可以从股东角度评价企业的盈利能力;将不同时期的净利润进行比较,观察其变动情况,可以评价企业的发展趋势;分析净利润的构成,了解营业利润对净利润的影响,可以评价企业净利润的质量和持续性。

将净利润作为评价指标,应注意其局限性:①它是一个总量绝对指标,不能反映企业的经营效率,缺乏企业之间的可比性;②将其作为评价指标,容易使企业追求短期利益,不利于企业的长远发展。

本 章 小 结

企业利润通常是指企业在一定会计期间收入减去费用后的净额以及直接计入当期的利得和损失等,亦称为财务成果或经营成果。在商品经济条件下,企业追求的根本目标是企业价值最大化或股东权益最大化。而无论是企业价值最大化,还是股东权益最大化,其基础都是企业利润,利润已成为现代企业经营与发展的直接目标。企业的各项工作,最终都与利润的多少相关。利润分析可正确评价企业各方面的经营业绩,及时、准确地发现企业经营管理中存在的问题,为投资者、债权者的投资与信贷决策提供正确信息。

通过对利润表的水平分析,从利润的形成角度,反映利润额的变动情况,揭示企业在利润形成过程中的管理业绩及存在的问题。利润结构变动分析,主要是在对利润表进行垂直分析的基础上,揭示各项利润及成本费用与收入的关系,以反映企业的各环节的利润构成、利润及成本费用水平。

利润表重点项目分析包括企业收入分析、成本费用分析企业收入分析的内容具体包括收入的确认与计量分析;影响收入的价格因素与销售量因素分析;企业收入的构成分析等。成本费用分析包括产品销售成本分析和期间费用分析两部分,产品销售成本分析包括销售总成本分析和单位销售成本分析,期间费用分析包括销售费用分析、财务费用分析和管理费用分析。

案 例 分 析

金龙汽车的利润质量

新能源汽车补贴带来的好运,正变成厦门金龙汽车集团股份有限公司(600686.SH,以下简称"金龙汽车")的噩梦。2018 年 12 月,该公司公布的整改情况公告显示其近三年来被处以行政罚款达 2.6 亿元。其实,危机源于三年前的"骗补",金龙汽车旗下子公司苏州金龙汽车因"骗补"被当作典型被公示处罚。不久后,新能源汽车补贴提前退坡的新政出台,金龙汽车的业绩因此直接遭受重挫。2019年第一季度,在客车行业普遍回暖的背景下,金龙汽车销售量下滑了12%。业内也对该公司未来多持悲观态度,华泰证券(21.810,0.00,0.00%)近日下调其评级至"中性",并预计该公司2019年和2020年将分别实现净利润1.17亿元、1.39亿元。

无论金龙汽车的营业收入、销售量实现了怎样的超越,但其净利润始终难以突破2亿元,毛利率也徘徊在20%以下。那么,这究竟是"骗补风波"带来的后遗症,还是公司产品本身缺乏竞争力,耐人寻味。

扣非后净利润下滑超九成

就在2019年4月4日,金龙汽车公布了2018年年报,2018年公司实现销售量6.19万辆,营业收入达182.9亿元,同比增长3.13%。但归母净利润仅为1.59亿元,同比下滑66.82%,扣非后净利润仅为1 222万元,同比大降96%。

对于净利润大幅减少的情况,金龙汽车在年报中称,主要是受苏州金龙汽车新能源补助金额影响,2017年其恢复新能源补助资质后,中央财政补贴收入影响2017年度净利润3.6亿元,2018年没有该事项。

新能源汽车补贴退坡带来的负面影响,可能比财报中所呈现的更为严重。根据年报,该公司对1年以内的应收账款计提1%的坏账准备,这种缓和账务处理,形成了利润"水分"。《投资者网》研判财报发现,金龙汽车应收账款呈逐年上涨之势,从2017年的100.6亿元上涨到2018年的129.95亿元,相当于2018年总营业收入的71%,这意味着下游客户付款周期在延长。

年报显示,该公司1年以内的应收账款为51.99亿元,按照修改后的1%计提标准,公司只计提5 199万元的坏账损失,如果按照同行公司5%计提标准,则需计提2.6亿元,仅此一项,公司就增加了超2亿元的账面利润。

除此之外,2018年,公司的财务费用仅为1 200万元,相比2017年的2亿元大降94%;2018年公司非经常性损益项目总额达到1.47亿元,同样为利润贡献不少。

令人玩味的是,年报公布的当日,公司便宣布财务总监乔红军因个人原因辞职。那么,财务总监辞职的主要原因是什么?营业收入与业绩不匹配是否意味着公司过于依赖财政补贴。2020年,财政补贴将全面退坡,行业竞争愈加激烈,公司该如何应对内忧外患的困境?近期,《投资者网》致电并向金龙汽车董秘刘湘玫发去调研函,工作人员称"已收到邮件"后没有下文。

2019年开局不利

面对新能源汽车补贴全面退坡危机,该公司从去年开始展开了一场全方位的"自救",如整合资源、布局海外市场等。2019年,金龙汽车还通过开拓新的业务增长点来实现增长,包括扩大金龙无人驾驶客车的量产规模、加大培育专用车市场、加快龙海新基地建设等。不过其成效如何仍有待验证。

2019 年第一季度,金龙汽车生产、销售各类客车分别为 1.04 万辆、1.08 万辆,同比分别下降 19.12%、12.02%。从开年的销售量情况来看,2019 年金龙汽车业绩或继续承压。

对比来看,宇通客车(15.600,0.00,0.00%)、中通客车(10.630,0.00,0.00%)、亚星客车(9.270,0.00,0.00%)等多家主流的上市商用车企业在客车业务上均收获了正向增长,商用车产销量同比分别增长 5%、2.2% 和 3.8%。

此外,《投资者网》梳理财报发现,1998 年至 2018 年的 20 年间,公司营业收入从 4.81 亿元一路飙升至 182.91 亿元,增长近 37 倍,但净利润仅从 4 546.65 万元增加到 1.59 亿元。这也显示了公司盈利能力长期处于偏低水平。财报显示,2001 年至今,金龙汽车毛利率从未超过 20%,对此有市场人士解释称,金龙汽车以合资起家,多年来未有效理顺股权关系,旗下子公司、孙公司股权极度分散,造成了少数股东权益过高,摊薄归属净利润,进而对股价形成束缚。

但问题在于,2018 年,金龙汽车已成功收购台湾三阳持有的金龙联合公司的 25% 股权,"三龙"整合已迈出了实质性一步,但公司盈利水平仍然未得到提高。财报还显示,2018 年,该公司的毛利率仅为 14.02%,远低于客车板块 19.86% 的平均毛利率。

不仅如此,公司债务风险还居高不下。2018 年,金龙汽车总资产为 258.2 亿元,总负债为 208.6 亿元,资产负债率高达 80.8%,远远超过 60% 的行业警戒线。在债务压力下,公司还能顺利度过新能源汽车前期烧钱阶段吗?公司如何保证不被拖入借新偿旧的恶性循环?

由此看来,自身产品竞争力不足、长年依赖补贴,或许是该公司盈利水平较低的更深层次原因。事实上,金龙汽车研发费用投入在行业内一直处于中等水平,远低于竞争对手宇通客车。以 2018 年年报为例,2018 年金龙汽车研发费用为 6.63 亿元,人均研发投入约为 33.5 万元;同期宇通客车研发费用为 18.63 亿元,人均研发投入约为 48.2 万元。

案例思考题:

(1) 新能源汽车补贴对上市公司的利润结构有什么影响?

(2) 企业研发费用与毛利率之间是什么关系?

(3) 请列举企业营业收入增长、净利率下降的多种原因。并结合行业背景和企业具体经营情况,分析苏州金龙汽车出现这种情形最可能的原因。

练 习 题

一、单项选择题

1. 企业一定期间净利润是指( )。

A. 营业利润加所有者权益

B. 营业利润加公允价值净损益

C. 营业利润加营业外收支净额

D. 营业利润加营业外收支净额减所得税费用

2. 下列不属于提前确认收入的是（   ）。

A. 利用补充协议，隐瞒风险和报酬尚未转移的事实

B. 人为地通过"应收票据""应收账款"等账户虚增销售收入

C. 填塞分销渠道，刺激经销商提前购货

D. 违反《企业会计准则》规定，将尚未达到收入确认条件的收入确认为当期收入

3. 下列各项费用中，不能计入产品生产成本的费用是（   ）。

A. 直接材料   B. 直接人工   C. 制造费用   D. 管理费用

4. 产生销售折让的原因是（   ）。

A. 激励购买方多买商品   B. 促使购买方及时付款

C. 进行产品宣传   D. 产品质量有问题

5. 下列各项，属于企业收入的是（   ）。

A. 公允价值变动净收益   B. 营业收入

C. 投资收入   D. 营业外收入

二、多项选择题

1. 利润表可提供的利润指标包括（   ）。

A. 利润总额   B. 净利润   C. 息税前利润   D. 营业外利润

E. 营业利润

2. 下列属于期间费用的有（   ）。

A. 营业费用   B. 制造费用   C. 管理费用   D. 财务费用

E. 销售费用

3. 以下属于收入操纵方法的有（   ）。

A. 利用计提坏账准备调节利润   B. 歪曲事实，虚增收入

C. 通过关联交易操作收入   D. 篡改收入分配

E. 双方交易或三角交易操纵收入

4. 财务费用项目分析的内容包括（   ）。

A. 借款总额   B. 利息支出   C. 利息收入   D. 汇兑收益

E. 汇兑损失

5. 下列各项，属于影响企业利润因素的有（   ）

A. 股东权益   B. 收入   C. 费用   D. 利得

E. 损失

三、判断题

1. 投资收益不构成营业利润。   （   ）

2.息税前利润是指没有扣除利息和所得税的利润,即等于利润总额与利息支出之和。

（　　）

3.营业利润是企业营业收入与营业成本费用以及税金及附加之间的差额。（　　）

4.所得税费用是企业营业利润与所得税税率的乘积。（　　）

5.在对全部销售成本分析时,从产品类别角度找出各类产品或各主要产品销售成本升降的幅度,以及对全部销售成本的影响程度。（　　）

四、计算题

1.对华日公司的利润完成情况进行分析,华日公司2019年度有关利润的资料如表4-4所示。

表4-4　华日公司2019年度利润表(简化)　　　　单位:元

项　　目	计划金额	实际金额
营业利润	1 038 112	1 102 740
投资净收益	70 000	75 000
营业外净收支	−33 944	−28 514
利润总额	1 036 168	1 149 226

要求:根据上述资料,运用水平分析法对该公司2019年度利润的完成情况进行分析。

2.对欣欣公司的利润结构进行分析,欣欣公司2019年度利润表如表4-5所示。

表4-5　欣欣公司2019年度利润表(简化)　　　　单位:元

项　　目	2019年度	2018年度
营业收入	1 943 758	2 209 653
减:营业成本	1 083 493	1 451 109
税金及附加	79 469	92 624
管理费用	188 980	170 500
财务费用	69 500	58 000
营业利润	522 316	437 420
加:投资净收益	42 500	30 000
营业外收入	60 000	80 000
减:营业外支出	29 000	22 000
利润总额	595 816	525 420
减:所得税	196 619	173 389
净利润	399 197	352 031

要求:根据上述资料,运用垂直分析法对该公司的利润结构进行分析。

3. 某企业生产甲产品的有关单位成本资料如表 4-6 所示。

表 4-6　甲产品单位成本表　　　　　　单位:元

成本项目	2019 年实际成本	2018 年实际成本
直接材料	655	602
直接人工	159	123
制造费用	322	356
产品单位成本	1 136	1 081

要求:根据表 4-6 资料,运用水平分析法对甲产品单位成本完成情况进行分析。

第五章　现金流量表分析

第一节　现金流量表概述

现金流量表是反映企业在一定会计期间现金和现金等价物流入和流出相关信息的报表，可以概括反映企业会计期间内发生的经营活动、投资活动和筹资活动等各项经济活动对现金及现金等价物所产生的影响，这些信息在很大程度上弥补了资产负债表和利润表所提供信息的不足。

一、现金流量表的相关概念

现金流量表中的现金是一个广义的概念，它包括现金和现金等价物，两者构成现金流量表的编制基础。现金是指企业库存现金以及可以随时用于支付的存款；现金等价物是指企业持有的期限短、流动性强、易于转换为已知金额现金、价值变动风险很小的投资。按照会计惯例，现金等价物通常是指在三个月内到期的短期债券投资，至于企业持有的股票等权益性投资，因其变现金额通常具有不确定性，所以不可作为现金等价物。

现金流量是指企业现金和现金等价物的流入和流出，包括现金流入量、现金流出量以及净现金流量三个方面的内容。企业从银行提取现金、用现金购买短期的国库券等现金和现金等价物之间的转换不属于现金流量。

现金流量表是以收付实现制为基础编制的,反映企业一定会计期间内现金及现金等价物流入和流出信息的一张动态报表。编制原理遵循如下会计等式:

$$现金流入 - 现金流出 = 现金流量净额$$

根据企业经济活动的性质,通常可将现金流量分为经营活动现金流量、投资活动现金流量和筹资活动的现金流量。我国《企业会计准则》规定现金流量表主表的编制格式为按经营活动、投资活动和筹资活动的现金流量分别归集其流入量、流出量和净流量,最后得出企业净现金流量。现金流量表补充资料的编制格式为:以净利润为基础调整相关项目,得出经营活动净现金流量。

随着人们对现金流量表的认识以及管理水平的提高,现金流量表的编报周期已经缩短,不再是一年编制一次。现行《企业会计准则》规定,企业提供的中期财务报告(如季报)也要求编制现金流量表。现金流量表如同公司现金开支账户的扩展形式,它把企业发生的与现金流量有关的交易进行分类,使之能够反映企业经营活动、投资活动和筹资活动等方面的具体的现金流入和流出的信息。

二、现金流量表的内容

根据我国现行《企业会计准则》的规定,企业现金流量表的基本格式和内容如表5-1所示。

表 5-1   ABC 公司现金流量表　　　　　　　　　会企 03 表

编制单位:ABC 公司　　　　　　　　　2019 年　　　　　　　　　单位:万元

项目	本期金额	上期金额
一、经营活动产生的现金流量:		
销售商品、提供劳务收到的现金	678 276	270 968
收到的税费返还	212	100
收到其他与经营活动有关的现金	24 268	19 812
经营活动现金流入小计	702 756	290 880
购买商品、接受劳务支付的现金	310 100	152 312
支付给职工以及为职工支付的现金	54 048	13 100
支付的各项税费	86 388	38 376
支付其他与经营活动有关的现金	36 660	30 368
经营活动现金流出小计	487 196	234 156

（续表）

项目	本期金额	上期金额
经营活动产生的现金流量净额	215 560	56 724
二、投资活动产生的现金流量：		
收回投资收到的现金	1 240	33 900
取得投资收益收到的现金	11 376	5 296
处置固定资产、无形资产和其他长期资产收回的现金净额	192	304
处置子公司及其他营业单位收到的现金净额	0	0
收到其他与投资活动有关的现金	4 844	2 336
投资活动现金流入小计	17 652	41 836
购建固定资产、无形资产和其他长期资产支付的现金	189 736	528 716
投资支付的现金	20 400	39 160
取得子公司及其他营业单位支付的现金净额	18 932	
支付其他与投资活动有关的现金	16	6 272
投资活动现金流出小计	229 084	574 148
投资活动产生的现金流量净额	−211 432	−532 312
三、筹资活动产生的现金流量：		
吸收投资收到的现金	31 668	121 400
其中：子公司吸收少数股东投资收到的现金	31 668	20 000
取得借款收到的现金	444 800	712 000
收到其他与筹资活动有关的现金	20 392	0
筹资活动现金流入小计	496 860	833 400
偿还债务支付的现金	339 232	321 616
分配股利、利润或者偿付利息支付的现金	82 012	59 356
其中：子公司支付给少数股东的股利、利润	4 208	3 408
支付其他与筹资活动有关的现金	0	400
筹资活动现金流出小计	421 244	381 372
筹资活动产生的现金流量净额	75 616	452 028
四、汇率变动对现金及现金等价物的影响	−20	0
五、现金及现金等价物净增加额	79 724	−23 560
加：期初现金及现金等价物余额	76 556	100 120
六、期末现金及现金等价物余额	156 280	76 560

现金流量表一般有表头、表身和补充资料三部分构成。现金流量表的表头主要填制编制单位、报表日期、货币计量单位等,由于现金流量表说明的是某一时期的现金流量,因而现金流量表的表头必须注明"某年某月份"或"某会计年度"。表身是现金流量表的主体部分,主要反映三大活动分别产生的现金流入和现金流出情况。为了使报表使用者通过比较不同期间现金流量的实现情况,判断企业现金流量的未来发展趋势,企业需要提供比较现金流量表,因此现金流量表就各个项目再分为"本期金额"和"上期金额"两栏分别填列。补充资料披露了一些在主体部分未能提供的重要信息或未能充分说明的信息,这部分资料通常列示在报表附注中,主要包括将净利润调节为经营活动现金流量、不涉及现金收支的重大投资和筹资活动、现金及现金等价物净变动情况等方面的信息。表5-2是ABC公司2019年度的现金流量表补充资料。

表5-2 现金流量表补充材料 单位:万元

项目	本期金额
1. 将净利润调节为经营活动现金流量:	
净利润	72 696
加:资产减值准备	−388
固定资产折旧、油气资产折耗、生产性生物资产折旧	54 568
无形资产摊销	736
长期待摊费用摊销	20
处置固定资产、无形资产和其他长期资产的损失(收益以"−"号填列)	92
固定资产报废损失(收益以"−"号填列)	—
公允价值变动损失(收益以"−"号填列)	−56
财务费用(收益以"−"号填列)	70 220
投资损失(收益以"−"号填列)	−13 816
递延所得税资产减少(收益以"−"号填列)	968
递延所得税负债增加(收益以"−"号填列)	—
存货的减少(收益以"−"号填列)	−15 068
经营性应收项目的减少(收益以"−"号填列)	−7 424
经营性应收项目的增加(收益以"−"号填列)	49 112
其他	3 904
经营活动产生的现金流量净额	215 560
2. 不涉及现金收支的重大投资和筹资活动:	
债务转为资本	—
一年内到期的可转换公司债券	—
融资租入固定资产	—

(续表)

项目	本期金额
3. 现金及现金等价物净变动情况：	
现金的期末余额	156 280
减：现金的期初余额	76 556
加：现金等价物的期末余额	—
减：现金等价物的期初余额	—
现金及现金等价物净增加额	79 724

我国的现金流量表借鉴了国际会计准则，按照现金流量产生的方式不同，将现金流量划分为经营活动产生的现金流量、投资活动产生的现金流量和筹资活动产生的现金流量三类。

1. 经营活动产生的现金流量

经营活动是指企业投资活动和筹资活动以外的所有交易和事项，是企业生产经营所必须进行的经济活动。各类企业由于所处行业类型不同，对经营活动的认定存在一定的差异。以工业企业为例，其经营活动主要包括销售商品或提供劳务、购买商品或接受劳务、经营性租赁、广告宣传、支付各种税费等经济活动。

2. 投资活动产生的现金流量

投资活动是指企业长期资产的购建和不包括在现金等价物范围的投资及其处置活动。投资活动既包括实物资产投资，也包括金融资产投资。长期资产是指固定资产、无形资产、在建工程、其他长期资产等期限在一年或一个营业周期以上的资产。金融资产是指企业购买的股票、债券、基金等资产，但是不包括归属于现金等价物的期限在三个月内的债券投资。投资活动产生的现金流量便是反映企业在股权和债权投资中，以及与非货币性长期资产的增减变动相关的活动中所产生的现金收付金额。

3. 筹资活动产生的现金流量

筹资活动是指导致企业资本及债务规模和构成发生变化的活动。这里的"资本"既包括"实收资本（或股本）"，也包括"资本公积——资本（股本）溢价"，这里的"债务"既包括向银行等金融机构的借款，也包括发行债券，但是"应付票据""应付账款"等商业应付款项形成的现金流量应归属于经营活动而不应归属于筹资活动。筹资活动产生的现金流量反映了企业出于各种需求而进行资金筹措活动所产生的现金流入和现金流出金额。

三、现金流量表分析的目的

1. 揭示企业现金流入流出的来龙去脉

现金流量表能够告诉读者一定期间企业宝贵的现金"从哪里来，到哪里去"的信息，即提供企业在一定期间内现金流入、流出的动向和现金数额的增减变动的原因和结果。这是现金流量表最基本的作用,也是最基本的功能。

2. 评价企业的支付能力、偿债能力和周转能力

通过分析现金流量表,可以发现企业现金的充足程度和增减变动数额,从而体现企业手头的宽裕或者紧张程度,使其基本的支付能力和应付眼下债务的能力得以体现,如果经营活动的现金流量充足,则意味着企业充满着活力,并在靠自身经营来赚钱。靠自身创造出现金流,在风险面前的免疫力就会增强,其支付能力和偿债能力也就有了坚实的基础和后盾。

3. 评价企业利润的质量和经营绩效

通过分析现金流量表,可以分析企业净利润与相关现金流量产生差异的原因。这两者之间因为会计的手法而存在一定的差距,我们可以借助于现金流量表,了解经营活动的现金流量与净利润之间产生差距的原因以及差距的大小,进而对利润的质量予以透视,进一步深入考察企业的经营绩效。

4. 预测和规划企业未来的现金流量和财务前景

通过分析现金流量表,掌握企业经营活动、投资活动和筹资活动所形成的现金流量,据以预测企业在未来产生现金的能力,并为分析和判断企业的财务前景提供信息。例如,2019 年,ABC 公司的经营活动的现金流量是一个较大的正数,而投资活动的现金流量却是一个较大的负数,则意味着该公司可能正在利用当前较好的经营形势和财务状况进行投资性的扩张,进一步壮大公司实力,从而获取今后更大的组织绩效。这样的财务前景通常也是值得期待的。

第二节　现金流量表水平分析

现金流量对企业至关重要,它是企业顺利运行、提高竞争力的根本保障。有利润没现金流量,企业必将麻烦不断,甚至走向衰亡。

一、企业生命周期理论与现金流量分析

企业是一个有生命力的有机体,成长和发展是企业所追求的永恒主题,任何一个企业从其诞生的那一刻起,就有追求成长和发展的内在冲动。企业生命周期如同一双无形的巨手,始终左右着企业发展的轨迹。

伊查克·爱迪斯曾用 20 多年的时间研究企业如何发展、老化和衰亡。他写的《企业生命周期》,把企业生命周期分为十个阶段,即孕育期、婴儿期、学步期、青春期、壮年期、稳定期、贵族期、官僚化早期、官僚期、死亡。伊查克·爱迪斯准确生动地概括了企业生命不

同阶段的特征,揭示了企业生命周期的基本规律,指出了企业生存过程中发展与制约的基本关系,并提出了相应的对策。

我们将企业经营周期分为创业期、成长期、成熟期和衰退期。各个时期的现金流有其各自的特点。

1. 创业期

在该期间,企业患有现金饥渴症,他们需要资金扩大生产规模、支付员工工资、加快产品生产和开拓市场。由于市场尚未打开,产品质量和品牌知名度不高,很难产生正的经营现金流量,因存在大量筹资需求,筹资活动产生的现金流量巨大。由于企业处于创业阶段,筹资活动具有非常高的经营风险。从债权人角度来说,他们不愿意贷款给企业。该阶段企业一般会采取低财务风险的筹资战略,即通过吸收权益资本进行筹资。

创业期企业的财务特征主要表现为:

(1) 只有少量的销售收入。

(2) 经营亏损或勉强盈利。

(3) 经营活动产生的现金流量入不敷出。

(4) 投资活动产生的现金流出量巨大。

(5) 筹资活动产生的现金流量是维系企业正常运转的首要资金来源。

2. 成长期

企业经过市场开拓、产品研发等措施取得一定的市场地位之后,已经逐渐掌握了良好的市场销售渠道,树立了良好的市场品牌,产品销售高速增长,经营活动产生的现金流量大为改观。但由于生产的快速增长,需要不断的追加投资,资本性支出仍然在持续,在成长期的前一阶段,经营产生的现金流量依然无法满足投资需要,企业需要寻求外部融资。

该阶段的财务特征是:

(1) 销售额和利润不断增加。

(2) 经营活动产生的现金流量在不断增加,但不会有很大的现金节余。

(3) 设备投资继续进行,但相对于前一个阶段已减少,投资活动的现金净流量继续出现负值。

(4) 筹资活动产生的现金净流量通常为负,但企业对筹资活动产生的现金流量的依赖性大为降低。

3. 成熟期

这段时期,企业的经营活动相对稳定,生产成本逐步降低,生产的规模效应开始呈现,战略目标及竞争优势已显现出来,在行业中的地位也基本稳定。但此时的市场需求已达到饱和,销售增长开始放缓。由于企业试图通过提高市场占有份额求得增长,该阶段价格竞争通常趋于白热化。成熟期的企业对资本的需求较小,顾客对其产品的需求增长缓慢,企业不需要大幅度扩大生产能力。有些经营管理者开始尝试由单一化经营向多元化经营转化,以寻求新的商机。

企业处于成熟期的财务特征如下:

(1) 经营现金流量稳定,净流量很大,现金充足。

(2) 企业处于"负投资"的状态。

(3) 企业倾向于向股东支付巨额股利,甚至回购股票,或者加速偿还银行借款。筹资活动产生的现金流量常常体现为巨额流出。

4. 衰退期

企业处于衰退期,通常面临惨烈的市场竞争,产品被淘汰或被新产品替代的风险很大。在这一时期企业的财务特征主要表现如下:

(1) 销售收入严重萎缩。

(2) 经营出现亏损,经营活动产生的现金流量急剧下降。

(3) 投资活动产生的现金流量可能由于企业的战略撤退收回投资而呈现出正数。

(4) 筹资活动的现金流量枯竭。

二、现金流量表的一般分析

现金流量表的一般分析主要依据现金流量表,分析经营活动现金流量、投资活动现金流量及筹资活动现金流量变动的主要原因,说明企业现金流入量和现金流出量的规模和特点。

从表 5-1 可以看出,ABC 公司经营活动现金流量为正,且较上期有较大幅度增长,说明企业整体经营情况良好;投资活动现金净流量为负,较上期出现一定程度的下降,并且主要是由于"购建固定资产、无形资产和其他长期资产支付的现金"这一项目现金支出减少造成的,说明企业发展速度在未来期间将有所放慢。筹资活动现金净流量为正,且较上期有较大幅度减少,主要原因是吸收的投资数额有所下降,而通过分发股利和偿还债务的方法回报投资者的数额出现上升。结合前面所说的经营周期理论,可以推测,ABC 公司处于成长期的中后期,如果实际经营状况与分析结果相同,则说明企业整体现金流量状况良好。

三、现金流量表的水平分析

现金流量表的水平分析,即通过对现金流量表的每个项目前后期的增减变动来观察企业现金流的变化情况,对异常变动的原因和后果进行分析。

1. 编制现金流量表水平分析表

根据表 5-1 编制 ABC 公司的现金流量表水平分析表,如表 5-3 所示。

表 5-3 现金流量表水平分析表

编制单位：ABC 公司 　　　　　　　　　　2019 年度 　　　　　　　　　　单位：万元

项目	本期金额	上期金额	差额	变动幅度
一、经营活动产生的现金流量				
销售商品、提供劳务收到的现金	678 276	270 968	407 308	150.32%
收到的税费返还	212	100	112	112%
收到其他与经营活动有关的现金	24 268	19 812	4 456	22.49%
经营活动现金流入小计	702 756	290 880	411 876	141.60%
购买商品、接受劳务支付的现金	310 100	152 312	157 788	103.60%
支付给职工及为职工支付的现金	54 048	13 100	40 948	312.58%
支付的各项税费	86 388	38 376	48 012	125.11%
支付其他与经营活动有关的现金	36 660	30 368	6 292	20.72%
经营活动现金流出小计	487 196	234 156	253 040	108.06%
经营活动产生的现金流量净额	215 560	56 724	158 836	280.02%
二、投资活动产生的现金流量				
收回投资收到的现金	1 240	33 900	−32 660	−96.34%
取得投资收益收到的现金	11 376	5 296	6 080	114.80%
处置固定资产、无形资产和其他长期资产收回的现金净额	192	304	−112	−36.84%
处置子公司及其他营业单位收到的现金净额	—	—	—	—
收到其他与投资活动有关的现金	4 844	2 336	2 508	107.36%
投资活动现金流入小计	17 652	41 836	−24 184	−57.81%
购建固定资产、无形资产和其他长期资产支付的现金	189 736	528 716	−338 980	−64.11%
投资支付的现金	20 400	39 160	−18 760	−47.91%
取得子公司及其他营业单位支付的现金净额	18 932	—	18 932%	—
支付其他与投资活动有关的现金	16	6 272	−6 256	−99.7%
投资活动现金流出小计	229 084	574 148	−345 064	−60.10%
投资活动产生的现金流量净额	−211 432	−532 312	320 880%	—
三、筹资活动产生的现金流量				
吸收投资收到的现金	31 668	121 400	−89 732	−73.91%
其中：子公司吸收少数股东投资收到的现金	31 668	20 000	11 668	58.34%

（续表）

项目	本期金额	上期金额	差额	变动幅度
取得借款收到的现金	444 800	712 000	−267 200	−37.53％
收到其他与筹资活动有关的现金	20 392	—	20 392	—
筹资活动现金流入小计	496 860	833 400	−336 540	−40.38％
偿还债务支付的现金	339 232	321 616	17 616	5.48％
分配股利、利润或者偿付利息支付的现金	82 012	59 356	22 656	38.17％
其中:子公司支付给少数股东的股利、利润	4 208	3 408	800	23.47％
支付其他与筹资活动有关的现金		400	−400	−100.00％
筹资活动现金流出小计	421 200	381 372	39 872	10.45％
筹资活动产生的现金流量净额	75 616	452 028	−376 412	−83.27％
四、汇率变动对现金及现金等价物的影响	−20		−20	
五、现金及现金等价物净增加额	79 724	−23 560	103 284	438.39％
加:期初现金及现金等价物余额	76 556	100 120	−23 564	−23.54％
六、期末现金及现金等价物余额	156 280	76 560	79 720	104.13％

2. 现金流量表的水平分析评价

ABC 公司 2019 年经营活动现金流量净额增加了 158 836 万元,较上年增长了 280.02％。经营活动现金流入量和流出量分别比上年增长了 141.60％和 108.06％,增长额分别为 411 876 万元和 253 040 万元。经营活动现金流入量的增加主要是因为销售商品、提供劳务收到的现金增加了 407 308 万元,增长率为 150.32％。经营活动现金流出量的增加主要是购买商品、接受劳务支付的现金,增加了 157 788 万元,尽管增长率低于支付给职工及为职工支付的现金的增长率为 312.58％,但是应看到后者的基数较小,其增长额哪怕是微小变动都会引起增长幅度的较大幅度变化,它的变动额为 40 948 万元,只占购买商品、接受劳务支付现金变动额的 26％左右。投资活动现金净流量较上年增加了 320 880 万元。投资活动现金流入较上年减少了 24 184 万元,降幅达 57.81％,究其原因是本年收回投资收到的现金大大小于上一年,上年收回投资为 33 900 万元,而本年只有 1 240 万元,这是企业投资政策改变造成的。投资活动现金流出方面,本年的投资额也大幅下降,由去年的 574 148 万元下降到今年的 229 084 万元,降幅达 60.10％。这主要是由于本年该企业为购建固定资产、无形资产和其他长期资产支付的现金的减少幅度达 64.11％,金额减少 338 980 万元。这说明,企业在上年期末收回了大量的投资金额,而且在今年并没有大力追加投资,然而企业的发展取决于良好的投资项目给企业带来的优质的现金流,因此该公司尽管本年的经营活动现金流增长迅猛,并不代表其就一定有非常好的发展前景。

筹资活动产生的现金流量净额较上年减少了 376 412 万元。由于取得借款收到的现金减少了 267 200 万元,使得筹资活动现金流入较上年减少了 40.38%。筹资活动产生的现金流出额有小幅增加,主要是支付的利息及股利等项目都有所增加。

通过对以上现金流量表的三个部分的水平分析,概括得出这样的结论。ABC 公司在 2018 年大量收回投资,并通过举借债务来回笼资金,使得其在投资活动方面的投入明显大于 2019 年。因而 2019 年经营活动的现金流的大幅增加得益于 2018 年一系列的投资活动。然而在 2019 年,新的投资明显减少,这意味着管理层把主要精力放在了维持现有资产的良好运营上;在融资方面,举债增加额较上年大幅减少,增加了偿付股利和利息等方面的金额。

第三节 现金流量表结构分析

现金流量表的结构分析是指在现金流量表有关数据基础上,分析现金流入、现金流出的构成及现金余额的形成原因。

一、现金流入结构分析

通过对现金流入的结构分析,可以了解企业现金流入的构成比例及其来源。

从现金流量表内容分类中可得出以下三类现金流入结构分析模式。其公式如下:

$$\frac{经营活动产生的现金流入}{现金流入总计} \times 100\%$$

$$\frac{投资活动产生的现金流入}{现金流入总计} \times 100\%$$

$$\frac{筹资活动产生的现金流入}{现金流入总计} \times 100\%$$

以上三类模式是以"现金流入总计"为关键项目,将现金流量表三大类现金流入量分别以这个关键项目的百分率形式表示和纵向排列。同时,在每大类中可进一步以每类现金流入量,即分别以经营活动产生的现金流入量、投资活动产生的现金流入量、筹资活动产生的现金流入量为关键项目,并以此项目的数据作为基数,然后各类中的现金收入项目都以这个关键项目的百分比形式表示和纵向排列。

1. 编制现金流入结构分析表

根据表 5-1 编制 ABC 公司的现金流入结构分析表,如表 5-4 所示。

表 5-4 现金流入结构分析表

编制单位:ABC 公司　　　　　　　　　　2019 年　　　　　　　　　　单位:万元

项　　目	金　额	结构百分比	
		以现金流入小计为合计数	以现金总流入为合计数
一、经营活动产生的现金流入			
销售商品、提供劳务收到的现金	678 276	96.52%	55.72%
收到的税费返还	212	0.03%	0.02%
收到其他与经营活动有关的现金	24 268	3.45%	1.99%
经营活动现金流入小计	702 756	100.00%	57.73%
二、投资活动产生的现金流量			
收回投资收到的现金	1 240	7.02%	0.10%
取得投资收益收到的现金	11 376	64.45%	0.93%
处置固定资产、无形资产和其他长期资产收回的现金净额	192	1.09%	0.02%
处置子公司及其他营业单位收到的现金净额	—	—	—
收到其他与投资活动有关的现金	4 844	27.44%	0.40%
投资活动现金流入小计	17 652	100.00%	1.45%
三、筹资活动产生的现金流入			
吸收投资收到的现金	31 668	6.37%	2.60%
其中:子公司吸收少数股东投资收到的现金	31 668	—	—
取得借款收到的现金	444 800	89.52%	36.54%
收到其他与筹资活动有关的现金	20 392	4.10%	1.68%
筹资活动现金流入小计	496 860	100.00%	40.82%
四、现金流入合计	1 217 268	—	100.00%

2. 现金流入结构分析评价

从表 5-4 可以看出,2019 年 ABC 公司的主要现金流量来自经营活动和融资活动,分别占总现金流入的 57.73% 和 40.82%。由此可见,尽管在水平分析中得出该公司 2019 年融资金额大幅下降,但是其在现金流入中的比例依然居高不下。超过一半的现金流入来源于经营活动,且其中的 96.52% 来源于销售商品、提供劳务收到的现金,这说明,公司的主营业务发展强劲,为公司带来良好的回报。虽然投资活动取得的现金流入只占现金总流入的 1.45%,但它的获得主要是由于投资收益,而不是像 2018 年那样依靠大量的投资收回。在筹资活动中,取得借款收到的现金占筹资活动总现金流入的 89.52%,说明 ABC 公司主要通过借款来满足公司发展的需要。

二、现金流出结构分析

现金流出结构反映企业的各项业务活动现金流出的比重,如经营活动、投资活动、筹资活动的现金流出等在全部现金流出中的比重,以及各项业务活动现金流出具体项目的构成情况,以明确企业的现金用在哪些方面。

从现金流量表内容的分类中可得出以下三类现金流出结构分析模式。

$$\frac{经营活动产生的现金流出}{现金流出总计} \times 100\%$$

$$\frac{投资活动产生的现金流出}{现金流出总计} \times 100\%$$

$$\frac{筹资活动产生的现金流出}{现金流出总计} \times 100\%$$

以上三类模式是以"现金流出总计"为关键项目,将现金流量表三大类现金流出量分别以这个关键项目的百分率形式表示和纵向排列。同时,在每个大类中可进一步以每类现金流出量,即分别以经营活动产生的现金流出量、投资活动产生的现金流出量、筹资活动产生的现金流出量为关键项目,并以此项目的数据作为基数,然后各类中的现金收出项目都以这个关键项目的百分率形式表示和纵向排列。

1. 编制现金流出结构分析表

根据表 5-1 编制 ABC 公司的现金流出结构分析表,如表 5-5 所示。

表 5-5 现金流出结构分析表

编制单位:ABC 公司　　　　　　2019 年　　　　　　单位:万元

项　目	金　额	结构百分比 以现金流出小计为合计数	以现金总流出为合计数
一、经营活动产生的现金流出			
购买商品、接受劳务支付的现金	310 100	63.65%	27.26%
支付给职工及为职工支付的现金	54 048	11.09%	4.75%
支付的各项税费	86 388	17.73%	7.59%
支付其他与经营活动有关的现金	36 660	7.52%	3.22%
经营活动现金流出小计	487 196	100.00%	42.83%
二、投资活动产生的现金流出			
购建固定资产、无形资产和其他长期资产支付的现金	189 736	82.82%	16.68%

（续表）

项　目	金　额	结构百分比	
		以现金流出小计为合计数	以现金总流出为合计数
投资支付的现金	20 400	8.91%	1.79%
取得子公司及其他营业单位支付的现金净额	18 932	9.26%	1.66%
支付其他与投资活动有关的现金	16	0.01%	0.00%
投资活动现金流出小计	229 084	100.00%	20.14%
三、筹资活动产生的现金流出			
偿还债务支付的现金	339 232	80.53%	29.82%
分配股利、利润或者偿付利息支付的现金	82 012	19.47%	7.21%
其中:子公司支付给少数股东的股利、利润	4 208	—	—
支付其他与筹资活动有关的现金	0	0	0
筹资活动现金流出小计	421 244	100.00%	37.03%
四、现金流出合计	1 137 524	—	100.00%

2. 现金流出结构分析评价

与现金流入相对应,2019 年 ABC 公司现金流出中经营活动现金流出与筹资活动现金流出各占总现金流出的 42.83% 和 37.03%。其中,经营活动总现金流出中有 63.35% 用于日常生产经营,这一比例与经营活动所获得的现金流是相配比的。而筹资活动现金支出占总现金支出的比重高的原因在于,企业偿还了部分债务,这部分用现金偿还的债务占到了筹资活动总现金流出的 29.82%。投资活动现金流出占总现金支出的 20.14%,主要是用于固定资产的购置,从该公司 2019 年的资产负债表中可以发现固定资产账面余额比上年增长 385 256 万元,增幅达 31.57%。

三、现金净流量结构分析

现金净流量结构反映企业经营活动、投资活动和筹资活动的现金净流量占企业全部现金净流量的比例,也就是企业本年度创造的现金及现金等价物净增加额中以上三类活动的贡献程度。通过分析,可以明确反映出本期的现金净流量主要为哪类活动所产生,并以此来说明现金净流量形成的原因是否合理。

在进行现金流量结构分析时,通常情况下还需要关注以下两个方面问题:

第一,对潜在的、可及时变现的现金流入情况适当给予关注,主要是指那些变现能力较强的有价证券,如股票、债券等。

第二,不能忽视潜在的现金流出。或有事项中有许多情况可能会导致巨额现金流出,会严重地破坏正常的现金流量。如未结的重大经济赔偿案、为其他企业借款所做的担保等,均可能带来巨大现金流出。

四、现金流量结构变动合理性分析

企业现金流量结构变动主要是由于经营活动、投资活动和筹资活动产生的,对其变动的合理性分析也主要从这三个方面进行。

1. 经营活动现金流量结构变动合理性分析

对经营活动产生的现金流量结构变动合理性进行分析,主要考虑两个方面问题:一是从总量上看,经营活动产生的现金流量占现金流量总额的比例的大小;二是在经营活动现金流量中,主营业务现金流量所占比例的大小。一般情况下,经营活动及主营业务现金流量所占比例大,即为合理变动。

2. 投资活动现金流量的变动合理性分析

分析投资活动现金流量结构变动合理性,主要从三个角度进行:一是现金用在哪个方面以及其对企业未来生产经营活动的影响;二是投资对企业现金的影响;三是投资活动与筹资活动两者是否匹配。

3. 筹资活动现金流量结构变动合理性分析

企业筹资不能脱离开投资形态而独立存在,因此,筹资活动现金流量合理性分析主要看其与投资活动的匹配性。负债融资有较高的流动性要求,长期负债形成的投资必须以现金性收益作为偿债能力,以短期资产的流动性作为融资管理的依据。股权融资虽然没有这样的问题,但投资者越来越关注股本筹集情况、募股及配股资金的使用情况、发放现金股利情况等,这些都要求企业的筹资活动形成的现金流量具有合理性。这样,筹资活动现金流量结构变动合理性分析主要包括两方面内容:一是融资方式的合理性;二是企业资产流动性的协调性。也就是长期资产与长期负债、流动资产与流动负债之间的结构对应性。

第四节　现金流量表质量分析

一、现金流量表质量分析内涵

现金流量表提供有关企业现金流量方面的信息。在市场经济条件下,企业的现金流转的情况在很大程度上影响着企业的生存和发展。企业现金充裕,就可以及时购入必要的材料物资和固定资产,及时支付工资、偿还债务、支付股利和利息;反之,轻则影响企业正常的生产经营,重则危及企业的生存。按照我国《中华人民共和国公司法》(以下简称《公司法》),公司因不能清偿到期债务,被依法宣告破产的,由人民法院依照有关法律的规定,组织股东、有关机关及专业人员成立清算组,对公司进行破产清算。现金管理已经成为企业财务管理的一个重要方面,受到企业管理人员、投资者、债权人以及政府监管部门的关注。

所谓现金流量的质量是指企业的现金流量能够按照企业的预期目标进行运转的质量。具有较好质量的现金流量应当具有如下特征:第一,企业现金流量的状态体现了企业发展战略的要求;第二,在稳定发展阶段,企业经营活动现金流量应当与企业经营活动所对应的利润有一定的紧密关系,并能为企业的经营扩张提供支持。

二、现金流量表质量分析的程序

不管是用直接法还是用间接法编制现金流量表,均会确定当期期末与期初的现金净流量的变化量,即现金流量净额增加额。对任何一个企业而言,其现金流量净额增加额不外乎三种情况:一是现金流量净额增加额大于零,即期末现金流量大于期初现金流量;二是现金流量净额增加额小于零,即期末现金流量小于期初现金流量;三是现金流量净额增加额等于零,即企业期末与期初现金状况账面结果相同。同样,在投资活动、筹资活动的现金流量变化方面,也存在着上述三种对应关系。

按照现金流量变化的特点,对现金流量质量的分析可以采用如下步骤。

1. 总量分析

考察现金净流量增加额及其分布,重点掌握现金净流量增加额与资产总额的配比状况。分析企业现金资源的总量流动情况,以及现金流量对企业的现金流量变动的来源与构成,即"经营活动产生的现金流量""投资活动产生的现金流量"和"筹资活动产生的现金流量"对企业整体现金净流量增加额的影响程度,评价企业现金流量状况和资金来源情况的合理性、稳定性。

根据 ABC 公司 2019 年现金流量表,编制现金净流量分析如表 5-6 所示。

表 5-6 现金净流量分析表 单位:万元

项 目	金额	结构百分比
经营活动产生的现金净流量	215 560	270.38%
投资活动产生的现金净流量	−211 432	−265.20%
筹资活动产生的现金净流量	75 616	94.85%
汇率变动对现金及现金等价物的影响	−20	−0.03%
现金净流量	79 724	100.00%

2. 分项目分析

分项目分析即分解现金流量净额,按照经营活动、投资活动、筹资活动对现金流量的变化结果(期末与期初对比结果)进行分解,也就是对现金流量变化过程的分析。对现金流量的变化结果,不论出现哪种情况,均不能简单地得出企业现金流动状况"好转""恶化"或"维持不变"的简单化结论。因为期末与期初数量的简单对比,并不足以说明更多的财务状况问题,要揭示现金状况变动的真正原因,只有分析各个因素对现金流量的影响。在分析各个因素引起的现金流量变化时,需要分清哪些是预算中已安排的,哪些是因偶发性的业务引起的,并对实际与预算的差异进行分析。另外,还须对影响经营活动现金流量各个项目进行具体分析。

因此,对现金流量变化过程的分析远比对现金流量的变化结果的分析重要。

3. 补充分析

补充分析包括汇率变动对现金的影响分析和补充资料分析。汇率变动对现金的影响作为调整项目在现金流量表中单独列示,可以分析企业有关外币业务的风险程度。补充资料分析可以揭示净利润与企业经营活动产生的现金流量净额之间的差异以及产生这种差异的主要原因,可以考察企业经营增减变动等对企业经营活动的现金流量的影响,从而架起现金流量表与利润表相互联系的桥梁。

三、现金流量表质量分析内容

(一) 经营活动现金流量质量分析

经营活动现金流量是企业现金的主要来源。与净利润相比,经营活动现金流量能更确切地反映企业的经营业绩。可通过以下形式进行质量分析。

1. 经营活动产生的现金流量小于零

经营活动产生的现金流量小于零,意味着企业通过正常的商品购、产、销所带来的现金流入不足以支付上述经营活动引起的现金流出。一般地,企业正常经营活动所需现金支出可以通过以下几种方式解决。

(1) 消耗企业现存的货币积累。

(2) 占用本来可以用于投资活动的现金,推迟投资活动的进行。

(3) 在不能挤占本来可以用于投资活动的现金的条件下,进行额外的借款融资,以支持经营活动的现金需要。

(4) 在得不到借款融资的条件下,只能用拖延债务支付等方式来解决。

从企业成长过程分析,当企业处于生产经营活动的初期,各个环节均处于磨合状态,设备、人力资源利用率相对较低,材料消耗量相对较高,导致企业成本消耗较高。同时,为了开拓市场,企业有可能投入较多资金,采用各种手段将产品推向市场,该时期的经营活动现金流量可能表现为"入不敷出"的状态。

显然,如果由于上述原因使得经营活动现金流量小于零,那么应该认识到这是企业在发展过程中不可避免的正常状态。但是,如果企业在正常生产经营期间仍然出现这种状态,说明企业通过经营活动创造现金流量的能力下降,那么应当认为企业经营活动现金流量的质量不高。

以上市公司佛山佛塑科技集团股份有限公司(以下简称"佛塑科技")为例,2020 年以来,由于原材料价格暴涨,加大了现金流出。截至 2020 年第一季度期末,佛塑科技(000973.SZ)的账面货币资金为 39 551.25 万元。在考量企业现金流量状况的三大指标中,佛塑科技第一季度末经营活动产生的现金流量净额为—15 269 万元,比去年同期锐减157.85%,呈现出不断萎缩的势头。尽管销售商品、提供劳务收到的现金有100 482.43 万元,相比上一季度减少了 2 000 余万元,然而同期购买商品、接受劳务支付的现金也达到了 101 774.70 万元。经营活动现金净额萎缩,主要是公司增加原材料采购所致。而随着上游石油价格的持续上涨,佛塑科技原材料采购成本还将不断增长。此外,如果不拓展融资渠道,未来锂离子电池隔膜三期项目的建设将使公司现金流量更为紧张。第一季度末,佛塑科技最新总资产 464 819.87 万元,负债 294 123.84 万元,资产负债率为 63.28%,低于最近一期行业平均值为 42.81%,佛塑科技的负债压力仍然远高于行业。而这一状况导致其速动比率为 0.39,与去年年末相比,不升反降。

2. 经营活动产生的现金流量等于零

经营活动产生的现金流量等于零,意味着企业通过正常的商品购、产、销所带来的现金流入量,恰恰能够支付因上述经营活动而引起的货币流出,企业经营活动现金流量处于"收支平衡"的状态。企业正常经营活动不需要额外补充流动资金,企业的经营活动也不需要投资活动及筹资活动贡献现金。

需要注意的是,在企业账面反映的成本消耗中,有相当一部分属于按照权责发生制原则的要求确认的成本和应计成本。显然,在经营活动产生的现金流量等于零时,企业经营活动产生的现金流量不能为非现金消耗性成本的资源消耗提供货币补偿。因此,从长期看,经营活动产生的现金流量等于零的状态,根本不可能维持企业经营活动的"简单再生产"。因此,如果企业在正常生产经营期间持续这种状态,经营活动现金流量的质量仍然不高。

3. 经营活动产生的现金流量大于零

经营活动产生的现金流量大于零,意味着企业创造现金的能力和稳定性较好,企业生产经营状况较好。但企业经营活动产生的现金流量仅大于零是不够的。

经营活动产生的现金流量大于零,不仅意味着在补偿当期的现金消耗与非现金消耗性成本后仍有剩余,还意味着企业通过正常的商品购、产、销带来的现金流入量,不但能够支付因经营活动而引起的货币流出,而且还有余地为企业的投资等活动提供现金流量支持。表明企业所生产的产品产销对路,销售回款能力较强,同时企业的付现成本、费用控制在较适宜的水平上。企业经营活动产生的现金流量状况良好,表明企业经营活动健康稳定,对企业经营规模扩大起到了重要的支持作用。根据 ABC 公司 2019 年资料,从现金净流量的构成(见表 5-6)看,经营活动产生的现金净流量是 215 560 万元,联系利润表可知,ABC 公司生产经营正常,盈利能力比较强,资金回笼及时。

(二) 投资活动现金流量质量分析

在进行投资活动现金流量质量分析之前,我们首先需要了解企业投资活动的目的。通常情况下,企业的投资活动主要有以下目的:一是为企业正常生产经营活动奠定基础,如修建或改扩建厂房,购建机器设备、无形资产和其他长期资产等;二是为企业对外扩张和其他发展目的进行股权性投资和债权性投资;三是利用暂时不用的闲置货币资金进行短期投资,以求获得较高的投资收益。

对投资活动现金流量的质量分析,可通过以下形式进行分析。

1. 投资活动产生的现金流量小于零

该情况意味着企业购建固定资产、无形资产和其他长期资产、股权性投资以及债权性投资等方面所支付的现金之和,大于企业因收回投资、分得股利或利润、取得债券利息、处置固定资产、无形资产和其他长期资产而收到的现金净额之和。表明企业扩大再生产的能力较强,产业及产品结构有所调整,参与资本市场运作、实施股权及债权投资能力较强。一般情况下,在企业投资活动的现金流量处于"入不敷出"的状态下,投资活动所需资金"缺口"可以通过以下几种方式解决。

(1) 消耗企业现有的货币积累。

(2) 挤占本来可以用于经营活动的现金,减少经营活动的现金支付。

(3) 利用经营活动积累的现金进行补充。

(4) 在不能挤占本来可以用于经营活动的现金的条件下,进行额外借款融资,以支持投资活动的现金需要。

(5) 在没有借款融资的条件下,只能采用拖延债务支付或加大投资活动引起的负债规模来解决。

企业投资活动产生的现金流量小于零,在企业的投资活动符合企业的长期规划和短期计划的条件下,表明企业扩大再生产的能力较强,也反映企业经营扩张的内在需要。

2. 投资活动产生的现金流量大于或等于零

投资活动产生的现金流量大于或等于零,意味着企业在投资活动方面的现金流入量大于流出量。发生这种情况,如果是企业在本会计期间的投资回收的规模大于投资支出的规模,表明企业投资收效显著,投资回报及变现能力较强;如果是企业处理既有长期资产以求变现,则表明企业产业、产品结构将有所调整,或者未来的生产能力将受到严重影响,已经陷入深度的债务危机之中。因此,必须对企业投资活动的现金流量变化的原因进行具体分析。

需要指出的是,企业投资活动的现金流出量,有的需要由经营活动的现金流入量来补偿。例如,企业固定资产、无形资产购建支出,将由未来使用有关固定资产和无形资产会计期间的经营活动的现金流量来补偿。因此,即使在一定时期企业投资活动产生的现金流量小于零,也不能对企业投资活动产生的现金流量的质量简单地作出否定的评价。

(三) 筹资活动产生的现金流量质量分析

筹资活动现金流量反映了企业的融资能力和融资政策。可以通过以下形式进行质量分析。

1. 筹资活动产生的现金流量大于零

筹资活动产生的现金流量大于零,意味着企业在吸收股权性投资、发行债券以及借款等方面所收到的现金之和大于企业在偿还债务、支付筹资费用、分配股利或利润、偿付利息、融资租赁以及减少注册资本等方面所支付的现金之和。表明企业通过银行及资本市场的筹资能力较强。但应密切关注资金的使用效果,防止未来无法支付到期的负债本息而陷入债务危机。

企业发展起步阶段,投资需要大量资金,在企业经营活动的现金流量小于零的条件下,企业的现金流量的需求主要通过筹资活动来解决。因此,分析企业筹资活动产生的现金流量大于零是否正常,关键要看企业的筹资活动是否已经纳入企业的发展规划,是企业管理层以扩大投资和经营活动为目标的主动行为,还是企业因投资活动和经营活动的现金流出失控而不得已的被动行为。

2. 筹资活动产生的现金流量小于零

筹资活动产生的现金流量小于零,意味着企业在吸收股权性投资、发行债券以及借款等方面所收到的现金之和小于企业在偿还债务、支付筹资费用、分配股利或利润、偿付利息、融资租赁以及减少注册资本等所支付的现金之和。

出现该情况时,如果是企业在会计期间集中发生偿还债务、支付筹资费用、分配股利或利润、偿还利息、融资租赁等业务,表明企业经营活动与投资活动的现金流量状况运转良好,企业自身资金周转已进入良性阶段,企业债务负担减轻,效益增强,自身有能力支付各项筹资活动现金支出。但是,企业筹资活动产生的现金流量小于零,也可能是企业在投资和企业经营扩张等方面没有更多作为的一种表现,或者是信誉丧失,未来资金周转将更趋紧张。此时,现金流量质量较差。

根据 ABC 公司 2019 年资料(见表 5-6)可知,公司投资活动产生的现金净流量为 −211 432 万元,筹资活动产生的现金净流量仅为 75 616 万元,说明公司正处于扩张时期,而扩大再投资主要资金来源是公司经营所得,外部融资占很小一部分,因此本年的现金流量净额不大。

本 章 小 结

现金流量表中的现金是一个广义的概念,它包括现金和现金等价物,两者构成现金流量表的编制基础。现金流量是指企业现金和现金等价物的流入和流出,包括现金流入量、现金流出量以及净现金流量三个方面的内容。根据企业经济活动的性质,通常可将现金流量分为经营活动现金流量、投资活动现金流量和筹资活动现金流量。

通过分析现金流量表,掌握企业经营活动、投资活动和筹资活动所形成的现金流量,据以预测企业在未来产生现金的能力;判断公司的支付能力、偿债能力和周转能力;评价企业利润的质量和经营绩效;并为分析和判断企业的财务前景提供信息。

现金流量表的一般分析主要依据现金流量表,分析经营活动现金流量、投资活动现金流量及筹资活动现金流量变动的主要原因,说明企业现金流入量和现金流出量的规模和特点。现金流量表的水平分析,即通过对现金流量表的每个项目前后期的增减变动来观察企业现金流的变化情况,对异常变动的原因和后果进行分析。现金流量表的结构分析是指在现金流量表有关数据基础上,分析现金流入、现金流出的构成和现金余额的形成原因。

现金流量的质量是指企业的现金流量能够按照企业的预期目标进行运转的质量。现金流量质量分析包括总量和分项目分析及补充分析。

案 例 分 析

康美药业的迷雾

2019 年 4 月 30 日,康美药业股份有限公司(以下简称"康美药业")发布《关于前期会计差错更正的公告》表示,公司通过自查以及必要的核查发现,2018 年之前,康美药业营业收入、营业成本、费用及款项收付方面共 14 处存在账实不符的情况,并将之归咎为会计处理差错所致。

同一时间,康美药业董事长马兴田发表致歉信,只字未提财务差错出现的具体原因,只是简要说明了公司在内部治理和财务管理等方面不完善。

在 A 股市场,大家似乎对上市公司财务造假的反应已经没那么激烈了,投资者也都开始习惯这种新闻的推送。在市场行情好的年头,有问题的上市公司还可以通过一些手段来尽量掩饰自己的财务问题,只是尽量让东窗事发的这一天迟一点来临罢了。

首先,我们整理出了康美药业 2014 年到 2017 年四年的财务报告,试图从资产变动趋势、营业收入变化趋势以及运营管理方面的财务指标来分析企业的运营管理是否出现异常。从资产百分比的变化趋势来看,并没有明显的变动,几乎维持较为正常的状态,看不出什么异样。

其次,企业的营运管理在很大程度上影响企业营业收入,若营运管理相关衡量指标发生较大变化,而营业收入以及其他利润指标没有相应的较大变化,同样也反应财务报告的虚假性。我们在康美药业 2017 年年报中看到,康美药业 2017 年营业收入和净利润增长率分别为 22.34% 和 22.77%。然而,根据国家统计局公布的数据,2017 年 1～12 月,医药制造业规模以上企业实现主营业务收入达 2.82 万亿元,同比增长 12.5%,医药制造业仍然保持了快速增长势头。12.5% 的行业增速就被称为快速增长了,而 2017 年康美药业实现了约 23% 的增长,大幅高于同行业的增长水平。这或许是值得怀疑的一点。

但如果说康美药业就是好公司,就可以增长的比别人快,也不是不行,至少很难找出直接的证据康美药业主营业务收入不能快速增长。而且,2017 年该公司的销售费用和管理费用也有较大的幅度增长,销售和管理的大幅投入使得营业收入大幅增长也符合基本商业逻辑。

从资产负债表和利润表的分析过程来看,并不能发现财务造假的痕迹。也就是说,若公司通过虚构业务,并经专业人士对财务数据进行细致加工,投资者是很难从资产负债表和利润表的分析中发现破绽的。

最后,我们试图分析现金流量表来分析公司是否存在财务造假的行为,或者说是否存在很大的财务隐患和基本逻辑问题。我们在康美药业的现金流量表中发现,近几年公司经营活动现金流量净额占净利润比重偏低,也就是说公司多年来在经营活动中占用了大量的现金。同时,我们对比分析了同行业公司 2017 年度这一指标的情况,从对比数据中可以很明显地发现,康美药业这一指标明显低于同行业水平。这一现象与康美药业所阐述的行业竞争地位、商业模式并不符合,也就是说虽然公司的营业收入和净利润维持较高增长,但经营活动现金流情况并没有多大的改善。

从估值的角度来看,企业自由现金流的状况,即企业经营活动现金流量净额再扣除资本性支出。我们发现,该公司各年的自由现金流并不足以支付公司公布的分红金额,也就是说,公司每年通过举债的方式在给股东分红。

我们从公开数据发现,康美药业最近几年一直进行大量的短期和长期的债务融资行为。但是,我们从公司的资产负债表中发现,近几年公司的货币资金充足,去除每年的短期有息债务后仍有大量的货币资金,理论上公司不需要每年都进行大量的债务融资。而且,从资金管理的角度来看,公司不会将大量的资金存银行活期的同时再以高利息借入债务资金。值得一提的是,几家同行业公司上市以来几乎没有直接债务融资行为。

同时,近几年公司并没有特别大的资本性支出。那么,康美药业为什么会有大量的债务融资呢?这些钱究竟是去做了什么呢?——答案是,康美药业账面上实际上并没有这么多的货币资金。

案例思考题:请结合本案例阐述分析公司现金流量表的重要性。

练　习　题

一、单项选择题

1. 现金流量表是以（　　）为基础编制的,反映企业一定会计期间内现金及现金等价物流入和流出信息的一张动态报表。

A. 收付实现制　　　　　　　　　　B. 权责发生制

C. 历史成本　　　　　　　　　　　D. 公允价值

2. 现金等价物通常是指在（　　）到期的短期债券投资。

A. 三个月内　　　　　　　　　　　B. 一个月内

C. 半年内　　　　　　　　　　　　D. 一年内

3. 根据最新《企业会计准则》的要求,除了对外披露采用直接法编制的现金流量表之外,企业还需要在附注中采用间接法将（　　）调节为经营活动现金流量的信息。

A. 净利润　　　　　　　　　　　　B. 所有者权益

C. 资产　　　　　　　　　　　　　D. 会计要素

4. 现金流量表的（　　）是指通过对现金流量表的每个项目前后期的增减变动来观察企业现金流的变化情况,对异常变动的原因和后果进行分析。

A. 水平分析　　　　　　　　　　　B. 垂直分析

C. 因素分析　　　　　　　　　　　D. 一般分析

5. 财务分析的信息资料来源可以分为企业信息资料、行业信息资料和（　　）。

A. 宏观信息资料　　　　　　　　　B. 经济数据

C. 会计资料　　　　　　　　　　　D. 统计资料

二、多项选择题

1. 现金流量是指企业现金和现金等价物的流入和流出,包括（　　）三个方面的内容。

A. 现金流入量　　　　　　　　　　B. 现金流出量

C. 净现金流量　　　　　　　　　　D. 营业现金流量

2. 现金流量表的结构分析是指在现金流量表有关数据基础上,分析（　　）。

A. 现金流入的构成　　　　　　　　B. 现金流出的构成

C. 现金余额的形成原因　　　　　　D. 最佳现金余额

3. 现金流量表的一般分析主要依据现金流量表,分析（　　）及变动的主要原因。

A. 经营活动现金流量　　　　　　　B. 投资活动现金流量

C. 筹资活动现金流量　　　　　　　D. 净利润

4. 创业期企业的财务特征主要表现为（　　）。

A. 只有少量的销售收入　　　　　B. 经营亏损或勉强盈利

C. 经营活动的现金流量入不敷出　　D. 投资活动的现金流出量巨大

5.投资活动所需资金"缺口"可以通过（　　　　）方式解决。

A. 消耗企业现有的货币积累

B. 减少经营活动的现金支付

C. 进行额外借款融资

D. 拖延债务支付或加大投资活动引起的负债规模来解决

三、判断题

1. 现金流量表中的现金是一个广义的概念,它包括现金和现金等价物,两者构成现金流量表的编制基础。　　　　　　　　　　　　　　　　　　　　　　　（　　）

2. 现金流量的质量是指企业的现金流量能够按照企业的预期目标进行运转的质量。

（　　）

3. 现金流量质量分析包括总量和分项目分析及补充分析。　　　　　　　（　　）

4. 现金流量表的水平分析,即通过对现金流量表的每个项目前后期的增减变动来观察企业现金流的变化情况,对异常变动的原因和后果进行分析。　　　　　（　　）

5. 投资活动产生的现金流量大于零,意味着企业在投资活动方面的现金流出量大于流入量。　　　　　　　　　　　　　　　　　　　　　　　　　　　　（　　）

四、简答题

1. 简述现金流量表的内涵和编制基础。

2. 简述现金流量的分类及其所包含的项目。

3. 简述现金流量表的水平分析的意义。

4. 简述现金流量表结构分析的内容。

5. 简述现金流量表质量分析的内容。

五、综合题

A 公司 2019 年的现金流量表如表 5-7 所示。

表 5-7　A公司现金流量表

编制单位：A公司　　　　　　　　　2019 年　　　　　　　　　单位：万元

项目	本期金额	上期金额
一、经营活动产生的现金流量		
销售商品、提供劳务收到的现金	1 356 552	541 936
收到的税费返还	424	200
收到其他与经营活动有关的现金	48 536	39 624
经营活动现金流入小计	1 405 512	581 760

(续表)

项目	本期金额	上期金额
购买商品、接受劳务支付的现金	620 200	304 624
支付给职工及为职工支付的现金	108 096	26 200
支付的各项税费	172 776	76 752
支付其他与经营活动有关的现金	73 320	60 736
经营活动现金流出小计	974 392	468 312
经营活动产生的现金流量净额	431 120	113 448
二、投资活动产生的现金流量		
收回投资收到的现金	2 480	67 800
取得投资收益收到的现金	22 752	10 592
处置固定资产、无形资产和其他长期资产收回的现金净额	384	608
处置子公司及其他营业单位收到的现金净额		
收到其他与投资活动有关的现金	9 688	4 672
投资活动现金流入小计	35 304	83 672
购建固定资产、无形资产和其他长期资产支付的现金	379 472	1 057 432
投资支付的现金	40 800	78 320
取得子公司及其他营业单位支付的现金净额	37 864	
支付其他与投资活动有关的现金	32	12 544
投资活动现金流出小计	458 168	1 148 296
投资活动产生的现金流量净额	−422 864	−1 064 624
三、筹资活动产生的现金流量		
吸收投资收到的现金	63 336	242 800
其中:子公司吸收少数股东投资收到的现金	63 336	40 000
取得借款收到的现金	889 600	1 424 000
收到其他与筹资活动有关的	40 784	
筹资活动现金流入小计	993 720	1 666 800
偿还债务支付的现金	678 464	643 232
分配股利、利润或者偿付利息支付的现金	164 024	118 712
其中:子公司支付给少数股东的股利、利润	8 416	6 816
支付其他与筹资活动有关的现金		800
筹资活动现金流出小计	842 488	762 744

（续表）

项目	本期金额	上期金额
筹资活动产生的现金流量净额	151 232	904 056
四、汇率变动对现金及现金等价物的影响	—40	
五、现金及现金等价物净增加额	159 448	—47 120
加：期初现金及现金等价物余额	153 112	200 240
六、期末现金及现金等价物余额	312 560	153 120

要求：

（1）请利用勾稽关系将表 5-7 中数字补充完整。

（2）请对上述现金流量表进行水平分析，并评价企业的运营状况。

（3）请对上述现金流量表进行结构分析，并评价企业的运营状况。

（4）请对上述现金流量表的进行项目分析，并结合企业的生命周期理论进行评价。

第六章　所有者权益变动表分析

第一节　所有者权益变动表概述

一、所有者权益变动表的定义

　　所有者权益是指企业资产扣除负债后由股东享有的"剩余权益",也称为净资产,是股东投资资本与经营过程中形成的留存收益的集合,是股东投资和公司发展实力的资本体现。

　　所有者权益变动表是反映构成所有者权益的各组成部分当期的增减变动情况的报表。所有者权益变动表应当全面反映一定时期所有者权益变动的情况,不仅包括所有者权益总量的增减变动,还包括所有者权益增减变动的重要结构性信息,特别是要反映直接计入所有者权益的利得和损失,让报告使用者准确理解所有者权益增减变动的根源。

　　2007年以前,公司所有者权益变动情况是以资产负债表附表形式予以体现的。《企业会计准则》(2006)修订后,要求上市公司于2007年正式对外呈报所有者权益变动表,所有者权益变动表将成为与资产负债表、利润表和现金流量表并列披露的第四张会计报表。

二、所有者权益变动表的结构与内容

(一)所有者权益变动表的结构

为了清楚地表明构成所有者权益的各组成部分当期的增减变动情况,所有者权益变动表应当以矩阵的形式列示:一方面,列示导致所有者权益变动的交易或事项改变了以往仅按照所有者权益的各组成部分反映所有者权益变动的情况,而是从所有者权益变动的来源对一定时期所有者权益变动情况进行全面反映;另一方面,按照所有者权益各组成部分(包括实收资本、资本公积、盈余公积、未分配利润和库存股)及其总额列示交易或事项对所有者权益的影响。此外,企业还需要提供比较所有者权益变动表,因此所有者权益变动表就各项目再分为"本年金额"和"上年金额"两栏分别填列。

(二)所有者权益变动表的内容

所有者权益变动表至少应当单独列示反映下列信息的项目:净利润;直接计入所有者权益的利得和损失项目及其总额;会计政策变更和差错更正的累积影响金额;所有者投入资本和向所有者分配利润等;按照规定提取的盈余公积;实收资本(或股本)、资本公积、盈余公积、未分配利润的期初和期末余额及其调节情况。

根据我国 2018 年颁布的《企业会计准则》规定,企业所有者权益变动表的基本格式和内容如表 6-1 所示(简略起见,把按照所有者权益各组成部分列示交易或事项对所有者权益的影响略掉,只按所有者权益总额列示交易或事项对所有者权益的影响)。

表 6-1　ABC 公司所有者权益变动表　　　　　　　　　会企 04 表

编制单位:ABC 公司　　　　　　　　2019 年度　　　　　　　　　单位:万元

项目	本年金额	上年金额
一、上年年末余额	482 820	280 676
加:会计政策变更	0	41 636
前期差错更正	0	0
其他	0	0
二、本年年初余额	482 820	322 312
三、本年增减变动金额(减少以"一"号填列)	105 936	160 508
(一)综合收益总额	86 296	40 272
(二)所有者投入和减少资本	81 664	127 016
1. 所有者投入的普通股	81 524	127 000
2. 其他权益工具持有者投入资本	0	0
3. 股份支付计入所有者权益的金额	0	0

（续表）

项目	本年金额	上年金额
4.其他	140	16
（三）利润分配	−62 024	−6 780
1.提取盈余公积	0	−0
2.对所有者(或股东)的分配	−62 024	−6 780
3.其他	0	0
（四）所有者权益内部结转		
1.资本公积转增资本(或股本)	0	0
2.盈余公积转增资本(或股本)	0	0
3.盈余公积弥补亏损	0	0
4.设定收益计划变动额结转留存收益	0	0
5.其他	0	0
四、本年年末余额	588 756	482 820

三、编制所有者权益变动表的意义

（一）符合全面收益改革的国际趋势

1992 年 10 月,英国会计准则委员会(The Accounting Standard Board,ASB)要求对外编报的主要会计报表增加"全部已确认利得与损失表";1997 年,美国会计准则委员会(Financial Accounting Standard Board,FASB)要求会计报表中必须有一个独立的组成部分,突出显示企业的全部利得和损失,在收益表之外报告全面收益;1997 年,国际会计准则委员会(International Accounting Standards Committee,IASC)公布的修订后的 IASI "财务报告表述"中,要求会计报表中必须有一个独立的组成部分,来突出显示企业的全部利得和损失。

从国外会计准则制定机构关于财务业绩报告的改革过程来看,改革业绩报告的目标基本一致,都要求报告具备更全面、更有用的财务业绩信息,以满足使用者投资、信贷及其他经济决策的需要。

所有者权益的来源包括所有者投入的资本、其他综合收益税后净额、留存收益等。其中,其他综合收益是指不应计入当期损益,与所有者投入资本或者利润分配活动无关,但会引起所有者权益发生增减变动的利得和损失。

由所有者权益变动表的内容可见,我国的所有者权益变动表的作用实际上就相当于 ASB 的"全部已确认利得与损失表"、FASB 的"全面收益表"、IASC 的"权益变动表"。我国改革后的所有者权益变动表能更好地帮助投资者获得与其决策相关的全面收益信息。

（二）编制所有者权益变动表是企业所有者权益日益受到重视的体现

所有者权益变动表可以反映股东所拥有的权益,据以判断资本保值增值的情况以及对负债的保障程度。该表将全面反映企业的所有者权益在年度内的变化情况,便于会计报表使用者深入分析企业所有者权益的增减变化情况,进而对企业的资本保值增值情况作出正确判断,为决策提供有用的信息。投资人可以透过所有者权益变动表分析被投资方的投资价值,以及股利发放、员工红利等各项权益变动因素,以预测投资效益。

从受托责任角度编制所有者权益变动表,既是对投资者负责,也是对股东和企业自身负责。

（三）编制所有者权益变动表将更好地为利润表和资产负债表提供辅助信息

所有者权益变动表中的"综合收益总额"以及"利润分配",与利润表之间存在较强的关联性。在利润表中,综合收益总额等于净利润加上其他综合收益的税后净额"利润分配"则提供了企业利润分配的去向和数量,为利润表提供了辅助信息。所有者权益变动表中提供的所有者结构变动信息与资产负债表中所有者权益部分相辅相成,提供了所有者权益具体项目变动的过程及其原因。

（四）编制所有者权益变动表能更清晰地体现会计政策变更和前期差错更正对所有者权益的影响

会计政策变更和前期差错更正对所有者权益本年年初余额的影响,以前主要在会计报表附注中体现,很容易被投资者忽略。新《企业会计准则》要求除了在附注中披露与会计政策变更、前期差错更正有关的信息外,还将在所有者权益变动表上直接列示会计政策变更和前期差错更正对所有者权益的影响,以使其得到更清晰的体现。

四、所有者权益变动表分析的目的

所有者权益变动表分析是通过所有者权益的来源及其变动情况,了解会计期间内影响所有者权益增减变动的具体原因,判断构成所有者权益各个项目变动的合法性与合理性,为报表使用者提供较为真实的所有者权益总额及其变动信息。

所有者权益变动表分析的具体目的如下:

第一,通过所有者权益变动表分析,可以清晰地体现会计期间构成所有者权益各个项目的变动规模与结构,了解其变动趋势,反映公司净资产的实力,提供保值增值的重要信息。

第二,通过所有者权益变动表分析,可以了解企业的综合收益。在所有者权益变动表中,净利润和其他综合收益的税后净额均单列项目反映,以披露企业的综合收益,所以通过所有者权益变动表的分析,可以了解企业的综合收益,以满足报表使用者投资、信贷及其他经济决策的需要。

第三,通过所有者权益变动表分析,可以反映会计政策变更的合理性以及会计差错更正的幅度,具体报告由于会计政策变更和会计差错更正对所有者权益的影响数额。

第四,通过所有者权益变动表分析,可以了解企业利润分配情况。由于企业对净利润的分配直接影响所有者权益总额和各项目发生变动,也被列入所有者权益变动表,因此通过该表还可以了解企业净利润的分配情况。可以说,所有者权益变动表既是对资产负债表的补充,又替代了利润分配表,对利润表进行补充说明。

第二节　所有者权益变动表的一般分析

一、所有者权益变动表的水平分析

所有者权益变动表的水平分析,是将所有者权益各个项目的本期数与基期数(可以是上期数等)进行对比,揭示企业当期所有者权益各个项目的水平及其变动情况,解释企业净资产的变动原因,借以进行相关决策的过程。以 ABC 公司所有者权益变动表为基础资料,编制 2019 年所有者权益变动表水平分析表,如表 6-2 所示。

表 6-2　ABC 公司所有者权益变动表水平分析表　　　　单位:万元

项目	本年金额	上年金额	变动额	变动率
一、上年年末余额	482 820	280 676	200 144	71.31%
加:会计政策变更	0	41 636	−41 640	−100.00%
前期差错更正	0	0	0	0
其他	0	0	0	0
二、本年年初余额	482 820	322 312	160 432	49.76%
三、本年增减变动金额(减少以"−"号填列)	105 936	160 508	−54 572	−40.00%
(一)综合收益总额	86 296	40 272	46 924	114.28%
(二)所有者投入和减少资本	81 664	127 016	−45 352	−35.71%
1.所有者投入的普通股	81 524	127 000	−45 476	−35.81%
2.其他权益工具持有者投入资本	0	0	0	0
3.股份支付计入所有者权益的金额	0	0	0	0
4.其他	140	16	124	775.00%
(三)利润分配	−62 024	−6 780	−55 244	814.80%
1.提取盈余公积	0	0	0	0
2.对所有者(或股东)的分配	−62 024	−6 780	−55 244	814.80%

（续表）

项目	本年金额	上年金额	变动额	变动率
3. 其他	0	0	0	0
（四）所有者权益内部结转				
1. 资本公积转增资本(或股本)	0	0	0	0
2. 盈余公积转增资本(或股本)	0	0	0	0
3. 盈余公积弥补亏损	0	0	0	0
4. 其他	0	0	0	0
四、本年年末余额	588 756	482 820	105 936	21.94%

从表 6-2 可以看出，ABC 公司 2019 年所有者权益比 2018 年增加 105 936 万元，增长幅度为 21.94%；从影响的主要项目看，最主要的原因是本年综合收益的大幅度增长，效益明显提高，综合收益同期增加 46 924 万元，增幅 114.28%，这也说明综合收益增加是经营资本增加的源泉，也是所有者权益增长的重要途径。正如定价理论信条所言：价值是股东在经营过程中产生的，而非股东在财务活动中产生。除上述原因外，尚有上年年末余额、所有者投入的普通股和对所有者(或股东)的分配等因素对本年年末余额的影响。

二、所有者权益变动表的垂直分析

所有者权益变动表的垂直分析，是将所有者权益各个项目变动占所有者权益变动的比重予以计算，并进行分析评价，揭示企业当期所有者权益各个项目的比重及其变动情况，解释企业净资产构成的变动原因，借以进行相关决策的过程。以 ABC 公司的所有者权益变动表为基础资料，编制所有者权益变动表垂直分析表，如表 6-3 所示。

表 6-3　ABC 公司所有者权益变动表垂直分析表　　　　单位:万元

项目	2019 年	2018 年	变动额	变动额构成
一、上年年末余额	482 820	280 676	200 144	188.93%
加:会计政策变更	0	41 636	−41 640	−39.31%
前期差错更正	0	0	0	0
其他	0	0	0	0
二、本年年初余额	482 820	322 312	160 432	151.44%
三、本年增减变动金额(减少以"−"号填列)	105 936	160 508	−54 572	−51.51%
（一）综合收益总额	86 296	40 272	46 924	44.29%
（二）所有者投入和减少资本	81 664	127 016	−45 352	−42.81%
1. 所有者投入的普通股	81 524	127 000	−45 476	−42.93%

（续表）

项目	2019 年	2018 年	变动额	变动额构成
2. 其他权益工具持有者投入资本	0	0	0	0
3. 股份支付计入所有者权益的金额	0	0	0	0
4. 其他	140	16	124	0.12％
（三）利润分配	−12 028	−6 780	−55 244	−52.15％
1. 提取盈余公积	0	0	0	0
2. 对所有者(或股东)的分配	−12 028	−6 780	−55 244	−52.15％
3. 其他	0	0	0	0
（四）所有者权益内部结转	0	0	0	0
1. 资本公积转增资本(或股本)	0	0	0	0
2. 盈余公积转增资本(或股本)	0	0	0	0
3. 盈余公积弥补亏损	0	0	0	0
4. 其他	0	0	0	0
四、本年年末余额	588 756	482 820	105 936	100.00％

从表 6-3 可以看出，ABC 公司 2019 年年末余额比 2018 年增加 105 956 万元，若以其变动为 100％，则在此变动中占 188.93％的便是上年年末余额的变动，占 44.29％的是综合收益的变动，至于 ABC 公司综合收益总额中净利润变动的因素分析，在利润分析章节中介绍，在此暂不详述。此外，占−42.81％的是所有者投入资本的变动，2019 年会计政策变更占所有者权益总变动的−39.31％，对所有者(股东)的分配的变动占−4.95％。

一般而言，我们把企业主要靠股东投入而增加所有者权益称为"输血性"变化，把企业依靠自身的盈利而增加所有者权益称为"盈利性"变化，虽然这两个方面均会引起所有者权益的变化，但其发展的前景显著不同：在企业"输血性"变化导致企业资产增加但增加的投资方向和前景难以预料时，其盈利前景存在很大的不确定性；而在"盈利性"变化的条件下，若盈利质量较高，则可能意味着企业可持续发展的前景看好。而 ABC 公司所有者投入资本占比为−89.96％，净利润占比为 30.61％，说明 2019 年"盈利性"变化对所有者权益的变动是正影响，"输血性"变化对所有者权益的变动是负影响，ABC 公司未来持续发展的前景还是不错的。

三、所有者权益变动表重点项目分析

所有者权益变动表的重点项目分析，是将组成所有者权益的主要项目进行具体剖析对比，分析其变动成因、合理合法性、有否人为操控的迹象等事项的过程。

所有者权益变动表的重点项目，可以从以下公式具体理解：

本期所有者权益变动额＝净利润＋其他综合收益税后净额＋会计政策变更和会计差错更正的累积影响＋所有者投入和减少资本－向所有者或股东分配的利润

【例 6-1】 某公司 2019 年实现净利润 260 万元，分配股利 60 万元，增发新股 200 万元。该公司长期投资 A 单位，股权占 40％，A 单位本年亏损 50 万元，试确定所有者权益变动额。

解：根据净利润与所有者权益变动额的关系公式，本题所有者权益变动额具体结果为：

$$260-20-60+200=380（万元）$$

为了避免与资产负债表分析重复，本章所有者权益变动表重点项目的分析应包括以下内容。

1. 会计政策变更的分析

（1）会计政策与会计政策变更。会计政策是指会计主体在会计核算过程中所采用的原则、基础和会计处理方法。其中，原则实质上包含了会计的基本假设、会计的一般原则和具体原则、会计处理方法，甚至还包含某些非会计假设。会计政策变更是指在特定的情况下，企业可以对相同的交易或事项由原来采用的会计政策改用另一会计政策。企业采用的会计政策，在每一会计期间和前后各期应当保持一致，不得随意变更；但是，满足下列条件之一的，可以变更会计政策：第一，法律、行政法规或者国家统一的会计制度等要求变更。例如，国家发布了统一的关于增值税会计处理的核算办法后，企业应及时按照新的办法处理有关增值税事项。第二，会计政策变更能够提供更可靠、更相关的会计信息。例如，企业存货计价原来采用先进先出法，由于通货膨胀趋势加重，后进先出法的会计政策更能真实反映存货的当前价值，从而与体现市价的收入相配比；又如，企业原先一直采用直接转销法核算坏账，由于信用环境的改变，应收账款演变为坏账的可能性增大，继续使用直接转销法核算坏账将会虚增企业某一会计期间的资产和盈利，因此备抵法的会计政策更能体现应收账款的账面价值。

（2）会计政策变更在表中的列示与分析。会计政策变更能够提供更可靠、更相关的会计信息的，主要应当采用追溯调整法进行处理，将会计政策变更累积影响数调整列报前期最早期初留存收益。其中，追溯调整法是指对某项交易或事项变更会计政策，视同该项交易或事项初次发生时即采用变更后的会计政策，并以此对财务报告相关项目进行调整的方法。会计政策变更的累积影响数是指按照变更后的会计政策，对以前各期追溯计算的列报前期最早期初留存收益应有金额与现有金额之间的差额。会计政策变更的累积影响数需将在所有者权益变动表中单独列示。

对会计政策变更的累积影响数的分析，主要目的在于合理区分属于会计政策变更和不属于会计政策变更的业务或事项。一般而言，不属于会计政策变更的业务或事项具体包括：①当期发生的交易或事项与以前相比具有本质差别而采用新的会计政策。例如，某企业一直通过经营租赁方式租入设备,进行生产,但从本年度起,新租入的设备采用融资租赁方式,故企业本年度采用融资租赁的会计处理方法进行设备租入和使用的记录与报告。由于经营租赁与融资租赁具有本质区别,因而这种变化不属于会计政策变更。②对初次发生的或不重要的交易或事项而采用新的会计政策。例如,企业第一次发生跨年度的劳务供应合同项目,对这种项目采取完工百分比法于年末确认收入。对企业来说,虽然采取了新的收入确认方法,但这种做法不属于会计政策变更。又如,企业一直将购买办公用品而发生的费用直接记入管理费账户,从本期开始,企业决定凡购买的办公用品都要先记入物料用品账户,然后在领用后转入有关费用账户。由于办公用品支出属于企业的零星开支,且这种改变对资产、费用和利润的影响很小,属于不重要的事项,因而这种变更不必作为会计政策变更的内容进行专门披露。

2. 前期差错更正的分析

(1)前期差错与前期差错更正。前期差错是指由于没有运用或错误运用以下两种信息,而对前期会计报表造成遗漏或误报:第一,编报前期会计报表时能够合理预计取得并应当加以考虑的可靠信息。第二,前期会计报表批准报出时能够取得的可靠信息。前期差错通常包括计算错误、应用会计政策错误、疏忽或曲解事实以及舞弊产生的影响以及存货、固定资产盘盈等。前期差错更正是指企业应当在重要的前期差错发现后的会计报表中调整前期相关数据。前期差错更正主要采用追溯重述法,该法是指在发现前期差错时,视同该项前期差错从未发生过,从而对会计报表相关项目进行更正的方法。

(2)前期差错更正在表中的列示与分析。本期发现与以前期间相关的重大会计差错,如果影响损益,应按其对损益的影响数调整发现当期的期初留存收益,会计报表其他相关项目的期初数也应一并调整;如不影响损益,应调整会计报表相关项目的期初数。

对前期差错更正累积影响数的分析,主要目的在于及时发现与更正前期差错,合理判断和区分相关业务是属于会计政策变更还是属于会计差错更正,以达到信息的准确性。

会计差错发生的原因可归纳为三类:①会计政策使用上的差错。例如,按照国家统一的会计制度规定,为购建固定资产而发生的借款费用,在固定资产达到预定可使用状态后发生应入当期损益,若继续予以资本化,则属于采用了法律或会计准则等行政法规、规章所不允许的会计政策。②会计估计上的差错。由于经济业务中不确定因素的影响,企业在会计估计过程中出现了差错。例如,国家规定企业可以根据应收账款期末余额的一定比例计提坏账准备,企业有可能在期末多计提或少计提坏账准备,从而影响损益的计算。③其他差错。在会计核算中,企业有可能发生除以上两种差错以外的其他差错。例如,错记借贷方向、错记账户、漏记交易或事项、对事实的忽视和滥用等。

会计差错只要发生就会使报出信息失真,按其影响程度的不同,会计差错可分为重大会计差错和非重大会计差错。重大会计差错是指影响会计报表可靠性的会计差错,其特点是差错的金额比较大,足以影响会计报表的使用者对企业的财务状况和经营成果作出正确判断。按照重要性原则,如果某项差错占有关交易或事项金额的10%以上,则可以被认为是重大会计差错。非重大会计差错是指不足以影响会计报表使用者对企业财务状况和经营成果作出正确判断的会计差错。无论是否为重大会计差错,都应在发现前期差错的当期进行前期差错更正,在所有者权益变动表中适时披露。

3. 其他综合收益

其他综合收益是指企业根据《企业会计准则》规定未在当期损益中确认的各项利得和损失。利得是指由企业非日常活动所形成的,会导致所有者权益增加的,与所有者投入资本无关的经济利益的流入。损失是指由企业非日常活动所发生的,会导致所有者权益减少的,与向所有者(或股东)分配利润无关的经济利益的流出。根据定义,其他综合收益中的利得和损失是指不应计入当期损益,会导致所有者权益发生增减变动的,与所有者投入资本或者向所有者(或股东)分配利润无关的利得或者损失。

第三节 股利政策对所有者权益变动影响的分析

一、派现与送股对公司所有者权益的影响

股利是股东实现收益的一种重要方式。在我国,股利通常有两种方式:一种是现金股利(排险),即以现金支付股利;另一种是股票股利(送股),即以股票支付股利。它们对公司财务状况的影响是不同的:派现使公司的资产和所有者权益同时减少,股东手中的现金增加;送股使流通在外的股份数增加,公司账面的未分配利润减少,股本增加,每股账面价值和每股收益稀释。

1. 派现

1) 派现的含义

派现是公司最常见、最易被投资者接受的股利支付方式。这种形式能够满足大多数投资者希望得到稳定投资回报的要求。公司支付现金股利,除了必须有足额的可供分配的利润外,还取决于公司的投资需要、现金流量和股东意愿等因素。

2) 派现对所有者权益的影响

由于发放现金股利会使现金流出,减少公司的资产和所有者权益规模,降低公司内部筹资的总量,既影响所有者权益内部结构,也影响整体资本结构。因此,管理当局在决定派现时,应当权衡各个方面的因素。如果管理当局不愿意发放现金股利,要么是因为没有足够的货币资金,要么是因为有足够的货币资金但不愿意发放。若没有货币资金发放股利,说明公司的流动性状况不好,公司担心发放现金股利会降低公司的财务弹性;若有货

币资金不愿意发放,则隐藏着管理当局的其他动机,如管理当局建立并控制大股东的私利。应该注意的是,公司发放高额现金股利,则可能会传递其他信号,如大股东通过股利套现损害公司其他股东的利益。

【例6-2】　某公司有流通在外的股票100万股,每股股价4元,公司的市场价值总额是400万元。表6-4呈现出了简化的上年年末的资产负债表。

表6-4　资产负债表(现金股利支付前)　　　　　　　　单位:元

资产		负债及所有者权益	
现金	1 000 000	负债	0
其他资产	3 000 000	所有者权益	4 000 000
合计	4 000 000	合计	4 000 000

假设该公司管理当局本年年末决定每股发放0.5元的派现,支付股利后的公司市场价值资产负债表如表6-5所示。

表6-5　资产负债表(现金股利支付后)　　　　　　　　单位:元

资产		负债及所有者权益	
现金	500 000	负债	0
其他资产	3 000 000	所有者权益	3 500 000
合计	3 500 000	合计	3 500 000

由表6-5可知,如果该公司决定每股发放0.5元的额外现金股利,则需支付现金50万元,由此使公司资产的市场价值和所有者权益均下降到350万元,每股市价下降到3.5元。

3)公司派现决策的动机

派现将减少公司的资产和留存收益规模,降低公司的财务弹性,并影响公司整体的投资与筹资决策。所以,管理当局在决定派现时,应当权衡各方面的因素。一般而言,公司派现决策的动机如下:

(1)消除不确定性动机。投资者对股利和资本利得有不同的偏好,大多数投资者认为,现金股利是在本期收到的实惠,而未来的资本利得则具有很大的不确定性,公司通过派现将消除投资者期望收益的不确定性,树立良好的市场形象。

(2)传递优势信息动机。根据股利传播信息论,在非完善资本市场中,派现常常被管理者作为用来传递公司未来前景的信息。当管理者对公司未来发展前景看好时,就会通过一定的派现向市场传递公司的绩优信息,从而提高公司的股票价格。

(3)减少代理成本动机。公司将剩余的现金流量以股利的形式发放给股东,可以降低经营者控制公司资源的能力,从而降低因所有者和经营者之间的冲突而产生的代理成本。

（4）返还现金动机。每个公司都会走向成熟期，在这个阶段，公司很难找到投资报酬率超过投资者要求的必要收益率的项目，这时就应该考虑向投资者派现，以稳定投资者的心态。

2. 送股

1）送股的含义

送股即股票股利，是指公司以股票形式向投资者发放股利的方式。其具体做法是：在公司注册资本尚未足额时，以股东认购的股票作为股利支付，也可以发行新股支付股利。在实际操作过程中，有的公司在增发新股时，预先扣除当年应分配股利，减价配售给老股东；也有的公司在发行新股时进行无偿增资配股，即股东不须缴纳任何现金和实物即可取得公司发行的股票。

公司选择送股的动因如下：①送股固然不会增加股票的内在价值，但是对股东来说将收益作为本金留存公司是一种再投资行为。只要公司经营长线看好，股票红利就很诱人。②从市场评价来看，送股题材相当吸引人。大量送股后每股收益被稀释，填补每股盈利的缺口给公司经营提出了更高的要求。根据信息理论，大量送股给市场这样一个信号——公司对盈利增长有信心。③公司送股决策最直接的动因还是为了更多地筹资。如承销商会建议某些小盘股，先送红股将盘子做大，然后再进行配股，这样配股价不致太高，还可以多筹资。④送股还有避税、降低交易成本等优点。

2）送股对所有者权益的影响

送股是一种比较特殊的股利形式，它不直接增加股东的财富，不会导致企业资产的流出或负债的增加，不影响公司的资产、负债及所有者权益总额的变化，所影响的只是所有者权益内部有关各项目及其结构的变化，即将未分配利润转为股本（面值）或资本公积（超面值溢价）。

3）送股对每股收益和每股市价的影响

送股后，如果盈利总额不变，会由于普通股股数增加而引起每股收益和每股市价的下降；但由于股东所持股份的比例不变，每位股东所持股票的市场价值总额仍保持不变。

发放股票股利对每股收益和每股市价的影响，可以通过对原每股收益、每股市价的调整直接算出。其计算公式如下：

$$发放股票股利后的每股收益 = \frac{E_0}{1 + D_s}$$

式中：

E_0——发放股票股利前的每股收益；D_s——股票股利发放率。

$$发放股票股利后的每股市价 = \frac{M}{1 + D_s}$$

式中：

M——除权日 E_t 的每股市价。

【例 6-3】 假定某公司本年净利润为 25 000 万元,股利分配时的股票市价为 20 元/股,发行在外的流通股股数为 20 000 万股,股利分配政策为 10 股送 0.5 股,则每股收益和每股市价的影响计算如下：

$$送股后的每股收益 = (25\,000 \div 20\,000) \div (1 + 5\%) = 1.19(元)$$
$$送股后的每股市价 = 20 \div (1 + 5\%) = 19.05(元)$$

4) 转增股本与送股

转增股本是指公司将资本公积金转化为股本,它并没有改变股东的权益,但却增加了股本的规模,因而其客观结果与送股相似。

二、股票分割对公司所有者权益的影响

1. 股票分割的含义

股票分割是指在保持原有股本总额的前提下,将每股股份分割为若干股,使股票面值降低而增加股票数量的行为。

股票分割对中小投资者购买股票更具吸引力,具体说来可归纳为：

(1) 股票分割可降低公司股票的市场价格,从而易于在市场上流通。这有利于吸引投资者买卖公司股票。

(2) 股票分割实际上是向投资者传递公司发展前景良好的信息。因为股票分割意味着公司想以较低的发行价吸引投资者购买公司的新股票,使公司的股票价格呈上升趋势。

(3) 如果股票分割后的每股现金股利比股票分割前的高,股东可获得较多的利益,从而对公司的发展充满信心,就不会随便出售手中持有的股票。这无疑有利于稳定公司的股票价格。

当然,如果公司认为流通中的股票价格过低,可通过反分割的方法将每股价格提高。在国际上,股票的分割和反分割都会受到有关法律的限制。

2. 股票分割对所有者权益的影响

股票分割不属于股利分配,但与股票股利在效果上有一些相似之处,即股票分割也不直接增加股东的财富,不影响公司的资产、负债及所有者权益的金额变化。与送股不同之处在于,股票股利影响所有者权益的有关各个项目的结构发生变化,而股票分割则不会改变公司的所有者权益结构。

3. 股票分割对每股收益和每股市价的影响

虽然股票分割不属于某种股利,但和股票股利一样,它会对公司的每股收益、每股市价等产生影响。在其他条件不变的情况下,进行股票分割会使公司的每股收益、每股市价下降。

三、所有者权益变动表中的库存股

1. 库存股的概念

库存股是指公司回购已发行在外的且尚未注销的股票。它同时具备以下四个特点：①库存股是本公司的股票；②库存股是已发行的股票；③库存股是收回后尚未注销的股票；④库存股是可以再次出售的股票。根据定义，我们也可以作如下理解：凡是属于公司未发行的股票、公司持有的其他公司的股票或者是公司已收回并注销的股票都不能视为库存股。

库存股仍然是公司发行在外的股份，只是没有再流通，因此，资产负债表中将其列作股本的减项。库存股作为已经发行未流通的股份，不能参加股利分配，没有表决权。

我国《公司法》规定，公司可回购自己已发行的股票，但仅限于减少注册资本、与持有本公司股份的其他公司合并、将股份奖励给本公司职工，以及股东因对股东大会作出的公司合并、分立决议持异议而要求公司收购其股份四种情况。

2. 库存股对公司所有者权益的影响

（1）库存股不是公司的一项资产，而是所有者权益的减项。其原因如下：①股票是股东对公司净资产要求权的证明，而库存股不能使公司成为该类股票的股东并且享有公司股东的权利，否则将会损害其他股东的权益。②资产不可以注销，而库存股可注销。在公司清算时，资产可变现而后分给股东，但库存股并无价值。正因为如此，西方各国都普遍规定：公司收购股份的成本，不得高于留存收益或者留存收益与资本公积之和。③留存收益中把相当于库存股的那部分股本单独列示，是为了限制其分配股利，以免侵蚀法定资本的完整。这种限制只有在再次发行库存股或注销库存股时方可取消。

（2）库存股的变动不影响损益，只影响权益。由于库存股不是公司的一项资产，因此再次发行库存股时，其所产生的收入与取得时的账面价值之间的差额不会引起公司损益的变化，而是引起公司所有者权益的增加或减少。

（3）库存股的权利受限。由于库存股没有具体股东，因此库存股的权利会受到一定的限制。例如，它不具有股利分派权、表决权、优先认购权、分派剩余财产权等。

3. 对库存股分析应该注意的问题

从实质影响看，股票回购可以认为是将股利一次性支付给股东，属于间接股利分配，但它比高股利政策更有财务影响：①合理增加库存股能进一步提高股票价格，吸引投资者。公司通过增加库存股可以减少发行在外的流通股，从而达到提高每股净收益和每股股利的目的，以保持或提高股价。②合理增加库存股可减少股东人数，化解外部控制或减少施加重要影响的公司和企业，以避免公司自身被收购或者恶意运作。③公司通过库存股的合理运用，可以调整自身的资本结构，保证股东和债权人的利益。

库存股会影响到公司的股价、资本结构、公司形象等，因此在报表分析中应该注意以下几项：

（1）法律、法规、章程等对发行在外的股票数量及金额的限制。

（2）法律、法规、章程等因持有库存股而对其股利分配的限制。

（3）依法回收股票原因以及库存股的增减变动状况。

（4）法律、法规、章程对库存股所享有的股东权利的限制。

（5）若子公司于母公司会计报表期间持有母公司股票，母公司利润表应揭示相关资料，并在会计报表附注中揭示子公司购入的股数及账面价值、再出售股数及售价、期末持有数及市价。

（6）有无利用股票回购内幕操纵股价、粉饰财务数据、误导投资者、满足公司管理层短期行为的动机等。

四、股票期权对公司所有者权益的影响

股票期权激励是授予职工在特定时间以特定价格购买公司股票的选择权。持有股票期权的职工只有权利，没有义务。股票期权到期后，职工可以放弃行使股票期权。

股票期权本身是有价值的，价值大小与股票当时的价格、行权价格、股价波动性、到期日、无风险利率等因素相关。一般而言，股票价格越高于行权价格，股票期权价格越大；到期时间越长，股票期权的价值越大；股价的波动性越大，股票期权价值越大。

2018 年的《企业会计准则》要求，若企业采用股票期权的方式作为报酬奖励职工，则企业按照授予股票期权时的公允价值确认费用，确认费用的部分是当期可以行权的股票期权。股票期权的公允价值采用估值模型计算。如授予股票期权时公允价值为 5 000 万元，股票期权分 5 年行权，每年行权的数量相等，则每年确认费用 1 000 万元。确认费用后，即使股票期权的公允价值发生变动，也不能调整已经确认的费用，即股票期权确认费用是固定的，一次性的。股票期权行权等于增加了发行在外的股份，资产负债表中的股本会相应增加，所有者权益变动表中要列示股本增加的原因。

本 章 小 结

所有者权益变动表是反映公司本期（年度或中期）内截至期末所有者权益增减变动情况的报表，它全面反映了企业的所有者权益在年度内的变化情况，直接反映了主体在一定期间的总收益和总费用，从全面收益角度反映了主体权益的综合变动。

所有者权益变动表的水平分析是将所有者权益各个项目的本期数与基期数（可以是上期数等）进行对比，揭示公司当期所有者权益各个项目的水平及其变动情况，解释公司净资产的变动原因，从而进行相关决策的过程。

所有者权益变动表的垂直分析是对所有者权益各个子项目的变动占所有者权益变动的比重予以计算,并进行分析评价,揭示公司当期所有者权益各个项目的比重及其变动情况,解释公司净资产构成的变动原因,从而进行相关决策的过程。

所有者权益变动表的重点项目分析是对组成所有者权益的主要项目进行具体剖析对比,分析其变动成因、合理合法性、是否有人为操控的迹象等的过程;派现、送股、股票分割、库存股和股票期权等鼓励政策对所有者权益有着不同的影响。

案 例 分 析

利润分配政策案例:A股高送转

2018年11月23日晚间,上海证券交易所(以下简称"上交所")、深交所发布了高送转指引,规范了每10股送转5股及以上的送转需求,并将高送转与公司业绩等指标挂钩,包括最近一个报告期净利润为负、净利润同比下降50%以上,或者送转股后每股收益低于0.2元的,不得披露该报告期内的高送转方案等。其目的是重点规范上市公司高送转行为,支持上市公司专注主业,引导公司合理安排投资者回报方式,应依靠优良的业绩吸引投资者,培育健康的价值投资文化。有市场人士这样评价:规范高送转方案,明确监管预期,防止市场过度炒作高送转,这对市场来说是大利好。

解读一:如何界定高送转,各板块不同

对于高送转的界定,两个交易所各有不同:

上交所是指公司送红股或以盈余公积、资本公积转增股份,合计比例达到每10股送转5股以上,在此送转比例以下的,不适用该指引,公司可根据实际需求自主决策。

深交所是指主板、中小板、创业板公司每10股送红股与公积金转增股本合计分别达到或者超过5股、8股、10股。

近期正元智慧、正业科技、汉邦高科等三家创业板公司分别发布了高送转预案,正元智慧拟10转9派1.5元(税前),收获四个涨停;正业科技拟10转9.5派4.2元(税前),收获两个涨停;汉邦高科拟10转8派0.7元(税前),收获两个涨停。

上交所相关部门负责人表示,用未分配利润送股或以资本公积等转增股本,是上市公司扩大股本的一种方式,本质上是上市公司在业绩持续增长的情况下,出于股份流动性等的考虑,适度扩大股本的需要。

但长期以来,不少上市公司送转股比例远远超过公司业绩增幅和股本扩张的实际需求。历史上曾有公司推出每10股送转30股的超高比例送转方案,这种与自身经营发展明显不相匹配的高送转,不仅引发市场跟风炒作,而且会导致公司股本过度扩张、每股收益过度摊薄,在股本管理方面透支了后续发展空间。

2019 年,市场上有些公司触及股价低于 1 元面值的退市指标,其中既有经营方面的因素,也与前期大规模高送转扩张股本相关。

深交所相关部门负责人指出,送转股的实质是股东权益的内部结构调整,对公司盈利能力并无实质性影响,股东权益也不因此而增加。但近年来部分公司借此题材进行炒作,出现内幕交易、配合减持解限等严重损害投资者权益的违规行为。深交所一直将高送转作为重点监管事项之一,从健全规则、强化监管、加强投资者教育等方面多管齐下,严防概念炒作,净化市场环境。

对于上述三家近期高送转明星公司,深交所发布了关注函,要求三家公司结合公司所处行业特点、发展阶段、业绩成长情况、未来发展战略等,详细说明此次利润分配预案的确定依据及合理性;说明利润分配预案的筹划及决策过程,以及公司在信息保密方面所采取的措施;说明筹划利润分配预案前一个月投资者调研的详细情况,是否存在向特定投资者泄露未公开重大信息的情形。

解读二:防止被"割韭菜",高送转与业绩挂钩

高送转与二级市场行为之间容易存在一定的利益链条,例如,信息合谋操纵,以内幕交易等违规行为"借道藏身"、掩护减持套现、对冲限售股解禁压力等动机明显。从二级市场的以往表现来看,推出高送转公司的股价虽然在短期内有所上升,但基本呈现过山车走势,快涨慢跌、涨少跌多,中小投资者极易被"割韭菜"。可以说,严重背离公司经营业绩的高送转,往往容易偏离权益调整的本源目的,虽然满足了市场中一小部分人的利益,但大多数投资者特别是中小投资者可能利益受损。

高送转新规将高送转与公司业绩等指标相挂钩。上交所相关部门负责人表示,主要考虑的是保证高送转有优良的业绩作支撑,使上市公司送转股回归本源,真正反映公司经营业绩和实际股本扩张需求,引导上市公司专注主业。在具体制度安排上,明确高送转与业绩增长相挂钩,业绩复合增长率应不低于股本摊薄比例。同时,若公司亏损、业绩降幅较大、送转后每股收益过度摊薄、重要股东减持,或所持限售股解禁前后的一段时间内,均不得披露高送转方案。

解读三:哪些能高送转,哪些不能需看清

高送转新规适度引入对高送转的"硬约束",上交所、深交所建立了"亏损、净利润同比下降 50% 以上或者送转股后每股收益低于 0.2 元的公司不得披露高送转方案"的负面清单。

那么,哪些公司可以高送转呢?

一是最近两年同期净利润持续增长的,每股送转比例不得高于上市公司最近两年同期净利润的复合增长率;二是报告期内实施再融资、并购重组等导致净资产有较大变化的,每股送转比例不得高于上市公司报告期末净资产较之期初净资产的增长率;三是最近

两年净利润持续增长且最近三年每股收益均不低于1元,上市公司认为确有必要提出高送转方案的,应当充分披露高送转方案的主要考虑及其合理性,且其送转股后每股收益不得低于0.5元。

例如,10送转10需要满足最近两年净利润复合增长率在100%以上或期末净资产较之期初净资产的增长率在100%以上的条件。同时,对于最近两年净利润持续增长且最近三年每股收益均不低于1元的公司,取消净利润增速要求,支持绩优公司的送转股需求。

案例思考题:

(1)高送转对公司股东权益造成了什么影响?

(2)高送转会影响公司未来的发展吗?

练 习 题

一、单项选择题

1. 所有者权益是指企业资产扣除负债后由股东享有的"剩余权益",也称为(　　)。

A. 净负债　　　　　B. 净资产　　　　　C. 净收益　　　　　D. 净流量

2. 下列项目中,不影响当期所有者权益变动额的项目是(　　)。

A. 净利润　　　　　　　　　　　B. 所有者投入或减少资本

C. 所有者权益内部结转　　　　　D. 利润分配

3. 产生库存股的条件是(　　)。

A. 股票回购　　　　B. 股票分割　　　　C. 股票股利　　　　D. 流通股权对价

4. 某公司本年净利润为2 000万元,股利分配时的股票市价为20元/股,发行在外的流通股股数为1 000万股,股利分配政策为10送2,则稀释后每股收益为(　　)元。

A. 1.67　　　　　　B. 2　　　　　　　C. 16.67　　　　　D. 20

5. 在所有者权益变动表中,直接计入所有者权益的利得和损失内容是(　　)。

A. 会计政策变更对当期利润的影响

B. 成本法下被投资方所有者权益的变动

C. 前期差错更正对所有者权益的影响

D. 可供出售金融资产公允价值变动净额

二、多项选择题

1. 下列方案中,将会稀释每股收益的决策方案有(　　)。

A. 派现　　　　　　B. 送股　　　　　　C. 股票分割　　　　D. 股票回购

E. 缩骨

2. 所有者权益内部结转包括(　　)。

A. 资本公积转增资本　　　　　　　　B. 盈余公积转增资本

C. 盈余公积弥补亏损　　　　　　　　D. 股票分割

E. 股票回购

3. 下列项目中,影响当期所有者权益变动额的项目有(　　)。

A. 净利润　　　　　　　　　　　　　B. 所有者投入和减少资本

C. 所有者权益内部结转　　　　　　　D. 分配现金股利

E. 库存股增加

4. 库存股没有具体股东,因此库存股的权力将受到一定的限制,具体受到限制的权力包括(　　)。

A. 股利分派权　　　　　　　　　　　B. 剩余财产分派权

C. 表决权　　　　　　　　　　　　　D. 决策权

E. 优先认购权

5. 一般而言,公司派现决策的动机包括(　　)。

A. 消除不确定性　　　　　　　　　　B. 传递优势信息

C. 减少代理成本　　　　　　　　　　D. 公司处于初创期

E. 稳定投资者的心态

三、判断题

1. 所有者权益变动表可以反映债权人所拥有的权益,据以判断资产保值、增值的情况以及对负债的保障程度。　　　　　　　　　　　　　　　　　　　　　　　(　　)

2. 在所有者权益变动表中,所有者权益净变动额等于资产负债表中的期末所有者权益。
(　　)

3. 在不考虑其他项目时,将净利润调整为本期所有者权益变动额,应该在净利润基础上,减去向股东分配的利润。　　　　　　　　　　　　　　　　　　　　　　　(　　)

4. 对初次发生的或不重要的交易或事项采用新的会计政策不属于会计政策变更。
(　　)

5. 股票分割影响所有者权益内部的结构发生变化,而股票股利则不会改变公司的所有者群益总额的变化。　　　　　　　　　　　　　　　　　　　　　　　　　(　　)

四、计算题

1. 某公司本年实现净利润3 000万元,分配股利806万元,增发新股2 000万元,其长期投资于A公司,股权占40%,A公司本年盈利250万元,试确定所有者权益变动额。

2. 假定B公司本年净利润为5 000万元,股利分配时的股票市价为10元/股,发行在外的流通股股数为10 000万股,股利分配政策为10股送5股,试计算此政策对每股收益和每股市价的影响。

五、综合题

C公司2018年、2019年所有者权益变动表如表6-6所示。

表6-6 C公司所有者权益变动表
单位:千元

项目	2018年金额	2019年金额
一、上年年末余额	661 400	722 200
实收资本(或股本)	300 000	294 600
资本公积	28 000	32 000
盈余公积	265 400	285 400
未分配利润	68 000	110 000
库存股(减项)	0	0
年初所有者权益合计	661 400	722 200
1. 会计政策变更	0	0
2. 前期差错更正	0	0
二、本年年初余额	661 400	722 200
三、本年增减变动金额(减少以"一"号填列)	60 800	
(一)综合收益总额	200 000	200 000
(二)所有者投入和减少资本	0	0
(三)利润分配		
1. 提取盈余公积	0	0
2. 对所有者或股东的分配	139 200	158 000
四、本年年末余额		
实收资本(或股本)	294 600	294 600
资本公积	32 000	32 000
盈余公积	285 400	333 600
未分配利润	110 000	104 000
年末所有者权益合计	722 200	764 200

要求:试对该公司所有者权益变动情况进行水平分析。

第三篇
财务分析

第七章　偿债能力分析

第一节　偿债能力分析的目的与内容

一、偿债能力分析的内涵

　　偿债能力是指企业偿还全部到期债务的承受能力和保证程度。负债是指企业过去的
交易或者事项形成的、预期会导致经济利益流出企业的现时义务。企业的负债按照偿还
期的长短,可以分为流动负债和非流动负债两大类。

　　短期偿债能力是指企业以流动资产偿还流动负债的现金保障程度。一个企业的短期
偿债能力大小,要看流动资产和流动负债的多少和质量情况。流动资产的质量是指流动
性和变现能力。流动性是指流动资产转化为现金所需要的时间。资产转换为现金所需要
的时间越短,资产的流动性越强,越能尽快地转换为偿还债务的资金。变现能力是指资产
是否能很容易地、不受损失地转换为现金。如果流动资产的预计出售价格与实际出售价
格的差额越小,则认为资产的变现能力越强。其中,反映企业偿付流动负债能力的是短期
偿债能力;反映企业偿付非流动负债能力的是长期偿债能力。

　　长期偿债能力是指企业偿还长期债务的现金保障程度。企业的长期债务是指偿还期
在一年以上,或者超过一个营业周期的负债。企业对一笔债务总是负有两种责任:偿还本

金和支付债务利息。分析一个企业的长期偿债能力,主要是为了确定该企业偿还债务本金和支付债务利息的能力。由于长期债务的期限长,企业的长期偿债能力主要取决于企业的获利能力和资本结构,而不是资产的短期流动性。但在实务中,充裕的现金才能保证真正的偿债能力,因此分析长期偿债能力也需要考察现金流量。

综上所述,短期偿债能力分析主要是通过利用企业资产负债表数据,计算和分析流动资产与流动负债之间的关系,来考察企业偿还短期债务的能力和水平,其核心问题是企业的现金流量分析;长期偿债能力分析是分别利用资产负债表和利润表的数据,计算和分析企业资产负债率、利息保障倍数等指标,同时结合企业的盈利能力,来全面综合评价企业的长期偿债能力。

二、偿债能力分析的目的

偿债能力是企业经营者、投资人、债权人等都十分关心的重要问题。站在不同的角度,其分析目的有所区别。

(一)企业偿债能力分析有利于投资者进行正确的投资决策

投资人更重视企业的盈利能力,但他们认为若企业拥有一个良好的财务环境和较强的偿债能力更有助于提高企业的盈利能力。因此,他们同样会关注企业的偿债能力。对于投资人来说,如果企业的偿债能力发生问题,就会使企业的经营者花费大量精力去筹措资金以应付还债,这不仅会增加筹资难度,加大临时性紧急筹资的成本,还会使企业管理者难以全神贯注地进行企业经营管理,使企业盈利受到影响,最终影响到投资人的利益。

(二)企业偿债能力分析有利于债权者进行正确的信贷决策

债权人是从维护自身利益角度分析企业的偿债能力,只有企业具有较强的偿债能力,才能保证债权人按期收回信贷资金,并得到相应的利息。而企业是否有能力按期支付借款本金和利息,是债权人向企业提供信用贷款的基本前提。因此债权人在进行贷款决策时,需要对企业的偿债能力进行深入分析。

(三)企业偿债能力分析有利于经营者进行正确的经营决策

企业各个环节畅通的关键在于企业的资金循环和周转速度。企业偿债能力的好坏,既是对企业资金循环状况的直接反应,又对企业生产经营各环节的资金循环和周转有着重要的影响。企业经营者要保证企业经营目标的实现,必须保证企业生产经营各环节的畅通或顺利进行,因此,企业偿债能力的分析,对于企业经营者及时发现企业在经营过程中存在的问题,并采取相应措施加以解决,保证企业生产经营顺利进行有着十分重要的作用。

(四)企业偿债能力分析有利于关联企业正确评价企业的财务状况

偿债能力是企业经营信誉的重要指标,是企业外部形象的重要方面。企业的偿债能力强,融资能力也强,能及时筹集必要的资金保证生产经营需要。对经营关联企业(如企业的购货单位和供货单位)而言,偿债能力分析的主要目的是判断其业务往来企业是否有足够的支付能力和供货能力,以确定是否继续与其发生业务往来。供货单位分析的着眼点为该企业在购入商品后,能否及时足额支付货款。购货单位的偿债能力主要分析该企业的财务信用是否良好、财务状况是否稳定、能否保证其正常生产经营,从而保障购货单位进货渠道的畅通和生产经营。

三、偿债能力分析的内容

企业的负债按照偿还期的长短,可以分为流动负债和非流动负债两大类。反映企业偿付流动负债能力的是短期偿债能力;反映企业偿付非流动负债能力的是长期偿债能力。因此,偿债能力分析主要包括以下两个方面内容。

(一) 短期偿债能力分析

通过对反映短期偿债能力的主要指标和辅助指标进行分析,了解企业短期偿债能力的强弱和短期偿债能力的可能变化情况,说明企业财务状况和风险程度。

(二) 长期偿债能力分析

通过对反映企业长期偿债能力指标的分析,了解企业长期偿债能力的强弱及其变动情况,说明企业整体财务状况和债务负担及偿债能力的保障程度。

第二节　企业短期偿债能力分析

一、短期偿债能力的影响因素

短期偿债能力一般也称为支付能力,主要是通过流动资产的变现,来偿还到期的短期债务。短期偿债能力的高低对企业的生产经营活动和财务状况有重要影响,一个企业虽然拥有良好的营运能力和较强的盈利能力,但一旦短期偿债能力不强,就会因资金周转困难影响正常的生产经营,降低企业的盈利能力,严重时会出现财务危机,甚至导致企业因不能按期偿债而"黑字破产"。企业短期偿债能力不足对企业生产经营的影响还表现在:无法取得购货折扣;不能按期支付货款而使材料供应不能保证;影响职工收入的正常发放或不能按期加薪使企业在人才市场上失去竞争力。短期偿债能力不足对企业的另一影响,就是造成企业信誉下降,这是一种无法估计的损失。

从短期偿债能力对企业的影响可以看出,企业必须十分重视短期偿债能力的分析和研究。了解影响短期偿债能力的因素,对于分析企业短期偿债能力的变动情况、变动原因及促进企业短期偿债能力的提高是十分有用的。影响短期偿债能力的因素,总的来说可以分为企业内部因素和企业外部因素。企业内部因素是指企业自身的经营业绩、资金结构、资产结构、融资能力等因素。企业外部因素是指与企业所处经济环境相关的因素。下面对内部因素加以说明。

（一）企业的资产结构

在企业的资产结构中,如果流动资产所占比重较大,则企业短期偿债能力相对大些,因为流动负债一般要通过流动资产变现来偿还。如果流动资产所占比重较高,但其内部结构不合理,其实际偿债能力也会受到影响。在流动资产中,如果存货资产占较大比重,而存货资产的变现速度通常又低于其他类流动资产,则其偿债能力是要打折扣的。从这个意义上讲,流动资产中应收账款、存货资产的周转速度也是反映企业偿债能力强弱的辅助性指标。

（二）流动负债的结构

企业的流动负债有些必须以现金偿付,如短期借款、应交款项等,有些则用商品或劳务来偿还,如预收款项等。需要用现金偿付的流动负债对资产的流动性要求更高,企业只有拥有足够的现金才能保证其偿债能力。如果在流动负债中预收款项的比重较大,则企业只要拥有充足的存货就可以保证其清偿能力。此外,流动负债中各种负债的偿还期限是否集中,都会对企业偿债能力产生影响。分析时,不仅要看各种反映偿债能力指标的数值,还要根据各种因素考察其实际的偿债能力。

（三）企业的融资能力

单凭各种偿债能力指标,还不足以判断企业的实际偿债能力。有些企业各种偿债能力指标都较好,但却不能按期偿付到期的债务;而另一些企业,因为有较强的融资能力,如与银行等金融机构保持良好的信用关系,随时能够筹集到大量的资金,即使各种偿债能力指标不高,却总能按期偿付其债务和支付利息。可见,企业的融资能力也是影响偿债能力的一个重要因素。

（四）企业的经营现金流量水平

企业的短期债务通常是用现金进行偿还的,因此,现金流量是决定企业短期偿债能力的重要因素。企业现金流量状况如何,主要受企业的经营状况和融资能力两个方面影响。如果没有充足的现金流量,即使是盈利企业也可能因无法及时偿还到期债务而导致信用危机甚至被迫破产。海尔公司在内部确定了一个原则:没有现金流支持的利润就不算利润,没有利润支持的销售额就不算销售额。很多企业的破产,并不是赤字破产,而是黑字破产,就是因为现金流不行。

除以上主要因素外,还有许多因素会影响到企业的短期偿债能力,如宏观经济形势、证券市场的发育与完善程度、银行的信贷政策、企业的财务管理水平、母公司与子公司之间的资金调拨等。有些因素对企业偿债能力的影响往往难以通过数量指标来表达,分析时,必须结合各个有关因素作出综合判断。

二、短期偿债能力指标计算与分析

短期偿债能力的高低,通常是以比率确定的。由于比率本身准确性的缺陷以及时空条件的变化,各种比率所反映的偿债能力也只是综合的、大致的、仅供参考的信息,并非百分之百的准确,这在分析时应特别注意。

企业短期偿债能力可以从两个方面进行分析评价,一是根据资产负债表进行静态分析评价;二是根据现金流量表和其他有关资料进行动态分析评价。

(一) 短期偿债能力的静态分析

根据资产负债表,可以了解一个企业的流动资产规模和流动负债规模,但资产规模仅仅表现企业资产的流动性,而不能说明偿债能力。流动负债规模也只能表明企业目前所承担的债务和资金的流动性,同样不能说明企业偿债能力。最能反映企业短期偿债能力的流动性比率,是建立在对企业流动资产和流动负债关系的分析之上的,主要有营运资本、流动比率、速动比率和现金比率。

1. 营运资本

营运资本是指流动资产总额减流动负债总额后的剩余部分,也称净营运资本,表示企业的流动资产在偿还全部流动负债后还有多少剩余,它是一个绝对数指标。其计算公式如下:

$$营运资本 = 流动资产 - 流动负债$$

从财务观点看,如果流动资产高于流动负债,表示企业具有一定的短期偿付能力。该指标越高,表示企业可用于偿还流动负债的资金越充足,企业的短期偿付能力越强,企业所面临的短期流动性风险越小,债权人安全程度越高。因此,可将营运资本作为衡量企业短期偿债能力的绝对数指标。对营运资本指标进行分析,可以从静态上评价企业当期的偿债能力状况,也可以结合企业规模等因素,评价企业不同时期的偿债能力变动情况。

根据表 3-1 所提供的 ABC 公司资产负债表资料,可以计算出 ABC 公司的营运资本指标。

$$期初营运资本 = 308\,776 - 318\,060 = -9\,284(万元)$$
$$期末营运资本 = 307\,328 - 538\,500 = -231\,172(万元)$$

ABC 公司期初、期末流动资产不能抵补流动负债,从营运资本角度来看,说明公司的短期偿债能力较差,而且期末营运资本继续出现负数,而且程度更大,表明公司财务状况不好,短期偿债能力极大弱化。

2. 流动比率

(1) 流动比率的计算公式。流动比率是指流动资产与流动负债的比率,表示每一元的流动负债,有多少流动资产作为偿还保证。其计算公式如下:

$$流动比率 = 流动资产 \div 流动负债$$

一般认为,该指标应达到2:1以上。该指标越高,表示企业的偿债能力越强,企业所面临的短期流动性风险越小,债权人安全程度越高。20世纪初,美国一些银行在向企业提供贷款时,均以流动比率作为判断企业信用的标准,认为流动比率达到2:1以上,企业的偿债能力才是充足的。理由是:当流动比率达到2:1以上时,流动资产不致发生呆账和降价的危险,即使企业解散,大约仍有账面一半的价值能取得现金。因此也把流动比率叫作银行家比率。由于流动资产减去流动负债后的余额就是企业的营运资金,所以该指标还可以反映出企业在目前及今后的生产经营中提供现金、偿还短期债务、维护正常经营活动的能力。

(2) 流动比率指标的优缺点。流动比率能被普遍采用,作为衡量企业短期偿债能力高低的标准,主要是因为该指标的优点是计算简单,资料容易取得,概念清晰,易于理解。但该指标也不可避免地存在一些问题,主要包括以下几点:

第一,流动比率所反映的是企业某一时点上可以动用的流动资产存量与流动负债的比率关系,而这种静止状态的资产与未来的资金流量并没有必然联系。流动负债是企业今后短时期内要偿还的债务,而企业现存的流动资产能否在较短时期内变成现金却难以保证。所以,流动比率只反映了企业短期内由流动资产和流动负债产生的现金流入量与现金流出量的可能途径,企业的经营、销售、利润的取得与分配又与现金流入和现金流出有直接关系,这些因素在计算流动比率时未加以考虑。

第二,企业应收账款规模的大小,受企业销售政策和信用条件的影响,信用条件越是宽松,销量越大,应收账款规模就越大,发生坏账损失的可能性就越大。因此,不同的主观管理方法,会影响应收账款的规模和变现程度,使指标计算的客观性受到损害,容易导致计算结果的误差。

第三,企业现金储备的目的在于防范出现现金流入量小于现金流出量的现象,而现金是不能带来收益的资产,故企业应尽可能减少现金持有量,至于其他存货也应尽可能降低到保证生产正常需要的最低水平。显然,增强企业的偿债能力与节约使用资金、减少流动资产上的资金占用的要求相矛盾。

第四,存货资产在流动资产中占较大比重,而存货的计价方法企业又可以随意选择,不同的计价方式,对存货规模的影响也不同,也会使流动比率的计算带有主观色彩。同时,如果企业存货积压或在管理方面存在问题,反而会表现出较高的流动比率。

第五,企业的债务并不是全部反映在资产负债表上,如企业支付的工资,是经常发生的,却没有列入资产负债表中,只以资产负债表上的流动资产与流动负债相比较,来判断企业的偿债能力是不全面的。

尽管流动比率存在上述缺点,但在没有更好的指标取代它时,它仍是目前最重要的判断企业短期偿债能力的指标。

(3)流动比率分析。根据表 3-1 所提供的 ABC 公司的资产负债表资料,可以计算出 ABC 公司的流动比率指标如下:

$$期初流动比率 = 308\ 776 \div 318\ 060 = 0.97$$
$$期末流动比率 = 307\ 328 \div 538\ 500 = 0.57$$

ABC 公司期初流动比率为 0.97,短期偿债能力具有一定的压力。但这种现象在期末并没有得到缓解,流动比率相比期初反而有所下降。按照经验标准来判断,该公司无论是期初,还是期末,流动比率都低于 2:1 的水平,表明该公司的偿债能力较弱。

需要强调的是,随着时间的推移,影响企业经营的主、客观因素可能会发生较大的变化。人们的认识也在不断深入,企业对资产的流动性及资产的利用效果更加重视,任何企业都不会牺牲资产的流动性和利用效果来维护较高的偿债能力。因此,近年来流动比率已呈下降的趋势,是否仍以 2:1 的水平作为判断企业偿债能力高低的标准,值得探讨。如果这一标准发生变化,对企业的评价也会随之改变。此外,还需要结合行业标准,对企业的流动比率作进一步的分析。

如果就 ABC 公司流动比率变动的原因进行分析,就会发现:尽管该公司本年流动资产下降了 0.47%,但其流动负债下降幅度更大,达到了 69.3%,下降速度远远大于流动资产的下降速度,所以导致期末流动比率低于期初的水平。以下分析可以对此作出解释:

期初流动比率为 0.97,流动负债不变为 0.966,则流动比率下降了 -0.004(0.966 - 0.97);期末流动比率为 0.57,则流动比率下降了 -0.396(0.57 - 0.966),合计为 -0.4(-0.004 - 0.396)。

分析表明,由于期末流动资产下降,流动比率下降 0.004,由于期末流动负债增加,使流动比率下降 0.396,两者综合作用的结果,使期末流动比率下降了 0.4。可见,流动负债增加是引起流动比率下降的主要原因。

(4)分析评价时应注意的问题。运用流动比率指标分析评价企业的短期偿债能力,应注意以下几个问题:

第一,流动比率并非衡量短期变现能力的绝对指标。要着重分析企业流动资产的未来变现能力,以判断企业是否必须在较长的时期内维持借新债还旧债的局面,若是如此,企业将面临风险。

第二,流动比率越高,对企业偿还短期债务的流动资产保证程度越强,这并不是说企业已有足够的现金或存款用来偿债。流动比率高也可能是存货积压、应收账款增多且收款延期长,以及待摊费用增加所致,而真正可用来偿债的现金和存款却严重短缺。

第三,债权人总是希望流动比率越高越好,但从企业经营的角度看,过高的流动比率通常意味着企业闲置现金的持有量过多,必然导致企业机会成本的增加和获利能力的降低。所以,企业应尽可能将流动比率维持在不使货币资金闲置的水平。

第四,流动比率是否合理,不同的企业以及同一企业不同时期的评价标准是不同的,因此,不应用统一的标准来评价企业的流动比率是否合理。

第五,流动比率是一个静态指标,只表明在某一时点每1元流动负债的保障程度,即在某一时点流动负债与可用于偿债资产的关系。只有债务的出现与资产的周转完全均匀发生时,流动比率才能正确反映偿债能力。

3. 速动比率

速动比率又称酸性试验比率,是指企业的速动资产与流动负债的比率,用来衡量企业流动资产中可以立即变现偿付流动负债的能力。该指标是从流动比率演化而来的,所以常常和流动比率一起使用,用来判断和评价企业的短期偿债能力。该指标的计算公式如下:

$$速动比率 = 速动资产 \div 流动负债$$

其中:

$$速动资产 = 流动资产 - 存货$$

速动资产是指几乎可以立即变现用来偿付流动负债的那些资产,一般包括货币资金、交易性金融资产、应收票据、应收账款、应收利息、应收股利、其他应收款、一年内到期的非流动资产和其他流动资产。计算速动资产之所以要排除存货和预付账款等预付费用,是因为存货是流动资产中变现速度最慢的资产,而且存货在销售时受到市场价格的影响,使其变现价值带有很大的不确定性,在市场萧条的情况下或产品不对路时,又可能成为滞销货而无法转换为现金。至于预付款项,本质上属于预付费用,只能减少企业未来时期的现金支出,其流动性实际是很低的。

用速动比率来评价企业的短期偿债能力,消除了存货等变现能力较差的流动资产项目的影响,可以部分地弥补流动比率指标存在的缺陷。当企业流动比率较高时,如果流动资产中可以立即变现用来支付债务的资产较少,其偿债能力也是较差的;反之,即使流动比率较低,但流动资产中的大部分都可以在较短的时间内转化为现金,其偿债能力也很强。所以用速动比率来评价企业的短期偿债能力相对更准确一些。

一般认为,在企业的全部流动资产中,存货大约占50%左右。所以,速动比率的一般标准为1∶1,就是说,每1元的流动负债,都有1元几乎可以立即变现的资产来偿付。如果速动比率低于1∶1,一般认为偿债能力较差,但分析时还要结合其他因素进行评价。

根据表 3-1 所提供的 ABC 公司的资产负债表资料,ABC 公司速动比率计算如下:

$$期初速动比率 = (308\ 776 - 19\ 352) \div 318\ 060 = 0.91$$

$$期末速动比率 = (307\ 328 - 34\ 424) \div 538\ 500 = 0.51$$

从计算结果可以看出,ABC 公司期末短期偿债能力明显弱于期初,并且期末和期初的速动比率都低于 100%,在该公司的流动资产中,速动资产占有较大比重,但流动资产增长速度小于流动负债增长速度,所以从经验标准来看,ABC 公司短期偿债能力较差。

对速动比率的分析,还应结合应收账款的收账期进行分析。因为速动比率的计算隐含着一个十分重要的假设条件,即所有的应收账款都能在其回收期内如数转化为现金,即使有坏账损失,其数额也非常小,可以忽略不计。但事实并非如此,企业可能有相当一部分应收账款不能按期收回,当有些应收账款超过回收期一定期限后,其发生坏账损失的可能性会非常大。换言之,按全部应收账款计算的速动比率含有一定的水分,不能真实地反映出企业的偿债能力。为此,有必要将可能形成坏账损失的应收账款金额从速动资产中剔除,对速动比率进行适当调整。

需要特别指出的是,一个企业的流动比率和速动比率较高,虽然能够说明企业有较强的偿债能力,反映企业财务状况良好,但过高的流动比率和速动比率会影响企业的盈利能力。当企业大量储备存货时,特别是有相当比例的超储积压物资时,流动比率就会较高,可是存货的周转速度会降低,形成流动资金的相对固定化,会影响流动资产的利用效率。过高的货币资金存量能使速动比率提高,但货币资金的相对闲置会使企业丧失许多能够获利的投资机会。所以,对流动比率和速动比率必须辩证分析,进行风险和收益的权衡。

4. 现金比率

现金比率是指现金类资产对流动负债的比率,该指标有两种表示方式。

(1) 现金类资产仅指货币资金。根据这一定义,现金比率的计算公式如下:

$$现金比率 = \frac{货币资金}{流动负债} \times 100\%$$

(2) 现金类资产除包括货币资金外,还包括货币资金的等价物,即企业持有的期限短、流动性强、易于转换为已知金额的现金,价值变动风险很小的投资。现金比率的计算公式如下:

$$现金比率 = \frac{货币资金 + 有价证券}{流动负债} \times 100\%$$

现金比率可以准确地反映企业的直接偿付能力,当企业面临支付工资日或大宗进货日等需要大量现金时,这一指标更能显示出其重要作用。由于现金比率的两种方式都没有考虑企业流动资产中的存货和应收账款,所以,对于应收账款和存货变现存在问题的企业,这一指标尤为重要。

现金比率越高,表示企业可立即用于支付债务的现金类资产越多。由于企业现金类资产的盈利水平较低,企业不可能也没有必要保留过多的现金类资产。如果这一比率过高,表明企业通过负债方式所筹集的流动资金没有得到充分地利用,所以并不鼓励企业保留更多的现金类资产。一般认为这一比率应在 20% 左右,在这一水平上,企业的直接支付能力不会有太大的问题。

根据表 3-1 所提供的 ABC 公司的资产负债表资料,按第一种方法计算 ABC 公司的现金比率如下:

$$期初现金比率 = \frac{76\,556 + 64}{318\,060} \times 100\% = 24.09\%$$

$$期末现金比率 = \frac{156\,280 + 120}{538\,500} \times 100\% = 29.04\%$$

从计算结果可以看出,ABC 公司期末现金比率比期初现金比率增长了 4.95%,这种变化表明企业的直接支付能力有很大提高。和经验标准相比,该公司期初、期末现金比率都超过了 20%。因此,如果按现金比率来评价 ABC 公司的短期偿债能力,应该说该公司短期偿债能力很强。结合该公司的期末流动比率和速动比率综合分析可以发现,由于该公司流动资产结构中,期末速动资产、现金类资产比例相对较大。所以,尽管 ABC 公司流动比率指标并不理想,相对于各指标的评价标准也还存在一定的差距,但对该公司期末的短期偿债能力还是应该给予肯定评价的。

5. 流动比率、速动比率、现金比率相互关系分析

(1) 以全部流动资产作为偿付流动负债的基础,所计算的指标是流动比率。它包括了变现能力较差的存货和基本不能变现的预付费用。如果存货中有超储积压物资时,会造成企业短期偿债能力较强的假象。

(2) 速动比率以扣除变现能力较差的存货和预付费用作为偿付流动负债的基础,它弥补了流动比率的不足。

(3) 现金比率以现金类资产作为偿付流动负债的基础,但现金持有量过大会对企业资产利用效果产生副作用,所以该比率不宜过大,因此这一指标相对流动比率和速动比率来说,其作用程度较小。

(二) 短期偿债能力的动态分析

企业偿债能力从本质上讲,是衡量企业能否按期归还到期债务的能力,但在计算短期偿债能力的静态指标中所使用的流动负债,是企业某一时点上的债务。它只表明企业在这一时点上仍然承担的流动负债规模,并不表示这些债务已经到期,并且需要在这一时点上偿还,这些债务往往要在这一时点之后的未来某一时点偿还。在计算这些指标时,所使用的流动资产或速动资产也只是在这一时点上的资产存量,只是为企业现在承担的债务提供了一份资产保证,反映的是用这些资产偿债的可能性,并不表示这些资产马上就可以

用于偿还债务,或一定会在现有负债到期时能转化成现金来偿还这些债务。因此,流动比率也好,速动比率也好,与其说它们是反映企业短期偿债能力的指标,倒不如说是反映现存负债的资产保证程度指标。企业偿还其债务是一个动态过程,其偿债能力也应该是在未来某一时点上的能力。当某一具体债务到期时,企业既可以通过现存资产的变现去偿还,也可以用债务到期前所获得的现金去偿还。所以,对企业短期偿债能力的分析还应该从动态方面进行。

从动态方面反映企业短期偿债能力的指标是建立在现金流量表和对经营中现金流量的分析基础之上的,主要有现金流量比率、近期支付能力系数、速动资产够用天数和现金到期债务比率。此外,应收账款周转率、应付账款周转率和存货周转率也是从动态上反映企业短期偿债能力的辅助性指标。

1. 现金流量比率

现金流量比率是指经营活动现金流量净额与平均流动负债的比率,用来衡量企业的流动负债用经营活动所产生的现金来支付的程度。其计算公式如下:

$$现金流量比率 = \frac{经营活动现金流量净额}{平均流动负债}$$

经营活动现金流量净额的大小反映出企业某一会计期间生产经营活动产生现金的能力,是偿还企业到期债务的基本资金来源。当该指标等于或大于1时,表示企业有足够的能力以生产经营活动产生的现金来偿还其短期债务;如果该指标小于1,表示企业生产经营活动产生的现金不足以偿还到期债务,必须采取对外筹资或出售资产才能偿还债务。

根据表3-1所提供的ABC公司的资产负债表资料和表5-1所提供的ABC公司的现金流量表资料,可以计算出该公司的现金流量比率如下:

$$本期现金流量比率 = \frac{215\,560}{(538\,500 + 318\,060) \div 2} = 0.50$$

计算结果表明,ABC公司的本期现金流量比率仅为0.50,依靠生产经营活动产生的现金满足不了偿债的需要,该公司必须以其他方式取得现金,才能保证债务的及时清偿。

需要说明的是,本期经营活动现金流量净额是当前会计年度的经营结果。而流动负债则是年初和年末需要偿还债务的平均余额,两者的会计期间不同。因此,现金流量比率指标是建立在以上一年的经营活动现金流量来估计下一年经营活动现金流量的假设基础之上的。使用该比率时,需要考虑未来一个会计年度影响经营活动现金流量变动的因素。

2. 近期支付能力系数

近期支付能力系数是反映企业有无足够的支付能力来偿还到期债务的指标。其计算公式如下:

$$近期支付能力系数 = \frac{近期内能够用来支付的现金}{近期内需要支付的各种款项} \times 100\%$$

其中,近期内能够用来支付的现金包括企业现有的货币资金、近期内能取得的营业收入、近期内确有把握收回的各种应收款项等。近期内需要支付的各种款项包括各种到期或逾期应交款项和未付款项,如职工工资、应付账款、银行借款、各项税金、应付利润等。

企业近期支付能力系数应等于或大于 100%,且越高说明企业近期支付能力越强。如果小于 100%,则说明企业支付能力不足,应采取积极有效的措施,从各种渠道筹集资金,以便按期清偿债务,保证企业生产经营活动的正常进行。

3. 速动资产够用天数

在财务分析中,除了通过以流动负债为基础,说明企业的短期偿债能力之外,还可以以营业开支水平说明企业的短期偿债能力,通常用"速动资产够用天数"来表示企业速动资产维护企业正常生产经营开支水平的程度。该指标可以作为速动比率的补充指标,其计算公式如下:

$$速动资产够用天数 = \frac{速动资产}{预计每天营业所需的现金支出}$$

从该指标的计算公式中可以看出,如果速动资产较多,而每天营业所需现金开支较少,速动资产够用天数就多;反之,速动资产够用天数就少。企业速动资产够用天数少,表示企业偿债能力低。

4. 现金到期债务比率

现金到期债务比率是指经营活动现金流量净额与本期到期的债务的比率,用来衡量企业本期到期的债务用经营活动所产生的现金来支付的程度。其计算公式如下:

$$现金到期债务比率 = \frac{经营活动现金流量净额}{本期到期的债务}$$

当该指标等于或大于 1 时,表示企业有足够的能力以生产经营活动产生的现金来偿还当期的短期债务;如果该指标小于 1,表示企业生产经营活动产生的现金不足以偿还当期到期的债务,必须采取其他措施才能满足企业当期偿还到期债务的需要。

5. 反映企业短期偿债能力的辅助指标分析

流动比率、速动比率和现金比率都是以企业某一时点上的流动资产存量和流动负债相比较的,来反映企业的短期偿债能力,对于各项流动资产和流动负债的流动和周转等动态变化没有加以反映。所以,通过各项流动资产和流动负债周转和流动情况的分析,进一步反映企业短期偿债能力的动态变化,可以弥补流动比率、速动比率和现金比率的不足。

(1) 应收账款周转率和应付账款周转率的比较分析。流动资产中的应收账款(包括应收票据),是因为企业赊销商品产生的,其占用额不仅取决于企业的销售政策,而且取决于企业的信用政策和收账政策。在销售政策既定的情况下,企业采取较宽松的信用政策和收账政策,其应收账款占用额就比较大,周转速度就比较缓慢。利用应收账款周转率指标就可以反映企业应收账款转化为现金的速度。

流动负债中的应付账款(包括应付票据),是因为企业赊购商品产生的,其占用额的大小,从主观因素来考察,取决于企业支付货款的速度和企业赊购金额。赊购的金额越大,支付货款的速度越慢,其占用额就越大。利用应付账款周转率指标可以反映企业以现金支付应付账款的速度。

流动比率实际上是企业流动资产和流动负债周转速度的函数。流动资产周转速度越快,企业流动资产规模越小,流动比率越低。流动负债的周转速度越慢,企业的流动负债规模越大,流动比率就越低。在流动资产中,应收账款占有相当的比例;在流动负债中,应付账款也占相当的比例,所以将两者联系起来进行比较分析是很有意义的。

应收账款与应付账款这种相互关系会对企业的短期偿债能力产生如下影响:

第一,应收账款与应付账款的周转期相同。在这种情况下,通过赊销商品所回收的现金恰好能满足偿付因赊购业务而产生的债务,不需动用其他流动资产偿债,这是最理想的状态。

第二,应收账款的周转速度快于应付账款的周转速度。假定企业应收账款的平均收账期为 30 天,平均付款期为 60 天,在这种情况下,企业的流动比率就会降低,以流动比率反映的企业静态短期偿债能力就相对差一些。但是由于流动资产中的应收账款周转速度快,而流动负债中的应付账款周转速度慢,从动态上看,企业的实际偿债能力是较强的,因为在企业的应收账款回收两次的情况下,才支付一次现金去偿付应付账款。

第三,应收账款的周转速度慢于应付账款的周转速度。假定企业的应收账款的平均收账期为 60 天,平均付款期为 30 天,在这种情况下,企业的流动比率就较高,以流动比率反映的企业静态短期偿债能力就比较强。但是应收账款转变为现金一次,企业却需要两次动用现金去偿还应收账款,为了保证按期偿还赊购商品的欠款,企业必须动用除了应收账款以外的其他流动资产。因此从动态上看,企业的实际偿债能力并不强。

(2)存货周转率分析。存货周转率是反映企业存货资产利用效率的一个指标,同时也能从动态方面反映企业的短期偿债能力,第八章会对存货周转率本身进行分析,这里仅就存货周转率对短期偿债能力的影响进行分析。存货周转速度对存货规模有较大影响,当其他条件不变时,存货周转速度越快,存货规模越小;反之,存货规模越大。流动比率是按流动资产在某一时点上的规模计算的,当存货规模较大时,其流动比率指标也较大,从静态方面反映的短期偿债能力也较强,实际上这很可能是因为存货周转速度偏低引起的假象。结合存货周转速度对企业短期偿债能力进行评价,就需要对按流动比率做出的评价加以修正。在流动比率一定的情况下,如果企业预期存货周转速度加快,则企业的短期偿债能力将会因此而提高;相反,如果预期存货周转速度减慢,则企业的短期偿债能力将会出现下降趋势。

流动比率是在某一时点上,按既定的流动资产存量和流动负债计算的,这里也包括了一个隐含条件,即存货周转率也是既定的。存货周转率的变化是指在该时点之后,所以存货周转率变化对短期偿债能力的影响是反映在动态上的,是今后企业短期偿债能力可能会发生的变化。换言之,对短期偿债能力的分析,不仅要从静态上反映企业某一时点上的偿债能力,还要分析可能发生的变化及变化趋势,而应收账款周转率、应付账款周转率和存货周转率的分析就为反映偿债能力的动态变化提供了重要的参考。

第三节　企业长期偿债能力分析

一、长期偿债能力的影响因素

长期偿债能力是指企业偿还非流动负债的能力。企业的非流动负债包括长期借款、应付债券、长期应付款、专项应付款、递延所得税负债及其他非流动负债。影响企业长期偿债能力的主要因素如下。

1. 企业的盈利能力

企业的盈利能力是指企业在一定时期内取得利润的能力。企业的盈利能力对偿还企业的长期债务有着十分重要的作用。企业举借长期债务的目的一般有两个,一是扩大企业生产经营规模;二是提高盈利能力。提高企业的盈利能力,会为企业投资者、债权者、经营者都带来利益,它是企业生产经营顺利进行的关键,也可为企业带来较多的利润。长期偿债能力与短期偿债能力的分析不同:短期偿债能力分析以流动资产和流动负债的相互依存关系为基础,以现金流入量为核心;长期偿债能力则不仅仅取决于还本付息时的现金流入量,其最终与企业的盈利能力有关,也就是说,从偿债的资金来源上看,偿还长期债务主要是企业经营所得的利润。一个长期亏损的企业,要保全其权益资本都很难,就更难保持正常的长期偿债能力了;而一个长期获利的企业,有着良好的现金流入,必然能保持正常的长期偿债能力。所以企业长期偿债能力与盈利能力密切相关。企业能否有充足的现金流入偿还长期债务,在很大程度上取决于企业的盈利能力。一般来说,企业的盈利能力越强,长期偿债能力越强;反之,则越弱。

2. 资本结构

长期负债是企业除所有者权益之外的最主要资本来源。企业举债的目的在于扩大企业经营、购建固定资产以及对外投资等,以争取更大的经济效益。一般来说,流动负债主要用于流动资产方面,那么长期负债则主要以长期资产为物质保证。长期资产对企业长期债务的偿还能力有着重要影响,因为大部分长期债务的形成都是以长期资产为抵押,所以抵押资产的规模决定着长期债务的规模,也就影响着长期偿债能力的强弱。到期债务用企业盈利不足以清偿时,长期资产就是保证,因而,长期资产规模越大,其长期偿债能力就越强。如果长期资产和长期负债相差很大,往往说明企业的债务没有保证。另外,长期偿债能力还必须以权益资金为保证条件。企业必须有一定数量的自由资本,以确保在遇到经营风险时长期债务仍能按时偿还。总之,企业资本结构是否合理对企业长期偿债能力有着重要影响。

3. 企业经营现金流量

企业的债务主要还是要用现金来清偿,虽然说企业的盈利能力是偿还债务的根本保证,但是企业盈利毕竟不等同于企业现金流量充足。企业只有具备较强的变现能力,有充裕的现金,才能保证具有真正的偿债能力。因此,企业的现金流量状况是决定偿债能力保证程度的关键之所在。

4. 其他因素

在实际经济生活中,影响企业长期偿债能力的其他因素还有:长期租赁、或有事项、承诺、金融工具等。报表使用者在分析企业长期偿债能力时,要注意结合具有资产负债表表外风险的相关记录,综合起来对企业偿债能力作出判断。

二、长期偿债能力指标的计算与分析

从资产、盈利能力、现金流量的内容、特点和作用可以看出,这些因素从不同角度反映了企业的偿债能力。资产是清偿债务的最终物质保障,盈利能力是清偿债务的经营收益保障,现金流量是清偿债务的支付保障。只有将这些因素加以综合分析,才能真正揭示企业的偿债能力。所以,企业长期偿债能力分析应从以下三个方面进行。

(一) 资产规模对长期偿债能力影响的分析

负债表明一个企业的债务负担,资产则是偿债的物质保证,单凭负债或资产不能说明一个企业的偿债能力,负债少并不等于说企业偿债能力强,同样,资产规模大也不表明企业偿债能力强。企业的偿债能力体现在资产与负债的对比关系上。由这种对比关系中反映出来的企业长期偿债能力的指标主要有资产负债率、股东权益比率、产权比率(净资产负债率)、固定长期适合率和资产非流动负债率。

1. 资产负债率

资产负债率是综合反映企业偿债能力的重要指标,它通过负债与资产的对比,反映在企业总资产中,有多少是通过举债获得的。其计算公式如下:

$$资产负债率 = \frac{负债总额}{总资产} \times 100\%$$

该指标越大,说明企业的债务负担越重;反之,说明企业的债务负担越轻。对债权人来说,该比率越低越好,因为企业的债务负担越轻,其总体偿债能力越强,债权人权益的保证程度越高。企业希望该指标大些,虽然这样会使企业债务负担加重,但企业也可以通过扩大举债规模获得较多的财务杠杆利益。如果该指标过高,会影响企业的筹资能力。因为投资者和债权人认识到,该企业的财务风险较大,当经济衰退或不景气时,企业经营活动所产生的现金收入可能满足不了利息费用开支的需要,所以,投资者和债权人不会再向该企业提供借款或购买其发行的债券。如果这一比率超过 100%,则表明企业已资不抵债,视为达到破产的警戒线。

通过对不同时期该指标的计算和对比分析,可以了解企业债务负担的变化情况。任何企业都必须根据自身的实际情况,确定一个适度的标准,当企业债务负担持续增长并超过这一适度标准时,企业应注意加以调整,不能只顾获取杠杆利益而不考虑可能面临的财务风险。

根据表 3-1 所提供的 ABC 公司的资产负债表资料,对 ABC 公司的资产负债率计算如下:

$$期初资产负债率 = \frac{1\ 275\ 248}{1\ 758\ 068} \times 100\% = 72.54\%$$

$$期末资产负债率 = \frac{1\ 513\ 300}{2\ 102\ 056} \times 100\% = 71.99\%$$

通过比较可知,ABC 公司期末资产负债率比期初下降了 0.55%,表明该公司债务负担略有下降,但这一比率相对较高,无论是对公司本身,还是对投资者或债权人,虽然可以接受,但长期偿债能力风险较大。

从稳健原则出发,特别是考虑到企业在清算时的偿债能力,该指标可以保守些计算,即从资产中扣除无形资产等,计算有形资产负债率。其计算公式如下:

$$有形资产负债率 = \frac{负债总额}{总资产 - 无形资产} \times 100\%$$

根据表 3-1 所提供的 ABC 的公司的资产负债表资料,对 ABC 公司的有形资产负债率计算如下:

$$期末有形资产负债率 = \frac{1\ 275\ 248}{1\ 758\ 068 - 31\ 248} \times 100\% = 73.85\%$$

$$期末有形资产负债率 = \frac{1\ 513\ 300}{2\ 102\ 056 - 30\ 868} \times 100\% = 73.06\%$$

通过计算可以看出,该公司期初、期末有形资产负债率与资产负债率相差不大,说明在总资产中未来变现能力较差的无形资产所占比例较小。

2. 股东权益比率

股东权益比率是所有者权益同资产总额的比率,反映企业全部资产中有多少是投资人投资所形成的。其计算公式如下:

$$股东权益比率 = \frac{股东权益}{总资产} \times 100\% = 1 - 资产负债率$$

股东权益比率是表示长期偿债能力保证程度的重要指标,该指标越高,说明企业资产中由投资人投资所形成的资产越多,偿还债务的保证越大。从"股东权益比率=1-资产负债率"来看,该指标越大,资产负债率越小,债权人对这一比率是非常感兴趣的。当债权人将其资金借给股东权益比率较高的企业,由于有较多的企业自有资产做偿债保证,债权人全额收回债权就不会有问题,即使企业清算时资产不能按账面价值收回,债权人也不会有太大损失。由此可见,股东权益比率高低能够明显表达企业对债权人的保护程度。如果企业处于清算状态,该指标对偿债能力的保证程度就显得更重要。

而在本例中,公司资产的 70% 左右是通过各种负债资金融通的,期末股东权益比率为 29.85%。只要公司资产价值下跌 30% 以上,债权人就不能全额收回其债权。可见,债权人利益的保障程度较低。

在实务中,可将该指标以倒数的形式列示,称为业主权益乘数。其计算公式如下:

$$业主权益乘数 = \frac{总资产}{股东权益}$$

业主权益乘数表示企业的股东权益支撑着多大规模的投资。该指标越大,说明企业对负债经营利用得越充足,财务风险也就越大。

3. 产权比率(净资产负债率)

将负债与股东权益直接对比,称为产权比率。其计算公式如下:

$$产权比率 = \frac{负债总额}{股东权益} \times 100\%$$

如果说资产负债率是反映企业债务负担的指标,股东权益比率是反映偿债保证程度的指标,产权比率就是反映债务负担与偿债保证程度相对关系的指标。它和资产负债率、股东权益比率具有相同的经济意义,但该指标更直观地表示出负债受到股东权益的保护程度。由于股东权益等于净资产,所以,这两个指标的计算结果一样,只是角度不同而已。

考虑有些资产在企业结算时其价值会受到严重影响,如清算时商誉价值可能不存在,该指标可以更保守计算,即计算有形净值负债率。其计算公式如下:

$$有形净值负债率 = \frac{负债总额}{净资产 - 无形资产} \times 100\%$$

4. 固定资产适合率

固定资产适合率是指固定资产净值与股东权益和非流动负债的比率。其计算公式如下:

$$固定资产适合率 = \frac{固定资产净值}{股东权益 + 非流动负债} \times 100\%$$

　　就大多数企业来说,其固定资产方面的投资都希望用权益资金来解决,这样就不会因为固定资产投资回收期长而影响企业短期偿债能力了。当企业固定资产规模较大,而权益资金规模较小,难以满足固定资产投资的需要时,可以通过举借长期债务来解决。一般的标准认为,该指标必须小于1。就是说,当该指标超过1时,说明企业使用了一部分短期资金进行固定资产投资,而流动资产的投资全部由流动负债来解决,这对企业短期偿债能力是一个十分危险的信号。当企业的固定长期适合率小于1时,表明企业有一部分长期资金用于流动资产投资,这可以减轻企业短期偿债的压力。

　　根据表3-1所提供的ABC公司的资产负债表资料,ABC公司的固定长期资产率指标计算如下:

$$期初固定资产适合率 = \frac{1\ 220\ 316}{482\ 820 + 957\ 188} \times 100\% = 84.74\%$$

$$期末固定资产适合率 = \frac{1\ 605\ 572}{588\ 756 + 974\ 800} \times 100\% = 102.69\%$$

　　从计算结果上看,ABC公司的长期资金基本能够满足固定资产的投资需要。从期末固定资产适合率来看,长期资金只能满足固定资产的资金需要,其他方面的资金需要无法依靠长期资金来满足,短期偿债的压力较大。

　　与固定资产适合率相配合的指标是固定资产与非流动负债比率,该指标对于反映企业清算状态的偿债能力是很有用的。其计算公式如下:

$$固定资产与非流动负债比率 = \frac{固定资产净值}{非流动负债} \times 100\%$$

　　一般认为该指标应超过100%。其依据是,当企业进入清算状态时,其资产不一定能按账面价值变现,流动负债必须依赖流动资产变现来偿还,非流动负债需依赖固定资产变现来清偿。如果固定资产净值不大于非流动负债,债权人的利益就没有足够的保证。

　　根据表3-1所提供的ABC公司的资产负债表资料,ABC公司的固定资产与非流动负债比率计算如下:

$$期初固定资产与非流动负债比率 = \frac{1\ 220\ 316}{957\ 188} \times 100\% = 127.49\%$$

$$期末固定资产与非流动负债比率 = \frac{1\ 605\ 572}{974\ 800} \times 100\% = 164.71\%$$

　　从计算结果可以看出,期初每1元的非流动负债有1.27元的固定资产作为偿付保证。因此,如果是在清算状态下,长期债务的清偿是有保障的。在期末,每1元的非流动负债有1.65元的固定资产可以偿付。可见,无论期初还是期末,如果是在清算状态下,该公司长期债务的清偿都是有保障的。联系到固定资产适合率就可以更清楚地知道,如果该公司真正进行清算,债权人和股东的权益都可以得到保障。

5. 资产非流动负债率

资产非流动负债率是非流动负债总额与总资产的比率,反映企业全部资产中有多少是由非流动负债形成的。其计算公式如下:

$$资产非流动负债率 = \frac{非流动负债}{总资产} \times 100\%$$

该指标越大,说明每 1 元资产中非流动负债所占比重越高,企业主要依赖长期债务进行融资,长期偿债能力风险较大。该指标应结合行业进行分析。通常受经济环境变动影响而导致销售额波动较大的企业,一般倾向于避免高负债,因为偿还固定利息会给长期偿债能力带来压力。例如,零售业往往通过短期债务进行融资,资产非流动负债率通常较低。

根据表 3-1 所提供的 ABC 公司的资产负债表资料,ABC 公司的资产非流动负债率计算如下:

$$期初资产非流动负债率 = \frac{957\ 188}{1\ 758\ 068} \times 100\% = 54.45\%$$

$$期末资产非流动负债率 = \frac{974\ 800}{2\ 102\ 056} \times 100\% = 46.37\%$$

从计算结果可以看出,ABC 公司的资产非流动负债率较高,期末每 1 元资产中长期债务已占 0.46 元,长期债务负担较重,长期债权人的保证程度较低。但结合该公司资产负债率,发现短期债务所占比例较小,短期偿债能力风险较小,应根据公司的实际情况适当调整长短期债务比例。

该指标可以更保守计算,即在总资产中剔除未来变现能力较差的无形资产,计算有形资产非流动负债率。其计算公式如下:

$$有形资产非流动负债率 = \frac{非流动负债总额}{有形资产总额(总资产-无形资产)} \times 100\%$$

根据表 3-1 所提供的 ABC 公司的资产负债表资料,ABC 公司的有形资产非流动负债率计算如下:

$$期初有形资产非流动负债率 = \frac{957\ 188}{1\ 758\ 068-31\ 248} \times 100\% = 55.43\%$$

$$期末有形资产非流动负债率 = \frac{974\ 800}{2\ 102\ 056-30\ 868} \times 100\% = 47.06\%$$

通过计算可以看出,该公司期初、期末有形资产非流动负债率和资产非流动负债率相差不大,说明其长期偿债能力基本不受无形资产的影响。

(二) 盈利能力对长期偿债能力影响的分析

从长期看,企业的偿债能力最终取决于企业的盈利能力。企业利润越多,可用于偿债的资金就越多,企业的偿债能力就越强。从盈利能力角度分析,评价企业长期偿债能力的指标主要有销售利息比率、利息保证倍数、债务本息保证倍数和固定费用保证倍数。

1. 销售利息比率

销售利息比率是指一定时期的利息费用与营业收入的比率。其计算公式如下:

$$销售利息比率 = \frac{利息费用}{营业收入} \times 100\%$$

这一指标可以反映企业销售状况对偿付债务的保证程度。前已说明,企业的负债最终还是要用其经营所得去偿还,如果经营状况不佳,在其经营期间偿付债务就缺少根本的保证,而企业权益资金的多少对偿债的保证只有在企业处于清算状态时才真正发挥作用。在企业负债规模基本稳定的情况下,销售状况越好,偿还到期债务可能给企业造成的冲击越小。该指标越小,说明通过销售所得现金用于偿付利息的比例越小,企业的偿债压力越小。

2. 利息保证倍数

企业为了保证再生产的顺利进行,在取得营业收入后,都需要首先补偿企业在生产经营中的耗费。所以,营业收入虽然是利息支出的资金来源,但利息费用的真正资金来源是营业收入补偿生产经营中的耗费之后的余额,若其余额不足以支付利息费用,企业的再生产就会受到影响。因此,利息保证倍数比销售利息比率更能反映出企业偿债能力的保证程度。利息保证倍数是指企业生产经营所获得的息税前正常营业利润与利息费用的比率。其计算公式如下:

$$利息保证倍数 = \frac{息税前正常营业利润}{利息费用} = \frac{营业利润 + 利息费用}{利息费用}$$

公式中的利息费用,包括财务费用中的利息支出和资本化利息。公式中的分子之所以包括利息费用,是因为利息已经从营业收入中予以扣除,营业利润是扣除了利息之后的余额。

该指标是反映企业偿付债务利息的保证程度指标,该指标越高,说明企业支付利息的能力越强,债权人按期取得利息越有保证。该指标究竟达到什么水平,才能说明支付利息的保证程度强,并没有具体的标准,应根据历史的经验结合行业特点判定,也可以结合同行业标准来评价。

根据表 4-1 所提供的 ABC 公司的利润表及会计报表附注有关资料,对 ABC 公司利息保证倍数进行计算分析,如表 7-1 所示。

表 7-1 利息保证倍数计算分析表   单位:万元

项目	2019 年	2018 年	差异额
营业利润	102 416	53 936	48 480
利息费用	69 336	27 096	42 240

（续表）

项目	2019 年	2018 年	差异额
息税前利润	171 752	81 032	90 720
利息保证倍数	2.48	2.99	−0.51

从表 7-1 中可以看出，ABC 公司 2018 年生产经营所得能够满足支付利息的需要，是支付利息的 2.99 倍，2019 年利息保证倍数为 2.48 倍，公司支付利息的保证程度有一定程度的下降。2019 年利息保证倍数的下降的主要原因是：一是改善公司的负债结构，根据前面的分析可以知道，由于流动负债比率提高，使公司负债成本下降，从而增加了利息支出；二是本年生产经营业绩较好，从根本上对支付利息提供了保证。

3. 债务本息保证倍数

根据企业的经营状况来反映偿债能力的保证程度，债务本息保证倍数比利息保证倍数能更精确地表达出企业偿债能力的保证程度。对债权人来说，如果连本金都不能收回，他就不敢奢求利息了。债权人借款给企业，目的虽然是获取利息收入，但基本前提是能够按期收回本金。而企业的偿债义务是按期支付利息和到期归还本金，所以其偿债能力的高低不能仅看偿付利息的能力，更重要的是还要看其偿还本金的能力。在企业正常经营条件下，本金的偿还必须以企业经营所赚取的利润来支付。

债务本息保证倍数是指企业一定时期息税前正常营业利润与还本付息金额的比率，它是现金流入量对财务需要（现金流出）的保证程度的比率，通常用倍数来表示。其计算公式如下：

$$债务本息保证倍数 = \frac{息税前正常营业利润}{利息费用 + \dfrac{年度还本额}{1 - 所得税率}}$$

企业偿还本金与支付利息是有区别的，利息是所得税前开支项目，支付 1 元的利息，只需 1 元的营业收入，或者说是减少 1 元的利润额，偿还本金则需动用企业的净收入，即企业偿还 1 元钱的本金将需要更多的税前利润，所以要将偿还的本金数还原到所得税前的水平。

该指标最低标准为 1，该指标越高，表明企业偿债能力越强。如果该指标低于 1，说明企业偿债能力较弱，企业会因为还本付息造成资金周转困难，支付能力下降，使企业信誉受损。

4. 固定费用保证倍数

固定费用是指类似利息费用的固定支出，是企业必需的固定开支。企业如果不能按期支付这些费用，就会发生财务困难。固定费用保证倍数就是企业息税前利润与固定费用的比率，通常用倍数表示，该指标是利息保证倍数的演化，是一个比利息保证倍数更严格的衡量企业偿债能力的保证程度的指标。该指标的计算公式如下：

$$固定费用保证倍数 = \frac{息税前正常营业利润}{利息 + 租金 + \dfrac{优先股利}{1-所得税税率} + \dfrac{偿债基金}{所得税税率}}$$

固定费用包括的内容较多，一般包括以下内容：

(1) 利息费用。在一定的资产负债率条件下，企业总要按期支付相对固定的利息，只要企业采取举债经营的方式，这项支出就不可避免。

(2) 偿债基金提取额。企业为了偿还一些长期债券，如发行长期债券，为了确保企业的偿债能力，往往通过设立偿债基金的方法，在长期债务偿还期内，按期提存一定数额用来偿付利息和归还本金的专用款项，这种按期提取的专用款项被称为偿债基金。企业这样做就形成一项按期、固定的支出。由于这种支出和利息支出不同，必须是在税后的基础上提存，不能起到减税作用，或者说，每提存1元钱的偿债基金，就需要更多的税前利润，所以，要将其还原到税前利润水平上。

(3) 租金费用。企业采取租赁方式租入资产，不管企业的经营成果如何，都必须根据租赁合同按期支付租金。在租赁期内，其租金支出也是相对固定的，和利息支出并没有什么本质区别，而且也属在营业收入中开支的项目。由于租金的支付已抵减了税前利润，所以还应包括在分子之中。

(4) 优先股股利。优先股股利虽属利润的分配项目，但优先股股利与普通股股利不同，普通股股利的分配可视企业盈利情况而定，既可以支付，也可以不支付。优先股股利则不管企业经营成果如何，都需要按期支付，就这一意义而言，优先股兼有负债性质，所以说优先股股利也是企业的一项固定支出；优先股股利是用税后利润支出，不具有减税效应，因此，要将其调整到税前利润水平。

总之，不管固定费用包括多少项内容，其原则是一致的，包括的内容越多，指标就越保守。

该指标必须超过1，而且越高越好，分析时，可以采用前后期对比的方式，考察其变动情况，也可以同其他同行业企业进行比较，或与同行业的平均水平进行比较，以了解企业偿债能力的保证程度如何。该指标没有一个固定的判断标准，可根据企业的实际情况来掌握，评价时还应结合其他指标进行。

(三) 现金流量对长期偿债能力影响的分析

运用现金流量指标，可以比较真实地反映出企业的偿债能力，将现金流量与负债相比较，用来评价企业的长期偿债能力，主要指标有到期债务本息偿付比率、强制性现金支付比率、现金债务总额比率、利息现金流量保证倍数。

1. 到期债务本息偿付比率的计算与分析

到期债务本息偿付比率用来衡量企业到期债务本金及利息可由经营活动创造的现金

来支付的程度。其计算公式如下：

$$到期债务本息偿付比率 = \frac{经营现金流量净额}{本期到期债务本息}$$

经营活动现金流量净额是企业最稳定、经常性的现金来源，是清偿债务的基本保证。如果这一比率小于1，说明企业经营活动产生的现金不足以偿付到期债务和利息支出，企业必须通过其他渠道筹资或通过出售资产才能清偿债务。这一指标数值越大，表明企业长期偿债能力越强。

2. 现金债务总额比率的计算与分析

现金债务总额比率是指经营活动现金流量净额与期初、期末负债平均余额的比率，用来衡量企业的负债总额用经营活动所产生的现金来支付的程度。其计算公式如下：

$$现金债务总额比率 = \frac{经营活动现金流量净额}{负债平均余额}$$

企业真正能用于偿还债务的是现金流量，通过现金流量和债务的比较可以更好地反映企业的偿债能力。现金债务总额比率能够反映企业生产经营活动产生的现金流量净额偿还长短期债务的能力。该比率越高，表明企业偿还债务的能力越强。

3. 利息现金流量保证倍数的计算与分析

利息现金流量保障倍数是指企业生产经营净现金流量与利息费用的比率。该指标反映生产经营活动产生的现金流量净额是利息费用的多少倍。其计算公式如下：

$$利息现金流量保证倍数 = \frac{经营活动现金流量净额}{利息费用}$$

利息现金流量保证倍数比利息保证倍数更能反映企业的偿债能力。当企业息税前利润和经营活动净现金流量变动基本一致时，这两个指标的结果相似。但如果企业正处于高速成长期，息税前利润和经营活动净现金流量相差很大时，使用利息现金流量保证倍数指标更稳健、更保守。

本 章 小 结

偿债能力是指企业偿还各种债务的能力。偿债能力是企业经营、投资人、债权人等都十分关心的重要问题。站在不同的角度，分析目的有所区别。偿债能力分析主要包括以下两方面内容，一方面是短期偿债能力分析，另一方面是长期偿债能力分析。

短期偿债能力一般也称为支付能力，主要是通过流动资产的变现，来偿还到期的短期债务。企业短期偿债能力可以从两个方面进行分析评价，一是根据资产负债表进行静态分析评价;二是根据现金流量表和其他有关资料进行动态分析评价。从静态方面最能反映企业短期偿债能力的流动性比率,是根据资产负债表信息建立在对企业流动资产和流动负债关系的分析之上的,主要包括营运资本、流动比率、速动比率和现金比率;从动态方面反映企业短期偿债能力的指标是建立在现金流量表和对经营中现金流量的分析基础之上的,主要有现金流量比率、近期支付能力系数、速动资产够用天数和现金到期债务比率。

长期偿债能力是指企业偿还非流动负债的能力。长期偿债能力分析内容包括三个方面:一是从资产规模对长期偿债能力影响进行分析。由这种对比关系中反映出来的企业长期偿债能力的指标主要有资产负债率、股东权益比率、产权比率、固定资产适合率和资产非流动负债率。二是从盈利能力对长期偿债能力影响进行分析。从盈利能力角度分析,评价企业长期偿债能力的指标主要有销售利息比率、利息保证倍数、债务本息保证倍数和固定费用保证倍数。三是从现金流量对长期偿债能力影响进行分析。通过经营现金净流量与负债或利息费用进行对比从而反映长期偿债能力,指标主要有到期债务本息偿付比率、现金债务总额比率、利息现金流量保证倍数。

案 例 分 析

"长城影视"股价因何暴跌

浙江长城影视传媒(集团)公司(以下简称"公司")是全国最大的社会影视传媒机构之一,下辖北京长城天马影视、北京长城环宇影视、浙江长城影视、杭州长城影视等多家机构。年产电视纪录片 2 000 集,年产电视剧 100 多(部)集,年代理中央电视台、地方卫视及电视媒体等各类广告 5 000 多万元。公司生产的电视剧《红日》《东方红》《最高特赦》《旗袍》等史诗大片在全国影响巨大。公司拍摄的电视连续剧《大明王朝惊变录》《明末风云》《大明天子》《中国母亲》以及《开国英雄》《共和国之最》等大型电视纪录片多次荣获全国"五个一"工程奖、中国电视飞天一等奖、中国电视金鹰奖等全国性各类大奖。

然而,就是这么一家上市公司在 2019 年 4 月股价从此前的 31 元跌至 5 元,跌幅高达 80%。从公司的公开资料可以看到,2019 年 4 月,公司的市值缩水到只有 28 亿元,和此前百亿市值相差甚远,而公司的注册资金也高达 5 亿元,那么公司股价下跌的原因是什么呢?

毫无疑问,是债务危机。根据公司 2019 年最新一期审计过后的财报显示,公司现在的货币现金只剩下 8 300 万元左右,但是公司的短期有息负债却高达 8 亿元。而公司的短期有息负债分为两个部分,第一个部分是公司的短期借款,公司的短期借款金额达到了

6.1 亿元，第二个部分则是一年内到期的非流动负债，高达 1.81 亿元。而这一年内到期的非流动负债主要是此前的非流动负债到期以后转到了流动负债当中所形成的，这也是即将要支付的负债之一，这两个负债合计高达 8 亿元。

以目前公司的资产情况来看，很难应付短期即将到期的有利息的负债的，虽然公司的流动资产合计高达 17 亿元左右，但是公司的流动负债却高达 25 亿，也就是说，公司的流动资产只有流动负债的 68％。这也是公司出现债务危机的根本性原因，而且 13.7 亿元的其他应付款也要支付，所以公司目前的情况不太乐观。况且，公司已经出现了债务逾期的情况。

在 2019 年 3 月的时候，公司发布了一则"关于部分债务逾期"的公告，根据公告里的内容显示，公司债务逾期的金额高达 1 个亿以上，而逾期的债务主要是以银行贷款为主。

有意思的是，公司此前公布了 2018 年业绩快报，而快报里显示，公司 2018 年全年营业收入高达 15 亿元，同比增加了 20％，但是公司的净利润却同比下降了 309％，亏损的金额高达 3.54 亿元。公司出现增收不增利的情况很明显，但是什么原因使得公司出现这种情况的？而且公司 2018 年第三季度的时候，净利润还盈利 1 亿元，怎么仅仅过去一个季度的时间，公司就亏损了 3 亿元呢？

实际上，出现这种情况的根本性原因是公司对其他的资产进行了减值，通过公开资料可以看到的是，公司对此前收购过来的几家子公司的商誉进行减值，而减值原因则是这几家子公司的业绩并没有达标。但是公司的快报当中并没有显示这一次减值的金额是多少，不过从公司亏损的金额来看的话，减值的额度必然不会低，而且公司现在的商誉高达 13.4 亿元，占到了公司总市值比例的 48％左右，商誉过高，自然存在减值的可能性。

而且值得注意的是，公司的总资产高达 38 亿元，单单是商誉就占到了公司总资产份额的 35％，如果剔除了公司商誉，那么公司的总资产恐怕只有 25 亿元左右，而公司的总负债却高达 27.9 亿元，这么一来，公司的负债就高于公司的资产了，这也是公司出现债务危机的原因之一。

而且，公司现在的负债率高达 72.96％，公司的商誉一旦进行了计提，那么相应的公司资产就会出现减少，届时，公司的负债率会进一步地得到提升，这也是公司存在的潜在问题。

也正是因为公司出现了债务危机，同时公司 2018 年亏损过大，才导致公司的股票价格跌至 5 元，跌幅高达 80％左右，市值也缩水到只有 28 亿元，同时公司股东部分的股权也被法院冻结。

案例思考题：
结合本案例阐述企业进行偿债能力分析的意义和作用。

练 习 题

一、单项选择题

1. 影响企业短期偿债能力的最根本的原因是( )。

A. 企业的资产结构

B. 企业的融资能力

C. 企业的经营业绩

D. 企业的权益结构

2. 如果流动比率大于1,则下列结论成立的是( )。

A. 速动比率大于1

B. 现金比率大于1

C. 营运资金大于0

D. 短期偿债能力绝对有保障

3. 在企业速动比率是0.8的情况下,会引起该比率提高的经济业务是( )。

A. 开出短期票据借款

B. 赊购商品

C. 收回应收账款

D. 银行提取现金

4. 某企业年初流动比率为2.2,速动比率为1;年末流动比率为2.4,速动比率为0.9。发生这种情况的原因可能是( )。

A. 预收款项增加

B. 应收账款增加

C. 应付账款增加

D. 存货增加

5. 运用资产负债表可计算的比率是( )。

A. 应收账款周转率

B. 总资产报酬率

C. 利息保障倍数

D. 现金比率

二、多项选择题

1. 下列项目中,属于速动资产的有( )。

A. 现金　　　　B. 应收账款　　　C. 其他应收款　　　D. 固定资产

E. 存货

2. 下列各项指标中,反映短期偿债能力的指标有( )。

A. 流动比率　　　B. 资产负债率　　　C. 速动比率　　　D. 股东权益比率

E. 产权比率

3. 企业采取备抵法核算坏账损失,如果实际发生一笔坏账,冲销应收账款,则会引起( )。

A. 流动比率提高

B. 流动比率降低

C. 流动比率不变

D. 速动比率不变

E. 营运资金不变

4. 某企业流动比率为2,以下业务中,会使该比率下降的有( )。

A. 收回应收账款

B. 赊购商品与材料

C. 偿还应付账款 　　　　　　　　D. 从银行取得短期借款已入账

E. 赊销商品

5. 下列指标中,反映短期偿债能力的动态指标有(　　　)。

A. 近期支付能力系数 　　　　　　B. 流动比率

C. 现金比率 　　　　　　　　　　D. 期末支付能力系数

E. 现金比率

三、判断题

1. 对债权人而言,企业的资产负债率越高越好。　　　　　　　　　　(　)

2. 对任何企业而言,速动比率应该大于1才是正常的。　　　　　　(　)

3. 流动比率越高,表明企业资产运用效果越好。　　　　　　　　　(　)

4. 资产负债率越高,财务杠杆利益就越大。　　　　　　　　　　　(　)

5. 从稳健角度出发,现金比率用于衡量企业偿债能力最为保险。　(　)

四、计算题

1. 某企业年末流动负债120万元,速动比率2.5,流动比率3.0,销货成本150万元。已知年初和年末的存货相同。

要求:计算该企业的存货周转率。

2. 某企业的流动负债为200万元,流动资产为450万元,其中,应收票据为100万元,存货为90万元,待摊费用为2万元,预付账款为7万元,应收账款为200万元(坏账损失率为5‰)。

要求:计算该企业的流动比率和速动比率。

3. 某公司年末资产负债表简略形式如表7-2所示。

表7-2　资产负债表　　　　　　　　　　　　　　　单位:元

资产	期末金额	权益	期末金额
货币资金	50 000	应付账款	
应收账款净额		应交税金	50 000
存货		长期负债	
固定资产净值	588 000	实收资本	600 000
		未分配利润	
总计	864 000	总计	

已知该公司期末流动比率为1.5,期末资产负债率为50%;本期存货周转次数为4.5次,本期销售成本为630 000元,期末存货等于期初存货。

要求:根据上述资料,计算并填列表7-2的空项。

4. ABC公司2019年会计报表有关数据如下。

(1)利润表有关数据:销售收入净额为90 000元;现销收入为10 000元;利息费用为

4 500 元;产品销售成本为 41 130 元;利润总额为 18 800 元;净利润为 6 204 元。

（2）ABC 公司 2019 年资产负债表如表 7-3 所示。

表 7-3 资产负债表 单位:元

资　　产	年初金额	年末金额	负债和所有者权益	年初金额	年末金额
流动资产:			流动负债		
货币资金	12 500	3 750	短期借款	9 162.5	15 725
			应付账款	5 000	10 525
应收款项净额	21 250	18 750	流动负债合计	14 162.5	26 250
存货	1 612.5	18 750	长期负债	15 000	18 750
流动资产合计	35 362.5	41 250	所有者权益		
			实收资本	11 250	11 250
固定资产净值	41 000	41 250	资本公积	13 500	13 625
			盈余公积	6 450	6 475
			未分配利润	6 000	6 150
			所有者权益合计	37 200	37 500
资产总计	66 362.5	82 500	负债与所有者权益	66 362.5	82 500

要求:根据上述资料,计算 ABC 公司 2019 年下列动态和静态指标:

（1）流动比率。

（2）速动比率。

（3）现金比率。

（4）应收账款周转次数。

（5）存货周转天数。

（6）资产负债率。

（7）净资产负债率。

（8）有形净资产负债率。

（9）长期负债率。

（10）利息保障倍数。

五、思考题

1. 试述偿债能力分析的目的与内容。

2. 流动比率与速动比率的优点与不足是什么?

3. 如何将偿债能力的静态指标与动态指标相结合进行分析与评价?

4. 试述资产负债率与权益乘数之间的关系。

5. 资产规模如何影响长期偿债能力?

第八章　盈利能力分析

第一节　盈利能力分析的目的与内容

一、盈利能力分析的内涵

　　盈利能力通常是指企业在一定时期内赚取利润的能力。一般表现为一定时期内利润
额的大小和利润率的高低。利润额是一个绝对数指标,受到企业规模或投资总量的影响
较大,盈利能力通常指对企业利润率相对数的分析。因此可以说,盈利能力的大小是一个
相对的概念,即利润与一定的资源投入或一定的收入相比较而获得的一个相对的概念。
利润率越高,盈利能力越强;利润率越低,盈利能力越差。企业经营业绩的好坏最终可通
过企业的盈利能力来反映。

　　盈利能力分析是指通过一定的分析方法,判断企业获取利润的能力,包括企业在一定
会计期间内从事生产经营活动的盈利能力的分析和企业在较长时期内稳定地获取利润的
能力。在企业的财务分析体系中,盈利能力分析是核心,盈利能力分析能够用以了解、认
识和评价一个企业的经营业绩、管理水平,预测和衡量企业是否具有活力和发展前途。企
业从事生产经营活动,其根本目的就是能持续地、稳定地取得数量可观的利润。

二、盈利能力分析的目的

企业的盈利能力分析无论对于企业的股东（投资者）、债权人、政府相关部门，还是对于衡量企业经理人员和企业职工的工作效率都是至关重要的。企业盈利能力分析是企业利益相关各方了解企业、认识企业的重要手段。由于会计报表的不同使用者进行会计报表分析的出发点不同，盈利能力分析对于不同的财务分析主体具有不同的作用，则盈利能力分析的目的也会有所差别。

对于企业经理人员来说，进行企业盈利能力分析的目的具体表现在以下两个方面：

（1）利用盈利能力的有关指标反映和衡量企业经营业绩。企业经理人员的根本任务，就是通过自己的努力使企业赚取更多的利润。各项收益数据反映着企业的盈利能力，也表现了经理人员工作业绩的大小。用已实现的盈利能力指标与经验数据、基期数据、同行业平均数据，以及其他企业数据相比较，可以衡量经理人员工作业绩的优劣。

（2）通过盈利能力分析发现经营管理中存在的问题。盈利能力是企业各个环节经营活动的具体表现，企业经营的好坏，都会通过盈利能力表现出来。通过对盈利能力的深入分析，可以发现经营管理中的重大问题，进而采取措施解决问题，提高企业收益水平。

对于债权人来讲，利润是企业偿债的重要来源，特别是对长期债务而言。盈利能力的强弱直接影响企业的偿债能力。企业举债时，债权人势必审查企业的偿债能力，而偿债能力的强弱最终取决于企业的盈利能力。因此，分析企业的盈利能力对债权人也是非常重要的。

对于股东（投资者）而言，企业盈利能力的强弱更是至关重要的。在市场经济下，股东往往会认为企业的盈利能力比财务状况、营运能力更重要。股东们的直接目的就是获得更多的利润，因为对于信用相同或相近的几个企业，人们总是将资金投向盈利能力较强的企业。股东们关心企业赚取利润的多少并重视对利润率的分析，是因为他们的股息与企业的盈利能力是紧密相关的；此外，企业盈利能力增加还会使股票价格上升，从而使股东们获得资本收益。

三、经营方式与盈利能力

企业经营方式是盈利能力分析的基础。按照经营方式划分，企业可以分为资本经营、资产经营和商品经营三种类型。不同层次、不同性质的企业经营方式不同，进行盈利能力分析的目的不同，反映企业盈利能力的指标形式也会有所不同。

（一）资本经营的内涵

资本是企业为购置从事生产经营活动所需的资产的资金来源，是投资者对企业的投入，出现在资产负债表的右侧，它为债务资本和权益资本。一般我们将能够在较长时期内稳定提供给企业运用的资金来源视为资本,所以我们这里的资本只包括长期债务资本和权益资本。所谓资本经营型,其特点是围绕资本保值增值进行经营管理,把资本收益作为管理的核心,资产经营、商品经营和产品经营都服从于资本经营目标。资本经营是与资本经营型的企业经营方式紧密相连的。资本经营型企业的管理目标是资本保值与增值或追求资本盈利能力最大化。因此,资本经营的内涵是指企业以资本为基础,通过优化配置来提高资本经营效益的经营活动,其活动领域包括资本流动、收购、重组、参股和控股等能实现资本增值的领域,从而使企业以一定的资本投入,取得尽可能多的资本收益。

(二) 资产经营的内涵

资产是企业拥有或控制的能够带来未来经济利益的经济资源,企业从事生产经营活动,必须具备一定的资产,企业在一定时期内占用和耗费的资产越少,获取的利润越大,资产的盈利能力越强,经济效益越好。所谓资产经营型,其基本特点是把资产作为企业资源投入,并围绕资产的配置、重组、使用等进行管理。在资产经营情况下,产品经营或商品经营要以资产经营为基础,即围绕资产经营进行商品经营和产品经营。资产经营是与资产经营型的企业经营方式紧密相连的。资产经营型企业的管理目标是追求资产的增值和资产盈利能力的最大化。因此,资产经营的基本内涵是合理配置与使用资产,以一定的资产投入,取得尽可能多的收益。

(三) 商品经营的内涵

在企业利润的形成中,商品经营形成的商品销售利润是主要来源,商品销售利润的高低,直接反映了企业生产经营状况和经济效益的好坏。商品经营是与生产经营型的企业经营方式紧密相连的。所谓生产经营型,其基本的特点是围绕产品生产进行经营管理,包括供应、生产和销售各个环节的管理及相应的筹资与投资管理。生产经营型企业管理的目标是追求供产销的衔接及商品的盈利性。因此,商品经营的基本内涵是企业以市场为导向,组织供产销活动,以一定的人力、物力消耗生产与销售尽可能多的社会需要的商品。

四、盈利能力分析的内容

盈利能力分析是企业财务分析的重点。财务结构分析、偿债能力分析等分析工作的根本目的是通过分析及时发现问题,改善企业财务结构,提高企业偿债能力、经营能力,最终提高企业的盈利能力,促进企业持续稳定发展。对企业盈利能力的分析主要指对利润率的分析。因为尽管利润额的分析可以说明企业财务成果的增减变动状况及其原因,为改善企业经营管理指明方向,但是,由于利润额受企业规模或投入总量的影响较大,一方面使不同规模的企业之间不便于对比;另一方面它也不能准确地反映企业的盈利能力和盈利水平。因此,仅进行利润额分析一般不能满足各个方面对财务信息的要求,还必须对利润率进行分析。

在这里,我们对企业盈利能力的分析将按照前文所划分的资本经营、资产经营与商品经营的角度,分别从这几个方面进行分析。同时,由于上市公司因为股权流通、股票价格公开等因素,而具有一些特殊的指标,因而还应对上市公司的盈利能力指标进行分析。

(一)资本经营盈利能力分析

资本经营盈利能力分析主要对净资产收益率指标进行分析与评价。进一步探讨对净资产收益率产生影响的指标,主要有总资产报酬率、负债利息率、企业资本结构和所得税税率等。

(二)资产经营盈利能力分析

资产经营盈利能力分析主要对总资产报酬率指标进行分析和评价。进一步探讨对总资产报酬率产生影响的指标,主要有总资产周转率和销售息税前利润率。

(三)商品经营盈利能力分析

商品经营盈利能力分析,即利用利润表资料进行利润率分析,包括收入利润率分析和成本利润率分析两个方面内容。

(四)上市公司盈利能力分析

上市公司盈利能力分析主要是对每股收益指标、普通股权益报酬率指标、股利发放率指标以及价格与收益比率指标、托宾 Q 指标、现金分配率指标以及每股经营现金流量等进行分析。

第二节　资本经营盈利能力分析

一、资本经营盈利能力内涵与指标

资本经营盈利能力是指企业的所有者通过投入资本经营而取得利润的能力。反映资本经营盈利能力的基本指标是净资产收益率,即企业本期净利润与净资产的比率,其计算公式如下:

$$净资产收益率 = \frac{净利润}{平均净资产} \times 100\%$$

上式中,净利润是指企业当期税后利润;净资产是指企业资产减去负债后的余额,包括实收资本、资本公积、盈余公积和未分配利润等,也就是资产负债表中的所有者权益部分。对于平均净资产,一般取期初与期末的平均值,但是,如果要通过该指标观察分配能力,则取年度末的净资产更为恰当。

净资产收益率是反映盈利能力的核心指标。因为企业的根本目标是所有者权益或股东价值最大化,而净资产收益率既可直接反映资本的增值能力,又影响着企业股东价值的大小。该指标越高,反映企业盈利能力越好。评价标准通常包括社会平均利润率、行业平均利润率或资本成本率等。

二、影响资本经营盈利能力的因素

1. 总资产报酬率

净资产是企业全部资产的一部分,因此,净资产收益率必然受企业总资产报酬率的影响。在负债利息率和资本构成等条件不变的情况下,总资产报酬率越高,净资产收益率就越高。

2. 负债利息率

负债利息率之所以影响净资产收益率,是因为在资本结构一定的情况下,当负债率变动使总资产报酬率高于负债利息率时,将对净资产收益率产生有利影响;反之,在总资产报酬率低于负债利息率时,将对净资产收益率产生不利影响。

3. 资本结构或负债与所有者权益之比

当总资产报酬率高于负债利息率时,提高负债与所有者权益之比,将使净资产收益率提高;反之降低负债与所有者权益之比,将使净资产收益率降低。

4. 所得税税率

因为净资产收益率的分子是净利润即税后利润,因此,所得税税率的变动必然引起净资产收益率的变动。通常,所得税税率提高,净资产收益率下降;反之,净资产收益率上升。

净资产收益率与各影响因素之间的关系如下:

$$净资产收益率 = \left[总资产报酬率 + (总资产报酬率 - 负债利息率) \times \frac{负债}{净资产} \right] \times (1 - 所得税税率)$$

三、资本经营盈利能力因素分析

明确了净资产收益率与其影响因素之间的关系,运用连环替代法或差额计算法,可分析各个因素变动对净资产收益率的影响。

下面以表 3-1、表 4-1 的资料及其附表和会计注释资料为基础,进行整理后得出 ABC 公司资本经营能力因素有关分析信息,如表 8-1 所示。

表 8-1　ABC 公司资本经营能力因素分析表　　　　　单位:万元

项目	2019 年	2018 年	差异
平均总资产	1 930 062	1 403 330	526 732
平均净资产	535 788	386 972	148 816

(续表)

项目	2019 年	2018 年	差异
负债	1 398 278	1 020 362	377 916
负债/平均净资产	2.60	2.66	—
利息支出①	69 336	27 096	42 240
负债利息率②	4.97%	2.66%	—
利润总额	106 076	55 308	50 768
息税前利润	175 412	82 404	93 008
净利润	72 696	40 260	32 436
所得税率③	31.47%	27.20%	—
总资产报酬率	9.09%	5.87%	4.27%
净资产收益率	13.57%	10.49%	—

注:① 利息支出按照财务费用计算。

② 负债利息率=利息支出÷负债。

③ 所得税税率分别根据 2018 年和 2019 年分解后的净资产收益率公式倒推得出。由于其中涉及递延税款等问题,所得税税率不能确保为 25%。本部分内容以掌握方法为目的,故税率采用倒推数值。

根据表 8-1 的资料对 ABC 公司的资本经营盈利能力进行分析如下:

$$分析对象 = 13.57\% - 10.49\% = 3.08\%$$

连环替代分析:

2018 年:

$$[5.87\% + (5.87\% - 2.66\%) \times 2.66\%] \times (1 - 27.20\%) = 10.49\%$$

第一次替代(总资产报酬率):

$$[9.09\% + (9.09\% - 2.66\%) \times 2.66\%] \times (1 - 27.20\%) = 19.07\%$$

第二次替代(负债利息率):

$$[9.09\% + (9.09\% - 4.97\%) \times 2.66\%] \times (1 - 27.20\%) = 14.60\%$$

第三次替代(杠杆比率):

$$[9.09\% + (9.09\% - 4.97\%) \times 2.60\%] \times (1 - 27.20\%) = 14.42\%$$

2019 年:

$$[9.09\% + (9.09\% - 4.97\%) \times 2.66\%] \times (1 - 31.47\%) = 13.57\%$$

总资产报酬率变动的影响为:

$$19.07\% - 10.49\% = 8.58\%$$

利息率变动的影响为：

$$14.60\% - 19.07\% = -4.47\%$$

资本结构变动的影响为：

$$14.42\% - 14.60\% = -0.18\%$$

税率变动的影响为：

$$13.57\% - 14.42\% = -0.85\%$$

最后检验结果：

$$8.58\% - 4.47\% - 0.18\% - 0.85\% = 3.08\%$$

从以上计算结果可以看到，ABC 公司 2019 年净资产收益率比 2018 年净资产收益率提高 3.08%，主要是由于总资产报酬率提高，总资产报酬率的贡献为 8.58%；企业负债筹资成本上升对净资产收益率带来的是负面影响，它使得净资产收益率降低了 4.47%；负债与净资产比率的下降使得净资产收益率下降了 0.18%；所得税税率的提高使得净资产收益率下降了 0.80%。

负债经营对企业而言是一把"双刃剑"，如果盈利，那么其成果由所有投资者分享；但如果亏损，也必须由所有投资者共同承担，因此也给企业带来了一定的财务风险。在总资产报酬率超出利息率的情况下，负债总额与净资产之比越大，则净资产收益率越大；反之，如果总资产报酬率低于负债利息率，负债总额与净资产之比越大，则净资产收益率越小。可见，企业经营管理者要向提高净资产收益率，一方面需要资产盈利能力，另一方面要把握负债经营程度。

四、现金流量指标对资本经营盈利能力的补充

我们前文所述的盈利能力分析主要是以资产负债表、利润表为基础，是在权责发生制基础上对企业在一定时期内获取利润能力的一种评价结果。而在盈利能力评价的水准上，以收付实现制为计算基础，以现金流量表所列示的各项财务数据为基本依据，通过一系列现金流量指标的计算，对企业盈利能力可以做到进一步的修复与检验。通过现金流量指标的计算来修正和补充盈利能力指标，更有利于对企业盈利状况进行多视角、全方位综合分析，从而反映企业获取的利润品质。

对资本经营盈利能力发挥补充作用的现金流量指标主要有净资产现金回收率和盈利现金比率。

净资产现金回收率是经营活动净现金流量与平均净资产之间的比率。该指标是对净资产收益率的有效补充，对那些提前确认收益，而长期未收现的公司，可以用净资产现金回收率与净资产收益率进行对比，从而可以补充观察净资产收益率的盈利质量。一般情

况下,净资产现金回收率越大越好。其计算公式如下:

$$净资产现金回收率 = \frac{经营活动净现金流量}{平均净资产}$$

盈利现金比率,也称盈余现金保障倍数,这一比率反映公司本期经营活动产生的现金净流量与净利润之间的比率关系。

$$盈利现金比率 = \frac{经营活动净现金流量}{净利润}$$

一般情况下,盈利现金比率越大,公司盈利质量就越高。如果该比率小于1,说明本期净利润中存在尚未实现的现金收入。在这种情况下,即使公司盈利,也可能发生现金短缺。诚然,应收账款的增加,可能有以下三个方面原因:①为了扩大市场份额而导致赊销增加;②公司规模扩大(资产增加)而带来的应收账款增加;③盈余管理促成虚列收入,应收账款增加。第①种原因可以借助于指标——销售商品提供劳务收到的现金/经营活动现金流入量,若该指标持续上升,应收账款的增加尚属正常;第②种原因可以借助于指标——(期末总资产-期末应收账款)/(期初总资产-期初应收账款),若该指标上升,说明公司规模壮大,债权资产增加也属正常;若非前两种原因,则公司有利用应收账款操纵利润之嫌。

在进行盈利质量分析时,仅仅靠一年的数据未必能说明问题,需要进行连续的盈利现金比率的比较,若企业盈利现金比率一直小于1甚至为负数,则企业盈利质量相当低下,严重时会导致公司破产。

第三节　资产经营盈利能力分析

一、资产经营盈利能力内涵与指标

资产经营盈利能力是指企业运营资产而产生利润的能力。反映资产经营盈利能力的指标是总资产报酬率,即息税前利润与平均总资产之间的比率。运用资产负债表和利润表的资料,可计算总资产报酬率,其计算公式如下:

$$总资产报酬率 = \frac{利润总额 + 利息支出}{平均总资产} \times 100\%$$

$$平均总资产 = (期初资产总额 + 期末资产总额) \div 2$$

为什么计算总资产报酬率指标包括利息支出?因为,既然采用全部资产,从利润中没有扣除自己资本的等价报酬——红利,那么,同样也不能扣除借入资本的等价报酬——利息。何况从企业对社会的贡献来看,利息与利润具有同样的经济意义。

总资产报酬率高,说明企业资产的运用效率好,也意味着企业的资产盈利能力强,所以,这个比率越高越好。评价总资产报酬率时,需要与企业前期的比率、同行业其他企业的这一比率等进行比较,并进一步找出影响该指标的不利因素,以利于企业加强经营管理。

二、影响资产经营盈利能力的因素

根据总资产报酬率指标的经济内容,可将其做如下分解:

$$总资产报酬率 = \frac{营业收入}{平均总资产} \times \frac{利润总额 + 利息支出}{营业收入} \times 100\%$$

$$= 总资产周转率 \times 销售息税前利润率 \times 100\%$$

可见,影响总资产报酬率的因素有两个:一是总资产的周转率,该指标作为反映企业资本运营能力的指标,可用于说明企业资产的运用效率,是企业资产经营效果的直接体现;二是销售息税前利润率,该指标反映了企业商品生产经营的盈利能力,产品盈利能力越强,销售利润率越高。可见资产经营盈利能力受商品经营盈利能力和资产运营效率两个方面影响。

三、资产经营盈利能力因素分析

在上述总资产报酬率因素分解式的基础上,运用连环替代法或差额计算法可以分析总资产周转率和销售息税前利润率变动对总资产报酬率的影响。

仍以 ABC 公司有关资料为例,计算有关指标如表 8-2 所示。

表 8-2　ABC 公司资产经营盈利能力因素分析表　　　单位:万元

项目	2019 年	2018 年	差异
营业收入	607 452	266 432	341 020
利润总额	106 076	55 308	50 768
利息支出	69 336	27 096	42 240
息税前利润	175 412	82 404	93 008
总资产平均额	1 930 062	1 403 330	526 732
总资产周转率	0.315	0.190	0.125
销售息税前利润率	28.88%	30.93%	−2.05%
总资产报酬率	9.09%	5.87%	3.22%

根据表 8-2 中的资料,可分析确定总资产周转率和销售息税前利润率变动对总资产报酬率的影响。

分析对象＝9.09％－5.87％＝3.22％

因素分析：

$$总资产周转率变动的影响＝(0.315-0.190)×30.93％＝3.87％$$

$$销售息税前利润率的影响＝(28.88％-30.93％)×0.315＝-0.65％$$

$$总影响＝3.87％-0.65％＝3.22％$$

分析结果表明,该企业本年全部资产报酬率比上年提高了 3.22％,是由于总资产周转率提高的影响,它使总资产报酬率提高了 3.87％;而销售息税前利润率降低却使总资产报酬率降低了 0.65％,否则,总资产报酬率会有更大提高。由此可见,要提高企业的总资产报酬率,增强企业的盈利能力,就要从提高企业的总资产周转率和销售息税前利润率两个方面努力。

四、现金流量指标对资产经营盈利能力的补充

对资产经营盈利能力发挥补充作用的现金流量指标主要是全部资产现金回收率。

全部资产现金回收率是指经营活动产生的净现金流量与平均总资产之间的比率。该指标可以作为对总资产报酬率的补充,反映企业利用资产获取现金的能力,可以衡量企业资产获现能力的强弱。其计算公式如下：

$$全部资产现金回收率 = \frac{经营活动净现金流量}{平均总资产} × 100％$$

第四节 商品经营盈利能力分析

一、商品经营盈利能力内涵与指标

商品经营是相对资产经营和资本经营而言的。商品经营盈利能力不考虑企业的筹资或投资问题,只研究利润与收入或成本之间的比率关系。因此,反映商品经营盈利能力的指标可分为两类:一类是各种利润额与收入之间的比率,统称为收入利润率;另一类是各种利润额与成本之间的比率,统称为成本利润率。

二、收入利润率分析

反映收入利润率的指标主要有营业收入利润率、营业收入毛利率、总收入利润率、销售净利润率、销售息税前利润率等。不同的收入利润率,其内涵不同,揭示的收入与利润关系不同,在分析评价中的作用也不同。

(1) 营业收入利润率。营业收入利润率是指营业利润与营业收入之间的比率。

(2) 营业收入毛利率。营业收入毛利率是指营业收入与营业成本的差额与营业收入

之间的比率。

（3）总收入利润率。总收入利润率是指利润总额与企业总收入之间的比率,企业总收入包括营业收入、投资净收益和营业外收入。

（4）销售净利率。销售净利率是指净利润与营业收入之间的比率。

（5）销售息税前利润率。销售息税前利润率是指息税前利润额与企业营业收入之间的比率,息税前利润指利润总额与利息支出之和。

收入利润率指标是正指标,指标值越高越好。分析时应根据分析的目的与要求,确定适当的标准值,如可用行业平均值、全国平均值、企业目标值等。

下面根据表4-1的利润表及其附表资料,结合上述企业收入利润率计算公式,ABC公司2019年的收入利润率及与2018年对比的变动情况,如表8-3所示。

表8-3　ABC公司收入利润率计算分析表　　　　　　单位:万元

项目	2019年	2018年	差异
营业收入	607 452	266 432	——
营业成本	402 288	178 260	——
营业毛利	205 164	88 172	——
营业利润	102 416	53 936	——
利润总额	106 076	55 308	——
净利润	72 696	40 260	——
利息支出	69 336	27 096	——
总收入	625 372	277 276	——
营业收入利润率	16.85%	20.24%	−3.39%
营业收入毛利率	33.77%	33.09%	0.68%
总收入利润率	16.96%	19.95%	−2.99%
销售净利率	11.97%	15.11%	−3.14%
销售息税前利润率	28.88%	30.93%	−2.05%

从表8-3可以看出,ABC公司2019年比2018年的营业收入利润率、总收入利润率、销售净利率以及销售息税前利润率均有一定幅度下降,分别为3.39%、2.99%、3.14%和2.05%,而营业收入毛利率有小幅提高,上升了0.68%。这些表明,ABC公司盈利能力总体来说有所下降。但不是企业产品的原因,因为营业毛利率基本持平,比较平稳,说明企业产品市场需求及销售情况良好,营业获利能力较强。企业盈利能力的降低主要是营业税金及附加大幅度增加以及期间费用的大幅度增加导致的。

三、成本利润率分析

反映成本利润率的指标有许多形式,其主要形式有:营业成本利润率、营业费用利润率、全部成本费用利润率等。

1. 营业成本利润率

营业成本利润率是指营业利润与营业成本之间的比率。其计算公式如下：

$$营业成本利润率 = \frac{营业利润}{营业成本} \times 100\%$$

2. 营业费用利润率

营业费用利润率是指营业利润与营业费用总额的比率。营业费用总额包括营业成本、营业税金及附加、期间费用和资产减值损失。期间费用包括销售费用、管理费用、财务费用等。其计算公式如下：

$$营业费用利润率 = \frac{营业利润}{营业费用} \times 100\%$$

3. 全部成本费用利润率

该指标可分为全部成本费用总利润率和全部成本费用净利润率两种形式。

（1）全部成本费用总利润率的计算公式如下：

$$全部成本费用总利润率 = \frac{利润总额}{营业费用 + 营业外支出} \times 100\%$$

（2）全部成本费用净利润率的计算公式如下：

$$全部成本费用净利润率 = \frac{净利润}{营业费用 + 营业外支出} \times 100\%$$

以上各种利润率指标反映企业投入产出水平，即所得与所费的比率，体现了增加利润是以降低成本及费用为基础的。这些指标的数值越高，表明生产和销售产品的每1元成本及费用取得的利润越多，劳动耗费的效益越高；反之，则说明每耗费1元成本及费用实现的利润越少，劳动耗费的效益越低。所以，成本利润率是综合反映企业成本效益的重要指标。

成本利润率也是正指标，即指标值越高越好。分析评价时，可将各指标实际值与标准值进行对比。标准值可根据分析的目的与管理要求确定。

根据表4-1的利润表资料并结合上述企业成本利润率计算公式，可计算与分析ABC公司成本利润率，如表8-4所示。

表8-4　ABC公司成本利润率计算分析表　　　　单位：万元

项目	2019年	2018年	差异
营业成本	402 288	178 260	—
营业费用	518 908	221 588	—

(续表)

项目	2019 年	2018 年	差异
营业外支出	444	396	—
营业利润	102 416	53 936	—
利润总额	106 076	55 308	—
净利润	72 696	40 260	—
营业成本利润率	25.46%	30.26%	−4.80%
营业费用利润率	19.74%	24.34%	−4.60%
全部成本费用总利润率	20.42%	24.92%	−4.50%
全部成本费用净利润率	14.00%	18.14%	−4.14%

从表 8-4 可以看出,该企业 2019 年与 2018 年相比,营业成本利润率、营业费用利润率、全部成本费用总利润率和全部成本费用净利润率都有一定幅度的降低,分别为 4.80%、4.60%、4.50% 和 4.14%。这进一步说明了企业盈利能力有所下降的状况。对成本利润率的进一步分析,也可以从各成本利润率之间的关系角度进行。

四、现金流量指标对商品经营盈利能力的补充

销售获现比率是对商品经营盈利能力的补充,反映企业通过销售获取现金的能力。销售获现比率是销售商品、提供劳务收到的现金与营业收入之比。其计算公式如下:

$$销售获现比率 = \frac{销售商品、提供劳务收到的现金}{营业收入}$$

使用该指标进行分析时,应注意当期收到的预收账款和收回前期的应收账款的影响。

第五节　上市公司盈利能力分析

随着股份制企业的增多和资本市场的完善,上市公司越来越多,由于上市公司自身特点所决定,其盈利能力除了可以通过一般企业盈利能力的指标分析外,还应进行一些特殊指标的分析,特别是一些与企业股票价格或市场价值相关的指标分析。如每股收益、普通股权益报酬率、股利发放率、价格与收益比率,以及每股经营现金流量等指标的分析。

一、每股收益分析

(一)每股收益的内涵与计算

每股收益的基本含义是指每股发行在外的普通股所能分摊到的净收益额。这一指标

与普通股股东的利益关系极大,他们往往根据它来进行投资决策。每股收益又分为基本每股收益与稀释每股收益。

1. 基本每股收益

基本每股收益是指归属于普通股股东的当期净利润与发行在外的普通股加权平均数之比。

$$基本每股收益 = \frac{净利润 - 优先股股息}{发行在外的普通股加权平均数(流通股数)}$$

由于优先股股东对股利的受领权优于普通股股东,因此在计算普通股股东所能享有的收益额时,应将优先股股利扣除。公式中分母采用加权平均数,是因为本期内发行在外的普通股股数只能在增加以后的这一段时期内产生权益,减少的普通股股数在减少以前的期间内仍产生收益,所以必须采用加权平均数,以正确反映本期内发行在外的股份数额。发行在外的普通股加权平均数按如下公式计算:

$$发行在外的普通股加权平均数 = 期初发行在外的普通股股数 + 当期新发行普通股股数 \times \frac{发行时间}{报告期时间} - 当期回购普通股股数 \times \frac{已回购时间}{报告期时间}$$

已发行时间、报告期时间和已回购时间一般按照天数计算;在不影响计算结果合理性的前提下,也可以采用简化的计算方法。

【例 8-1】 某企业 2019 年年初发行在外的普通股份共 200 万股,2019 年 7 月 1 日又增发了 80 万股,并且该年内未发行其他股票,亦无退股事项,则该年度普通股流通在外的平均数应为 240[200+(80×6÷12)]万股。

2. 稀释每股收益

稀释每股收益是指当企业存在稀释性潜在普通股时,应当分别调整归属于普通股股东的当期净利润和发行在外的普通股加权平均数,并据此计算稀释每股收益。

稀释性潜在普通股是指假设当期转换为普通股会减少每股收益的潜在普通股,如可转换公司债券、认股权证和股份期权。

(1)计算稀释每股收益时,对归属于普通股股东的当期净利润的调整,应当根据下列事项对归属于普通股股东的当期净利润进行调整:当期已确认为费用的稀释性潜在普通股的利息;稀释性潜在普通股转换时将产生的收益或费用。同时应当考虑相关的所得税影响。

(2)计算稀释每股收益时,对当期发行在外普通股的加权平均数的调整。调整后的股数应当为计算基本每股收益时普通股的加权平均数与假定稀释性潜在普通股转换为已发行普通股而增加的普通股股数的加权平均数之和。计算稀释性潜在普通股转换为已发行普通股而增加的普通股股数的加权平均数时,以前期间发行的稀释性潜在普通股,应当假设在当期期初转换;当期发行的稀释性潜在普通股,应当假设在发行日转换。

【例 8-2】 假设甲公司 2019 年 1 月 1 日发行 200 万份认股权证,行权价格为 7 元,
2019 年度净利润为 400 万元,发行在外普通股加权平均数为 1 000 万股,普通股平均市场
价格为 8 元,则:

$$基本每股收益=400\div 1\ 000=0.4(元)$$
$$调整增加的普通股股数=200-200\times 7\div 8=25(万股)$$
$$稀释的每股收益=400\div(1\ 000+25)=0.39(元)$$

【例 8-3】 假设乙公司 2019 年 1 月 1 日发行利率为 5％的可转换债券,面值为
1 200 万元,每 100 元债券可转换为 1 元面值普通股 90 股。2019 年乙公司净利润为
5 500 万元,2019 年发行在外的普通股加权平均数为 5 000 万股,所得税税率 25％,则:

$$基本每股收益=5\ 500\div 5\ 000=1.1(元)$$
$$净利润的增加=1\ 200\times 5\%\times(1-25\%)=45(万元)$$
$$普通股股数的增加=1\ 200\div 100\times 90=1\ 080(万股)$$
$$稀释的每股收益=(5\ 500+45)\div(5\ 000+1\ 080)=0.91(元)$$

根据表 4-1 及 ABC 公司会计报表及附注等资料,我们可以得到 ABC 公司的每股收
益信息,如表 8-5 所示。

表 8-5 ABC 公司每股收益计算分析表

项目	2019 年	2018 年	差异
净利润(万元)	72 696	40 260	—
优先股股息	0	0	—
发行在外的普通股加权平均股数(万股)	55 073	43 761	—
稀释效应——普通股加权平均股数	0	0	—
基本每股收益(元)	1.32	0.92	0.40
稀释每股收益(元)	1.32	0.92	0.40

通过表 8-5 中的信息可知,ABC 公司 2019 年度的每股收益比 2018 年度增长了 43％
以上,表明公司的盈利能力高于 2018 年。当然,在运用每股收益判断企业盈利能力强弱
时,应将几家不同企业或者同一企业不同时期的每股收益进行比较,才能得出正确的
结论。

(二) 每股收益因素分析

为了分析企业每股收益变动的原因,应确定影响每股收益的影响因素,并对各个因素
进行分析,测算各个因素的变动对每股收益的影响程度。以下以基本每股收益为例进行
分析。

依据每股收益的影响因素,对每股收益指标作如下分解:

$$每股收益 = \frac{净利润 - 优先股股息}{发行在外的普通股加权平均数(流通股数)}$$

$$= \frac{普通股权益}{流通股数} \times \frac{净利润 - 优先股股息}{普通股权益平均额}$$

$$= 每股账面价值 \times 普通股权益报酬率$$

从上面的公式中可知,每股收益主要取决于每股账面价值和普通股权益报酬率两个因素。每股账面价值,亦称每股净资产,是指股东权益总额减去优先股权益后的余额与发行在外的普通股平均股数的比值。该指标可帮助投资者了解每股的权益,并有助于潜在的投资者进行投资分析。从每股账面价值与每股收益的关系看,每股收益随每股账面价值的增加而增加,反之亦然。普通股权益报酬率是影响每股收益的另一个重要因素,它的变动会使每股收益发生相同方向的变化,对它的分析将在下一问题中讲述。

下面对 ABC 公司基本每股收益进行因素分析。ABC 公司 2018 年、2019 年有关资料如表 8-6 所示。

表 8-6　ABC 公司每股收益因素分析表　　　　　　　　　单位:万元

项目	2019 年	2018 年	差异
净利润	72 696	40 260	—
优先股股息	0	0	—
普通股权益平均额	535 788	482 820	—
普通股权益报酬率	13.57%	8.34%	5.23%
发行在外的普通股平均数(万股)	55 073	43 761	—
每股账面价值(元)	9.73	11.02	−0.33

根据 ABC 公司资料,2019 年度每股收益为:

$$72\,296 \div 55\,073 = 1.31\,(元)$$

2018 年度的每股收益为:

$$40\,260 \div 43\,761 = 0.92(元)$$

可见,2019 年度的每股收益比 2018 年度增加了 0.40 元,对增加的原因运用差额分析法分析如下:

(1) 每股账面价值变动对每股收益的影响:

$$(9.73 - 11.02) \times 8.34\% = -0.11(元)$$

(2) 普通股权益报酬率变动对每股收益的影响:

$$9.73 \times (13.57\% - 8.34\%) = 0.51(元)$$

计算结果表明,每股账面价值的变动使得每股收益降低了0.11元,普通股权益报酬率的变动使得每股收益增加了0.51元,两项因素共同作用使每股收益增加了0.40元。可见,企业盈利能力比2018年略有提高。

二、普通股权益报酬率分析

普通股权益报酬率是指净利润扣除应发放的优先股股利后的余额与普通股权益之比。其计算公式如下:

$$普通股权益报酬率 = \frac{净利润 - 优先股股息}{普通股权益平均数} \times 100\%$$

该指标从普通股股东的角度反映企业的盈利能力,指标值越高,说明盈利能力越强,普通股股东可得收益也越多。普通股权益报酬率应作为独立指标对企业盈利能力、投资收益水平进行分析。

从计算公式可知,普通股权益报酬率的变化受净利润、优先股股息和普通股权益平均额三个因素影响。一般情况下,优先股股息比较固定,因此应着重分析其他两个因素,尤其是在ABC公司中没有优先股股息,普通股权益报酬率的变化仅受净利润和普通股权益平均额的影响。

我们仍以表8-6的资料进行分析,根据所给资料,2018年度的普通股权益报酬率为40 260÷482 820×100%=8.34%,2019年度的普通股权益报酬率为72 696÷535 788×100%=13.57%。可见,2019年度普通股权益报酬率比2018年度增加了5.23%。可以用差额分析法进一步分析其变动原因如下:

(1)净利润变动对普通股权益报酬率的影响:

$$(72\ 696 - 40\ 260) \div 482\ 820 \times 100\% = 6.72\%$$

(2)普通股权益平均额变动对普通股权益报酬率的影响:

$$(72\ 696 \div 535\ 788 - 72\ 696 \div 482\ 820) \times 100\% = -1.49\%$$

计算结果表明,净利润的变动使得普通股权益报酬率提高了6.72%,普通股权益平均额变动使得普通股权益报酬率下降了1.49%,两个因素共同作用的结果使普通股权益报酬率升高了5.23%。

三、股利发放率分析

股利发放率是普通股股利与每股收益的比值,反映普通股股东从每股的全部获利中分到多少。其计算公式如下:

$$股利发放率 = \frac{每股股利}{每股收益} \times 100\%$$

公式中每股股利是指实际发放给普通股股东的股利总额与流通股数的比值。股利发放率反映了企业的股利政策,其高低要根据企业对资金需要量的具体情况而定,没有一个固定的衡量标准。

ABC 公司 2019 年发放股利数额为 4 208 万元,则其股利发放率计算如下:

$$每股股利 = 4\,208 \div 55\,073 = 0.08(元)$$
$$每股收益 = 72\,696 \div 55\,073 = 1.32(元)$$
$$股利发放率 = 0.08 \div 1.32 \times 100\% = 6.06\%$$

四、价格与收益比率分析

价格与收益比率,亦称市盈率,是反映普通股的市场价格与当期每股收益之间的关系,可用来判断企业股票与其他企业股票相比较潜在的价值。其计算公式如下:

$$价格与收益比率 = \frac{每股市价}{每股收益}$$

该指标在一个企业内的数值能够表明企业盈利能力的稳定性,可在一定程度上反映企业管理部门的经营能力和企业盈利能力及潜在的成长能力。同时,该指标还反映此股票市价是否具有吸引力,把多个企业的股票价格与收益比率进行比较,并结合对其所属行业的经营前景的了解,可以作为选择投资目标的参考。

一般情况下,发展前景较好的企业通常都有较高的价格与收益比率,发展前景不佳的企业,这个比率较低。但是必须注意,当全部资产利润率很低或企业发生亏损时,每股收益可能为零或负数,因此价格与收益比率很高。在这一特殊情况下,仅仅利用这一指标来分析企业的盈利能力,常常会错误地估计企业的发展前景,所以还必须结合其他指标,予以综合考虑。

仍以上述 ABC 公司资料进行分析,该公司股票在 2019 年 12 月最后一天的收盘价为 19.90 元,该股票的每股收益是 1.32 元。则该公司 2019 年度价格与收益比率为:

$$19.90 \div 1.32 = 15.08$$

这就说明投资者为取得 1 元的投资收益愿意投资 15.08 元。

由于一般的期望报酬率为 5%~10%,因此正常的市盈率为 5%~20%。但由于影响市盈率的因素之一是股票市价,而股票市价的变动除了企业本身的经营状况外,还受到宏观经济形势和经济环境等多种因素的影响,所以要对股票市场进行全面了解和分析后才可作出正确评价。

五、托宾 Q 指标分析

托宾 Q 指标是指公司的市场价值与其重置成本之比。若某公司的托宾 Q 值大于 1,

表明市场上对该公司的估价水平高于其自身的重置成本,该公司的市场价值较高;若某公司的托宾 Q 值小于 1,则表明市场上对该公司的估价水平低于其自身的重置成本,该公司的市场价值较低。

通常,人们用总资产的账面价值替代重置成本,普通股的市场价格和债务的账面值之和表示市场价值,则:

$$托宾\,Q\,值 = \frac{股权市场价格+长、短期债务账面价值合计}{总资产账面价值}$$

其中,要说明的是,之所以债务用账面价值而非市场价值,是因为一般来讲,公司债务的市场价值较难衡量,不过若可以衡量或估计其市场价值,则应当使用市场价值。如公司发行有公司债券,则债务的账面价值应当采用债券的市场价值。

ABC 公司 2019 年有关资料如表 8-7 所示。

表 8-7　ABC 公司基本信息表　　　　　单位:万元

项目	数额
流通在外普通股股数(万股)	55 073
股票价格(元)	19.90
长、短期债务账面价值	1 513 300
所有者权益账面价值	588 756
总资产账面价值	2 102 056

托宾 Q 值＝(19.90×55 073＋1 513 300)÷2 102 056＝1.24

由计算结果可知,ABC 公司的托宾 Q 值达到了 1.24,说明市场上对该公司的估价水平高于其自身的重置成本,该公司市场价值较高。

但是,在运用托宾 Q 值判断公司盈利能力和市场价值时,由于股票价格影响因素的多样性,有可能导致托宾 Q 值不能真实反映公司的价值,如有市场投机性炒作时,市场在乐观情绪以及资金的推动下往往会出现非理性上涨。因而在用托宾 Q 值判断公司盈利能力和市场价值时,要根据资本市场的现实状况作出一定的判断或调整。

六、现金分配率指标分析

现金分配率是指现金股利与经营活动净现金流量之间的比率。反映经营活动取得的现金有多大比重用于现金股利的分析。其计算公式如下:

$$现金分配率 = \frac{现金股利}{经营活动净现金流量} \times 100\%$$

以 ABC 公司 2019 年数据为例,其现金分配率为:

$$现金分配率 = 4\ 208 \div 215\ 560 \times 100\% = 1.95\%$$

ABC 公司的现金股利支付率为 1.95%,说明公司经营活动产生的净现金流量对现金股利的分配具有很强保障,并且分配股利后有一定剩余用于扩大生产规模或者归还债务。

七、每股经营现金流量指标分析

每股经营现金流量是指经营活动净现金流量与发行在外的普通股股数的比率,反映每股发行在外的普通股所平均占有的经营净现金流量。这个指标越大,说明企业进行资本支出和支付股利的能力越强。其计算公式如下:

$$每股经营现金流量 = \frac{经营活动净现金流量}{发行在外的普通股股数}$$

该指标的分母是发行在外的普通股股数,与其在前述每股收益指标中的计算相同,指的是全年发行在外的加权平均普通股股数。

根据表 5-1,ABC 公司 2019 年每股经营现金流量计算如下:

$$2019\ 年每股经营现金流量 = 215\ 560 \div 55\ 073 = 3.91(元)$$

可见公司 2019 年每股经营现金流量相当不错,有充分的能力进行资本支出和股利支付。

本 章 小 结

盈利能力通常是指企业在一定时期内赚取利润的能力。盈利能力分析的内容主要包括三个方面:资本经营盈利能力分析、资产经营盈利能力分析、商品经营盈利能力分析。同时,上市公司因为股权流通、股票价格公开等因素,而具有一些特殊的指标,因而还应对上市公司的盈利能力指标进行分析。

资本经营的内涵是指企业以资本为基础,通过优化配置来提高资本经营效益的经营活动,其活动领域包括资本流动、收购、重组、参股和控股等能实现资本增值的领域,从而使企业以一定的资本投入,取得尽可能多的资本收益。资本经营盈利能力分析主要对净资产收益率指标进行分析由于与评价。

资产经营的基本内涵是合理配置与使用资产,以一定的资产投入,取得尽可能多的收益。资产经营盈利能力分析主要是对总资产报酬率指标进行分析和评价。资产经营盈利能力分析主要是对总资产报酬率指标进行分析和评价。

商品经营的基本内涵是企业以市场为导向,组织供、产、销活动,以一定的人力、物力消耗生产与销售尽可能多的社会需要的商品。商品经营盈利能力分析,即利用利润表资料进行利润率分析,包括收入利润率分析和成本利润率分析两个方面内容。

上市公司盈利能力分析主要是对每股收益指标、普通股权益报酬率指标、股利发放率指标以及价格与收益比率指标、托宾 Q 指标、现金分配率指标以及每股经营现金流量指标等进行分析。

案　例　分　析

世纪鼎利:过山车股价的背后

2020 年春节假期的前四个交易日,世纪鼎利股份有限公司(300050,以下简称"世纪鼎利")的股价持续下滑,1 月 21 日开启第 1 个跌停板,2 月 3 日假期结束开盘首日继续跌停。但自 2 月 4 日起,受在线教育概念利好影响,股价开始上涨。2 月 4 日至 7 日,股价连续爬升并录得 2 个涨停板。随后,行情出现转折,2 月 10 日、11 日连续两天下跌,截至 2 月 13 日收盘,世纪鼎利股票收盘价为 5.14 元/股。

根据公开资料显示,世纪鼎利虽涉及"在线教育"和"华为 5G"两大概念,但基本面较弱。在 2020 年春节前夕,世纪鼎利除 2019 年预计由盈转亏约 4.7 亿元外,还面临应收账款占比大、挤压现金流、净利率毛利率下滑、高额商誉减值、股东频频减持等问题。

世纪鼎利于 2010 年在创业板上市,原主业集中于通信服务行业,2014 年通过并购进军教育领域。目前为通信及物联网业务和职业教育业务双主业。世纪鼎利的通信业务主要是为通信运营商、系统设备商、网络服务商等提供专业的网络测试、优化、建设、运维等方面的产品、服务和综合解决方案。随着市场集中度的提高,行业已经进入充分竞争的市场格局,整体盈利能力处于下降通道。世纪鼎利新的机会在 5G 网络的建设和商用。

世纪鼎利的职业教育业务主要是通过鼎利学院与国内高校进行合作,为他们提供教育运营服务以及教育装备产品的销售,再通过全资子公司上海美都从事国际课程教育运营服务及金融类培训服务。虽然 2019 年职业教育有政策上的利好,但其投入大、产业慢的行业特性一直存在。

2016—2019 年,世纪鼎利实现营业收入分别为 7.36 亿元、8.85 亿元、9.83 亿元和 12.44 亿元;实现净利润分别为 1.20 亿元、0.99 亿元、0.52 亿元和一4.86 亿元;可以看出,近三年世纪鼎利存在增收不增利的情况,且净利润呈现下滑态势。

财务数据显示,2016—2019 年,世纪鼎利的毛利率和净利率均出现下滑。毛利率从 2016 年的 45.53%下降至 2017 年的 41.18%、2018 年的 40.44%,2019 年为 25.69%;净利率由 2016 年的 16.33%下降至 2017 年的 11.19%、2018 年的 5.27%,2019 年为 —39.07%。

在现金流方面,四年的现金及现金等价物全部为净流出状态。主要原因在于,首先,应收账款高且逐年上升,金额分别为 4.82 亿元、5.12 亿元、6.22 亿元和 6.53 亿元,相应的占总资产的比例也上升至 20% 以上,对现金流造成了挤压。其次,由于近年来投资并购频繁,造成投资活动现金流出过大,从投资活动产生的现金净流出金额可见。

世纪鼎利在 2019 年年底对大额商誉进行减值处理,公司的商誉是自 2014 年随着并购投资开始增加,2017 年激增 6.9 亿元,致使总金额到达 10.38 亿元,2018 年进一步增加至 12.02 亿元,占总资产的比例为 32.83%。

2019 年年末拟进行减值的上海智翔和广州贝讯的商誉原值分别为 3.15 亿元和 2 663.44 万元。世纪鼎利给出的减值理由是,上海智翔教育装备产品的营业收入及利润均出现较大幅度的下滑,并且预计未来期间经营情况难以得到改善;广州贝讯可参与竞标的项目较少,自主承接的业务数量大幅下降。

2020 年 1 月 20 日,世纪鼎利公布 2019 年度业绩预告,预计亏损 4.75 亿元~4.80 亿元,同比由盈转亏。因而,尽管世纪鼎利表示将积极与华为等设备厂商开展紧密的战略合作,目前已获得华为海思 5G 芯片 ICD 授权,公司研发的 5G 网络测量的相关产品全面支持高通和海思 5G 测试终端,并陆续获得 5G 产品的相关订单,但仍然导致最终股价的暴跌。

案例思考题:
试根据上述资料并综合其他信息探寻世纪鼎利的盈利能力下降的原因。

练　习　题

一、单项选择题

1. 总资产报酬率是指(　　)与平均总资产之间的比率。

A. 净利润　　　　B. 息税前利润　　　　C. 利润总额　　　　D. 息前利润

2. 下列项目中,(　　)指标越高,说明企业资产的运用效率越好,也意味着企业的资产盈利能力越强。

A. 总资产周转率　　　　　　　　B. 存货周转率

C. 总资产报酬率　　　　　　　　D. 应收账款周转率

3. 上市公司盈利能力分析与一般企业盈利能力分析的区别关键是(　　)。

A. 利润水平　　　B. 股东权益　　　C. 股利发放　　　D. 股票价格

4. 商品经营盈利能力分析是利用(　　)资料进行分析。

A. 资产负债表　　　　　　　　　B. 利润表

C. 现金流量表　　　　　　　　　D. 利润分配表

5. 每股收益主要取决于每股账面价值和(　　)两个因素。

A. 净利润　　　　　　　　　　　　　B. 普通股股数

C. 优先股股息　　　　　　　　　　　D. 普通股权益报酬率

二、多项选择题

1. 下列项目中,影响净资产收益率的因素主要有(　　)。

A. 总资产报酬率　　　　　　　　　　B. 负债利息率

C. 企业资本结构　　　　　　　　　　D. 总资产周转率

E. 所得税税率

2. 下列项目中,影响总资产报酬率的因素有(　　)。

A. 资本结构　　　　　　　　　　　　B. 销售利润率

C. 产品成本　　　　　　　　　　　　D. 销售息税前利润率

E. 总资产的周转率

3. 下列项目中,反映上市公司盈利能力的指标有(　　)。

A. 每股收益　　　　　　　　　　　　B. 普通股权益报酬率

C. 股利发放率　　　　　　　　　　　D. 总资产报酬率

E. 价格与收益比率

4. 资产经营盈利能力受(　　)的影响。

A. 资本经营盈利能力　　　　　　　　B. 商品经营盈利能力

C. 资产运营效率　　　　　　　　　　D. 产品经营盈利能力

E. 资本运营效率

5. 普通股权益报酬率的变化受(　　)因素的影响。

A. 普通股股息　　　　　　　　　　　B. 净利润

C. 优先股股息　　　　　　　　　　　D. 普通股权益平均额

E. 普通股股数

三、判断题

1. 对企业盈利能力的分析主要指对利润额的分析。　　　　　　　　(　　)

2. 总资产报酬率越高,净资产收益率就越高。　　　　　　　　　　(　　)

3. 当总资产报酬率高于负债利息率时,提高负债与所有者权益之比,将使净资产收益率提高。　　　　　　　　　　　　　　　　　　　　　　　　　　(　　)

4. 普通股权益报酬率与净资产收益率是相同的。　　　　　　　　　(　　)

5. 价格与收益比越高,说明企业盈利能力越好。　　　　　　　　　(　　)

四、计算题

1. 大华股份公司 2018 年年末在外发行普通股 48 800 股,同时在外发行不可转换优先股为 3 200 股(该优先股为非累计优先股,固定股利支付率为 6%,每股面值为 10 元);

2019 年年末在外发行普通股为 74 300 股,其中 25 500 股为 9 月份发行,持有 3 个月;2019 年年末净利润额为 420 000 元。

要求:计算大华股份公司的每股收益。

2. 秦台公司 2018 年和 2019 年资产负债表和利润表有关数据如下:2019 年销售收入为 3 000 万元,息税前利润为 136 万元,总资产为 2 000 万元;2018 年销售收入为 2 850 万元,息税前利润为 160 万元,总资产为 1 680 万元。

要求:请分析该公司利润下降的影响因素。

3. 某企业 2018 年和 2019 年的主要产品销售利润明细表如表 8-8 所示。

表 8-8 主要产品销售利润明细表 单位:元

产品名称	销售数量(件)		销售单价		单位销售成本		单位销售利润	
	2018 年	2019 年	2018 年	2019 年	2018 年	2019 年	2018 年	2019 年
A	200	190	120	120	93	90		
B	195	205	150	145	130	120		
C	50	50	300	300	240	250		
合计	—	—						

要求:

(1) 根据所给资料补全表 8-8。

(2) 确定品种结构、价格、单位成本变动对销售成本利润率的影响。

(3) 对企业商品经营盈利能力进行评价。

五、思考题

1. 分析为什么说净资产收益率是反映盈利能力的核心指标。

2. 阐述资产经营盈利能力与资本经营盈利能力的关系。

3. 反映商品经营盈利能力的指标可分为几类?具体包括哪些内容?

4. 从企业经理人员的角度阐述企业盈利能力分析的目的。

5. 分析为什么计算总资产报酬率指标时包括利息支出。

第九章　营运能力分析

第一节　企业营运能力分析的目的与内容

一、企业营运能力分析的内涵

企业营运资产的主体是流动资产和固定资产,尽管无形资产是企业资产的重要组成
部分,并随着工业经济时代向知识经济时代转化,在企业资产中所占比重越来越高,而且
在提高企业经济效益方面发挥着巨大的作用,但无形资产的作用必须通过或依附于有形
资产才能发挥出来。从这个意义上说,企业有形资产的利用及其能力如何,将从根本上决
定企业的经营状况和经济效益。

营运能力有广义和狭义之分。广义的营运能力是指企业所有要素共同发挥的营运作
用,即企业各项经济资源,包括人力资源、财力资源、物力资源、技术信息资源和管理资源
等,通过配置、组合与相互作用而生成推动企业运行的物质能量。狭义的营运能力是指企
业资产的利用效率,它反映企业的资产管理水平和资产周转情况。企业资产营运的效率
主要是指资产的周转率和周转天数。企业资产营运的效益主要是指企业的产出额与资产
占用额之间的比率。资产运用的效率高、循环快,企业就可以以较少的投入获得较多的收

益。本书所指的营运能力分析是狭义的营运能力。

营运能力分析是指通过对反映企业资产营运效率和效益的指标进行计算与分析,评价企业的营运能力,为企业提高经济效益指明方向。

二、企业营运能力分析的目的

企业进行营运能力分析的主要目的如下:

(1) 评价企业资产的流动性。企业的两大基本特征是收益性和流动性。企业经营的基本动机就是获取预期的收益。从一定意义上讲,流动性是比收益性更重要的概念。当企业的资产处在静止状态时,根本就谈不上什么收益,当企业运用这些资产进行经营时,才可能有收益的产生。企业的营运能力越强,资产的流动性越高,企业获得预期收益的可能性越大。流动性是企业营运能力的具体体现,通过对企业营运能力的分析,就可以对企业资产的流动性作出评价。

(2) 评价企业资产利用的效益。提高企业资产流动性是企业利用资产进行经营活动的手段,其目的在于提高企业资产利用的效益。企业资产营运能力的实质就是以尽可能少的资产占用、尽可能短的时间周转,生产出尽可能多的产品,实现尽可能多的销售收入,创造出尽可能多的纯收入。通过企业产出额与资产占用额的对比分析,可以评价企业资产利用的效益,为提高企业经济效益指明方向。

(3) 挖掘企业资产利用的潜力。企业营运能力的高低,取决于多种因素,通过企业营运能力分析,可以了解企业资产利用方面存在哪些问题,尚有多大的潜力,进而采取有效措施,提高企业资产营运能力。

三、企业营运能力分析的内容

营运能力分析主要是指通过对反映企业资产营运效率与效益指标进行计算和分析,从而评价企业的营运能力,为企业提高经济效益指明方向。营运能力分析的主要内容包括以下几个方面。

1. 流动资产周转速度分析

通过对流动资产周转率、流动资产垫支周转率、存货周转率和应收账款周转率的分析,揭示流动资产周转速度变动的原因,评价流动资产的利用效率和资产的流动性。

2. 固定资产利用效果分析

通过固定资产产值率和固定资产收入率分析,揭示固定资产利用效果变动的原因,评价资产的效益。

3. 总资产营运能力分析

通过对总资产产值率、总资产收入率和总资产周转率的分析,揭示总资产周转速度和利用效率变动的原因,评价总资产营运能力。

第二节　流动资产周转速度分析

一、资产周转速度的内涵与计算

资产周转速度是衡量企业营运效率的主要指标。资产周转速度越快,表明资产可供运用的机会越多,使用效率越高;反之,则表示资产利用效率越差。资产周转速度快慢,通常使用资产周转率(次数)和资产周转期(天数)两个指标。该指标是一定时期资产平均占用额与周转额的比率,是用资产的占用量与运用资产所完成的工作量之间的关系来表示营运效率的指标。

资产周转速度的计算方法如下:

$$资产周转率 = \frac{资产周转额}{资产平均余额}$$

$$资产周转期 = \frac{计算期天数}{资产周转率(次数)}$$

$$= \frac{资产平均余额 \times 计算期天数}{资产周转额}$$

资产周转次数和周转天数从两个不同的方向表示资产的周转速度。资产周转次数表示在一定时期内完成几个从资产投入到资产收回的循环,而周转天数则表示完成一个从资产投入到资产收回的循环需要多长时间。资产周转次数和周转天数呈相反方向变动,在一定时期内,资产周转次数越多,周转天数越少,周转速度就越快,营运效率就越高;反之,则周转速度就越慢,营运效率越低。

虽然以上两种形式均可以表示资产周转速度,但在实务上则更多地使用周转天数这一形式。这是因为,当企业为提高生产技术水平、改善生产组织等而使资产周转速度加快时,明显地表现为资产占用时间的缩短,用周转天数来表示,易于看出资产周转对生产技术和生产组织的依存关系。此外,如果采用周转次数,不同时期(如年度、季度和月度)的周转速度不能直接加以比较;而采用周转天数则可以消除期限长短对周转速度的影响,可以使不同计算期间的周转速度直接进行比较。

以上计算公式中的有关数据说明如下:

(1) 计算期天数,从理论上说应使用计算期间的实际天数,但为了计算方便,全年按360天计算,季度按90天计算,月度按30天计算。

(2) 资产平均余额,也称资产平均占用额或平均运用额。资产平均余额是反映企业一定时期资产占用的动态指标,从理论上说,应是计算期内每日资产余额的平均数,但为了计算方便,通常按资产负债表上的资产余额平均计算。具体计算公式如下:

$$某月份某项资产平均余额 = \frac{1}{基期流动资产周转次数}$$

$$某季度某项资产平均余额 = \frac{该季度3个月份该项资产平均余额之和}{3}$$

$$全年某项资产平均余额 = \frac{该项资产第1～第4季度平均余额之和}{4}$$

或

$$= \frac{该项资产全年各月份月末余额之和}{12}$$

（3）资产周转额是指计算期内企业有多少资产完成了周转。以流动资产为例，其周转额是指从货币到商品再回到货币形态这一循环过程的数额。不同资产周转率的计算所使用的周转额是不同的，对此，将在具体分析时予以说明。

二、流动资产周转速度分析

（一）流动资产周转速度指标的计算

流动资产完成从货币到商品，再到货币这一循环过程，表明流动资产周转了1次，以产品实现销售为标志。表示销售实现的指标有两个，即产品销售收入和产品销售成本。一般说来，使用产品销售成本这一指标作为周转额是用来说明垫支的流动资产周转速度，反映出流动资产的纯粹周转速度。如果使用产品销售收入这一指标，由于产品销售收入中包括了垫支资金以外的部分，如税金和利润等，因此计算出来的流动资产周转速度是一种扩大形式的周转速度，既反映了流动资产的纯粹周转速度，又反映了流动资产利用的效益。在实务中计算流动资产周转速度指标时，究竟是使用产品销售收入还是产品销售成本，应视分析的具体目的而定。流动资产周转速度指标的具体计算公式如下：

$$流动资产周转率 = \frac{营业收入净额}{流动资产平均余额}$$

$$流动资产周转期 = \frac{流动资产平均余额 \times 计算期天数}{营业收入净额}$$

$$流动资产垫支周转率 = \frac{营业成本}{流动资产平均余额}$$

$$流动资产垫支周转期 = \frac{流动资产平均余额 \times 计算期天数}{营业成本}$$

（二）流动资产周转速度分析

为了分析流动资产周转速度变动的原因，找出加速流动资产周转的途径，根据流动资产周转速度指标的经济内容和内在联系，可将流动资产周转速度指标作如下分解：

$$流动资产周转率 = \frac{营业收入净额}{流动资产平均余额}$$

$$= \frac{营业成本}{流动资产平均余额} \times \frac{营业收入净额}{营业成本}$$

$$= 流动资产垫支周转率 \times 成本收入率$$

流动资产周转率分解式表明,影响流动资产周转率的因素,一是流动资产垫支周转率,二是成本收入率。流动资产垫支周转率反映了流动资产的真正周转速度,成本收入率说明了所费与所得之间的关系,反映出流动资产的利用效益。加快流动资产垫支周转速度是手段,提高流动资产利用效益才是目的,因此,加快流动资产垫支周转速度必须以提高成本收入率为前提。当成本收入率大于1时,流动资产垫支周转速度越快,流动资产营运能力越强;反之,如果成本收入率小于1,企业所得补偿不了所费,流动资产垫支周转速度越快,企业亏损越多。

根据流动资产周转率的分解式,采用差额计算法,可以分别确定这两个因素变动对流动资产周转率的影响程度。根据表3-1、表4-1及相关资料,计算 ABC 公司的流动资产周转率,如表9-1所示。

表 9-1 ABC 公司流动资产周转率计算分析表 单位:万元

项目	2019 年	2018 年
营业收入净额	607 452	266 432
期初流动资产总额	308 776	137 852
期末流动资产总额	307 328	137 852
平均流动资产总额	308 052	223 314
其中:平均存货	26 888	18 024
流动资产周转率(次)	1.97	1.19
营业成本	402 288	178 260
流动资产垫支周转率(次)	1.31	0.80
成本收入率	151.00%	149.46%
存货周转率(次)	14.96	9.89
存货构成率	8.73%	8.07%

根据表9-1计算资料,对流动资产周转率进行因素分析:

$$分析对象 = 1.97 - 1.19 = 0.78（次）$$

因素分析:

流动资产垫支周转率的影响:$(1.31 - 0.80) \times 149.46\% = 0.76$(次)

成本收入率的影响:$1.31 \times (151.00\% - 149.46\%) = 0.02$(次)

计算结果表明,本期流动资产周转速度上升是流动资产垫支周转速度上升和成本收入率上升的结果,其中,流动资产垫支周转速度上升是主要原因。

对流动资产周转速度的分析,还可以根据流动资产周转期进行。其分解式如下:

$$流动资产周转期=\frac{流动资产平均余额 \times 计算期天数}{营业收入净额}$$

$$=\frac{流动资产平均余额 \times 计算期天数}{营业成本} \times \frac{营业成本}{营业收入净额}$$

$$=流动资产垫支周转期 \times 收入成本率$$

(三) 流动资产垫支周转速度分析

在流动资产周转速度分析的基础上,进一步分析流动资产垫支周转速度,可将流动资产垫支周转率作如下分解:

$$流动资产垫支周转率=\frac{营业成本}{流动资产平均余额}$$

$$=\frac{营业成本}{平均存货} \times \frac{平均存货}{流动资产平均余额}$$

$$=存货周转率 \times 存货构成率$$

根据表 9-1 的资料,运用差额分析法,对流动资产垫支周转率变动原因作如下分析:

$$分析对象=1.31-0.80=0.51(次)$$

因素分析:

存货周转率的影响:$(14.96-9.89) \times 8.07\%=0.41(次)$

存货构成率的影响:$14.96 \times (8.73\%-8.07\%)=0.10(次)$

计算结果表明,本期流动资产垫支周转速度加快是存货周转速度加快和存货构成率上升的结果,其中,存货周转速度加快是主要原因。

三、存货周转速度分析

存货是企业在生产经营中为销售或耗用而储备的资产,它属于流动资产中变现能力最弱、风险最大的资产,但又是流动资产中收益率最高的资产。存货周转速度通常用存货平均余额与产品销售成本的比率来表示,以反映企业存货规模是否合适,周转速度如何。其表示方式有以下两种:

$$存货周转率=\frac{营业成本}{存货平均余额}$$

$$存货周转期=\frac{存货平均余额 \times 计算期天数}{营业成本}$$

当存货周转速度偏低时,可能由以下原因引起:经营不善,产品滞销;预测存货将升值,而故意囤积居奇,以等待时机获取重利;企业销售政策发生变化。但存货周转速度偏高也不一定代表企业的经营出色,当企业为了扩大销路而降价销售或大量赊销,则营业利润会受到影响或产生大量的应收账款。一个适度的存货周转速度除参考企业的历史水平之外,还应参考同行业的平均水平。

存货按其性质可以分为材料存货、在产品存货和产成品存货。所以,存货周转率又可以分为材料周转率、在产品周转率和产成品周转率三项分指标,一般以周转天数来表示。其计算公式如下:

$$材料周转天数 = \frac{库存材料平均余额 \times 计算期天数}{当期材料费用}$$

$$在产品周转天数 = \frac{在产品平均余额 \times 计算期天数}{当期生产成本}$$

$$产成品周转天数 = \frac{产成品平均余额 \times 计算期天数}{营业成本}$$

其中的产品销售成本是指产品生产成本加上产品销售费用。

企业存货的周转是从投入货币资金购入生产经营所需的材料物资开始,形成材料存货;然后投入到生产经营过程中进行加工,形成在产品存货;当加工结束之后则形成产成品存货,通过销售取得货币资金,表示存货的一个循环完成。当存货从一种形态转化为另一种形态的速度较快时,存货的周转速度就快。此外,各类存货周转额占存货周转额的比重大小也会对存货周转速度产生影响。

下面仍以 ABC 公司为例进行存货周转率计算与分析,如表 9-2 所示。

表 9-2　ABC 公司存货周转速度计算分析表　　单位:万元

项目	2019 年	2018 年
营业成本	402 288	178 260
期初存货余额	19 352	16 696
期末存货余额	34 424	19 352
平均存货余额	26 888	18 024
存货周转率(次)	14.96	9.89
存货周转期(天)	24.06	36.40

从表 9-2 可以看出,ABC 公司 2019 年存货周转水平较 2018 年有较大程度提高,存货周转次数增加了 5.07 次,存货周转期减少了 12.34 天,说明该公司存货管理水平有较大幅度上升。

四、应收账款周转速度分析

应收账款是企业因对外销售产品、材料以及供应劳务等而向购货或接受劳务单位收取的款项。它不是单指会计核算上的应收账款科目,一般包括应收账款和应收票据。其周转速度主要通过计算和分析应收账款周转率和应收账款周转期两个指标。

应收账款周转率是指企业一定时期赊销收入净额与应收账款平均余额的比率,用以反映应收账款的收款速度,一般以周转次数来表示。其计算公式如下:

$$应收账款周转率 = \frac{赊销收入净额}{应收账款平均余额} \times 100\%$$

应收账款周转率说明年度内应收账款转化为现金的平均次数,体现了应收账款的变现速度和企业的收账效率,一般认为应收账款周转率越高越好,因为它表明:①收款迅速,可节约营运资金;②减少坏账损失;③可减少收账费用;④资产流动性高。

应收账款周转期,也称作应收账款账龄或应收账款平均收账期。其计算公式如下:

$$应收账款周转期 = \frac{计算期天数}{应收账款周转率}$$

或

$$= \frac{应收账款平均余额 \times 计算期天数}{赊销收入净额}$$

$$= \frac{应收账款平均余额}{平均每日赊销净额}$$

下面以 ABC 公司为例,进行应收账款周转速度的计算分析,如表 9-3 所示。

表 9-3   ABC公司应收账款周转速度计算分析表   单位:万元

项目	2019 年	2018 年
营业收入净额	607 452	266 432
期初应收账款余额	47 104	7 528
期末应收账款余额	31 668	47 104
平均应收账款余额	39 386	27 316
应收账款周转率(次)	15.42	9.75
应收账款周转期(天)	23.35	36.92

从表 9-3 可以看出,ABC 公司 2019 年应收账款周转水平较 2018 年有较大程度提高,应收账款周转次数增加了 5.67 次,应收账款周转期减少了 13.57 天。对应收账款周转速度分析时,主要通过以上指标本期数与前期数、计划数、同类企业先进水平的比较,可以了解应收账款周转率的变动情况、计划完成情况、与先进水平的差距等。

在分析计算应收账款周转率时,还应注意以下两个问题:

(1) 计算公式中所采用的周转额从理论上说应采用赊销净额,不包括现销收入,但赊销净额作为企业的商业秘密并不对外公布,所以,外部分析者难以取得赊销收入的资料,因此一般用产品营业收入净额代替。即:

$$应收账款周转率 = \frac{营业收入净额}{应收账款平均余额} \times 100\%$$

$$应收账款周转期 = \frac{应收账款平均余额 \times 计算期天数}{营业收入净额}$$

（2）为了消除季节性的影响,最好采用月度应收账款平均余额计算,但企业外界分析人员只能根据资产负债表上的期初数、期末数来计算应收账款平均余额,这样就可能造成应收账款周转率的虚增或虚减。

五、营业周期的分析

营业周期是指从取得存货开始到销售存货并收回现金为止的这段时间,其计算公式如下：

$$营业周期=存货周转期+应收账款周转期$$

根据表 9-2 和表 9-3 所示,ABC 公司连续两年的营业周期为：

$$2019 年营业周期=24.06+23.35=47.41(天)$$
$$2018 年营业周期=36.40+36.92=73.32(天)$$

计算结果表明,该公司 2019 年营业周期相比 2018 年大幅度缩短,说明该公司资金周转速度加快。

六、流动资产周转加速效果分析

流动资产周转加快,一方面可使一定的产出需要的流动资产减少;另一方面可使一定的流动资产取得更多的收入。

（一）流动资产周转加速可节约的流动资产

加快流动资产周转,可以使企业在销售规模不变的条件下,运用更少的流动资产,形成流动资产节约额。其计算公式如下：

$$流动资产节约额 = 报告期销售收入 \times \left(\frac{1}{报告期流动资产周转次数} - \frac{1}{基期流动资产周转次数} \right)$$

当报告期流动资产周转次数大于基期流动资产周转次数时,说明流动资产周转速度加快,计算结果为负数,表示因周转加速而节约的流动资金数;反之,则结果为正数,说明因流动资产周转速度缓慢而浪费的流动资金数。

由于流动资产周转速度加快所形成的节约额,可以区分为绝对节约额和相对节约额两种形式。流动资金绝对节约额是指企业由于流动资产周转加速,可以减少流动资产占用额,因而可能腾出一部分资金。流动资金相对节约额是指企业由于流动资产周转加速,在不增资或少增资的条件下扩大企业的生产规模。流动资金的绝对节约额和相对节约额的区别只在于运用情况的不同,前者是在生产规模不变的情况下减少资产占用额,后者是将其节约额用于自身的扩大再生产。

计算流动资金绝对节约额和相对节约额可分三种情况进行：

（1）全部节约额都是绝对节约额。如果企业流动资产周转加快而销售收入不变,这种情况下形成的节约额就是绝对节约额。

(2) 全部节约额都是相对节约额。当企业流动资产周转加速,而流动资产实际存量大于或等于基期流动资产存量时,这种情况下形成的节约额就是相对节约额。

(3) 节约额既包括绝对节约额,又包括相对节约额。当企业流动资产周转加快,同时销售收入增加,流动资产占用量减少,这种情况下形成的节约额既包括绝对节约额,又包括相对节约额。可以按下式将两者加以区分:

$$绝对节约额 = 报告期流动资产占用额 - 基期流动资产占用额$$
$$相对节约额 = 流动资产总节约额 - 绝对节约额$$

如果以上条件相反,则为流动资产的浪费,流动资产的浪费也区分为绝对浪费额和相对浪费额。

根据表 9-1,可以计算流动资产周转加速的效果如下:

$$流动资产节约额 = 607\ 452 \times (1 \div 1.97 - 1 \div 1.19) = -200\ 459.16(万元)$$
$$绝对节约额 = 308\ 052 - 223\ 314 = 84\ 738(万元)$$
$$相对节约额 = -200\ 459.16 - 84\ 738 = -285\ 197.16(万元)$$

计算结果表明,由于 ABC 公司本年流动资产周转速度提高,形成流动资产节约额 200 459.16 万元,其中绝对浪费额 84 738 万元,相对节约额为 285 197.16 万元。

(二) 流动资产周转加速可增加的收入

流动资产周转加速,可以使企业在流动资产规模不变的条件下,增加企业的收入。其计算公式如下:

$$销售收入增加额 = 基期流动资产平均余额 \times (报告期流动资产周转率 - 基期流动资产周转率)$$

计算结果为正数,表明流动资产周转加快所增加的销售收入;计算结果为负数,表明流动资产周转缓慢所减少的销售收入。

根据 ABC 公司有关资料可计算出:

$$销售收入增加额 = 223\ 314 \times (1.97 - 1.19) = 174\ 184.92\ (万元)$$

加速流动资产周转形成的资产节约额或销售收入增加额是从两个不同的侧面对流动资产周转加快的效果所作的分析,具有相同的经济意义。

第三节　固定资产营运能力分析

固定资产营运能力分析主要是判断企业管理固定资产的能力和固定资产的利用效

果。固定资产营运能力主要是通过固定资产周转率来反映的。固定资产的利用效果是通过产量(产值)和销售量(销售收入)与固定资产的对比来反映的,其中,固定资产产值率和固定资产收入率是比较重要的指标。

一、固定资产周转率分析

固定资产周转率是指企业一定时期的营业收入与固定资产平均净值进行对比所确定的一个比率。固定资产周转率越高,表明固定资产周转速度越快,企业固定资产投资得当,固定资产结构分布合理,企业固定资产运用效率越高,营运能力较强;反之,则表明企业固定资产利用效率不高,拥有数量过多,设备没有充分利用,营运能力较差。其具体计算公式如下:

$$固定资产周转率 = \frac{营业收入净额}{固定资产平均净值} \times 100\%$$

$$固定资产周转期 = \frac{固定资产平均净值 \times 计算期天数}{营业收入净额}$$

下面以 ABC 公司为例,进行固定资产周转速度的计算分析,如表 9-4 所示。

表 9-4　ABC 公司固定资产周转速度计算分析表　　单位:万元

项目	2019 年	2018 年
营业收入净额	607 452	266 432
期初固定资产	1 220 316	791 544
期末固定资产	1 605 572	1 220 316
平均固定资产	1 412 944	1 005 930
固定资产周转率(次)	0.43	0.26
固定资产周转期(天)	837.21	1 384.62

从表 9-4 可以看出,ABC 公司 2019 年平均固定资产虽然比上年有所增加,但营业收入大幅上升,其增长速度远远超过平均固定资产的增长速度,使得 2019 年固定资产周转水平较 2018 年有较大程度提高,固定资产周转次数增加了 0.17 次,固定资产周转期减少了 547.41 天。

二、固定资产产值率分析

固定资产是企业主要的劳动手段,固定资产的利用效率可以直接通过所生产的产品(产值)表现出来,将一定时期按不变价格计算的产值与固定资产平均总值进行对比,就可以计算出固定资产产值率。其具体计算公式如下:

$$固定资产产值率 = \frac{总产值}{固定资产平均总值} \times 100\%$$

公式中的分母既可以使用固定资产原值,也可以使用固定资产净值,究竟采用什么数值取决于分析的目的和要求。如果从固定资产规模和生产能力方面来分析,应使用原值指标;如果从固定资产资金占用方面分析,则以净值为宜。该指标意味着每1元的固定资产可以创造出多少元的产品。不同的行业,由于技术装备不同,每1元固定资产创造的产值也有很大差别,所以该指标在不同行业不具有可比性。

固定资产产值率由于计算基础的不同,可以进一步区分为生产设备产值率、生产用固定资产产值率以及全部固定资产产值率。除人为因素外,生产设备的利用效率是决定产品产量的最根本原因,只有提高设备利用率,才能创造出更多的产品,提高生产用固定资产产值率,进而提高全部固定资产产值率。另外,固定资产的结构也会影响固定资产的利用效果,生产设备的利用效率再高,如果固定资产结构不合理,生产设备所占比重低,固定资产产值率也不会高。所以要想提高固定资产的利用效率,应在提高生产设备利用效率的同时,优化固定资产内部结构。

总之,全部固定资产产值率的变动原因有两个方面:生产设备的利用效率和固定资产结构状况。其中,固定资产结构通过生产设备占生产用固定资产比重和生产用固定资产占全部固定资产比重两个指标来表示。这说明在全部固定资产中,首先应提高生产用固定资产比重,降低非生产用固定资产比例,使企业的固定资产大部分用于生产经营;其次要注意在提高生产用固定资产比重时,将重点放在增加生产设备方面。

三、固定资产收入率分析

固定资产收入率是指一定时期实现的产品销售收入与固定资产平均总值的比率。其计算公式如下:

$$固定资产收入率 = \frac{营业收入净额}{固定资产平均总值} \times 100\%$$

该指标同固定资产产值率一样,其分母既可用原值表示,也可以用净值表示。该指标意味着每1元的固定资产所产生的收入。由于销售收入反映产品的数量和质量已得到社会承认,避免了总产值计算中存在的问题,所以该指标能比固定资产产值率更好地反映固定资产的利用效率。

要进一步分析固定资产收入率变动的原因,可将上面的公式分解为:

$$固定资产收入率 = \frac{总产值}{固定资产平均总值} \times 100\% \times \frac{营业收入净额}{总产值}$$
$$= 固定资产产值率 \times 产品销售率$$

因此,要想提高固定资产收入率,一方面要提高固定资产产值率,另一方面还要做到产销均衡。

第四节　总资产营运能力分析

一、反映总资产营运能力的指标

企业总资产营运能力主要指企业总资产的效率和效益。总资产周转率可以反映出企业总资产的效率,即总资产的周转速度。总资产产值率和总资产收入率可以反映出企业总资产的效益,即投入或使用总资产所取得的产出能力。

(一) 总资产周转率

总资产周转率是指企业在一定时期的营业收入与总资产平均占用额的比率,它表明企业在一定时期内周转的次数,从资产流动性方面反映了总资产的利用效率。其计算公式如下:

$$总资产周转率 = \frac{营业收入净额}{平均总资产} \times 100\%$$

企业资金循环包括短期资金循环和长期资金循环,长期资金循环必须依赖短期资金循环,因此,流动资产周转速度的快慢是决定企业总资产周转速度的关键性因素,下面的分解式可反映出这种关系,也为进行总资产周转率分析,提高总资产周转速度指明了方向。

$$总资产周转率 = \frac{营业收入净额}{流动资产平均余额} \times 100\% \times \frac{流动资产平均余额}{总资产平均余额}$$
$$= 流动资产周转率 \times 流动资产占总资产的比重$$

可见,总资产周转速度的快慢取决于两大因素:一是流动资产周转率。流动资产的周转速度要高于其他类资产的周转速度,加速流动资产周转,就会使总资产周转速度加快;反之,则会使总资产周转速度减慢。二是流动资产占总资产的比重。由于流动资产周转速度快于其他类资产周转速度,所以,企业流动资产所占比例越大,总资产周转速度越快;反之,则越慢。

总资产周转速度也可以用总资产周转期(天数)来表示。其计算公式如下:

$$总资产周转天数 = \frac{总资产平均余额 \times 计算期天数}{营业收入净额}$$

根据 ABC 公司会计报表的有关资料,计算该公司总资产周转率有关指标,如表 9-5所示。

表 9-5　ABC 公司总资产周转速度计算分析表　　　　　　单位:万元

项目	2019 年	2018 年
营业收入净额	607 452	266 432
期初资产总额	1 758 068	957 388
期末资产总额	2 102 056	1 758 068
平均资产总额	1 930 062	1 357 728
其中:平均流动资产总额	308 052	223 314
总资产周转率(次)	0.31	0.20
流动资产周转率(次)	1.97	1.19
流动资产占总资产比率	15.96%	16.45%

由表 9-5 可知,ABC 公司 2019 年总资产周转速度比 2018 年快了 0.11 次,其原因如下:

(1) 流动资产周转速度提高,使总资产周转速度提高:

$$(1.97-1.19)\times16.45\%=0.12 \text{（次）}$$

(2) 流动资产占总资产比率下降,使总资产周转速度降低:

$$1.97\times(15.96\%-16.45\%)=-0.01 \text{（次）}$$

计算结果表明,ABC 公司本年总资产周转速度提高,主要原因是流动资产周转速度加快的影响。然后是资产结构变动的影响,由于流动资产在总资产中的比率略有下降,使资产流动性稍有减弱。

(二) 总资产产值率

总资产产值率反映了企业总资产与总产值之间的对比关系。其计算公式如下:

$$总资产产值率 = \frac{总产值}{平均总资产}\times100\%$$

该指标数值越高,说明企业资产的投入产出率越高,企业总资产运营状况越好。在利用该指标评价企业总资产利用效果时应该注意到,企业总产值在按不变价格计算时,可以把总产值理解为企业在一定时期内生产的按价值计算的全部产品总量,是企业利用全部资产为社会创造的物质产品。但由于总产值中既包括完工产品,又包括在产品,所以总产值仅仅表示出本期生产了多少,并不表明是否得到了社会的承认。企业生产出来的产品如果得不到社会的承认,那么,生产出来的产品再多,也没有任何价值。分析时,要将该指标与固定资产收入率结合起来,才能作出正确的评价。

企业产出与总资产之间的关系,还可以从另一角度来反映,即百元产值资金占用,该

指标本质上是总资产产值率的倒数,反映每 100 元产值占用的资产。其计算公式如下:

$$百元产值占用资金 = \frac{平均总资产}{总产值} \times 100$$

该指标越低,说明每 1 单位产出所占用的资产越少,表明企业资产营运能力越高。对该指标的具体变动原因的分析可依据以下分解式进行。

$$百元产值占用资金 = \left(\frac{流动资产}{总产值} + \frac{固定资产}{总产值} + \frac{其他资产}{总产值} \right) \times 100$$

从以上分解式中可以看出,百元产值占用资金受各类资产营运效率的影响,分析时可采用连环替代法,分别说明各类资产营运效率变动对百元产值占用资金的影响。

(三) 总资产收入率

总资产周转率从资产效益的角度看,亦称总资产收入率,尽管这两个指标的计算方法相同,但总资产收入率却反映了总资产的利用效果。总资产收入率反映了企业总资产与总收入之间的对比关系。其计算公式如下:

$$总资产收入率 = \frac{总收入}{平均总资产} \times 100\%$$

该指标越高,说明企业总资产营运能力越强。如果说总资产产值率仅仅反映了企业生产过程中资产的利用效果,总资产收入率则反映出企业整个经营过程中资产的利用效率。收入的实现,表明企业的产品得到了社会的承认,满足了社会的某种需要,是企业资产的真正有效利用。因而,该指标能比总资产产值率更准确、更真实地反映出企业总资产的营运能力。下面的分解式可以反映出这两个指标之间的关系。

$$总资产收入率 = \frac{总产值}{平均总资产} \times \frac{营业收入}{总产值} \times 100\% = 总资产产值率 \times 产品销售率$$

从以上分解式可以看出,提高总资产收入率取决于两个方面,一方面是要提高资产的生产效率,这是提高企业资产营运能力的基础,没有产品,就谈不上销售,更谈不上效益;另一方面是提高产品销售率,把生产出来的产品尽快、尽可能多地销售出去。

二、总资产营运能力综合对比分析

总资产营运能力综合对比分析,就是将反映总资产营运能力的指标与反映流动资产和固定资产营运能力的指标结合起来进行分析。依据各类指标之间的相互关系进行综合对比分析,主要包括以下内容。

(一) 综合对比分析反映资产占用与总产值之间的关系

反映两者之间关系的有三个指标,即固定资产产值率、流动资产产值率和总资产产值率,这些指标主要说明各类资产在企业生产过程中的利用效果。从静态上分析这三个指标,可分别反映固定资产、流动资产和总资产的利用效果。从动态上进行分析,可分别反映总产值增长与各类资产的关系。

(二) 综合对比分析反映资产占用与收入之间的关系

反映两者之间关系的有三个指标,即固定资产收入率、流动资产周转率和总资产收入率,这些指标主要用于评价各类资产营运效益和周转速度。从静态上分析,可以反映整个企业经营过程中资产营运效率和营运效益。从动态上分析,可以反映销售收入增长与各类资产增长的关系。

(三) 综合对比分析总资产营运能力与盈利能力之间的关系

提高资产营运能力最终要为盈利能力这个目标服务,通过综合对比分析总资产营运能力与盈利能力之间的关系,可以解释总资产盈利能力变动的原因,为提高总资产盈利能力指明方向。两者之间的关系可用下式反映:

$$总资产盈利能力 = 资产营运能力 \times 产品盈利能力$$

即:

$$总资产报酬率 = \frac{息税前利润}{平均总资产} \times 100\%$$

$$= \frac{总收入}{平均总资产} \times \frac{息税前利润}{总收入} \times 100\%$$

本 章 小 结

企业的营运资产,主体是流动资产和固定资产。企业营运能力主要是指企业营运资产的效率与效益。企业资产营运的效率主要是指资产的周转率和周转天数。企业资产营运的效益主要是指企业的产出额与资产占用额之间的比率。资产运用的效率高、循环快,企业就可以以较少的投入获得较多的收益。

所谓的营运能力分析是指通过对反映企业资产营运效率和效益的指标进行计算与分析,评价企业的营运能力,为企业提高经济效益指明方向。营运能力分析的主要内容包括流动资产营运能力分析、固定资产营运能力分析和总资产营运能力分析。

反映流动资产周转速度的主要指标是流动资产周转率、存货周转率和应收账款周转率。流动资产加速周转可以节约流动资产的占用,也可以扩大营业收入规模。流动资产周转加速所形成的节约额可以区分为绝对节约额和相对节约额。

固定资产营运能力是通过固定资产周转率来进行分析的,固定资产的利用效果主要通过固定资产产值率和固定资产收入率来表示。

反映总资产营运能力的指标包括总资产产值率、总资产收入率和总资产周转率。总资产产值率反映了企业生产过程中资产的利用效果,总资产收入率反映出企业整个经营过程中资产的利用效率,总资产周转率是从周转速度角度反映总资产利用效率的指标。

案 例 分 析

中金岭南:营运能力和盈利能力的背离

深圳市中金岭南有色金属股份有限公司(以下简称"中金岭南")前身系中国有色金属工业总公司深圳联合公司,1992 年 5 月,更名为中国有色金属深圳公司;1993 年 12 月,进行定向募集股份制改组,并更名为深圳中金实业股份有限公司;1996 年 7 月,以派生分立方式重组上市;1997 年 1 月,以 2 000 万股普通股(A 股)股票在深交所挂牌交易;1999 年 1 月,增资配股重组后更为现名。

2020 年 3 月 10 日,中金岭南披露 2019 年年度报告,实现营业收入 228.01 亿元,同比增长 14.21%;归属于上市公司股东的净利润为 8.52 亿元,同比下降 7.37%;归属于上市公司股东的扣除非经常性损益的净利润为 6.67 亿元,同比下降 28.73%;基本每股收益为 0.24 元。以 35.7 亿股为基数,中金岭南向全体股东每 10 股派发现金红利 0.72 元(含税)。

2017—2019 年,中金岭南的总营业收入分别为 190.16 亿元、200.08 亿元、228.38 亿元,所对应的增长幅度分别为 26.05%、5.22%、14.14%。公司 2017 年的业务增幅较大,2018 年的增速降低至个位数,尽管 2019 年出现了两位数的增长,但增速低于 2017 年的 11.91 个百分点。

再来看归属于上市公司股东的净利润,2017—2019 年,中金岭南归属于母公司所有者的净利润分别为 10.67 亿元、9.2 亿元、8.52 亿元,所对应的增长幅度分别为 230.10%、−13.78%、−7.37%。也就是说,公司归属于母公司所有者的净利润出现了三连降。同样,公司归属于上市公司股东的扣除非经常性损益的净利润也出现了三连降。2017—2019 年,中金岭南扣除非经常性损益的净利润增速分别为 267.67%、2.91%、−28.73%。

2017—2019 年,中金岭南的毛利率分别为 14.21%、13.5%、9.1%;净利率分别为 5.77%、4.56%、3.82%。也就是说,中金岭南产品的竞争力和公司的盈利能力出现了连续下降。

2017—2019 年,中金岭南的存货分别为 22.23 亿元、21.86 亿元、17.03 亿元,存货金额逐年下降,所对应的存货周转率分别为 7.6 次、7.83 次、10.66 次,存货周转次数呈现逐年提高的趋势;应收账款分别为 4.89 亿元、5.5 亿元、5.43 亿元,所对应的应收账款周转率分别为 37.27 次、38.43 次、41.74 次,应收账款周转次数呈现出逐年上升的趋势。

通常来说,企业经营资产的周转次数越多,周转天数越短,周转速度就越快,资产的利用效率就越高。2017—2019 年,中金岭南的资产周转数据如表 9-6 所示。

表 9-6　2017—2019 年中金岭南的资产周转数据

项目名称	2019 年	2018 年	2017 年
总资产周转天数	314.42	346.01	340.12
存货周转天数	33.77	45.95	47.39
应收账款周转天数	8.63	9.37	9.66

案例思考题:

根据上述资料,结合中金岭南的其他综合信息,分析中金岭南的营运能力变化,探讨盈利能力下降与营运能力提高背后的缘由。

练　习　题

一、单项选择题

1. 影响总资产收入率的因素除产品销售率外,还有(　　)。

A. 总资产报酬率　　　　　　　　　　B. 总资产周转率

C. 固定资产产值率　　　　　　　　　D. 总资产产值率

2. 流动资产占总资产的比重是影响(　　)指标变动的重要因素。

A. 总资产周转率　　　　　　　　　　B. 总资产产值率

C. 总资产收入率　　　　　　　　　　D. 总资产报酬率

3. 下列项目中,反映资产占用与收入之间关系的指标是(　　)。

A. 流动资产产值率　　　　　　　　　B. 流动资产周转率

C. 固定资产产值率　　　　　　　　　D. 总资产产值率

4. 当流动资产占用量不变时,由于流动资产周转加快会形成流动资金的(　　)。

A. 绝对浪费额　　　　　　　　　　　B. 相对浪费额

C. 绝对节约额　　　　　　　　　　　D. 相对节约额

5. 下列项目中,提高固定资产产值率的关键是(　　)。

A. 提高销售率　　　　　　　　　　　B. 增加生产设备

C. 增加生产用固定资产　　　　　　　D. 提高生产设备产值率

二、多项选择题

1. 下列项目中,反映企业营运能力的指标有(　　)。

A. 总资产收入率　　　　　　　　　B. 固定资产收入率

C. 流动资产周转率　　　　　　　　D. 存货周转率

E. 应收账款周转率

2. 下列项目中,影响存货周转率的因素有(　　)。

A. 材料周转率　　　　　　　　　　B. 在产品周转率

C. 总产值生产费　　　　　　　　　D. 产品生产成本

E. 产成品周转率

3. 应收账款周转率越高越好,因为它表明(　　)。

A. 收款迅速　　　　　　　　　　　B. 减少坏账损失

C. 资产流动性高　　　　　　　　　D. 销售收入增加

E. 利润增加

4. 下列项目中,属于流动资金相对节约额的情况有(　　)。

A. 流动资产存量不变,销售收入增加

B. 流动资产存量不变,流动资产周转加速

C. 销售收入增长速度超过流动资产增长速度

D. 销售收入不变,流动资产存量减少

E. 流动资产减少速度大于销售收入减少速度

5. 下列项目中,影响固定资产产值率的因素有(　　)。

A. 生产设备产值率

B. 增加生产用固定资产的数量

C. 生产设备占生产用固定资产的比重

D. 增加生产设备的数量

E. 生产用固定资产占全部固定资产的比重

三、判断题

1. 只要增加总产值,就能提高总资产产值率。　　　　　　　　　　(　　)

2. 总资产收入率与总资产周转率的经济实质是一样的。　　　　　　(　　)

3. 存货周转速度越快,则存货的流动性越强,存货转换为现金或应收账款的速度也就越快。　　　　　　　　　　　　　　　　　　　　　　　　　　(　　)

4. 固定资产产值率越高,固定资产收入率就越高。　　　　　　　　(　　)

5. 只要流动资产实际存量大于基期,就会形成绝对浪费额。　　　　(　　)

四、计算题

1. 某公司年初流动资产为 220 万元,年末流动资产为 280 万元,本年利润总额为

100 万元,所得税率为 25%,销售净利润率为 20%。

要求:计算该公司流动资产周转率。

2. 某企业连续三年的资产负债表中相关资产项目的数额如表 9-7 所示。

表 9-7 资产负债表中相关资产项目 　　　　　　　　　　单位:万元

项 目	2017 年年末	2018 年年末	2019 年年末
流动资产	2 200	2 680	2 680
其中:应收账款	944	1 028	1 140
存货	1 060	928	1 070
固定资产	3 800	3 340	3 500
资产总额	8 800	8 060	8 920

已知该企业 2019 年营业收入为 10 465 万元,比 2018 年增长了 15%;其营业成本为 8 176 万元,比 2018 年增长了 12%。试计算并分析:

(1) 该企业 2018 年和 2019 年的应收账款周转率、存货周转率、流动资产周转率、固定资产周转率、总资产周转率。

(2) 对该企业的资产运用效率进行评价。

3. 某公司有关资料如表 9-8 所示。

表 9-8 相关资料 　　　　　　　　　　单位:万元

项 目	2018 年	2019 年
工业总产值		268 954
产品销售收入		275 368
固定资产原值	86 450	94 370
其中:生产用固定资产原值	58 786	66 059
生产设备原值	32 332	39 635

要求:

(1) 计算固定资产产值率指标。

(2) 计算生产设备产值率指标。

(3) 计算生产用固定资产产值率指标。

(4) 计算固定资产收入率指标。

4. 某公司有关资料如表 9-9 所示。

表 9-9　相关资料　　　　　　　　　单位:万元

项目	2018 年	2019 年
工业总产值	76 840	82 987
产品销售收入	80 862	90 456
总资产	95 132	102 791
流动资产	42 810	43 172

注:当需要平均余额时,假定当期余额即为平均余额。

要求:

(1)分析总资产收入率变动的原因。

(2)分析总资产周转率变动的原因。

五、思考题

1. 试述营运能力分析的目的和内容。

2. 试对总资产产值率与总资产收入率进行比较并说明两者的相互关系。

3. 试述流动资产周转率与流动资产垫支周转率的区别与联系。

4. 怎样进行存货周转率分析?

5. 试述资产周转率各指标之间的关系。

第十章　发展能力分析

第一节　企业发展能力分析的目的与内容

一、企业发展能力分析的内涵

　　企业发展能力通常是指企业未来生产经营活动的发展趋势和发展潜能，也可以称为增长能力。从形式上看，企业的发展能力主要是通过自身的生产经营活动，不断扩大积累而形成的，主要依托于不断增长的销售收入、不断增加的资金投入和不断创造的利润等。从结果上看，一个发展能力强的企业，能够不断为股东创造财富，不断增加企业价值。

　　传统的财务分析仅仅是从静态的角度出发来分析企业的财务状况，也就是只注重分析企业的盈利能力、营运能力、偿债能力，这在日益激烈的市场竞争中显然不够全面、不够充分，理由如下：

　　（1）企业价值在很大程度上取决于企业未来的获利能力，而不是企业过去或者目前所取得的收益情况。对于上市公司而言，股票价格固然受多种因素的影响，但从长远看，公司的未来增长趋势是决定公司股票价格上升的根本因素。

　　（2）发展能力反映了企业目标与财务目标，是企业盈利能力、营运能力、偿债能力的综合体现。无论是增强企业的盈利水平和风险控制能力，还是提高企业的资产营运效率，都是为了企业未来的生存和发展的需要，都是为了提高企业的发展能力，因此要着眼于从动态的角度出发分析和预测企业的发展能力。

二、企业发展能力分析的目的

(一) 衡量和评价企业的发展潜力，为股东调整战略目标提供信息

通过计算和分析资产、销售、所有者权益、利润等增长率指标，可以衡量和评价企业现有的发展潜力；通过现有发展潜力与同行业其他企业发展潜力的横向比较，可以评价企业发展潜力的强弱；通过现有发展潜力与本企业不同时期发展潜力的纵向比较，可以评价企业发展潜力的变化。进而为企业调整战略目标、制定经营战略和财务战略提供信息。

(二) 衡量和评价企业的发展潜力，为投资人和债权人投资决策提供信息

企业的发展能力对于投资人、债权人非常重要，投资人的投资回报来源于企业盈利的增长，债权人的本息收回来源于企业现金流的增长。投资人为了增加投资回报，需要了解企业所有者权益、股票价值、股利等方面的增长能力，债权人为了保证债权的安全性，需要了解企业资产、收入、利润等方面的增长能力。通过衡量和评价企业的发展能力，可以为投资人是否对企业进行投资或追加投资决策提供信息，可以为债权人是否对企业提供融资或进行债务重组决策提供信息。

(三) 发现影响企业未来发展的关键因素，为经营者采取正确策略提供依据

对于经营者而言，可以通过发展能力分析发现影响企业未来发展的关键因素，从而采取正确的经营策略和财务策略促进企业可持续发展。

三、企业发展能力分析的内容

(一) 从经营增长状况和结果的角度评价企业的发展能力和趋势

1. 企业单项发展能力分析

与盈利能力一样，企业发展能力的大小同样是一个相对的概念，即分析期的股东权益、收益、销售收入和资产相对于上一期的股东权益、收益、销售收入和资产而言。仅仅利用增长额只能说明企业某一方面的增减额度，无法反映企业在某一方面的增减幅度，既不利于不同规模企业之间的横向对比，也不能准确反映企业的发展能力，因此在实践中通常是使用增长率来进行企业发展能力分析。

企业价值要获得增长，就必须依赖于股东权益、收益、销售收入和资产等方面的不断增长。企业单项发展能力分析就是通过计算和分析股东权益增长率、收益增长率、销售增长率、资产增长率等指标，分别衡量企业在股东权益、收益、营业收入、资产等方面的发展

能力,并对其在股东权益、收益、营业收入、资产等方面的发展趋势进行评估。

2. 企业整体发展能力分析

当然,企业不同方面的增长率之间存在相互作用、相互影响的关系,因此只有将各方面的增长率加以比较,才能全面分析企业的整体发展能力。

企业要获得可持续发展,就必须在股东权益、收益、营业收入和资产等各个方面谋求协调发展。企业整体发展能力分析就是通过对股东权益增长率、收益增长率、销售增长率、资产增长率等指标进行相互比较与全面分析,综合判断企业的整体发展能力。

(二)从增长形成的角度评价企业的发展能力和趋势

1. 根据扩张能力分析企业发展能力

企业的扩张能力包括市场占有率增长能力和净利润增长能力两个方面。市场占有率,又称"市场份额",是指企业商品销售量(额)在同类行业商品销售量(额)中所占的比例。市场占有率是分析企业竞争状况的重要指标,也是衡量企业营销状况的综合经济指标。市场占有率高,表明企业营销状况好,竞争能力强,在市场上占有有利地位;反之,则表明企业营销状态差,竞争能力弱,在市场上处于不利地位。研究市场占有率的增长能力,可以了解企业在市场中所处的地位是在上升阶段还是在下降阶段。净利润是企业经营的最终成果,也是企业设立的终极目标。企业净利润如果不断下降,股东财富就会减少,股东就会出售股权,企业最终会被吞并或破产。

2. 根据竞争能力分析企业发展能力

企业的竞争能力是指企业在市场竞争中所处的优势地位,包括创新能力和企业文化两个方面。创新能力是企业能否在竞争中处于优势地位的重要保证,创新就是生命力。企业只有不断地创新,才能保证竞争优势地位以实现企业的长期目标。企业文化是在一个企业中形成的某种文化观念和历史传统,它包括文化观念、价值观念、企业精神、道德规范、行为准则、历史传统、企业制度、文化环境、企业产品等。其中,价值观是企业文化的核心。从企业文化看发展能力,主要观察企业文化是否具有科学发展观的核心思想。只有拥有具备科学发展观的企业文化,才可能在消费者心中建立良好的形象,才不会因追逐短期利润而丧失企业长期利益。

第二节 企业单项发展能力分析

一、股东权益增长率计算与分析

(一)股东权益增长率的内涵和计算

股东权益增长率也叫资本积累率,是企业本期股东权益增加额与股东权益期初余额之比,反映企业当年资本的积累情况,也反映投资人投入资本的保全性和增值情况,更是企业扩大再生产的源泉,进而反映企业的发展潜力。其计算公式如下:

$$股东权益增长率 = \frac{本期股东权益增加额}{股东权益期初余额} \times 100\%$$

股东权益增长率大于 0,说明企业的资本增多。股东权益增长率越高,表明企业本期股东权益增加得越多,企业应付风险、持续增长的能力越强;反之,股东权益增长率越低,表明企业本年度股东权益增加得越少,企业应付风险、持续增长的能力越弱。股东权益增长率小于 0,说明企业积累的资本减少,股东权益受到损害。

为了克服资本受短期波动因素影响的缺陷,反映企业较长时期内资本积累的平均增长情况,在实际中还存在三年资本平均增长率这一比率。该指标表示企业连续三期的资本积累增长情况,反映企业资本积累或资本扩张的历史发展状况,以及企业稳步发展的潜力,其计算公式如下:

$$三年资本平均增长率 = \left[\sqrt[3]{\frac{年末股东权益}{三年前年末股东权益}} - 1 \right] \times 100\%$$

资本增长是企业发展壮大的标志,也是企业扩大再生产的源泉,没有新的所有者资本投入的情况下,本指标反映了投资者投入资本的保全和增长情况,该指标越高,说明资本保值增值能力越强,企业可以长期使用的资金越充裕,应付风险和持续发展的能力越强。

对该指标的分析还应该注意所有者权益不同类别的变化情况,一般说资本的扩张大都来源于外部资金的注入,反映企业获得了新的资本,具备了进一步发展的基础;如果资本的扩张主要来源于留存收益的增长,可以反映出企业在自身的经营过程中不断积累发展后备资金,既表明企业在过去经营过程的发展业绩,也说明企业具有进一步的发展后劲。

该指标设计的原意是为了均衡计算企业的三年平均资本增长水平,从而客观评价企业的股东权益发展能力状况。但是从该项指标的计算公式来看,并不能达到这个目的。因为其计算结果的高低只与两个因素有关,即本年度年末股东权益总额和三年前年末股东权益总额,而中间两年的年末股东权益总额则不影响该指标的高低。这样,只要两个企业的本年度年末股东权益总额和三年前年末股东权益总额相同,就能够得出相同的三年资本平均增长率,但是这两个企业的利润增长趋势可能并不一致。因此,依据三年资本平均增长率来评价企业股东权益发展能力存在缺陷。

(二)股东权益增长率分析

股东权益的增长主要来源于经营活动产生的净利润和融资活动产生的股东净支付。所谓股东净支付,就是股东对企业当年的新增投资扣除当年发放股利后的余额。这样股东权益增长率还可以表示为:

$$股东权益增长率 = \frac{本期股东权益增加额}{股东权益期初余额} \times 100\%$$

$$= \frac{净利润+(股东新增投资-支付股东股利)+直接计入股东权益的利得和损失}{股东权益期初余额} \times 100\%$$

$$= \frac{净利润+股东的净支付+直接计入股东权益的净损益}{股东权益期初余额} \times 100\%$$

$$= 净资产收益率 + 股东净投资率 + 净损益占股东权益的比率$$

公式中的净资产收益率和股东净投资率都是以股东权益期初余额作为分母计算的。从公式中可以看出股东权益增长率是受净资产收益率和股东净投资率这两个因素驱动的。其中,净资产收益率反映了企业运用股东投入资本创造收益的能力,而股东净投资率反映了企业利用股东新投资的程度,这两个比率的高低都反映了对股东权益增长的贡献程度。从根本上看,一个企业的股东权益增长应该主要依赖于企业运用股东投入资本所创造的收益。尽管一个企业的价值在短期内可以通过筹集和投入尽可能多的资本来获得增加,并且这种行为在扩大企业规模的同时也有利于经营者,但是这种策略通常不符合股东的最佳利益,因为它忽视了权益资本具有机会成本,并应获得合理投资报酬的事实。

为正确判断和预测企业股东权益规模的发展趋势和发展水平,应将企业不同时期的股东权益增长率加以比较。因为一个持续增长型企业,其股东权益应该是不断增长的,如果时增时减,则反映出企业发展不稳定,同时也说明企业并不具备良好的发展能力。因此仅仅计算和分析某个时期的股东权益增长率是不全面的,应利用趋势分析法将一个企业不同时期的股东权益增长率加以比较,从而正确评价企业发展能力。

以 ABC 公司 2019 年会计报表及相关资料为基础,分析该公司股东权益增长能力。

利用相关数据先分别计算该公司 2017 年、2018 年和 2019 年的股东权益增长率、净资产收益率和股东净投资率等指标,如表 10-1 所示。

表 10-1　ABC 公司股东权益增长率指标计算表　　单位:万元

项目	2016 年	2017 年	2018 年	2019 年
股东权益总额	201 868	322 320	482 820	591 276
本年股东权益增加额	—	119 452	160 500	105 936
股东权益增长率	—	58.88	49.80	21.94
净资产收益率	—	9.90	12.50	15.06
股东净投资率	—	48.98	37.30	6.88

注:表中的净资产收益率和股东净投资率都是以股东权益期初余额作为分母计算的。

从表 10-1 可以看出,ABC 公司自 2007 年以来,其股东权益总额不断增加,从 2016 年的 201 868 万元增加到 2019 年的 591 276 万元;公司 2019 年相对于 2018 年的股东权益增长率在减少,但仍然增长幅度较大,其股东权益增长率高达 21.94%,这说明了

ABC公司近几年净资产规模不断增长。

进一步分析ABC公司股东权益增长的原因,可以发现,2017年到2019年的净资产收益率不断增加,且2019年净资产收益率在股东权益增长率中占有较大比重,因此如果说2018年该公司股东权益的增长主要来自股东净投资的增加,那么2019年该公司股东权益的增长主要来自净利润的增加,这说明净利润对股东权益增长的贡献较大。净资产收益率反映企业运用股东投入资本创造收益的能力,这表明ABC公司股东权益的增长主要是依靠企业自身创造收益的能力,据此可以判断该公司在股东权益方面具有较高的增长能力,如果不出大的意外,将保持良好的发展势头。

二、资产增长率计算与分析

(一)资产增长率的内涵和计算

资产是企业拥有或者控制的用于经营并取得收入的资源,同时也是企业进行筹资和运营的物质保证。资产的规模和增长情况表明企业的实力和发展速度,也是体现企业价值和实现企业价值增加的重要手段。在实践中凡是表现为不断发展的企业,都表现为企业的资产规模稳定并不断地增长,因此把资产增长率作为衡量企业发展能力的重要指标。

企业要增加销售收入,就需要增加资产投入。为了反映企业在资产投入方面的增长情况,可以利用资产增长率指标。资产增长率就是本期资产增加额与资产期初余额之比,其计算公式如下:

$$资产增长率 = \frac{本期资产增加额}{资产期初余额} \times 100\%$$

资产增长率是用来考核企业资产投入增长幅度的财务指标。资产增长率为正数,说明企业本期资产规模增加,资产增长率越大,说明资产规模增加幅度越大;资产增长率为负数,则说明企业本期资产规模缩减,资产出现负增长。

由于资产增长率会受到资产短期波动的影响,所以为了弥补该指标的不足,可以用三年平均增长率指标来反映企业较长时间内的资产增长情况。其计算公式如下:

$$资产三年平均增长率 = \left(\sqrt[3]{\frac{年末资产总额}{三年前年末资产总额}} - 1\right) \times 100\%$$

资产三年平均增长率越高,说明企业资产规模增长速度越快,竞争和发展能力越强。

(二)资产增长率分析

在对资产增长率进行具体分析时,应该考虑资产规模扩张的质和量的关系,以及企业的后续发展能力,避免资产盲目扩张,具体如下。

1. 必须把资产增长率和销售、利润增长率结合起来分析企业的发展能力

评价一个企业的资产规模增长是否适当,必须与销售增长、利润增长等情况结合起来

分析。只有在一个企业的销售增长、利润增长超过资产规模增长的情况下,这种资产规模增长才属于效益型增长,才是适当的、正常的。

2. 必须把资产增长率和资产规模扩张的资金来源结合起来分析企业的发展能力

因为企业的资产一般来自负债和所有者权益,在其他条件不变的情况下,无论是增加负债规模还是增加所有者权益规模,都会提高资产增长率。如果一个企业的资产增长完全依赖于负债的增长,而所有者权益项目在年度里没有发生变动或者变动不大,则说明企业不具备良好的发展潜力。从企业自身的角度看,企业资产的增长应该主要取决于企业盈利的增加。当然,盈利的增长能带来多大程度的资产增长还要视企业实行的股利政策而定。

3. 必须把企业不同时期的资产增长率加以比较来分析企业的发展能力

一个健康的处于成长期的企业,其资产规模应该是不断增长的,如果时增时减,则反映出企业的经营业务并不稳定,同时也说明企业并不具备良好的发展能力。所以为全面认识企业资产规模的增长趋势和增长水平,只有将一个企业不同时期的资产增长率加以比较,才能正确评价企业资产规模的发展能力。

以 ABC 公司 2019 年会计报表及相关资料为基础,分析该公司资产发展能力。利用相关数据先分别计算 2017 年、2018 年、2019 年的资产增长率、股东权益增加额及其占资产增加额的比重。其计算过程如表 10-2 所示。

表 10-2　ABC 公司资产增长率指标计算表　　　　　　单位:万元

项目	2016 年	2017 年	2018 年	2019 年
资产总额	378 698	1 048 588	1 758 068	2 102 056
本年资产增加额	—	669 620	709 480	343 988
资产增长率	—	176.70%	67.66%	19.75%
股东权益增加额	—	119 452	160 500	105 936
股东权益增加额占资产增加额的比重	—	17.84%	22.62%	30.80%

从表 10-2 可以看出,ABC 公司自 2016 年以来,其资产规模不断增加,从 2016 年的 378 698 万元增加到 2019 年的 2 102 056 万元,虽然 2016 年以来的资产增长率在不断减小,从 2017 年的 176.70% 减小到 2019 年的 19.57%,但增长率一直为正,说明了 ABC 公司近几年资产规模呈现增长趋势。

当然仅仅依据这一点,无法得出 ABC 公司具有较强的资产增长能力的结论,还必须分析该公司资产增长的效益性和资产增长的来源。资产增长的效益性将在下面的销售增长分析和收益增长分析中结合相关数据进行分析,在此我们重点分析资产增长的来源。如表 10-2 所示,2017 年、2018 年及 2019 年这三年的股东权益增加额占资产增加额的比重分别为 17.84％、22.62％和 30.80％，可看出该公司 2017 年、2018 年、2019 年股东权益增加在资产增加额中所占的比重都比较低，资产的增长绝大部分来自负债的增加，说明这两年资产增加的来源并不很理想；而 2019 年股东权益的增加在资产增加额中所占的比重有了较大幅度的提高，达到了 30.80％，说明该年资产增长来源有了较大程度的改观，资产增长能力得到加强。

综合以上分析，可以得出 ABC 公司的资产增长能力较强，并且具备良好的增长趋势。

三、销售增长率计算与分析

(一) 销售增长率的内涵和计算

市场是企业生存和发展的空间，销售增长是企业增长的源泉。一个企业的销售情况越好，说明其在市场所占份额越大，企业生存和发展的市场空间也越大，因此可以用销售增长率来反映企业在销售方面的发展能力。销售增长率就是本期营业收入增加额与上期营业收入之比。其计算公式如下：

$$销售增长率 = \frac{本期营业收入增加额}{上期营业收入净额} \times 100\%$$

销售增长率可以衡量企业经营状况和市场占有能力，预测企业经营业务发展趋势。销售增长率大于 0，说明企业本年的营业收入有所增长，该指标越高，说明增长速度越快，企业市场前景越好，竞争和发展能力越强。销售增长率小于 0，说明企业本年的营业收入有所减少，该指标越低，说明增长速度越慢，企业市场份额减少，竞争和发展能力越弱。需要说明的是，企业在分析该指标时，还应结合以前年度的营业收入水平、市场占有情况、前三年的销售增长率等指标得出分析结论。

(二) 销售增长率分析

在利用销售增长率来分析企业在销售方面的发展能力时，应该注意以下几个方面。

1. 必须分析销售增长是否具有效益性

如果营业收入的增加主要依赖于资产的相应增长，也就是销售增长率低于资产增长率，说明这种销售增长不具有效益性，同时也反映企业在销售方面可持续发展能力不强。在正常情况下，一个企业的销售增长率应高于其资产增长率，只有在这种情况下，才能说明企业在销售方面具有良好的成长性。所以要判断企业在销售方面是否具有良好的成长性，必须分析销售增长是否具有效益性。

2. 必须将企业不同时期的销售增长率加以比较和分析

因为销售增长率仅就某个时期的销售情况而言，某个时期的销售增长率可能会受到一些偶然的和非正常的因素影响，而无法反映出企业实际的销售发展能力。所以要全面、正确地分析和判断一个企业营业收入的增长趋势和增长水平，必须将企业不同时期的销售增长率加以比较和分析。

3. 某种产品销售增长率指标的运用

可以利用某种产品销售增长率指标,来观察企业产品的结构情况,进而也可以分析企业的成长性。其计算公式如下:

$$某种产品销售增长率 = \frac{某种产品上期销售收入增加额}{上期销售收入净额} \times 100\%$$

根据产品生命周期理论,每种产品的生命周期一般可以划分为四个阶段。每种产品在不同的阶段反映出的销售情况也不同:在投放期,由于产品研究开发成功,刚刚投入正常生产,因此该阶段的产品销售规模较小,而且增长比较缓慢,即某种产品销售增长率较低;在成长期,由于产品市场不断拓展,生产规模不断扩大,销售量迅速增加,因此该阶段的产品销售增长较快,即某种产品销售增长率较高;在成熟期,由于市场已经基本饱和,销售量趋于稳定,因此该阶段的产品销售将不再有大幅度的增长,即某种产品销售增长率与上一期相比变动不大;在衰退期,由于该产品的市场开始萎缩,因此该阶段的产品销售增长速度放慢甚至出现负增长,即某种产品销售增长率较上一期变动非常大,甚至表现为负数。根据这一原理,借助某种产品销售增长率指标,大致可以分析企业生产经营的产品所处的生命周期阶段,据此也可以预测企业发展前景。对一个具有良好发展前景的企业来说,较为理想的产品结构是"成熟一代,生产一代,储备一代,开发一代"。如果一个企业的所有产品都处于成熟期或者衰退期,那么它的发展前景就不容乐观。

以 ABC 公司 2019 年会计报表及相关资料为基础,分析该公司销售收入发展能力。

首先,利用相关数据分别计算该公司 2017 年、2018 年和 2019 年的销售增长率指标,其计算过程如表 10-3 所示。

表 10-3　ABC 公司销售增长率指标计算表　　　　单位:万元

项目	2016 年	2017 年	2018 年	2019 年
营业收入净额	70 688	135 680	266 432	607 452
本年营业收入增加额	—	64 992	730 752	341 020
销售增长率	—	91.94%	96.37%	128.00%

其次,分析 ABC 公司销售收入的增长趋势和增长水平。从表 10-3 可以看出,该公司自 2007 年以来,销售规模不断扩大,营业收入从 2016 年的 70 688 万元提高到 2019 年的 607 452 万元;而且从增长幅度来看,这三年来的销售增长率也一直呈现增长的趋势,尤其是 2019 年的增长幅度很大,这说明 ABC 公司的销售增长速度正处于增长状态。

最后,利用表 10-2 的资产增长率指标,结合表 10-3 分析各年销售增长是否具有效益性。2017 年、2018 年和 2019 年这三年的资产增长率分别为 176.70%、67.66%、

19.57%。2017 年的资产增长率大于当年的销售增长率,而 2018 年和 2019 年的销售增长率却比资产增长率要大。可见这三年的销售增长率的效益性正逐年增强,这也说明 ABC 公司这三年的销售增长不是主要依靠资产的追加投入取得,因此具有较高的效益性。

综合以上分析可以得出结论,即 ABC 公司具有良好的销售增长能力。

四、收益增长率计算与分析

(一) 收益增长率的内涵和计算

一个企业的价值主要取决于其盈利及发展能力,所以企业的收益增长是反映企业发展能力的重要方面。由于收益可表现为营业利润、利润总额、净利润等多种指标,因此相应的收益增长率也具有不同的表现形式。在实际中,通常使用净利润增长率、营业利润增长率这两种比率。

1. 净利润增长率

由于净利润是企业经营业绩的结果,因此净利润的增长是企业成长性的基本表现。净利润增长率是本期净利润增加额与上期净利润之比,其计算公式如下:

$$净利润增长率 = \frac{本期净利润增加额}{上期净利润} \times 100\%$$

该公式反映的是企业净利润增长情况。净利润增长率为正数,说明企业本期净利润增加,净利润增长率越大,说明企业收益增长得越多,企业发展能力越强;净利润增长率为负数,则说明企业本期净利润减少,收益降低。

2. 营业利润增长率

如果一个企业营业收入增长,但利润并未增长,那么从长远看,它并没有创造经济价值。同样,一个企业如果营业利润增长,但营业收入并未增长,也就是说其利润的增长并不是来自营业收入,那么这样的增长也是不能持续的,随着时间的推移也将会消失。因此,利用营业利润增长率这一比率也可以较好地考察企业的成长性。营业利润增长率是本期营业利润增加额与上期营业利润之比,其计算公式如下:

$$营业利润增长率 = \frac{本期营业利润增加额}{上期营业利润} \times 100\%$$

该公式反映的是企业营业利润增长情况。营业利润增长率为正数,说明企业本期营业利润增加,营业利润增长率越大,说明企业收益增长得越多,企业发展能力越强;营业利润增长率为负数,则说明企业本期营业利润减少,收益降低。

3. 三年利润平均增长率

值得注意的是,在实际应用中,有人提出利用三年利润平均增长率这一指标分析企业收益增长能力。其计算公式如下：

$$三年利润平均增长率 = \left(\sqrt[3]{\frac{年末利润总额}{三年前年末利润总额}} - 1\right) \times 100\%$$

通过计算公式可以发现该指标的设计原理与三年资本平均增长率一致。计算三年利润平均增长率是为了均衡计算企业的三年平均利润增长水平，从而客观地评价企业的收益增长能力状况。但是从该项指标的计算公式来看，它并不能达到这个目的。因为其计算结果的高低同样只与两个因素有关，即本年末利润总额和三年前年末利润总额相关，而中间两年的年末实现利润总额则不影响该指标的高低。这样，只要两个企业的本年年末利润总额和三年前年末利润总额相同，就能够得出相同的三年利润平均增长率，但是这两个企业的利润增长趋势可能并不一致。因此，依据三年利润平均增长率评价企业收益增长能力是有缺陷的。

（二）收益增长率分析

在利用销售增长率来分析企业在收益方面的发展能力时，应该注意以下几个方面。

1. 应将净利润增长率与营业利润增长率结合起来进行分析

如果企业的净利润主要源于营业利润，则表明企业产品获利能力较强，具有良好的发展能力；相反，如果企业的净利润不是主要源于正常业务，而是来自营业外收入或者其他项目，说明企业的持续发展能力并不强。

2. 应将营业利润增长率与销售增长率结合起来进行分析

如果企业营业利润增长率高于企业的销售增长率，即营业收入增长率，说明企业正处于成长期，业务不断拓展，企业的盈利能力不断增强；反之，如果企业的营业利润增长率低于营业收入增长率，则反映企业营业成本、税费、期间费用等成本上升超过了营业收入的增长，说明企业的营业盈利能力并不强，企业的发展潜力值得怀疑。

3. 应将企业连续多期的净利润增长率和营业利润增长率指标进行对比分析

为了更正确地反映企业净利润和营业利润的增长趋势，应将企业连续多期的净利润增长率和营业利润增长率指标进行对比分析，这样可以排除个别时期偶然性或特殊性因素的影响，从而更加全面真实地揭示企业净利润和营业利润的增长情况。

以 ABC 公司 2019 年会计报表及相关资料为基础，分析该公司的收益发展能力。

首先，利用相关数据分别计算该公司 2017 年、2018 年和 2019 年的营业利润增长率和净利润增长率等指标，其计算过程如表 10-4 所示。

表 10-4 ABC 公司收益增长率指标计算表 　　　　单位：万元

项目	2016 年	2017 年	2018 年	2019 年
营业利润	16 036	22 904	53 963	102 416
本年营业利润增加额	—	6 880	31 032	48 480

(续表)

项目	2016 年	2017 年	2018 年	2019 年
营业利润增长率	—	42.94%	135.49%	89.88%
净利润	20 388	20 092	40 264	72 696
本年净利润增加额	—	−296	20 168	32 436
净利润增长率	—	−1.45%	100.40%	80.55%

其次,根据表 10-4 分析 ABC 公司的营业利润增长率。结合表 10-3,该公司 2017 年、2018 年和 2019 年三年的销售增长率分别是 91.94%、96.37%、128.00%,而该公司这三年的营业利润增长率分别为 42.94%、135.49%、89.88%,可以看出只有 2018 年的营业利润增长率大于销售增长率。这反映该公司这三年中有两年的营业收入和投资净收益的增长低于营业成本、营业税费、期间费用等成本的增加,说明公司存在一定盈利风险,值得该公司的关注,应加强成本的控制。

再次,分析该公司的净利润增长率。从表 10-4 可以知道,该公司 2017 年、2018 年和 2019 年三年的净利润增长率分别为 −1.45%、100.40%、80.55%,结合公司的营业利润增长率来看,三年的净利润的增长幅度都低于营业利润的增长幅度,说明这三年的净利润高增长主要来源于营业利润的增长,其他项目对它并没有显著影响。对比三年的净利润增长率,可以发现该公司三年的净利润增长率并不稳定,尤其是 2018 年的净利润增长率非常高,达到了 100.38%,而 2017 年的净利润增长率为负值,这不排除受到一些偶然的或者非正常的因素的影响,需要利用相关资料进一步分析其增长的真实原因。

最后,综合以上分析,ABC 公司在营业利润方面具有较强的增长能力,且具有较好的增长趋势;在净利润方面具有一定的增长能力,但是其未来增长的稳定性有待于进一步观察。

第三节　企业整体发展能力分析

一、企业整体发展能力分析框架

(一) 企业整体发展能力分析的原因

除了对企业发展能力进行单项分析以外,还需要分析企业的整体发展能力。其原因在于:第一,股东权益增长率、收益增长率、销售增长率和资产增长率等指标,只是从股东权益、收益、营业收入和资产等不同侧面考察了企业的发展能力,不足以涵盖企业发展能力的全部;第二,股东权益增长率、收益增长率、销售增长率和资产增长率等指标之间相互作用、相互影响,不能截然分开。因此,在实际运用时,只有把四种类型的增长率指标相互联系起来进行综合分析,才能正确评价一个企业的整体发展能力。

(二)企业整体发展能力分析的思路

第一步,分别计算股东权益增长率、收益增长率、销售增长率和资产增长率等指标的实际值;第二步,分别将上述增长率指标实际值与以前不同时期增长率数值、同行业平均水平进行比较,分析企业在股东权益、收益、销售收入和资产等方面的发展能力;第三步,比较股东权益增长率、收益增长率、销售增长率和资产增长率等指标之间的关系,判断不同方面增长的效益性以及它们之间的协调性;第四步,根据以上分析结果,运用一定的分析标准,判断企业的整体发展能力。一般而言,只有一个企业的股东权益增长率、资产增长率、销售增长率、收益增长率保持同步增长,且不低于行业平均水平,才可以判断这个企业具有良好的发展能力。

(三)企业可持续增长能力的评价

从企业整体的角度考虑企业的增长,就是保持企业的可持续增长能力,从某种程度上来讲就是保持和谐的财务策略和经营策略。对快速成长的企业而言,其资源会变得相当紧张,管理层需要采取积极的财务政策和经营政策加以控制,如发行新的股权资本,提高财务杠杆系数,减少股利支付比例来满足资金的需求,同时调整经营政策来进行成长管理,比如分流部分订单、改变销售策略、停止或减少入不敷出的经营项目来减少增长的现金压力等。对于成长过慢的企业来说,管理层面临的问题之一是如何解决处理现金顺差问题,根据自身的情况可以进行股票回购或增发股利、通过并购买入成长型企业,即在更有活力的行业寻找物有所值的成长机会。一般来说,企业可持续增长能力的评价指标是可持续增长率。

可持续增长率是指在不增发新股并且保持目前经营效率和财务政策的条件下,公司销售所能增长的最大比率,是企业当前经营效率和财务政策决定的内在增长能力,也是保持目前财务结构的情况下的所有者权益增长率。

在不改变经营效率和财务政策的条件下,可持续增长率就是所有者权益增长率,因此可持续增长率的计算公式如下:

$$可持续增长率 = 所有者权益增长率$$

$$= \frac{所有者权益本期增加额}{期初所有者权益}$$

$$= \frac{本期净利 \times (1 - 股利支付率)}{期初所有者权益}$$

$$= 期初净资产收益率 \times (1 - 股利支付率)$$

$$= 销售净利率 \times 总资产周转率 \times 权益乘数 \times (1 - 股利支付率)$$

由于实际增长率是本年销售额比上年销售额的增长百分比,所以,销售的实际增长率与可持续增长率的关系如下：

（1）如果某一年的经营效率和财务政策与上年相同，则实际增长率、上年的可持续增长率以及本年的可持续增长率三者相等。这种增长状态称为平衡增长。

（2）如果某一年的销售净利率、总资产周转率、股利支付率、权益乘数有一个或多个增长，则实际增长率就会超过上年的可持续增长率，本年的可持续增长率会超过上年的可持续增长率。

（3）如果某一年的销售净利率、总资产周转率、股利支付率、权益乘数有一个或多个下降，则实际增长率就会低于上年的可持续增长率，本年的可持续增长率会低于上年的可持续增长率。

二、企业整体发展能力分析框架应用

应用企业整体发展能力分析框架分析企业整体发展能力时应该注意以下几个方面。

1. 对股东权益增长的分析

股东权益的增长一方面来源于净利润，净利润又主要来自营业利润，营业利润又主要取决于营业收入，并且营业收入的增长在资产使用效率保持一定的前提下要依赖于资产投入的增加；股东权益的增长另一方面来源于股东的净投资，而净投资取决于本期股东投资资本的增加和本期对股东股利的发放。

2. 对收益增长的分析

收益的增长主要表现为净利润的增长，而对于一个持续增长的企业而言，其净利润的增长应该主要源于营业利润；而营业利润的增长又应该主要来自营业收入的增加。

3. 对销售增长的分析

销售增长是企业营业收入的主要来源，也是企业价值增长的源泉。一个企业只有不断开拓市场，保持稳定的市场份额，才能不断扩大营业收入，增加股东权益；同时为企业进一步扩大市场、开发新产品和进行技术改造提供资金来源，最终促进企业的进一步发展。

4. 对资产增长的分析

企业资产是取得营业收入的保障，要实现营业收入的增长，在资产利用效率一定的条件下就需要扩大资产规模。要扩大资产规模，一方面可以通过负债融资实现；另一方面可以依赖股东权益的增长，即净利润和净投资的增长。

总之，在运用这一框架时需要注意这四种类型增长率之间的相互关系，否则无法对企业的整体发展能力作出正确的判断。

分析根据以上计算得到的 ABC 公司 2017 年、2018 年和 2019 年的股东权益增长率、净利润增长率、营业利润增长率、销售增长率和资产增长率等指标实际值，并判断该公司整体发展能力。它们的计算结果如表 10-5 所示。

表 10-5   ABC 公司 2017—2019 年单项增长率一览表

项目	2017 年	2018 年	2019 年
股东权益增长率	58.88%	49.80%	21.94%
净利润增长率	-1.45%	100.40%	80.55%
营业利润增长率	42.94%	135.49%	89.88%
销售增长率	91.94%	96.37%	128.00%
资产增长率	176.70%	67.66%	19.57%

根据表 10-5,可以发现 ABC 公司 2017 年以来股东权益增长率、净利润增长率、营业利润增长率、销售增长率、资产增长率基本上都为正值,仅 2017 年的净利润增长率为负值,这说明该公司 2017—2019 年的股东权益、收益规模、销售收入、资产规模都一直在增加,但其增长率水平还应与行业平均水平进行比较。我们查阅了财政部制定的企业绩效评价指标标准值,发现电力燃气工业企业的销售增长率行业平均标准值为 14.5%,营业利润增长率的平均标准值为 3.7%,资产增长率的平均标准值为 9.9%,这样 ABC 公司销售增长率、营业利润增长率、资产增长率均超过行业平均水平,其增长状况较好。股东权益增长率的平均标准值为 2.1%,ABC 公司 2017 年、2018 年和 2019 年的股东权益增长率均高于行业平均水平,2017 年股东权益增长率达到了 58.88%,大大超过了行业平均水平。这样,综合起来看 ABC 公司股东权益、资产、销售和收益增长率基本高于行业平均水平,这反映其各方面的增长状况良好。

通过表 10-5 可以发现,ABC 公司 2017 年以来的销售增长率一直处于上升的趋势;股东权益增长率和资产增长率一直处于下降的趋势;净利润增长率、营业利润增长率都出现先增后降的趋势,这种趋势属于暂时性的还是持续性的需要进一步深入分析。问题的焦点集中在 2018 年,可以观察到该公司 2018 年的净利润增长率和营业利润增长率明显高于其他年份,所以应关注 2018 年的净利润和营业利润的增长原因。

通过比较各种类型的增长率之间的关系可以发现:

第一,比较销售增长率和资产增长率。可以看出除了 2017 年,ABC 公司 2018 年、2019 年的销售增长率均高于资产增长率,而且超出幅度较大,说明公司的销售增长并不是主要依赖于资产投入的增加,因此具有较好的效益性。

第二,比较股东权益增长率与净利润增长率。可以看出该公司这三年中有两年的股东权益增长率均大大低于当年的净利润增长率,一方面说明该公司这三年的股东权益增长主要来自生产经营活动创造的净利润,是一个比较好的现象;而另一方面,股东权益增长率与净利润增长率之间出现较大的差异,说明公司的净利润可能还用于弥补亏损等其他用途,所以应进一步分析两者出现较大差异的原因。

第三,比较净利润增长率与营业利润增长率。可以发现 ABC 公司自 2017 年以来公司的净利润增长率均低于营业利润的增长率,这反映该公司净利润的高增长主要来自营业利润的增长,说明企业在净利润方面的持续发展能力比较强。

第四,比较营业利润增长率和销售增长率。可以看出,2017年和2019年的营业利润的增长率均低于销售增长率,这反映该公司这三年中有两年的营业收入和投资净收益的增长低于营业成本、营业税费、期间费用等成本的增加,说明公司存在一定盈利风险,值得关注,且公司需要加强对成本的控制。

通过以上分析,可以对ABC公司的整体增长能力得出一个初步的结论,该公司的各个方面都具有较强的增长能力,因而具有较强的整体增长能力。当然,考虑到企业增长能力还受到许多其他复杂因素的影响,因此要得到关于企业增长能力的更为准确的结论,还需要利用更多的资料进行更加深入的分析。

本 章 小 结

企业发展能力通常是指企业未来生产经营活动的发展趋势和发展潜能,衡量和评价企业的发展潜力,可以为股东调整战略目标提供信息,为投资人和债权人投资决策提供信息,为经营者采取正确策略提供依据。

企业发展能力分析的内容包括从经营增长状况和结果的角度与从增长形成的角度评价企业的发展能力和趋势。

从经营增长状况和结果的角度评价包括企业单项发展能力分析和企业整体发展能力分析,企业单项发展能力分析的指标有股东权益增长率、资产增长率、销售增长率和收益增长率,企业整体发展能力分析就是通过对股东权益增长率、收益增长率、销售增长率、资产增长率等指标进行相互比较与全面分析,综合判断企业的整体发展能力。

从增长形成的角度评价企业的发展能力和趋势包括从扩张能力和竞争能力两个角度,企业的扩张能力包括市场占有率增长能力和净利润增长能力两个方面,企业的竞争能力是指企业在市场竞争中所处的优势地位,包括创新能力和企业文化两个方面。

案 例 分 析

苏宁电器能否实现持续的快速发展

苏宁电器集团有限公司(以下简称"苏宁电器")1990年创立于江苏南京,是中国"3C"(家电、电脑、通信)连锁零售企业的领先者之一,是国家商务部重点培育的"全国15家大型商业企业集团"之一。2004 年 7 月,苏宁电器(002024)在深交所上市,拥有 1 700 多家店面,海内外销售规模 2 300 亿元,员工总数近 18 万人,先后入选《福布斯》亚洲企业 50 强、全球 2 000 大企业中国零售业第一、中国民营企业前三强,品牌价值 815.68 亿元。

到 2020 年,苏宁电器连锁店总数将达 3 000 家,销售规模达 3 500 亿元,同时完成 300 个电器旗舰店、60 个物流基地的建设,进入世界一流企业的行列,成为"中国的沃尔玛",苏宁电器的发展趋势如日中天,那么它是否可以持续这样快速的发展呢?

该公司 2016—2019 年的发展能力指标如表 10-6 所示。

表 10-6　苏宁电器 2016—2019 年的发展能力指标

项目	2016 年	2017 年	2018 年	2019 年
收入增长率	4.76%	7.05%	3.45%	24.44%
营业利润增长率	−53.23%	−93.90%	−893.30%	−58.19%
净利润增长率	−48.72%	−95.84%	690.04%	−8.05%
总资产增长率	27.39%	8.00%	0.07%	7.16%
股东权益增长率	26.40%	−1.40%	2.91%	8.09%

案例思考题:

(1) 对苏宁电器发展能力状况进行分析。

(2) 国美电器 2017—2019 年的发展能力指标如表 10-7 所示,试比较苏宁电器和国美电器的发展能力状况,并谈谈你如何看待国美电器的发展方式。

表 10-7　国美电器 2017—2019 年的发展能力指标

项目	2017 年	2018 年	2019 年
收入增长率	10.37%	7.01%	7.01%
净利润增长率	220.50%	43.40%	−5.61%
总资产增长率	4.27%	12.09%	−5.65%
股东权益增长率	5.73%	6.14%	5.44%

练 习 题

一、单项选择题

1. 下列因素中,能直接影响股东权益增长率变化的指标是(　　)。

A. 净资产收益率　　　　　　　　　　B. 总资产周转率

C. 总资产报酬率　　　　　　　　　　D. 总资产

2. 下列指标中,不属于增长率指标的是(   )。

A. 利息保证倍数　　　　　　　　　B. 销售增长率

C. 股东权益增长率　　　　　　　　D. 资本积累率

3. 下列项目中,不属于企业资产规模增加的原因的是(   )。

A. 企业对外举债　　　　　　　　　B. 企业实现盈利

C. 企业发放股利　　　　　　　　　D. 企业发行股票

4. 下列指标中,不可以用来表示收益增长能力的指标是(   )。

A. 净利润增长率　　　　　　　　　B. 营业利润增长率

C. 销售增长率　　　　　　　　　　D. 三年利润平均增长率

5. 如果企业某一种产品处于衰退期,其销售增长率的特点是(   )。

A. 比值比较小　　　　　　　　　　B. 增长速度与上期相比变动不大

C. 比值比较小　　　　　　　　　　D. 增长速度开始放慢甚至出现负增长

二、多项选择题

1. 企业增长能力分析的目的在于(   )。

A. 股东通过增长能力分析衡量企业创造价值的程度以作出正确的战略决策

B. 潜在的投资者通过发展能力分析评价企业的成长性以作出正确的投资决策

C. 债权人通过增长能力分析判断企业未来盈利能力以作出正确的信贷决策

D. 经营者通过增长能力分析发现影响企业未老发展的关键因素以作出正确的经营和财务决策

E. 政府通过发展能力分析评估社会贡献水平以制定正确的宏观经济政策

2. 下列指标中,可以用于反映企业增长能力的财务指标有(   )。

A. 资产增长率　　　　　　　　　　B. 销售增长率

C. 资本积累率　　　　　　　　　　D. 净利润增长率

E. 营业利润增长率

3. 下列因素中,影响股东权益增长率的大小的有(   )。

A. 资产负债率　　　　　　　　　　B. 总资产报酬率

C. 净资产收益率　　　　　　　　　D. 总资产周转率

E. 股东净投资率

4. 下列指标中,可以用来反映企业收益增长能力的有(   )。

A. 净利润增长率　　　　　　　　　B. 销售增长率

C. 总资产报酬率　　　　　　　　　D. 资本积累率

E. 营业利润增长率

5. 下列指标中,企业单项增长能力包括(   )。

A. 资产增长能力　　　　　　　　　B. 收益增长能力

C. 营业收入增长能力　　　　　　D. 负债增长能力

E. 股东权益增长能力

三、判断题

1. 企业增长率越高意味着对企业就越有利。　　　　　　　　　　　（　　）

2. 增长能力的大小是一个相对概念。　　　　　　　　　　　　　　（　　）

3. 仅分析某一项增长能力指标,无法得出企业整体增长能力情况的结论。（　　）

4. 从长远的角度看,上市公司的增长能力是决定公司股票价格上涨的根本因素。

（　　）

5. 要正确分析和判断一个企业营业收入的增长趋势和增长水平,必须将一个企业不同时期的销售增长率加以比较和分析。　　　　　　　　　　　　　　　（　　）

四、计算题

1. 已知甲公司从 2016 年到 2019 年的净利润分别为 140 万元、180 万元、210 万元、245 万元。

要求:请计算甲公司的净利润增长率。

2. 已知乙公司 2016 年、2017 年、2018 年、2019 年的资产总额分别为 200 万元、296 万元、452 万元、708 万元;四年的负债总额分别为 78 万元、120 万元、179 万元、270 万元。

要求:分析乙公司的股东权益增长能力。

五、综合题

已知 A 公司 2016—2019 年有关的会计资料如表 10-8 所示。

表 10-8　A 公司 2016—2019 年主要财务指标　　　　　　单位:万元

项目	2016 年	2017 年	2018 年	2019 年
资产总额	1 369	1 649	2 207	3 103
股东权益	797	988	1 343	1 915
营业收入	4 576	6 194	8 671	12 413
营业利润	674	913	1 298	1 866
净利润	398	550	873	1 293

要求:

(1) 请根据以上有关数据计算 A 公司的销售增长率,并分析其销售增长能力。

(2) 请分析 A 公司整体增长能力。

第十一章 财务综合分析评价

第一节 综合分析与评价概述

一、综合分析与评价的目的

财务分析从盈利能力、营运能力和偿债能力角度对企业的筹资活动、投资活动和经营活动状况进行了深入、细致的分析,以判明企业的财务状况和经营业绩,这对于企业投资者、债权人、经营者、政府及其他与企业利益相关者了解企业的财务状况和经营成果是十分有益的。但以上章节分别从不同的角度对企业的财务报告和财务能力进行了具体研究。企业的经济活动是一个有机的整体,要全面评价企业的经济效益,仅仅满足于某些局部的分析是不够的,而应将互相关联的各种报表和财务能力指标联系在一起,从全局出发,进行全面、系统、综合的分析。

业绩评价是指在综合分析的基础上,运用业绩评价方法对企业的财务状况和经营成果所作的综合结论。业绩评价以财务分析为基础,财务分析以业绩评价为结论,财务分析离开业绩评价就没有太大意义。在前述财务分析中,都曾在分析的基础上作出了相应的评价,但那只是就单项财务能力所作的分析与评价,其结论具有片面性,只有在综合分析的基础上进行业绩评价,才能从整体上相互联系地全面评价企业的财务状况和经营成果。

综合分析与评价的目的有以下几个方面:

(1)通过综合分析评价明确企业财务活动与经营活动的相互关系,找出制约企业发展的"瓶颈"。

(2)通过综合分析评价明确企业的财务状况和经营业绩,明确企业的经营水平、位置及发展方向。

(3)通过综合分析评价为企业利益相关者进行投资决策提供参考。

(4)通过综合分析评价为完善企业财务管理和经营管理提供依据。

二、综合分析评价的内容

财务综合分析要揭示各种财务经济指标之间的相互关系和协调关系,从而全面评价经济活动过程及其成果,以便进一步提高经济效益,挖掘企业潜力。综合分析是各项指标分析的综合、概括和提高,它能为全面考核企业再生产各个主要方面的经济效果和制定决策提供重要依据。

资金是物资的货币表现,企业拥有的资金量表明企业占有社会物质财富的多少。企业占有并消耗它们是为了向社会提供更多的物质财富。因此,财务综合分析的意义不仅在于分析生产条件的具备水平和保证程度,而且更重要的作用在于对企业使用资金的经济效果进行全面分析和综合评价。既要保证企业生产经营活动的正常需要,又要节约、合理地使用资金。前者通过各项资金来源情况的分析,要求企业及时足额地取得合法的资金,后者通过对各项资金占有情况的分析,要求企业按计划控制数额,并且在两者相互结合与适应的基础上,力争以最少的投入取得最大的效果,促使企业全面提高经济效益。

企业的生产经营活动是一个有机的整体,财务综合分析所涉及的各个方面的指标是相互联系、相互制约的。为了全面考察企业的经济活动,有必要对企业生产经营管理总体进行分析,即进行总括性的综合分析。综合分析与评价包括以下内容。

(一)财务目标与财务环节互相关联综合分析评价

企业财务目标是资本增值最大化。资本增值的核心在于资本收益能力的提高,而资本收益能力受企业各个方面、各个环节财务状况的影响。本部分分析正是要以净资产收益率为核心,并通过对净资产收益率的分解,找出企业经营各个环节对其的影响程度,从而综合评价企业各个环节及各个方面的经营业绩。杜邦财务分析体系是进行这一分析最基本的方法。

(二)企业经营业绩综合分析评价

虽然财务目标与财务环节的联系分析可以解决单项指标分析或单方面分析给评价带

来的困难,但由于没能采用某种计量手段给相互关联指标以综合评价,因此,往往难以准确得出企业经营业绩改善与否的定量结论。企业经营业绩综合分析评价正是从解决这一问题出发,利用业绩评价的不同方法对企业经营业绩进行量化分析,最后得出企业经营业绩评价的唯一结论。

第二节　杜邦财务综合分析及其发展

一、杜邦财务分析法

杜邦财务分析法是指根据各主要财务比率指标之间的内在联系,建立一套互相制约的财务分析指标体系,以此来综合分析企业的财务状况和经营成果的方法。由于该指标体系是由美国杜邦公司最先采用的,故又称其为杜邦财务分析体系。

杜邦财务分析法最显著的特点是将若干个用以评价企业财务状况和经营成果的比率按其内在联系有机结合起来,形成一个完整的指标体系,并最终通过诸如净资产收益率指标来作综合反映,如图 11-1 所示。它把销售利润率、资产周转率和财务杠杆结合起来说明净资产收益率的变化。采用这一方法,可使财务比率分析的层次更加清晰,条理更加分明,为财务主体能够全面、详细地分析企业财务状况与经营成果提供方便。

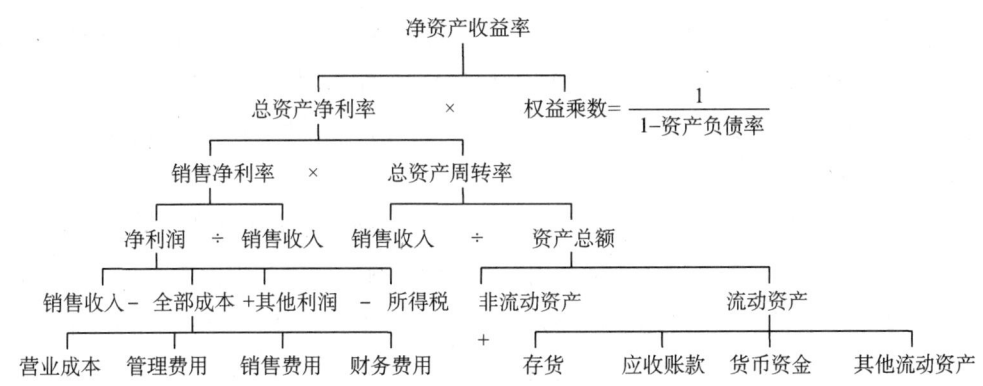

图 11-1　杜邦财务分析体系图

图 11-1 又被称为杜邦正图。图的左边显示销售利润率,把不同的费用项目列示出来,将其加总得出总成本,从销售收入中扣除总成本,即为公司净利润;净利润除以销售收入,则得出销售利润率。图的右边显示各种资产和总资产,销售收入除以资产总额得到公司每年总资产的周转数。

总资产净利率等于销售利润率乘以总资产周转率,这个等式被称为杜邦基本等式。

在杜邦财务分析体系中,包含了几种主要的指标关系如下:

（1）净资产收益率＝总资产净利率×业主权益乘数，即：

$$\frac{净利润}{净资产} \times 100\% = \frac{净利润}{总资产} \times 100\% \times \frac{总资产}{净资产}$$

（2）总资产净利率＝销售净利率×总资产周转率，即：

$$\frac{净利润}{总资产} \times 100\% = \frac{净利润}{销售收入} \times 100\% \times \frac{销售收入}{总资产}$$

（3）销售净利率＝$\dfrac{净利润}{销售收入} \times 100\% = \dfrac{总收入－总成本费用}{销售收入}$。

（4）总资产周转率＝$\dfrac{销售收入}{总资产} = \dfrac{销售收入}{流动资产＋非流动资产}$。

杜邦财务分析体系为进行企业综合分析提供了极具价值的财务信息。以上的关系表明：

（1）净资产收益率是综合性最强的财务指标，是企业综合财务分析的核心。影响净资产收益率最重要的指标是销售净利率、总资产周转率、业主权益乘数；这一指标反映了投资者的投入资本获利能力的高低，能体现出企业经营的目标。从企业财务活动和经营活动的互相关系上看，净资产收益率的变动取决于企业资本经营、资产经营和商品经营。所以净资产收益率是企业财务效率和经营活动效率的综合体现。

（2）总资产净利率由销售净利率和总资产周转率的乘积决定。销售净利率是反映企业商品经营盈利能力最重要的指标，是企业商品经营的结果，是实现净资产收益率最大化的保证，其大小取决于收入、成本和费用的高低。企业提高销售利润率的途径只有两条：一是扩大销售收入；二是降低成本费用。

（3）总资产周转率是反映企业营运能力最重要的指标，是企业资产经营的结果，是实现净资产收益率最大化的基础。总资产周转率与销售收入和资产规模紧密相关。企业总资产由流动资产和非流动资产组成，流动资产体现企业的偿债能力和变现能力，非流动资产则体现企业的经营规模、发展潜力和盈利能力。各类资产的收益性又有较大区别，如现金、应收账款几乎没有收益。所以，资产结构是否合理、营运效率的高低是企业资产经营的核心，并最终影响到企业的经营业绩。

（4）业主权益乘数反映了企业的融资状况，它主要受资产负债率的影响。业主权益乘数既是反映企业资本结构的指标，也是反映企业偿债能力的指标。资产负债率越高，权益乘数就越高，财务风险也越大。所以，权益乘数对提高净资产收益率起到杠杆作用。适度开展负债经营，可以提高净资产收益率。

根据 ABC 公司的有关资料，绘制杜邦财务分析图，如图 11-2 所示。

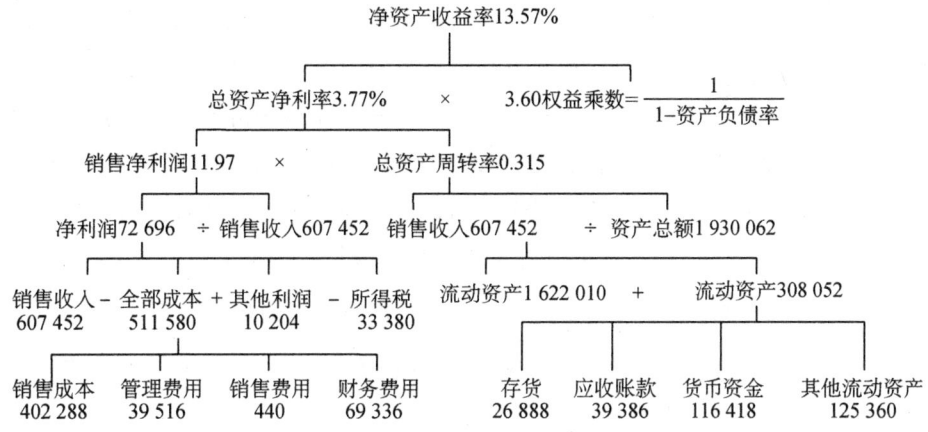

图 11-2 ABC 公司的杜邦财务分析体系图

二、杜邦财务分析体系的缺陷

杜邦分析法虽然有很多优点,但仍存在一些不足。主要表现在:①杜邦分析法不能清晰地显示资本结构对公司获利能力的影响,不能衡量负债对公司获利到底带来了正面的作用还是负面的作用;②忽视了现金流量表中的现金流量数据;③局限于事后财务分析,事中控制与事前预测的作用较弱,不利于计划、控制和决策;④无法对经营风险及财务风险进行有力评价。

杜邦分析法自身的缺陷使其不能完全适用于现代企业的财务评价分析,为此一些学者提出了改进意见。比较有代表性的思路有两种。

(一) 改进杜邦分析法,明晰资本结构对净资产收益率的影响

从净资产收益率的基本原理出发,引入息税前利润和税前利润,将公司的经营活动与融资活动进行彻底的分离,得到新的杜邦平衡式如下所示:

$$净资产收益率=\frac{税后净利}{平均所有者权益}$$

$$=\underset{(1)}{\frac{息税前利润}{销售收入}}\times\underset{(2)}{\frac{销售收入}{平均总资产}}\times\underset{(3)}{\frac{税前利润}{息税前利润}}\times\underset{(4)}{\frac{平均总资产}{平均所有者权益}}\times\underset{(5)}{\frac{税后净利}{税前利润}}$$

在上式改进的杜邦平衡式中,第(1)、第(2)个比率是销售息税前利润率和资产周转率,综合反映了公司投资决策和经营管理水平对公司总体获利能力的影响。第(3)、第(4)个比率是财务费用比率和权益乘数,这两个比率相乘反映了公司融资决策对获利能力的影响。其中,财务费用比率总是≤1,即对公司获利总是起负面作用,而权益乘数总是≥1,反映了财务结构,对公司获利总是起正面作用,财务费用和财务结构都取决于融资决策,那么到底融资决策对公司获利是起正作用还是负作用,就要看两个比率的乘积,若两

者乘积大于1,说明正作用大于负作用,借款的决策是对公司有利;若两者乘积小于1,说明借来的资金赚取的经营利润小于所要支付的利息,即借款的负作用大于正作用,削弱了公司的获利能力。第(5)个比率是税收效应比率,反映了缴纳所得税对公司获利能力的负作用。所以,上述改进的杜邦分析法将公司的经营活动和融资活动进行了彻底分离,从财务费用比率与财务结构比率的乘积就能够评价融资决策带来的负债对公司获利能力是起到了正面的作用还是适得其反,从而弥补了传统杜邦分析法的不足。

(二) 改进杜邦分析法,从管理角度分析对净资产收益率的影响因素

这种方法的思路是将杜邦分析法体系中的收益衡量指标与管理会计提供的指标嫁接,即将净资产收益率进一步分解成如下形式:

净资产收益率＝ 资产净利率×权益乘数

＝ 销售净利率×资产周转率×权益乘数

＝ 安全边际率×边际贡献率×(1－所得税率)×资产周转率×权益乘数

上式中,安全边际率可以反映企业的销售情况;边际贡献率可以反映企业的变动成本和盈利状况,变动成本越低,边际贡献率越高,净资产收益率越高;资产周转率反映企业营运状况,权益乘数可反映企业资本结构和偿债能力。所以,为了提高净资产收益率,企业应努力降低消耗,改善产品结构,不断扩大销售,加快资金周转。这种改进后的杜邦财务体系有如下优点:

(1) 将销售利润率进一步分解为安全边际率、边际贡献率和所得税三个因素,不仅能分析税收对企业财务状况的影响,而且在对销售利润进行分析时,可应直接利用管理会计资料,转向以成本性态为基础的分析,有助于短期决策、计划和控制,促进企业管理会计工作的进一步展开和管理会计资料的充分利用,弥补企业财务会计重核算轻分析的缺陷。

(2) 突出了成本费用按形态归类的方法,在进行分析时,由于采用变动成本法,将成本中的可控成本和不可控成本、相关成本和无关成本明确分开,从而便于事前预测和事中控制。

三、帕利普财务分析体系——杜邦财务分析体系的发展

随着经济与环境的发展、变化和人们对企业目标认识的进一步升华,许多人对杜邦分析体系进行了变形和补充,使其不断发展。美国哈佛大学教授帕利普等在其所著的《企业分析评价》一书中,将财务分析体系界定为以下几种关系式:

(1) 可持续增长比率 ＝ 净资产收益率 $\times (1 - \dfrac{\text{支付现金股利}}{\text{净利润}})$。

(2) 净资产收益率 $= \dfrac{\text{净利润}}{\text{净资产}} = \dfrac{\text{净利润}}{\text{销售收入}} \times \dfrac{\text{销售收入}}{\text{总资产}} \times \dfrac{\text{总资产}}{\text{净资产}} =$ 销售净利率×总资产周转率×财务杠杆作用。

（3）与销售净利率相关的指标由销售收入成本率、销售毛利率、销售收入期间费用率、销售收入研究开发费用率、销售净利率、销售收入非营业损失率、销售息税前利润率、销售税费率。

（4）与总资产周转率相关的指标有流动资产周转率、营运资金周转率、固定资产周转率、应付账款周转率、应收账款周转率、存货周转率等。

（5）与财务杠杆作用相关的指标有流动比率、速动比率、现金比率、负债对权益比率、负债与资本比率、负债与资产比率、以收入为基础的利息保障倍数、以现金流量为基础的利息保障倍数等。

帕利普财务分析体系可用图 11-3 表示。

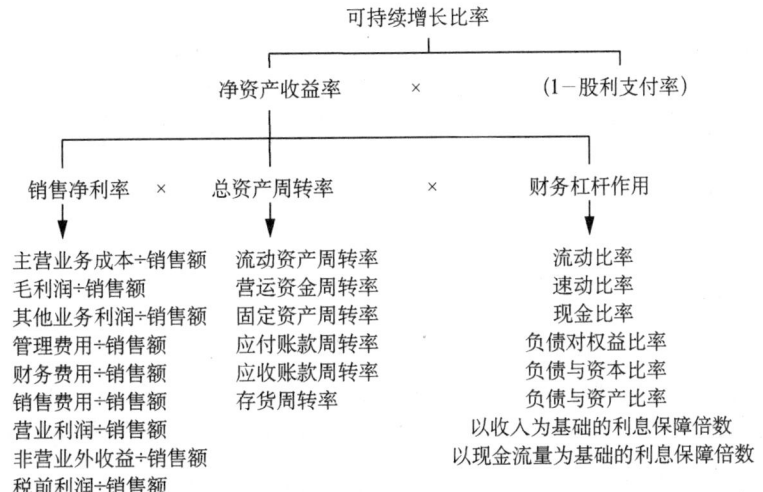

图 11-3　帕利普财务分析图

第三节　企业经营业绩综合评价

企业经营业绩评价是企业管理的重要内容，企业经营的好坏，管理者、职工是否得到奖惩，市场投资者的判断等，都需要依据企业经营业绩评价的结果来判断。

一、企业经营业绩评价意义

现代企业中的所有权与经营权分离是企业绩效评价产生的根本原因。在现代企业中委托人与代理人利益目标的不一致和委托人与代理人的信息不对称，决定了企业绩效评价制度存在的逻辑基础。现代企业中有效激励约束机制的建立也需要以企业绩效评价结果为基础依据。因此，深入对绩效评价问题的研究，尽快在中国建立起科学规范的企业绩效评价制度，具有十分重要的现实意义。企业经营业绩评价有利于及时发现企业问题，推动经营观念转变,引导企业经营行为,实现协调发展,提高企业竞争实力;有利于预警机制的建立,规避企业经营风险;有利于企业相关信息质量的提高,为相关机构提供更为有用的决策信息。

随着企业经营环境的不断变化,管理理念的不断创新,企业的管理方法也随之不断发展。因此,对于企业经营业绩的评价,尤其是财务业绩的评价,由于评价主体和客体的多元性,评价的目标和结果也各不相同,从而就有了各种企业经营业绩体系,例如,企业业绩的综合评价、绩效的综合评价、财务状况的综合评价、上市公司的综合评价等,以及根据综合评价形成的各种排名。

二、经营业绩评价的综合评分法

综合评分法是选择若干个财务指标确定其标准值和权重,然后将企业的实际值与标准值相比较,确定其实际应得分数,再根据总得分高低评价企业的综合财务状况和经营成果,反映企业总体经营业绩水平的高低。下面根据2006年国务院国有资产监督管理委员会发布的《中央企业综合绩效评价实施细则》(以下简称《实施细则》)来说明综合评分法的程序、方法及其应用。

(一)选择业绩评价指标

反映企业财务状况和经营成果的财务指标很多,全部计算工作量大,且指标之间容易重复和重叠。因此,一般选择具有代表性的指标。在选择时应注意以下原则:一是具有代表性,不能只集中在某类指标上,而要能反映财务状况的基本特征,兼顾各类指标,如偿债能力指标、盈利能力指标、营运能力指标、发展能力指标等;二是具有大众性,方便理解和接受;三是具有便捷性,数量适中,方便检测、采集及评价;四是全面性,为了全面评价企业的综合状况,还应该选择一些非财务方面的指标。

根据《实施细则》,我们选择的企业综合绩效评价指标包括22个财务绩效定量评价指标和8个管理绩效定性评价指标,具体如表11-1所示。

表11-1 企业综合绩效指标体系

评价指标类别	财务绩效定量评价指标		管理绩效定性评价指标
	基本指标	修正指标	
一、盈利能力状况	净资产收益率 总资产报酬率	销售(营业)利润率 盈余现金保障倍数 成本费用利润率 资本收益率	战略管理 发展创新 经营决策 风险控制
二、资产质量状况	总资产周转率 应收账款周转率	不良资产比率 流动资产周转率 资产现金回收率	基础管理 人力资源 行业影响 社会贡献

(续表)

评价指标类别	财务绩效定量评价指标		管理绩效定性评价指标
	基本指标	修正指标	
三、债务风险状况	资产负债率 已获利息倍数	速动比率 现金流动负债比率 带息负债比率 或有负债比率	
四、经营增长状况	销售(营业)增长率 资本保值增值率	销售(营业)利润增长率 总资产增长率 技术投入比率	

特殊财务指标及其计算公式如下：

$$盈余现金保障倍数 = \frac{经营现金净流量}{净利润} \times 100\%$$

$$不良资产比率 = \frac{资产减值准备余额 + 潜亏挂账 + 未处理资产损失}{资产总额 + 资产减值准备余额} \times 100\%$$

$$资产现金回收率 = \frac{经营现金净流量}{平均资产总额} \times 100\%$$

$$现金流动负债比率 = \frac{经营现金净流量}{流动负债} \times 100\%$$

$$或有负债比率 = \frac{或有负债余额}{所有者权益} \times 100\%$$

$$或有负债余额 = \frac{已贴现}{承兑汇票} + 担保余额 + \frac{贴现与担保外的}{被诉事项金额} + 其他或有负债$$

$$技术投入比率 = \frac{本年科技支出合计}{营业收入} \times 100\%$$

(二) 确定各项指标的标准值及标准系数

为了准确评价企业经营业绩,对各项经济指标标准值的确定,应根据不同行业、不同规模及指标分类情况规定不同的指标。例如,财政部定期颁布的 2019 年金属加工机械制造业大型企业财务绩效基本指标标准值如表 11-2 所示,其财务绩效修正指标标准见表 11-3。

表 11-2 金属加工机械制造业企业财务绩效基本指标标准值表

项目	档次(标准系数)				
	优秀	良好	平均	较低	较差
	(1)	(0.8)	(0.6)	(0.4)	(0.2)
净资产收益率	13.8	10.3	6.4	2.7	-0.9
总资产报酬率	9.1	7.3	4.0	2.2	0.0
总资产周转率	1.1	0.9	0.7	0.6	0.5

（续表）

项目	档次（标准系数）				
	优秀	良好	平均	较低	较差
	（1）	（0.8）	（0.6）	（0.4）	（0.2）
应收账款周转率	8.6	6.8	4.2	2.9	1.7
资产负债率	40.2	53.4	62.1	74.8	84.7
已获利息倍数	5.7	3.4	2.3	1.7	0.9
销售（营业）增长率	35.7	27.5	18.3	14.2	3.5
资本保值增值率	111.7	109.2	106.1	102.4	98.3

表 11-3　金属加工机械制造业大型企业财务绩效修正指标标准值表

项目	档次（标准系数）				
	优秀	良好	平均	较低	较差
	（1）	（0.8）	（0.6）	（0.4）	（0.2）
一、盈利能力状况					
销售利润率	20.9	18.4	15.0	11.4	7.0
盈余现金保障倍数	6.4	3.5	1.0	−0.5	−2.3
成本费用利润率	10.9	7.8	4.7	0.4	−3.3
净资产收益率	16.3	10.4	5.9	0.7	−1.2
二、资产质量状况					
不良资产比率	0.6	2.4	5.0	7.2	11.5
流动资产周转率	1.8	1.4	1.0	0.8	0.6
资产现金回收率	10.6	9.2	4.4	1.5	0.3
三、债务风险比率					
速度比率	105.3	87.1	59.3	42.7	26.7
现金流动负债比率	18.3	14.3	7.5	4.1	1.8
带息负债比率	21.7	30.5	42.1	55.2	70.4
或有负债比率	0.4	1.3	6.1	14.7	23.8
四、经营增长状况					
销售利润增长率	37.6	29.1	21.1	4.5	−5.7
总资产增长率	22.3	16.7	10.5	3.5	−1.9
技术投入比率	4.3	2.4	1.5	0.8	0.0

资料来源：国务院国资委统计评价局.企业绩效标准值（2006）[M].北京：经济科学出版社。

(三) 确定各项指标的权重

指标的权重根据评价目的指标的重要程度确定,越重要的指标权重越多,越次要的指标权重越少。表 11-4 是企业综合绩效评价指标体系中各项指标的权重。

表 11-4　企业综合绩效评价指标及权重表

财务绩效定量评价指标(70%)			管理绩效定性评价指标(30%)
指标类别	基本指标(100)	修正指标(100)	评议指标(100)
盈利能力状况(34)	净资产收益率(20) 总资产报酬率(14)	销售(营业)利润率(10) 盈余现金保障倍数(9) 成本费用利润率(8) 资本收益率(7)	战略管理(18) 发展创新(15) 经营决策(16) 风险控制(13) 基础管理(14) 人力资源(8) 行业影响(8) 社会贡献(8)
资产质量状况(22)	总资产周转率(10) 应收账款周转率(12)	不良资产比率(9) 流动资产周转率(7) 资产现金回收率(6)	
债务风险状况(22)	资产负债率(12) 已获利息倍数(10)	速动比率(6) 现金流动负债比率(6) 带息负债比率(5) 或有负债比率(5)	
经营增长状况(22)	销售增长率(12) 资本保值增值率(10)	销售(营业)利润增长率(10) 总资产增长率(7) 技术投入比率(5)	

资料来源:国务院国有资产监督管理委员会《中央企业综合绩效实施细则》(国资发评价〔2006〕157 号)。

(四) 各类指标得分计算

1. 财务绩效基本指标得分计算

基本指标反映企业的基本情况,是对企业绩效的初步评价。基本指标的计分是按照功效系数法计分原理,将评价指标实际值对照行业评价标准值,按照规定的计分公式计算各项基本指标得分。

(1) 财务绩效单项指标得分的计算。其公式如下:

$$单项指标基本得分=本档基础分+调整分$$

$$本档基础分=指标权数×上档标准系数$$

$$调整分=功效系数×(上档基础分-本档基础分)$$

$$上档基础分=指标权数×上档标准系数$$

$$功效系数=\frac{实际值-本档标准值}{上档标准值-本档标准值}$$

本档标准值是指上下两档标准值中居于较低等级的一档。

【例 11-1】 某金属加工机械制造业大型企业 2019 年净资产收益率为 7.5%，处于"良好档"(10.3%)和"平均档"(6.45%)之间，因此可得"平均档"基础分，同时再调整。

$$本档基础分 = 指标权数 \times 本档标准系数 = 20 \times 0.6 = 12(分)$$

$$调整分 = \frac{实际值 - 本档标准值}{上档标准值 - 本档标准值} \times (上档基础分 - 本档基础部分)$$

$$= \frac{7.5\% - 6.4\%}{10.3\% - 6.4\%} \times (20 \times 0.8 - 20 \times 0.6) = 1.13(分)$$

$$净资产收益率指标得分 = 12 + 1.13 = 13.13(分)$$

(2) 财务绩效基本指标总分的计算。其公式如下：

$$分类指标得分 = \sum 同类各项基本指标得分$$

$$基本指标总分 = \sum 各类基本指标得分$$

2. 财务绩效修正系数计算

对基本指标得分的修正，是按指标类别得分进行的，需要计算"分类的综合修正系数"。分类的综合修正系数由"单项指标修正系数"加权平均求得；而单项指标修正系数的大小主要取决于基本指标评价分数和修正指标实际值两项因素。

(1) 单项指标修正系数控制修正幅度为 0.7～1.3。

通常实际值介于两档标准值之中，标准系数确定取其中较低等级的一档。

功效系数的计算与基本指标计算方法一样，分类基本指标分析系数的计算如下：

$$某类基本指标分析系数 = \frac{该类基本指标得分}{该类指标权数}$$

在计算修正指标单项修正系数过程中，对于一些特殊情况作如下规定：

第一，如果修正指标实际值达到优秀值以上，其单项修正系数的计算公式如下：

$$单项修正系数 = 1.2 + 本档标准系数 - 该部分基本指标分析系数$$

第二，如果修正指标实际值处于较差值以下，其他情况按照规定的公式计分如下：

$$单项修正系数 = 1.0 - 该部分基本指标分析系数$$

第三，如果资产负债率≥100%，指标得 0 分，其他情况按照规定的公式计分。

第四，如果盈余现金保障倍数的分子为正数，分母为负数，单项修正系数确定为 1.1；如果分子为负数，分母为正数，单项修正系数确定为 0.9；如果分子分母同为负数，单项修正系数确定为 0.8。

第五，如果不良资产比率≥100%或分母为负数，单项修正系数确定为 0.8。

第六，对于销售(营业)利润增长率指标，如果上年主营业务利润为负数，本年为正数，单项修正系数为 1.1；如果上年主营业务利润为零，本年为正数，或者上年为负数，本年为零，单项修正系数确定为 1.0。

【例11-2】　某金属加工机械制造业大型企业2019年销售利润增长率为25%，其上年主营业务利润与本年相比非前述"规定的"特殊情况，则根据表11-3，该指标介于良好与平均之间，其标准系数就为0.6。

$$销售利润增长率的功效系数 = \frac{25\% - 21.1\%}{29.1\% - 21.1\%} = 0.488$$

如果该企业经营增长状况类基本指标得分为20，其权数为22，则：

$$经营增长状况基本指标分析系数 = 20 \div 22 = 0.909$$

根据以上结果，可以计算出销售增长率指标的修正系数为：

$$销售增长率指标的修正系数 = 1.0 + (0.6 + 0.488 \times 0.2 - 0.909) = 0.789$$

（2）分类综合修正系数的计算。其计算公式如下：

$$分类综合修正系数 = \sum 类内单项指标的加权修正系数$$

上式中，单项指标加权修正系数的计算公式如下：

$$单项指标加权修正系数 = 单项指标修正系数 \times 该项指标在本类指标中的权数$$

3. 修正后得分的计算

其计算公式如下：

$$修正后总分 = \sum (分类综合修正系数 \times 分类基本指标得分)$$

4. 管理绩效定性指标的计分方法

（1）管理绩效定性指标的内容。管理绩效定性评价指标的计分一般通过专家评议打分的形式完成。聘请的专家应不少于7名，评议专家应当在充分了解企业管理绩效状况的基础上，对照评价参考标准，采取综合分析判断法，对企业管理绩效指标作出分析评议，评判各项指标所处的水平档次，并直接给出评价分数。

（2）单项评议指标得分。其计算公式如下：

$$单项评议指标分数 = \frac{\sum (单项评议指标权数 \times 各专家给定等级参数)}{评议专家人数}$$

（3）评议指标总分的计算。其计算公式如下：

$$评议指标总分 = \sum 单项评议指标分数$$

（五）综合评价得分计算

在得出财务绩效定量评价分数和管理绩效定性评价分数后，应当按照规定的权重，加权形成综合绩效评价分数。其计算公式如下：

$$企业综合绩效评价分数 = \frac{财务绩效定量}{评价分数} \times 70\% + \frac{管理绩效定性}{评价分数} \times 30\%$$

（六）确定综合绩效评价结果等级

企业综合绩效评价结果以 85、70、50、40 分作为类型判定的分数线。具体的企业综合绩效评价类型与评价级别如表 11-5 所示。

表 11-5　企业综合绩效评价级别一览表

评价类型	评价级别	评价得分
优（A）	A++ A+ A	A++＞95 分 95 分＞A+≥90 分 90 分＞A≥90 分
良（B）	B+ B+ B−	85 分＞B+≥80 分 80 分＞B≥75 分 75 分＞B−≥70 分
中（C）	C C−	70 分＞C≥60 分 60 分＞C−≥50 分
低（D）	D	50 分＞D≥40 分
差（E）	E	E＜40 分

资料来源：国务院国有资产监督管理委员会《中央企业综合绩效评价实施细则》（国资发评价〔2006〕157 号）。

三、经济增加值法

（一）经济增加值的含义

经济增加值（economic value added，EVA）是由美国斯特恩·斯图尔特咨询公司首创的度量企业业绩的指标。EVA 是指企业净经营利润减去所有资本（权益资本和债权资本）机会成本后的差额。其核心思想是企业获得的收入只有在完全补偿了经营的全部成本费用，以及补偿了投资者投入的全部资本成本后才能为企业创造价值，为股东创造财富。EVA 反映了信息时代财务业绩衡量的新要求，是一种可以广泛用于企业内部和外部的业绩评价指标。EVA 计算公式如下：

$$EVA = NOPAT - K_W \times TC(1) = (ROTC - K_W)TC(2)$$
$$NOPAT = AP + K_D \times DC \times (1-T)$$
$$K_W = K_D \times (1-T) \times \frac{DC}{TC} + K_E \times \frac{EC}{TC}$$
$$TC = EC + DC$$

式中，$NOPAT$ 表示税后净营业利润；K_W 是加权平均资本成本；TC 表示投入资本总额；$ROTC$ 是投入资本收益率；AP 为经过会计调整后的税后净利润；K_D 是债务资本成本；K_E 是股东资本成本；DC 是债务资本；EC 是股权资本。

如果 EVA＞0，表示公司获得的收益高于为获得此项收益而投入的资本成本，即公司股东创造了新价值;若 EVA<0,则表示股东的财富在减少;若 EVA=0,说明企业创造的成本,而且对权益资本也计算成本,它不同于当前使用的会计利润指标,实际反映的是企业一定时期的经济利润,是企业财富真正增长之所在。

(二) 经济增加值的优势

经济增加值观念的流行标志着财务分析的立足点已经逐步从利润观念转向价值观念,经济增加值强调企业资本成本,纠正了会计学将权益资本视为"免费午餐"的观念,把会计账面价值转化为经济价值,在一定程度上弥补了财务报告的内在缺陷。与传统的财务业绩评价指标比经济增加值有以下优势。

1. 经济增加值观念是一种"全要素成本"观念

由于经济增加值在数量上是企业经营所得收益扣除全部要素成本之后的剩余价值,它考虑了所有要素成本,将机会成本与实际成本和谐地统一起来。

2. EVA 是一种衡量经营者经营业绩的好方法

采用 EVA 指标评价,由于经营者的奖励是他为所有者创造的增量价值的一部分,这样经营者的利益便与所有者的利益相挂钩,可以鼓励经营者采取符合价值最大化的行动,并在很大程度上缓解因"委托—代理"关系而产生的道德风险和逆向选择,最终降低管理成本。

3. EVA 指标评价有利于管理者树立价值管理理念

以 EVA 为考核指标能够鼓励经营者考虑能给企业带来长期利益的投资,如新产品的研制与开发、人力资源的开发等,国有企业的经营者就不会一味追求资产规模和无限制的投入去追求目标利润,上市公司的经营者也不会一味追求扩大股本,增发股票圈钱。

(三) 经济增加值的计算

由上述公式可知,经济增加值的计算结果取决于三个基本变量:税后净营业利润、资本总额和加权平均资本成本。

1. 税后净营业利润的确定

税后净营业利润等于税后利润加上利息支出部分(如果税后净利润的计算中已扣除少数股东损益,则应加回),即公司的销售收入减去除利息支出以外的全部经营成本和费用(包括所得税费用)后的净值。

税后净营业利润是以报告期营业利润为基础,经过下述调整得到的:①加上坏账准备的增加;②加上商誉的摊销;③加上净资本化研究开发费用(R&D)的增加;④加上其他营业收入(包括投资收益);⑤减去现金营业税。

2. 资本总额的确定

资本总额是指所有投资者投入公司的全部资本的账面价值,包括债务资本和股本资本。其中,债务资本是指债权人提供的短期贷款和长期贷款,不包括应付账款、应付单据、其他应付款等商业信用。股本资本不仅包括普通股,还包括少数股东权益。在实务中,既可以采用年末的资本总额,也可以采用年初与年末资本总额的平均值。特别需要提及的是,利息支出是计算经济增加值的一个重要参数,但是我国上市公司的利润表中仅披露财务费用项目,根据我国的会计制度,财务费用中除利息支出外还包含利息收入、汇兑损益等项目,因此不能将财务费用简单等同于利息支出,但是利息支出可以从上市公司的现金流量表中获得。

3. 加权平均资本成本的确定

加权平均资本成本(WACC)是指债务的单位成本和权益的单位成本债务和权益在资本结构中各自所占的权重计算而得的平均单位成本。其公式如下:

$$WACC = \frac{债务总额}{资本总市值} \times 债务资本成本 \times (1 - 所得税税率) + \frac{权益总额}{资本总市值} \times 权益资本成本$$

【例11-3】 为了更好地说明经济增加值观念,以 ABC 公司为例,根据其 2019 年度财务数据调整后计算其经济增加值,如表 11-6 所示。

表 11-6　　ABC 公司 2019 年度经济增加值计算表

项目	数值
会计调整后的税后净利润(1)	1.2 亿元
税后财务费用(2)	1.5 亿元
调整后的税后净营业利润(3)=(1)+(2)	2.7 亿元
调整后的投入资本平均数(4)	42 亿元
综合资本成本率(5)	8%
资本成本(6)=(4)×(5)	3.36 亿元
经济增加值(7)=(3)-(6)	-0.66 亿元

根据经济增加值观念,尽管 ABC 公司 2019 年度账面上显示出巨额利润,然而,该公司并没有为股东创造财富,而是在毁灭股东财富。

根据 EVA 计算公式,我们更容易理解企业的创造经济增加值途径。只有企业的投入资本收益超过综合资本成本率,即资本效率为正,企业才真正为投资者创造价值。

【例11-4】 仍以 ABC 公司 2019 年数据为例,计算其经济增加值如表 11-7 所示。

表 11-7　ABC 公司 2019 年度经济增加值计算表

项目	数值
会计调整后的税后净利润(1)	1.2 亿元
税后财务费用(2)	1.5 亿元
调整后的税后净营业利润(3)=(1)+(2)	2.7 亿元

(续表)

项目	数值
调整后的投入资本平均数(4)	42亿元
投入资本收益率(5)＝(3)÷(4)	8%
综合资本成本率(6)	3.36亿元
资本效率(7)＝(5)－(6)	－1.57%
经济增加值(8)＝(7)×(4)	－0.66亿元

表11-7说明ABC公司2019年年度经济增加值之所以变负值，是因为其投入资本收益率(6.43%)低于综合资本成本率(8%)。

（四）报表项目的调整

简化调整项目后，需修正EVA计算公式。传统的会计利润不能反映企业真实的经济状况，可能使管理者并未正确地关注企业的长期经营。通过对稳健会计原则的调整而计算出的EVA，不仅能真实反映企业的经营状况，而且还能防止盈余管理的发生。

目前，美国专门从事EVA管理咨询的斯特恩·斯图尔特公司列出的会计调整项目已经多达160多项。但是，从国内外企业应用EVA管理的实例来看，过多地关注会计项目的调整不仅成本巨大，大规模的调整也无法保证把被扭曲的会计信息纠正过来，而且缺乏实际操作性，制约了EVA在中国的广泛实施。为便于将EVA绩效评估标准尽快在中国实行，提高其可操作性，可构建一种简易但不失真的修正EVA指标，将调整内容精简为以下项目：

（1）财务费用。主要包括利息支出和汇兑损益。其中，利息支出属于资本成本的组成部分，应首先从税后净营业利润中扣除，计算EVA指标时再统一计入资本成本，否则就造成资本的重复计算。汇兑损益属于企业不可控制的宏观经济因素形成的正常经营以外的损失或收益，不将其剔除会影响企业EVA业绩的公正性。

（2）未予资本化研发费用。在EVA体系中，研究开发费用是公司的一项长期投资，有利公司在未来提高劳动生产率和市场份额。因此，在计算EVA时应将所有此类费用从当期利润中予以剔除，并考虑其当期及以前年度的累计金额对投入资本的影响。

（3）营业外收支。用于计算EVA的税后净营业利润衡量的是企业的营业利润，因此，在计算EVA时应将所有营业外的与营业无关的收支及非经常性发生的收支从当期利润中予以剔除，一般不应该考虑营业外收支项目及其累计数对投入资本总额的影响。

（4）各项减值准备。根据《企业会计准则》稳健性原则的要求，企业要为将来可能发生的损失预先提取准备金，使企业的不良资产得以适时披露，以避免公众过高估计企业利润而进行不当投资。对于投资者来说，这种财务处理和信息披露是非常必要的，但对企业管理者而言，这些准备金并不是企业当期资产的实际减少，准备金余额的变化也不是当期费用的现金支出。因此，在计算EVA时应将所有计提的减值资金积累从当期利润中剔除,并考虑当期减值准备及其累计金额对投入资本的影响。

(5)公允价值变动损益。公允价值变动损益即不是企业当期损益的现金收支,也不受经营管理者所控制,并且不是企业当期资产的实际增减。因此,在计算 EVA 时也应该将所有公允价值变动损益从当期利润中剔除,并考虑当期公允价值变动收益及其累计金额对投入资本的影响。

(6)在建工程。企业的在建工程在转为固定资产之前是不产生收益的,因此,计算 EVA 价值时应将在建工程从企业资本总额中减去。当在建工程转为固定资产开始产生税后净营业利润时,再考虑投资项目的投入资本及资金成本。这种处理方法扩展了经营管理者的视野,鼓励其考虑那些长期的投资机会,以提高企业的可持续发展能力。

(7)无息流动负债。企业的无息流动负债一般指标短期借款和一年内到期长期负债以外的其他流动负债,包括预收及应付账款、应付职工薪酬、应交税费、其他应付款等。这些负债不负担资本占有成本,在计算 EVA 时应从资本总额中减除。

(8)商誉。我国原《会计制度》和《企业会计准则》中规定,商誉作为无形资产列示在资产负债表上,在一定的期间内摊销。我国新颁布的《企业会计准则》规定,初始确认后的商誉应当以其成本扣除累计减值准备后的金额计量,持有期间不要求摊销。因此,对于执行原准则的企业来说,计算 EVA 价值时应对商誉的当期及累计摊销金额予以调整,执行新准则的企业不作调整。

(9)递延税项。递延所得税项目的存在使企业会计报表上的所得税费用与实际所得税负担不一致,在计算 EVA 价值时应予调整,调整的具体方法是将延税项的贷方余额加入资本总额中,如果是借方余额则从资本总额中扣除,同时,将当期递延税项的变化加回到税后净营业利润中。

修正 EVA = 修正 NOPAT − 修正 EVA 资本占用 × 调整后加权资本成本率

修正 NOPAT = 税后净利润 + 财务费用 + 未予资本化研发费用

　　　　　　+ 营业外支出 − 营业外收入 + 计提的各项减值准备之和

　　　　　　± 公允价值变动损益(损失则加,收益则减)

　　　　　　+ 商誉摊销额 + 递延所得税负债增加额 − 递延所得税资产增加额

修正 EVA 资本占用 = 资本总额 − 在建工程 + 各项减值准备余额之和

　　　　　　　　+ 商誉累计摊销额 + 递延所得税资产负债余额 − 递延所得税资产余额

　　　　　　　　+ 未予资本化研发费用累计额 ± 公允价值变动损益累计影响额

　　　　　　　　− 无息流动负债

　　修正的 EVA 简化对传统会计所需作的调整,大大减少了烦琐的调整程序使得其适合中国上市公司的具体情况,便于操作。而且尽可能真实地反映了上市公司的投资价值以及资本成本,能够让管理者意识到股权融资并非免费的午餐,对内部人的经营、管理、融资和投资行为能形成更好的约束。

第四节　财务分析报告

财务分析报告是企业依据会计报表、财务分析表及经营活动和财务活动所提供的丰富、重要的信息及其内在联系,运用一定的科学分析方法,对企业的经营特征、利润实现及其分配情况、资金增减变动和周转利用情况、税金缴纳情况、存货和固定资产等主要财产物资的盘盈、盘亏、毁损等变动情况及对本期或下期财务状况将发生重大影响的事项作出客观、全面、系统的分析和评价,并进行必要的科学预测而形成的书面报告。

一、财务分析报告分类

(一) 按内容、范围不同进行分类

1. 综合分析报告

综合分析报告又称全面分析报告,是用于归纳、整理财务分析过程,向企业经营管理者、监督者等有关方面提供用于指导经营决策信息的书面文件。

财务综合分析表是综合分析报告的重要组成部分。根据五部委联合发布的"企业绩效评价指标权数表"构建企业的财务综合分析表(见表11-8),其中,基本指标及修正指标由各种财务比率构成,属财务因素;评议指标由管理、服务、人的素质等构成,属非财务因素。这两个方面正体现了财务经济的综合分析。

综合分析报告还应结合综合分析表说明以下内容:分析的具体内容、分析的目的、分析的资料、有关指标的完成情况、影响指标变动的原因、成功的经验、存在的问题、分析结论以及对下期生产经营活动提出的措施、建议等。

综合分析报告具有内容丰富、涉及面广,对财务报告使用者作出各项决策有深远影响的特点。它还具有以下两个方面的作用:

(1) 为企业的重大财务决策提供科学依据。由于综合分析报告几乎涵盖了对企业财务计划各项指标的对比分析和评价,能使企业经营活动的成果和财务状况一目了然,及时反映出存在的问题,这就给企业的经营管理者作出当前和今后的财务决策提供了科学依据。

(2) 全面、系统的综合分析报告,可以作为今后企业财务管理进行动态分析的重要历史参考资料。综合分析报告主要用于半年度、年度进行财务分析时撰写。撰写时必须对分析的各项具体内容的轻重缓急做出合理安排,既要全面,又要抓住重点。

2. 专题分析报告

专题分析报告又称单项分析报告,是指针对某一时期企业经营管理中的某些关键问题、重大经济措施或薄弱环节等进行专门分析后形成的书面报告。它具有不受时间限

表 11-8 企业财务综合分析表

评价指标				基本指标			修正指标			评议指标		
项目	权数	实际得分		指标	权数	实际得分	指标	权数	实际得分	指标	权数	实际得分
评价内容	100				100			100			100	
一、财务效益状况	38		净资产收益率		25		资本保值增值率	12		经营者基本素质	18	
			总资产收益率		13		主营业务利润率	8		产品市场占有能力	16	
							盈余现金保障倍数	8		基础管理水平	12	
							成本费用利润率	10		发展创新能力	14	
二、资产营运状况	18		总资产周转率		9		存货周转率	5		经营发展战略	12	
			流动资产周转率		9		应收账款周转率	5		在岗员工素质	10	
							不良资产比率	8		技术装备更新水平	10	
三、偿债能力状况	20		资产负债率		12		现金流动负债比率	10		综合社会贡献	8	
			已获利息倍数		8		速动比率	8				
四、发展能力状况	24		销售(营业)增长率		12		三年资本平均增长率	9				
			资本积累率		12		三年销售收入平均增长率	8				
							技术投入比率	7				
权重				80%			80%			20%		

制、一事一议、易被经营管理者接受、收效快的特点。因此,专题分析报告能总结经验,引起领导和业务部门重视所分析的问题,从而提高管理水平。

专题分析的内容很多,如关于企业清理积压库存,处理逾期应收账款的经验,对资金、成本、费用、利润等方面的预测分析,处理母子公司各方面的关系等问题均可进行专题分析,从而为各级领导作出决策提供现实的依据。

3. 简要分析报告

简要分析报告是对主要经济指标在一定时期内,存在的问题或比较突出的问题,进行概要的分析而形成的书面报告。

简要分析报告具有简明扼要、切中要害的特点。通过分析,能反映和说明企业在分析期内业务经营的基本情况,企业累计完成各项经济指标的情况并预测今后发展趋势。主要适用于定期分析,可按月、按季进行编制。

(二)财务分析报告按其分析的时间进行分类

1. 定期分析报告

定期分析报告一般是由上级主管部门或企业内部规定的每隔一段相等的时间应予编制和上报的财务分析报告。如每半年、年末编制的综合财务分析报告就属定期分析报告。

2. 不定期财务分析报告

不定期分析报告是从企业财务管理和业务经营的实际需要出发,不做时间规定而编制的财务分析报告。如上述的专题分析报告就属于不定期分析报告。

二、财务分析报告格式

标题是对财务分析报告的最精炼的概括,它不仅要确切地体现分析报告的主题思想,而且要用语简洁、醒目。由于财务分析报告的内容不同,其标题也就没有统一标准和固定模式,应根据具体的分析内容而定。如"某月份简要会计报表分析报告""某年度综合财务分析报告""资产使用效率分析报告"等都是较合适的标题。财务分析报告一旦拟定了标题,就应围绕它利用所搜集的资料进行分析并撰写报告。

第一部分为提要段。这一部分即概括公司综合情况,让财务报告接受者对财务分析说明有一个总括的认识。

第二部分为说明段。这一部分是对公司运营及财务现状的介绍。该部分要求文字表述恰当、数据引用准确。对经济指标进行说明时可适当运用绝对数、比较数及复合指标数。特别要关注公司当前运作上的重心,对重要事项要单独反映。公司在不同阶段、不同月份的工作重点有所不同,所需要的财务分析重点也不同。如公司正进行新产品的投产、市场开发,则公司各阶层需要对新产品的成本、回款、利润数据进行分析的财务分析报告。

第三部分为分析段。这一部分是对公司的经营情况进行分析研究。在说明问题的同时还要分析问题,寻找问题的原因和症结,以达到解决问题的目的。财务分析一定要有理有据,要细化分解各项指标,因为有些报表的数据是比较含糊和笼统的,要善于运用表格、图示,突出表达分析的内容。分析问题一定要善于抓住当前要点,多反映公司经营焦点和易于忽视的问题。

第四部分为评价段。这一部分作出财务说明和分析后,对于经营情况、财务状况、盈利业绩,应该从财务角度给予公正、客观的评价和预测。财务评价不能运用似是而非、可进可退、左右摇摆等不负责任的语言,评价要从正面和负面两个方面进行,评价既可以单独分段进行,也可以将评价内容穿插在说明部分和分析部分。

第五部分为建议段。这一部分即财务人员在对经营运作、投资决策进行分析后形成的意见和看法,特别是对运作过程中存在的问题所提出的改进建议。值得注意的是,财务分析报告中提出的建议不能太抽象,而要具体化,最好有一套切实可行的方案。

财务分析报告尽管没有固定格式,表现手法也不一致,但并非无规律可循。如果建立分析工作指引,将常规分析项目文字化、规范化、制度化,建立诸如现金流量、销售回款、生产成本、采购成本变动等一系列的分析说明指引,就可以达到事半功倍的效果。

三、财务分析报告步骤

(一)起草

在搜集、整理的资料、确定分析报告的标题后,就可以根据企业经营管理的需要进入编制财务分析报告的阶段。这阶段的首要工作就是报告的起草,起草报告应围绕标题并按报告的结构进行。特别是专题分析报告,要将问题分析透彻,真正地分析问题解决问题。对综合分析报告的起草,最好先拟定报告的编写提纲,然后在提纲框架的基础上,依据所搜集整理的资料,选择恰当的分析方法,起草综合分析报告。

(二)修改和审定

财务分析报告起草后形成的初稿,可交主管领导审阅,并征求主管领导的意见和建议,再反复推敲,不断进行修改,充实新的内容,使之更加完善,更能反映出所编制财务分析报告的特点直至最后由主管领导审定。审定后的财务分析报告应填写编制单位和编制日期,并加盖单位公章。

(三)注意事项

1. 建立台账和数据库

通过会计核算形成了会计凭证、会计账簿和会计报表。但是编写财务分析报告仅靠会计凭证、会计账簿、会计报表的数据往往是不够的。例如,在分析经营费用与营业收入的比率增长原因时,往往需要分析不同区域、不同商品、不同责任人实现的收入与费用的关系,但这些数据不能从账簿中直接得到。这就要求分析人员平时就作大量的数据统计工作,对分析的项目按性质、用途、类别、区域、责任人,按月度、季度、年度进行统计,建立台账,以便在编写财务分析报告时有据可查。

2. 关注重要事项

财务人员对经营运行、财务状况中的重大变动事项要勤于做笔录,记载事项发生的时间、计划、预算、责任人及发生变化的各影响因素。必要时马上作出分析判断,并将各类各部门的文件归类归档。

3. 关注经营运行

财务人员应尽可能争取多参加相关会议,了解生产、质量、市场、行政、投资、融资等各类情况。参加会议,听取各方面意见,有利于财务分析和评价。

4. 定期收集报表

财务人员除收集会计核算方面的有些数据之外,还应要求公司各相关部门(生产、采购、市场等)及时提交可利用的其他报表,对这些报表要认真分析,才能编写出内容全面的、有深度的财务分析报告。

本 章 小 结

企业的生产经营活动是一个有机的整体,财务综合分析涉及的各个方面的指标是相互联系、相互制约的。为了全面考察企业的经济活动,有必要对企业生产经营管理总体进行分析。

杜邦财务分析法是综合分析企业的财务状况和经营成果的基本方法之一。杜邦财务分析法最显著的特点是将若干个用以评价企业财务状况和经营成果的比率按其内在联系有机结合起来,形成一个完整的指标体系,并最终通过诸如净资产利润指标来做综合反映。

深入对绩效评价问题的研究,尽快在中国建立起科学规范的企业绩效评价制度,具有十分重要的现实意义。综合评分法是选择若干个财务指标确定其标准值和权重,然后将企业的实际值与标准值相比较,确定其实际应得分数,再根据总得分高低评价企业的综合财务状况和经营成果,反映企业总体经营业绩水平的高低。

经济增加值是由美国斯特恩·斯图尔特咨询公司首创的度量企业业绩的指标。EVA 反映了信息时代财务业绩衡量的新要求,是一种可以广泛用于企业内部和外部的业绩评价指标。

财务分析报告是企业依据会计报表、经营活动及财务活动所提供的信息及其内在联系,对企业的经营特征、利润实现及其分配情况、税金缴纳情况等变动情况及对本期或下期财务状况将发生重大影响的事项作出客观、全面、系统的分析和评价,并进行必要的科学预测而形成的书面报告。

案例分析

ZSDZ公司财务状况综合分析

(一) 基本情况

ZSDZ公司创立于1990年5月,是一家以计算机行业发展为主的产业化、多元化的小型高科技产业公司。公司主要经营中西文系列终端、计算机及其软件、打印机、POS终端等产品,初步形成了以电子信息技术为主体,硬件业、软件和信息服务业、消费电子业三大产业携手发展的产业格局。经过20年的发展,该公司在"建立现代企业制度,充分发挥人才、资本与经营机制的优势,以电脑信息产业为基础,发展高新技术为先导"的经营宗旨下,经营业绩不断增加,连续多年各项指标均居于同行业领先地位。2019年利润总额达到4 540万元,实现净利润3 087.72万元,与2018年相比有较大幅度的增长,通过对公司当年偿债能力、营运能力及获利能力的分析,公司2019年均较上年的财务状况有所好转,但与同行业先进企业相比还存在一定差距,公司2019年销售收入中80%为赊账收入,同行业财务状况平均水平为:股东权益报酬率为64%,资产报酬率为32%,权益乘数为2,销售净利率为15.24%,总资产周转率为2.1。

ZSDZ公司2019年资产负债表、利润表资料如表11-9、表11-10所示。

表11-9　资产负债表

编制单位:ZSDZ公司　　　　　　　　2019年12月31日　　　　　　　　金额单位:万元

资产	期末余额	上年年末余额	负债和所有者权益(或股东权益)	期末余额	上年年末余额
流动资产:			流动负债:		
货币资金	1 300	1 800	短期借款	380	400
以公允价值计量且其变动计入当期损益的金融资产	160	320	应付票据	48	68
应收票据	100	80	应付账款	260	350
应收账款	2 480	2 600	预收账款	20	10
减:坏账准备	22	23.2	应付职工薪酬	3.2	2.4
预付账款	108	76	应付股利		
其他应收款	50	19.2	应交税费	228	184
存货	2 360	2 560	其他应付款	84.8	91.6
持有待售资产	40	12	预提费用	20	32
一年内到期的非流动资产	120		一年内到期的非流动负债	300	224

（续表）

资产	期末余额	上年年末余额	负债和所有者权益（或股东权益）	期末余额	上年年末余额
流动资产合计	6 696	7 444	其他流动负债		
非流动资产：			流动负债合计	1 344	1 372
长期股权投资	480	760	非流动负债：		
固定资产			长期借款	2 000	2 160
固定资产原价	8 800	10 800	应付债券	1 320	1 720
减：固定资产累计折旧	4 444	4 644	长期应付款	400	384
在建工程	600	600	其他非流动负债		
无形资产	100	140	非流动负债合计	3 720	4 264
长期待摊费用	112	8	负债合计	5 064	5 636
递延所得税资产	60	48	所有者权益（或股东权益）：		
其他非流动资产			实收资本（或股本）	6 000	6 000
非流动资产合计	5 708	6 952	资本公积	448	920
			盈余公积	480	1 000
			未分配利润	412	840
			所有者权益（或股东权益）合计	7 340	8 760
资产总计	12 404	14 396	负债及所有者权益（或股东权益）总计	12 404	14 396

表 11-10　利润表

编制单位：ZSDZ 公司　　　　　　　　2019 年 12 月　　　　　　　　金额单位：万元

项目	本月数（略）	本年累计数
一、营业收入		37 401.6
减：营业成本		18 481.6
税金及附加		2 648
销售费用		5 200
管理费用		4 200
财务费用		2 440
加：投资收益		160
其他收益		
二、营业利润		4 592

（续表）

项目	本月数（略）	本年累计数
加：营业外收入		26
减：营业外支出		78
三、利润总额		4 540
减：所得税费用		1 452.28
四、净利润		3 087.72

（二）分析要点

运用杜邦分析法对 ZSDZ 公司财务状况进行综合分析。

（三）案例分析

ZSDZ 公司杜邦分析系统如图 11-4 所示。

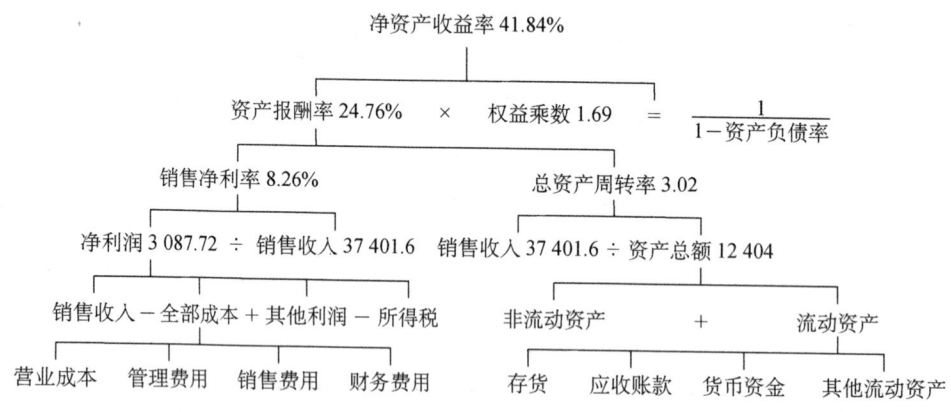

图 11-4　杜邦财务分析体系图

（1）公司净资产收益率为 41.84%，说明公司股东获取投资报酬较高，公司的获利能力较强，但与同行业平均水平（64%）相比，还存在一定的差距。因此，需要进一步分析资产报酬率和权益乘数这两个指标。公司权益乘数与同行业平均水平大体相当，说明公司筹资情况较好，公司资本结构适当。而资产报酬率 24.76% 低于平均水平 32%，说明公司运用资本进行生产经营活动效率不高。

（2）虽然公司的销售收入、成本费用、资产结构、资产周转速度以及资金占用量等各种因素都会直接影响到资产报酬率的高低，但公司的总资产周转率高于同行业平均水平，也就是说，公司的资产结构还是比较合理，资产中流动资产与非流动资产的比例、流动资产中货币资金、应收账款、存货等资产的比例均比较合理。那么，影响资产报酬率的主要因素就在于销售净利率，即公司的销售活动还存在一定的问题。

（3）公司 2019 年销售收入虽然较 2018 年有所提高，但与同行业相比还存在一定的问题,公司还需要在新产品的开发、营销手段的运用上下功夫,以进一步提高市场占有率。另外,公司成本费用控制还需要进一步加强,以降低耗费,增加利润。

案例思考题:

(1) 结合案例分析说明运用杜邦分析法评价企业财务状况应注意的问题。

(2) 结合案例分析说明如何评价净资产收益率指标。

练 习 题

一、单项选择题

1. 业绩评价是指在( )基础上,运用业绩评价方法对企业的财务状况和经营成果所作的综合结论。

A. 综合分析   B. 经营分析   C. 财务分析   D. 报表分析

2. 财务综合分析要揭示各种( )之间的相互关系和协调关系,从而全面评价经济活动过程及其成果。

A. 财务经济指标   B. 利益主体   C. 各报表   D. 各企业

3. ( )除以总资产得到公司每年总资产的周转数。

A. 销售收入   B. 所有者权益   C. 资产   D. 净利润

4. ( )是综合性最强的财务指标,是企业综合财务分析的核心。

A. 净资产收益率   B. 销售净利率   C. 总资产净利率   D. 业主权益乘数

5. 综合评分法是选择若干个财务指标确定其标准值和权重,然后将企业的( )与标准值相比较,确定其实际应得分数,再根据总得分高低评价企业的综合财务状况和经营成果。

A. 实际值   B. 预算值   C. 账面值   D. 统计值

二、多项选择题

1. 下列项目中,总资产周转率与( )紧密相关。

A. 营业收入   B. 资产规模   C. 负债   D. 所有者权益

2. 根据2006年国务院国有资产监督管理委员会颁布的实施细则,我们选择的企业综合绩效评价指标包括( )等几类。

A. 盈利能力状况   B. 资产质量状况   C. 债务风险状况   D. 经营增长状况

3. 经济增加值的计算结果取决于( )三个基本变量。

A. 税后净营业利润   B. 资本总额

C. 加权平均资本成本   D. 净利润

4. 财务分析报告按其分析的时间,可分为( )两种。

A. 定期分析报告   B. 不定期分析报告

C. 全面分析报告   D. 特殊分析报告

5. 财务分析报告按其内容、范围不同,可分为(　　　)。

A. 综合分析报告   B. 专题分析报告

C. 简要分析报告   D. 会计报告

三、判断题

1. 总资产净利率等于销售利润率乘以总资产周转率被称为杜邦基本等式。(　　　)

2. EVA 是指企业净经营利润减去所有资本(权益资本和债权资本)机会成本后的差额。(　　　)

3. 标题是对财务分析报告的最精炼的概括,它不仅要确切地体现分析报告的主题思想,而且要用语简洁、醒目。(　　　)

4. 杜邦财务分析法最显著的特点是将若干个用以评价企业财务状况和经营成果的比率按其内在联系有机结合起来,形成一个完整的指标体系,并最终通过诸如净资产利润指标来作综合反映。(　　　)

5. 经济增加值是由英国斯特恩·斯图尔特咨询公司首创的度量企业业绩的指标。

(　　　)

四、简答题

1. 阐述企业综合分析与评价的目的与内容。

2. 说明综合财务分析与业绩评价的关系。

3. 分析杜邦分析体系的优点和局限性。

4. 如何运用综合分析法进行企业绩效评价?

5. 什么是经济增加值? 它与传统的财务业绩评价指标比有哪些优势?

五、综合题

1. A 公司 2019 年的销售额为 125 000 万元,与上年相比提高 30%,该公司处于免税期,有关财务比率如表 11-11 所示。

表 11-11　A公司的财务比率

财务比率	2018 年同业比较	2018 年本公司	2019 年本公司
应收账款回收期(天)	70	72	72
存货周转期(年)	5	5.18	4.22
销售毛利率	76%	80%	80%
销售营业利润率(息税前)	20%	19.2%	21.26%
销售利息率	7.46%	4.8%	7.64%
销售净利率	12.54%	14.4%	13.62%

(续表)

财务比率	2018 年同业比较	2018 年本公司	2019 年本公司
总资产周转率	2.28	2.22	2.14
固定资产周转率	2.8	4.04	3.64
资产负债率	58%	50%	61.3%
已获利息倍数	5.36	8	5.56

要求:

(1) 运用杜邦财务分析原理,比较 2018 年公司与同行业平均的净资产收益率,并定性分析其差异的原因。

(2) 运用杜邦财务分析原理,比较该公司 2019 年与 2018 年的净资产收益率,用因素分析法分析其变化的原因。

2. 运用垂直分析法、趋势分析法、比率分析法等对下面的案例进行分析。

2019 年 10 月,锦州港 A(600190)、锦港 B(900952)涉嫌巨额财务造假被媒体揭发,锦州港之后两次公布造假事实,涉嫌虚增利润 56 818 万元,一直为其出具标准无保留意见的毕马威因此也非常难堪。锦州港上市前后的业绩指标如表 11-12 所示。

表 11-12 锦州港上市前后业绩指标　　　　单位:万元

项目	2019(上)	2018 年	2017 年	2016 年	2015 年	2014 年	2013 年
主营业务收入	15 914	28 653	30 412	31 610	26 020	25 242	18 567
主营业务利润	7 543	12 669	16 627	20 569	16 511	18 110	13 253
净利润	3 297	4 817	9 083	14 726	11 607	16 952	11 502
所有者权益	143 899	140 603	135 786	133 013	94 887	65 761	62 608
净资产收益率	2.29%	3.43%	6.69%	11.07%	12.23%	25.78%	18.37%
吞吐量(万吨)	692.6	1 110.2	1 005.6	735.6	574.5	503.6	438

要求:根据表 11-12 的资料,运用学过财务报告分析方法对锦州港的财务数据进行分析,并对其财务状况给予评价。

第十二章　企业财务战略分析

第一节　企业财务战略分析的内涵与意义

一、企业财务战略的概念与目的

　　企业财务战略是指为实现企业的战略目标，以企业总体战略为指导，以价值分析为基础，以促进企业资金长期均衡有效的流转和配置为衡量标准，以维持企业长期盈利能力为目的的战略思维方式和决策活动。财务战略的发展是随着企业经营管理的目的而发展的，作为企业经营管理的一个分支，财务战略具有支持和帮助实现企业总体目标的目的。财务战略对企业经营管理和企业实现其战略目标具有十分重要的作用。财务战略的内涵，应当从以下两个方面进行。

　　首先，财务战略是企业总体战略的一个不可或缺的组成部分，属于企业战略的职能战略层次，在企业战略成功方面具有关键性作用。财务战略主要考虑资金的使用和管理的战略问题，并以此与其他性质的战略相区别。

　　其次，重要的财务决策总会涉及企业的全局，对企业整体战略存在重大的影响，因此财务战略是企业财务管理的一个十分重要的方面，主要涉及财务性质的战略，是属于财务管理范畴的战略。财务战略主要考虑财务领域全局的、长期发展的问题，并以此与传统的财务管理相区别。

财务战略既属于企业战略的一部分,又属于财务管理的范畴,因此财务战略同时具有战略和财务的一些特征。

(一) 财务战略具有从属性

财务战略属于企业的职能战略,是企业战略系统中的一个子系统,从制订到实施都要为企业的整体战略和利益服务,必须服从和反映其总体要求,并为其顺利完成提供资金支持。所以采用何种财务战略是由企业的整体战略决定的,

(二) 财务战略的相对独立性

作为企业职能战略之一,财务战略的相对独立性表现在:第一,财务管理的地位逐渐独立,不再只是企业生产经营的附属;第二,财务活动在很多时候会对企业整体发展具有战略意义。

(三) 财务战略具有支持性

企业的财务活动渗透在企业的各种活动之中,无论什么其他活动都需要财务的支持。财务战略通过筹资战略和资金管理战略为企业提供长期稳定的资金支持,且含涵盖了企业的方方面面,因此财务战略是企业总体战略的一个基础,与其生产战略、研发战略、营销战略等共同支撑企业战略目标的实现。

(四) 财务战略具有协调性

从财务系统与整体和其他系统的关系来看,其广泛的应用性决定了本身协调性的重要。作为一个企业内部的支持性部门,财务系统必然要配合各个部门和整体活动,为实现整体目标提供支持。

二、企业财务战略分析的意义

企业财务战略分析是会计分析和财务分析的基础和导向,是企业价值评估的基础和依托,通过企业战略分析,分析人员能深入了解企业的经济状况和经济环境,从而能进行客观、正确的会计分析与财务分析。

第二节　企业财务战略的环境分析

一、企业财务战略的环境分析

21世纪,社会经济环境变幻莫测,作为财务战略生成的起点,企业首要的任务是对企业所处的内外财务战略环境进行分析。无论是企业的筹资、投资还是股利分配,都是建立

在对环境准确分析的基础之上的。相对于传统的财务管理来说,财务战略管理注重的不再是企业目前的短期盈利,而是未来长期的持续获利能力;对各个环境因素的分析不再是剥离开来分别分析,而是需要对各个环境因素、信息进行整合,并对其进行综合分析。

环境分析主要分为三个层次:总体环境、行业环境、其他环境因素。

(一) 总体环境因素分析

分析总体环境是要捕捉并分辨出企业的机会与威胁,机会是那些能帮助企业获得竞争优势的总体环境条件,威胁是阻碍企业获得竞争优势的环境条件。总体环境可以分为以下几个方面。

1. 经济因素

经济环境是指一个企业所属的或可能会参与其中竞争的经济体的经济特征和发展方向。由于目前经济全球化所带来的国家之间经济的相互依赖,企业尤其需要搜索、预测和评估其他国家的经济状况,这直接影响企业财务战略的形成。

2. 市场规模大小

大市场比小市场更有细分的可能性,因此,无论是大型企业还是小型企业都会认为大市场更具有诱惑力。我国加入世界贸易组织后,我们不仅面对着广阔的国内市场,国外市场的大门也敞开了,市场规模的扩大使我们得到了很多机遇。但是,大市场往往要求竞争者投入大量的资源,他们对某些小型企业来说不一定具有吸引力。

3. 国家的法律政策从根本上影响着企业的竞争

企业必须仔细研究国家与商业有关的政策。因为相关的法律政策能够影响到各个行业中每一个企业的运作和利润,从而影响到企业筹资、投资及股利分配战略的选择。

4. 技术因素

科学技术是第一生产力,技术的进步对于生产合理化和提高生产效率具有重要作用,同时也对企业的资金投向起着导向作用。例如,不少企业会收购或控股一些科研机构,以达到获取最新技术的目的。

(二) 行业环境因素分析

行业环境分析的目的在于分析行业的盈利水平与盈利潜力,因为不同行业的盈利能力和潜力大小是可能不同的。主要从以下几个方面来看。

1. 行业经济结构分析

行业的经济结构随该行业中企业的数量、产品的性质、价格的制定和其他一些因素的变化而变化,根据经济结构的不同,行业基本上可以分为四种市场类型:完全竞争、垄断竞争、寡头垄断、完全垄断。

完全竞争型是指一个行业中有很多的独立生产者,他们都以相同的方式向市场提供同质产品。其主要特点是:①企业是价格的接受者,而不是价格的制定者,也就是说,企业不能够影响产品的价格;②所有企业向市场提供的产品都是同质的、无差别的;③生产者众多,所有资源都可以自由流动;④企业的盈利基本上是由市场对产品的需求决定的;⑤生产者和消费者对市场完全了解,并且可随意进入或退出此行业。显然,完全竞争是一个理论上的假设,在现实经济中很少存在,一些初级产品和某些农产品的市场类型比较接近完全竞争市场的情况。

垄断竞争是指一个行业中有许多企业生产同一种类但具有明显差别的产品。其主要特点是:①企业生产的产品同种不同质,即产品存在着差别,也即产品基本相似,但在质量、商标、包装、大小以及服务态度、信用等方面存在一定的差别。这是垄断竞争与完全竞争的主要区别。②从某种程度上说,企业对自己产品的价格有一定的控制能力,是价格的制定者。③生产者众多,所有资源可以流动,进入该行业比较容易。在国民经济各行业中,大多数产成品的市场类型都属于这种类型。

寡头垄断是指一个行业中少数几家大企业(以下简称"寡头")控制了绝大部分的市场需求。其主要特点是:①企业为数不多,而且相互影响,相互依存。正因为如此,每个企业的经营方式和竞争策略都会对其他几家企业产生重要影响。②产品差别可有可无。当产品无差别时称为纯粹寡头垄断;当产品有差别时称为差别寡头垄断。③生产者较少,进入该行业十分困难。

从以上特点可以看出,寡头垄断在现实中是普遍存在的,资本密集型、技术密集型行业,如汽车行业、石油行业、钢铁行业等多属这种类型。生产所需的巨额投资、复杂的技术或产品储量的分布成为限制新企业进入寡头垄断型行业的主要障碍。目前西方国家的许多重要行业常常被几家企业所控制,例如,美国汽车市场是被本国的通用汽车公司、福特汽车公司、克莱斯勒公司以及日本的本田汽车公司和日产汽车公司所控制;胶卷行业的两个主要竞争对手是美国的柯达公司和日本的富士公司等。

完全垄断型是指一个行业中只有一家企业生产某种特质产品。特质产品指那些没有或基本没有其他替代品的产品。完全垄断可分为两种类型:①政府完全垄断,如国有铁路、邮电等部门;②私人完全垄断,如政府赋予的特许专营或拥有专利的独家经营,以及由于极其强有力的竞争实力而形成的私人垄断经营。完全垄断型的特点是:①一个行业仅有一个企业,也就是说这个垄断企业就构成了一个行业,其他企业进入这个行业几乎是不可能的;②产品没有或缺少合适的替代品。因此,垄断企业能够根据市场的供需情况制定理想的价格和产量,在高价少销和低价多销之间进行选择,以获取最大利润。但是,垄断者的自由性是有限的,要受到政府管制和《中华人民共和国反垄断法》的约束。在现实经济生活中,公用事业(如铁路、煤气公司、自来水公司和邮电通信等)和某些资本、技术高度密集型行业或稀有金属矿藏的开采等行业属于这种完全垄断的市场类型。

2. 行业经济特征分析

行业经济特征是指特定行业在某一时期的基本属性,反映行业的基本状况和发展趋势。它包括行业的竞争特征、需求特征、技术特征、增长特征、盈利特征等。这些特征都会以各种各样的方式影响报表的内在关系以及指标的意义。了解行业的经济特征有助于理解报表数据的经济含义。影响行业经济特征的一般因素如表 12-1 所示。

表 12-1　行业经济特征的影响因素

竞争特征	需求特征	技术特征	增长特征	盈利特征
竞争企业数	需求增长率	技术成熟程度	生产能力增长率	平均利润率
竞争企业战略	顾客稳定性	技术复杂性	规模经济	平均贡献率
行业竞争热点	产品生产周期	相关技术的影响	新投资额	平均收益率
资源的可得性	替代品可接受性	相关的可保护性	多元化速度	
潜在进入者	需求弹性	研发费用		
竞争结构	互补性	增长率		
产品差异化程度		技术进步的影响		

　　例如,零售商店的产品与其他商场、超市的产品非常相似,进入零售商店这个行业的门槛很低,新进入者只需要有存储商品的空间,并能从食品类分销商进货即可营业。因此,这个行业竞争异常激烈,潜在进入者较多,产品差异化程度不是很高;顾客的需求比较稳定,替代品的威胁较大;不需要专门的技术。因此,该行业的平均利润率较低。

　　制药企业与零售商店相比,具有较高的进入门槛,制药企业必须投入大量的研究与开发费用才能研制出新产品,新产品上市又要经过漫长的审批过程。虽然制药企业的竞争也很激烈,但其激烈程度低于零售商店,产品差异化程度较大;随着生活水平的提高,产品需求增长率较高,产品具有明显的周期性,替代品的威胁较大;技术的发展与进步直接影响着产品的更新换代,产品对技术的要求较高;生产能力的提高、生产规模的扩大会直接降低生产成本,提高盈利水平。因此,该行业的平均利润率较高。

　　3. 行业生命周期分析

　　行业生命周期是指从行业出现直到行业完全退出社会经济活动所经历的时间。行业生命周期的长短主要是由社会对该行业的产品需求状况决定的,一般要经历初创期、成长期、成熟期和衰退期四个发展阶段。随着科学技术的发展,某些行业的生命周期有缩短的趋势。

　　通过对行业生命周期的分析,企业可以决定是进入、维持还是撤出某一行业,以及进入某一行业是采用并购的方式还是采取新建的方式。行业生命周期各阶段的特征如表 12-2 所示。

表 12-2 行业生命周期各阶段的特征

生命周期	初创期	成长期	成熟期	衰退期
市场结构	凌乱	竞争对手增多	竞争激烈,对手成为寡头	取决于衰退的性质,或形成寡头或出现垄断
市场拓展	广告宣传,知名度,销售渠道	建立品牌信誉,开拓销售渠道	保护既有市场,渗入其他市场	选择市场区域,维护企业形象
投资需求	很大	大部分利润用于再投资	再投资减少	不投资或收回
生产经营	提高生产效率,制定产品标准	改进产品质量,增加花色品种	巩固客户关系,降低成本	削减生产能力,保持价格优势
人力资源	培训员工适应新的生产和市场	培育生产和技术能力	提高生产效率	转向新的增长领域
研究和开发	大量用于产品和生产过程	对产品的研究减少,继续生产过程研究	很少,只有必要时进行	除非生产过程或重振产品有此需求,否则无支出
成功关键因素	扩大市场份额,研发投入,技术改进,提高产品质量和赢得	争取最大市场份额,建立品牌质量和赢得消费者信任	巩固市场份额,降低成本,提高生产效率和产品功能	控制成本或退出,转向新的增长领域
利润	亏损或微利	迅速增长	开始下降	下降或亏损
现金流	没有或极少	少量增长	大量增长	大量至衰竭

4. 行业盈利能力分析

行业分析的目的主要在于对企业所处行业的盈利能力作出评价,因为不同的行业,其盈利能力有很大的不同,因此这种分析方法也是影响企业财务战略的主要因素。这种差别可以通过产业结构进行分析,因为产业结构是决定行业竞争程度的根本因素,它不仅影响着企业的竞争行为,而且决定着行业的盈利能力。哈佛商学院的波特教授在《竞争战略》一书中,从产业组织理论的角度出发,提出了分析产业结构的"五种竞争力量模型"(见图 13-1)。波特认为,在每一个产业结构中都存在着五种基本的竞争力量,即现有企业间的竞争、新进入企业的威胁、替代产品的威胁、买方的议价能力和供方的议价能力。也就是说,这五种竞争力量共同决定着行业的竞争强度和盈利能力。实际和潜在的竞争强度决定了企业在行业中创造超常利润的潜力,而潜在利润能否由行业保持则取决于该行业中的企业与其客户和供应商之间议价的能力。行业盈利能力分析的核心就是通过确定各行业中决定和影响这五种基本竞争力量的因素,使得企业能够较好地防御每种竞争力量。下面分析这五种竞争力量的作用机理。

一方面,在实际和潜在竞争的程度中,存在现有企业间的竞争、新进入企业的威胁和替代产品威胁三个方面的内容。

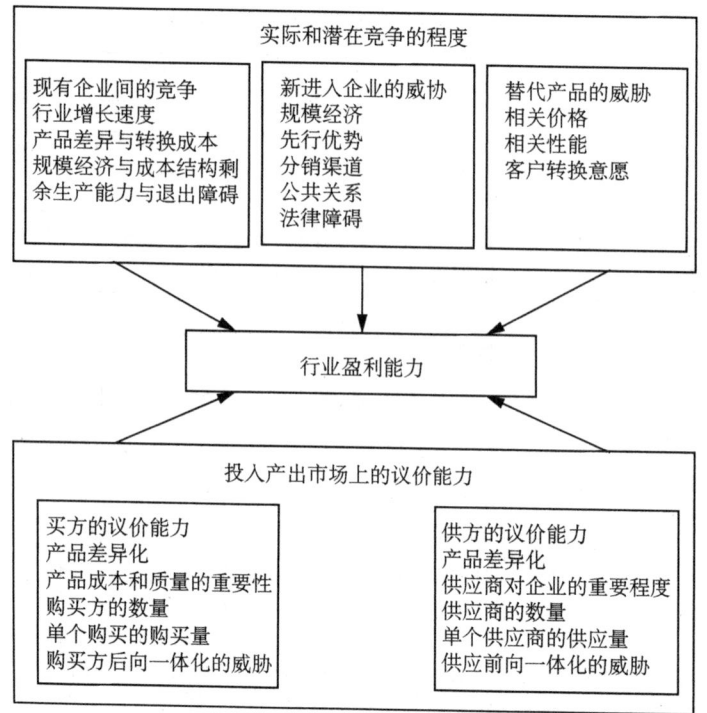

图 12-1　行业盈利能力影响因素

行业中现有企业之间的竞争是对盈利水平最直接也是最重要的威胁因素。企业间的竞争一般采取价格竞争和非价格竞争两种方式。有些行业,企业之间的竞争异常激烈,企业往往采用降低价格、侵蚀利润的方式,其产品价格接近甚至低于边际成本;而有些行业,企业之间的价格竞争并不激烈,企业会采用非价格竞争,如通过加快新产品开发、提高产品质量和性能、革新品牌形象等方式获得竞争优势。行业中现有企业间的竞争强度主要有以下几个因素:

(1) 行业增长速度。在一个高速增长的行业中,市场容量很大,现有企业不需要通过从其他企业争夺市场份额来获得增长,他们关注的是如何充分利用自己的资源去满足现有或潜在客户的需求;但是,在一个成熟的行业中,现有企业获得发展的唯一途径就是从竞争对手那里抢夺市场份额。在这种情况下,该行业的企业间将产生激烈的价格大战。例如,手机行业日趋饱和,需求增速逐年放缓,这种情况使电信运营商之间、手机生产商之间的竞争更加激烈。

(2) 行业集中度。行业中企业的数量及其规模决定了该行业的集中程度。行业集中程度影响同行业的各个企业之间协商定价和其他竞争方式。如果某行业只有一个企业,它就可以制定并实施竞争规则,它就是价格的制定者;如果某行业只有两三个规模相当的企业,它们就可以"合作竞争",避免恶性价格竞争;如果某行业企业数量众多,规模相当且拥有大致相同的资源和能力时,价格竞争会非常激烈,这时企业只能是价格的接受者。

（3）产品差异化和顾客转换成本。企业之间的竞争程度取决于其产品或服务的差异化程度。产品的差异化越小，企业间的竞争就会越激烈。因为，当行业中的产品很相似时，顾客的选择很多，难以建立品牌忠诚，他们往往只根据价格因素随时准备从一家企业转向另一家企业。

（4）规模经济效应与成本结构。当学习曲线很陡或同行业中存在其他类型的规模经济效应时，规模就成为重要因素。这将刺激该行业中的各企业不断扩大规模，进行争夺市场份额的激烈竞争。

一般而言，规模经济效应大的企业，固定成本所占比重相对较高，此时企业会尽力扩大产量以分摊固定成本，这样就会造成供过于求。对于这种情况，企业往往会通过降价、打折方式来消化这些剩余的生产能力。频繁进行价格大战的航空业就属于这种情况。

（5）剩余生产能力和退出障碍。如果行业生产能力超过市场需求，企业就会有强烈的降价动机以充分利用剩余的生产能力。如果资产的专用性越强，那么企业从某行业中退出就存在重大障碍或退出代价高昂，剩余生产能力的问题会显得更加突出。如钢铁行业，由于钢铁行业的投资主要在设备上，这些设备不具有通用性，买家有限，企业很难将其变现，此时企业没有退路，必须全力竞争，否则就可能面临破产或被收购的危险。所以，剩余生产能力和退出障碍同样影响竞争的强度。

在新进入企业的威胁中，当一个行业存在超额利润时，新的企业就会不断地被吸引进来。新加入者拥有新的生产能力和某些必需的资源，进入后会带来生产能力的扩大，产品价格的下降；同时，新加入者要求获得资源进行生产，使得生产成本提高。这两个方面都会导致行业盈利能力下降。新进入企业竞争威胁取决于其进入成本。如果进入一个行业的成本高于可能获得的利润，进入就不会发生；如果进入成本低于预期收益，进入就会发生，直到由进入该行业所带来的利润低于进入成本。规模经济、先行优势、分销渠道和公共关系、法律障碍等因素决定了进入一个行业障碍的大小。具体如下所述：

（1）规模经济。规模经济是指某种产品的单位生产成本随着产量的增加而下降的现象。单位生产成本最低点所对应的产量叫作经济规模。当一个行业存在着规模经济时，新加入者就会面临着两种选择，一种是按照经济规模进入，结果是行业生产力过剩，行业中所有企业的利润都下降到正常水平；另一种是按照低于经济规模的水平进入，行业总需求高于总供给，现有企业可盈利，但是新进入企业的生产成本将大大高于现有企业，极有可能陷入亏损。面对这种两难选择，新进入者可以通过采用新的生产技术、使产品差异化的方式来克服规模经济的制约。

（2）先行优势。现有企业由于起步早，在行业占据一定的竞争地位，从而具备一定的先行优势。如现有企业可能制定行业标准、与廉价原材料供应商达成特别协议、获得管制行业经营的政府许可等。从规模经济角度来看，现有企业也比新加入企业拥有绝对的成本优势。顾客对现有品牌的忠诚度和转换成本高也成了现有企业的先行优势。例如，用户已经习惯了 WINDOWS 操作系统,许多应用软件也是在该平台上开发的,用户巨大的转换成本使得其他软件公司很难销售新的操作系统。

(3)分销渠道和公共关系。现有分销渠道的有限容量以及开发新的分销渠道的巨额成本,成为新企业进入该行业的强大障碍。例如,汽车行业的新加入者可能因难以开发经销商网络而面临难以逾越的障碍,新消费品制造商发现很难使其产品进入超市。企业与客户之间的现有关系也使得新企业很难进入,典型的行业有审计业、银行业、广告业等。

(4)法律障碍。政府颁布的政策、法律法规会在某些行业中限制新的加入者,从而造成进入障碍,如政府往往对关系到国计民生的行业(金融、保险、电信、电力、交通等)实行严格的许可和准入制度。

从替代产品的威胁角度考虑,替代产品是指其功能与现有产品相似或相同的产品。替代产品的威胁主要取决于相互竞争的产品或服务的相关价格和性能,以及客户是否愿意替代。具体有以下几个方面:

(1)相关价格和相关性能。在产品或服务性能相差不大的情况下,客户会比较替代产品在价格上是否占有优势,例如,航空业的竞争主要来自铁路运输商,在短距离旅行时,客户往往会选择价格便宜的火车而不是飞机,在这种情况下,航空业通常会进行一系列的机票打折活动来吸引乘客。由于技术的进步,有些替代品的性能会超过现有产品,例如,晶体管代替了电子管、液晶显示器逐步替代了 CRT 显示器。

(2)客户转换意愿。客户是否愿意转换产品常常是替代产品能否构成威胁的关键因素。家乐福、沃尔玛等跨国零售巨头进入中国市场后,大大影响着国内的零售商,因为外国商场购货环境的舒适、产品的丰富和质量的保证使得客户很乐意接受替代产品。

另一方面,投入产出市场上的议价能力也是企业盈利能力的一个重要衡量指标。

买方议价能力主要考虑以下几个方面内容:

(1)价格敏感性。价格敏感性决定了购买方愿意进行议价的程度。当产品缺乏差异性且转换成本较低时,购买方的价格敏感性就越强。例如,家电行业产品同质化倾向严重,购买者对价格很敏感,销售方不得不采用降价促销的方式来吸引购买者。购买方对价格的敏感性还取决于该产品对其自身成本结构的重要性,当产品在购买方成本总额中所占比重较大时,购买方可能会花费必要的资源寻找成本相对较低的替代品,如在软饮料的生产成本中,包装物的成本要占到一半,饮料生产商为了降低成本,必然会对包装物生产商提出更苛刻的价格要求;相反,汽车零部件占生产成本的比重较小,汽车制造厂没有必要花费资源去寻找低成本的替代品。该产品对提高购买方产品质量的重要性也决定着价格能否成为购买决策的重要因素。

(2)交易地位。交易地位决定了购买方能够成功地使价格下降的程度。它取决于各不与对方进行交易所需付出的成本。一般而言,买方的交易地位受买方数量、单个买方的购买量、买方可选择的产品数量、买方的产品转换成本以及买方后向一体化的威胁等因素。例如,汽车制造商比零部件制造商占有更高的交易地位,因为他们可选择的供应商有很多,并且转移供货渠道的成本也很低,如果他们还拥有了后向一体化的动机和能力,在与零部件企业的议价中会更有优势;大型连锁零售商往往对产品进行批量采购,他们总能获得很高的价格优惠。

供方的议价能力主要考虑以下几个方面内容:

(1) 产品差异化和转换成本。如果供应的产品差异化明显且转换成本很高,则企业对供应商的依赖性就很大,供应商议价的能力就很强。

(2) 供应商对企业的重要程度。当供应商提供的产品或服务对企业很重要时,供应商比企业更有议价的优势。例如,在航空领域,飞行导航器制造商拥有绝对的话语权,航空公司在采购的问题上必须慎之又慎,既要降低经营成本,又要防止受制于供应商。同时,如果企业不是供应商的重要客户时,它对供应商的议价能力很弱。

(3) 交易地位。与购买方议价能力分析相类似,供应商议价能力也取决于交易地位的高低。当供应商的数量很少且单个供应商的供应量很多时,供应商具有强势地位。例如,由于电脑芯片巨头英特尔公司的竞争对手只有 AMD 等一两家公司,且实力相差悬殊。英特尔几乎垄断了芯片的供应,他们依靠高价销售、快速推出换代产品等手段从计算机生产商和用户手中赚取了大量利润。当供应商进行前向一体化时,供应商具有更大的威胁。例如,拥有"价格屠夫"称号的格兰仕从发展初期为世界著名的微波炉品牌生产产品,到慢慢积累行业经验,创造自主品牌,进行产供销一体化管理,并成为全球最大的微波炉制造商。

(三) 其他环境因素

其他环境因素是指不被企业和所在行业控制的那些因素,它们对企业财务战略的影响不如前两种因素明显,但可以通过前两种因素间接对企业的财务战略起作用,因此,能很好地适应和利用这些环境变化的企业将能保持长期盈利能力,实现可持续发展。

1. 金融因素

在市场经济条件下,企业筹资、投资等都必须借助金融环境。金融机构的种类和数量,金融业务的范围和质量,金融市场的发展程度,有价证券的种类等都会对企业的资金变动产生重要的影响。世界贸易组织使国际金融市场逐渐一体化,为企业财务战略的实现提供了更广阔的空间。

2. 社会文化因素

社会公众的生活方式、人生观及价值观的变化趋势对消费品制造商来说特别重要,而对工业品的需求经常是由消费品行业派生出来的,即消费品行业需求的变化会明显地影响工业品的需求。因此,社会文化因素的变化最终将影响一连串相关的行业。很明显,目前向热门产品或行业提供产品或服务已经成为企业战略性投资的重点。

第三节 企业具体财务战略分析

企业财务战略分析的主要目的是评估企业的资源和战略价值,寻求价值链中的战略环节,发现企业自身的长处和短处,分析其成因,充分挖掘企业的潜力,以确定企业的竞争优势。

一、成本领先战略

企业财务战略的盈利能力不仅受到行业结构的影响,也受到自身所选择的竞争战略的影响。波特在《竞争战略》一书中把竞争战略描述为:采取进攻性或防守型行动,在产业中建立起进退有据的地位,成功地对付五种竞争力量,从而为企业赢得超常的投资收益。为了达到这一目的,各企业会根据所处的环境和自身特征,制定出不同的竞争战略。但竞争战略大体上可分为两类:成本领先战略和差异化战略,如图 12-2 所示。这两类竞争战略都能使企业获得可持续的竞争优势。

<table>
<tr><td>

成本领先战略
以尽可能低的成本提供产品或服务
规模经济
高效的生产过程
简洁的产品设计
低投入成本
低销售成本
低研发支出和广告促销
严格的成本控制系统

</td><td>

差异化战略
以顾客可接受的价格提供差异化的产品或服务
高质量的产品
众多的产品种类
优质的客户服务
灵活的送货方式
优良的品牌形象投资和研究开发投入
新的控制系统

</td></tr>
</table>

竞争优势
企业核心竞争力和关键成功因素与企业的战略相配合
企业价值链和实际战略所需活动相配合
竞争优势的可持续性

图 12-2 创造竞争优势的战略

1. 成本领先战略的含义和意义

成本领先战略也称为低成本战略,是指企业通过有效途径降低成本,使企业的全部成本低于竞争对手的成本,甚至是在同行业中最低的成本,从而获取竞争优势的一种战略。

获取成本领先地位的方式很多,包括规模经济、提高生产效率、简洁的产品设计、降低投入成本和营业成本、提高组织效率等。如果企业获得了成本领先,它只需获得与竞争对手同样的价格就能够获得高于平均水平的收益。同样,成本领先可以迫使竞争对手降价、接受较低的收益或从行业中退出。成本领先战略并不意味着仅仅获得短期成本优势,而应获得持久的竞争优势。

如果一个企业能够取得并保持全面的成本领先地位,那么它的产品价格相当于其竞争对手时,它的低成本地位就会转化为高收益。然而,一个在成本上占领先地位的企业不能忽视使产品别具一格的基础。一旦成本领先企业的产品不如竞争对手的产品时,它就要被迫削减价格,从而使价格低于竞争对手的水平以增加销售额。这就可能抵销它有利的成本地位所带来的好处。德州仪器公司(手表工业)和西北航空公司(航空运输业)就是两家陷于这种困境的低成本企业。前者因无法克服其在产品别具一格的不利之处,而退出了手表工业;后者则因及时发现了问题,并着手努力改进营销工作、乘客服务和为旅行社提供的服务,而使其产品进一步与其竞争对手的产品并驾齐驱。因此,尽管一个成本领先企业是依赖其成本上的领先地位来取得竞争优势的,而它要成为经济效益高于平均水平的超群者,则必须使其产品别具一格,才能真正将成本优势直接转化为高于竞争对手的收益。

成本领先战略的成功取决于企业日复一日地实际实施该战略的技能。成本不会自动下降,但也会偶然下降。它是艰苦工作和持之以恒的重视成本工作的结果。企业降低成本的能力有所不同,甚至当它们具有相似的规模、相似的累计产量或由相似的政策指导时也是如此。要改善相对成本地位,与其说需要在战略上作出重大转变,还不如说需要管理人员更多的重视。

2. 成本领先战略的实现途径

为了取得成本领先的优势,企业应该对价值链进行优化管理,也就是使企业整个价值链上的累积成本低于竞争对手的累积成本。成本领先战略可以通过以下途径得以实现。

(1)简化产品设计和减少研发支出。简化产品设计,使产品的生产更具经济性;减少研发支出的投资,规避风险性的研发支出,将研发支出集中投资于能够有效降低生产成本的领域。例如,戴尔公司的变革主要在于其创建了能够迅速应变的低成本和高效率的组织,而不是将资金大量投资于电脑零部件和软件开发上。

(2)优化产品生产过程和利用规模经济降低生产成本。通过对业务流程再造,提高关键活动的效率和企业资产的利用效率。当企业处于规模经济时,增加产品产量可以降低单位产品成本。

(3)降低采购成本。通过对供应商进行调查和谈判,在质量相差不大的情况下,选择能够以最低价格提供原材料的供应商;采用包销、大订单购货等方式同主要的供应商保持稳定和紧密的合作关系,以取得议价的优势。

(4)降低营业成本。同分销商或客户保持良好的关系,以寻找降低成本的双赢机会,如提供优质的售后服务。可以采用"直接到达最终用户"的营销策略,如"店铺+销售代表"的安利式直销和"按订单生产"的戴尔式直销。企业可以建立高效的物流成本管理,如将设施布置在更靠近供应商和消费者的地方;选择低成本的运输公司;通过对多个零售店的共同配送提高货车的重载率等。

（5）建立严格的成本控制系统。企业应建立起具有结构化、职责分明的成本控制系统，实行有效的监督和激励制度，改善企业的效益和效率。

3.成本领先战略的优势和风险

从产业结构"五种竞争力量"的角度，成本领先战略具有以下优势：

（1）企业由于处于低成本地位上，可以有效抵挡现有竞争对手的对抗，低成本也是企业进行价格战的良好条件。

（2）成本领先企业对潜在进入者形成了进入障碍，企业的定价和削价能力是防御潜在进入者的有效壁垒，如格兰仕的频繁降价形成了成本壁垒，使得许多企业在这个行业中消失，也使得很多想进入该行业的企业望而却步。

（3）成本领先战略通过降低价格提高现有产品的性价比，可以降低或缓解替代品的威胁。

（4）在防御购买者的力量方面，低成本能够为企业提供部分的利润率保护，防御来自强有力的买方的议价能力。

（5）在抵御供应商的谈判优势方面，处于低成本地位的企业可以有更多的灵活性来解决由于供应商供给的生产要素涨价所带来的困境。

成本领先战略的风险有以下几个方面：

（1）行业的新加入者或追随者通过模仿使得整个行业的盈利能力下降。

（2）顾客需求从注重价格转向注重企业的品牌形象，使得企业原有的优势变成劣势。

（3）与竞争对手的产品产生了较大的差异。采用成本领先战略降低价格而为消费者提供的消费者剩余，不足以抵销采用差异化战略的竞争对手通过提高顾客认可的价值而为消费者提供的消费者剩余，从而使企业失去竞争优势。

（4）为降低成本而采用的大规模生产技术和设备过于专一化，适应性差。

（5）技术变化或通货膨胀的影响会导致原有的成本优势丧失。

二、差异化战略

1.差异化战略的含义与意义

差异化战略又称别具一格战略，企业向客户提供的产品或服务在特定范围内独具特色，这种特色可以给产品带来额外加价。实行差异化战略的企业试图在客户高度重视的某些方面保持独特性。为使该战略获得成功，企业必须做好三件事情：首先，企业必须确定产品或服务的一种或多种受客户重视的特性；其次，它必须定位于以独特的方式满足所选定的客户需求；最后，它必须以低于客户愿意支付的价格实现其独特性。产品差异化可以凭借产品质量、产品多样性、产品捆绑销售等方式实现，也可通过投资于商标、产品外观、信誉等方式实现。

从消费者对差异程度敏感性的角度考虑，如果购买者偏好的多样性很强，标准化的产品难以满足其需要,企业所在行业技术变革较快,购买者对差异程度很敏感,这时差异化战略就成了一个很有吸引力的竞争战略。从产品寿命周期来考虑,在产品处于投入期时,产品的开发成本很高,具有特异优势,产品性能的完善是顾客关注的焦点,此时,采用差异化战略可能会给企业带来更高的收益。当产品进入成长期时,市场需求迅速上升,规模经济效应日渐明显,成本逐渐下降,产品的性能、规格、特性等还在不断完善,在这一阶段,企业仍适宜采用差异化战略。

产品差异化可以为企业带来较高的收益,可以用来对付供应方压力,也可以缓解买方压力,采取差异化战略还能赢得顾客的忠诚,在面对替代品威胁时,其所处地位比其他竞争对手也更为有利。

如果成功实施了差异化战略,它就成为在一个行业中赢得高水平收益的积极战略,因为它建立起防御阵地对付五种竞争力量,虽然其防御的形式与成本领先有所不同。但是,推行差异化战略有时会与争取占有更大的市场份额的活动相矛盾。推行差异化战略往往要求公司对于这一战略的排他性有思想准备。这一战略与提高市场份额两者不可兼顾。公司在实施差异化战略时总是伴随着很高的成本代价,有时即便全行业范围的顾客都了解公司的独特优点,也并不是所有顾客都将愿意或有能力支付公司要求的高价格。

2. 差异化战略的实现途径

企业经营的差别性来源于其价值链,价值链上的任何一项作业以及价值链上各作业之间的内部联系都是企业产品差异化的实现途径。

(1)增强产品设计能力和投入大量的研发支出。企业应设计出符合客户特定需求的产品;企业应当投入大量的研发支出,这时的研发更强调产品创新和基础研究,投资于能使企业生产出高差异化产品的技术。

(2)生产众多的产品种类和建立灵活的生产方式。增加产品的种类,生产具有吸引力的产品,实现产品的多元化和差异性;企业应对不断变化的客户差异化需求迅速作出反应。

(3)采购高质量的原材料。差异化战略通过提高产品的性能来增强产品的竞争性,因此,产品质量尤为重要。为了保证产品质量,企业在采购过程中就要严格把关,选择能够提供高质量原材料的供应商。

(4)树立良好的品牌形象和提供优质的售后服务。例如,通过与分销商或客户建立广泛的个人关系,可以树立企业良好的品牌形象,增强顾客的品牌忠诚度;培训专业的售后服务人员,储备齐全的维修设备和替换部件,可以确保高质量的产品安装或服务,提高顾客对企业的满意度。

(5)采用灵活的送货方式。

(6)采用创新的控制系统。如利用灵活的管理风格以促进企业家的创新精神;为吸引更有技术的工人而付出高于平均工资的报酬。

3. 差异化战略的优势和风险

从产业结构"五种竞争力量"的角度,差异化战略具有以下优势:

(1) 实施差异化战略,可以增加客户对品牌的忠诚度,降低客户对价格的敏感性,从而为企业防御现有竞争对手提供屏障。

(2) 采用差异化战略的企业,由于其产品独具特色,顾客的忠诚度很高,从而使潜在进入者必须克服这种独特性才能与企业竞争。

(3) 差异化战略通过提高产品的性能来提高产品的性价比,以抵御替代品的威胁。例如,我国铁路运输系统通过改善服务质量,提高运行速度,从航空运输业中争得相当一部分客流量。

(4) 企业产品的差异性削弱了购买方议价的能力。

(5) 差异化战略可以为企业产生更高的边际效益,增强了企业对付供应者议价的主动性和灵活性。

差异化战略的风险有以下几个方面:

(1) 竞争对手的模仿和进攻会使已建立的差异缩小甚至转向。

(2) 企业形成产品差异化的成本过高,从而与实施成本领先战略的竞争对手的产品价格差距过大,购买者不愿意为具有差异化的产品支付较高的价格。

(3) 市场需求发生变化,购买者需要的产品差异化程度下降,使企业失去竞争优势。

(4) 过度差异化会导致产品的价格过高或差异化的属性远远超过购买者的需求。

本 章 小 结

企业财务战略分析是财务分析的基础和起点。通过战略分析,可以辨认影响企业盈利状况的主要因素和风险,其中包括内外部环境对企业价值的影响因素,从而评估企业当前业绩的可持续性,并对企业未来业绩作出合理预测。本章主要介绍财务战略管理的概念和实质,通过分析企业财务战略环境和财务战略制定,进一步为企业价值评估和财务分析作准备。

案 例 分 析

扩张中的"永辉超市"

一、永辉超市概况

永辉超市于 2001 年正式成立,是国内首个把生鲜农产品作为招牌引入现代化超市的企业。永辉超市搭乘国家"农改超"顺风车，历经十几年发展，创建快捷现代物流，着力发展生鲜农产品特色，现已成为国内零售行业的领军企业。

二、基于五力模型的行业环境分析

1. 行业现有竞争者

以2018年零售行业市场占有率排行，高鑫零售、沃尔玛、华润万家占据前三，永辉超市排第四，虽排名靠前但还存在较大上升空间。在2019年中国最具价值百强品牌中，永辉超市的品牌价值从2018年的8.4亿美元增值到2019年的10.51亿美元，价值涨幅达25％，占据排行的第77名，品牌认同度较高，但是行业整体产品差异化不够，业内竞争力有限。

2. 替代品

目前永辉超市已开始新零售布局，打造线上线下融合模式，即将在电子交易市场上崭露头角。在2018年中国连锁百强排名中，永辉超市位居第6名，销售规模2.4万亿元，同比增长7.7％，占社会消费品零售总额的6.3％，在行业中属于领先地位。

3. 供应商

供应商集中度低，永辉超市转移成本也低。作为供应商，其向下整合能力有限，无法进行大规模的市场拓展；而永辉超市向上整合能力强，其资本能力、规模程度都可使其进入基础供应环节，因此供应商定价权弱。

4. 购买者

客户掌握主动权和选择权，企业间竞争激烈。在顾客购买力、购买需求增加的同时其知情权提高，相应的议价能力、选择权利随之提高，因此市场中用户还价能力较强。

5. 潜在的新进入者

目前，永辉超市在全国已有相当的市场规模，在不断的发展中已建立起品牌美誉度。对于新进入者而言，需要完善的销售渠道以及极高的资本要求，进入较难。

三、永辉超市财务战略的选择

1. 投资战略

作为连锁超市企业，永辉超市的物流、运营、信息等相关部门都需要引进专业人才，优化其人力资源配置。人员工作效率和服务水平直接影响着消费体验，因此，永辉超市对供应链进行优化的同时，也要注重培养专业的生鲜采购人员。永辉超市在发展型财务战略的实施中，应加大投入以建立完善的人才培养机制，通过具体实践来培养专业的生鲜采购人才。

2. 筹资战略

永辉超市自成立以来，除了坚持原本的区域核心扩张战略、生鲜自营和差异化经营战略以外，还陆续发展了多业态组合、现代物流体系以及信息化管理等多种企业经营策略。但随着项目规模和资金投入的不断增加，债务融资已经无法支撑庞大的资金需求。上市之后,永辉超市通过股权融资,资产负债率较以前有所下降,企业的偿债风险大大降低,充足的资金和稳步提升的竞争力推动了企业的快速发展。为了使资本结构保持较优状态以及保证企业的稳步发展,永辉超市应遵循以股权融资为主、债务资本为辅,两种筹资方式相结合的原则。

案例思考题:结合本案例阐述企业制定财务战略应考虑哪些要素?

练 习 题

一、单项选择题

1. 财务分析的起点和基础是(   )。

A. 垂直分析法   B. 趋势分析法

C. 水平分析法   D. 企业财务战略分析

2. 下列说法中,对水平分析法描述正确的是(   )。

A. 反映企业报告期财务状况的信息(特别指会计报表信息资料)与反映企业前期或历史某一时期财务状况的信息进行对比,研究企业各项经营业绩或财务状况的发展变动情况的一种财务分析方法

B. 根据企业连续几年或几个时期的分析资料,运用指数或完成率的计算,确定分析期各有关项目的变动情况和趋势的一种财务分析方法

C. 预测未来的发展趋势。根据企业以前各期的变动情况,研究其变动趋势或规律,从而可预测出企业未来发展变动情况

D. 将企业报告期的分析数据直接与基期进行对比求出增减变动量和增减变动率,而是通过计算报表中各项目占总体的比重或结构,反映报表中的项目与总体关系情况及其变动情况

3. 下列说法中,对成本领先战略描述正确的是(   )。

A. 成本领先战略也称为低成本战略,是指企业通过有效途径降低成本,使企业的全部成本低于竞争对手的成本,甚至是在同行业中最低的成本,从而获取竞争优势的一种战略

B. 成本领先战略又称别具一格战略,企业向客户提供的产品或服务在特定范围内独具特色,这种特色可以给产品带来额外加价

C. 成本领先战略是会计分析和财务分析的基础和导向,是企业价值评估的基础和依托,通过企业战略分析,分析人员能深入了解企业的经济状况和经济环境,从而能进行客观、正确的会计分析与财务分析

D. 成本领先战略是要捕捉并分辨出企业的机会与威胁,机会是那些能帮助企业获得

竞争优势的总体环境条件,威胁是阻碍企业获得竞争优势的环境条件

4. 完全竞争型市场的主要特点是( )。

A. 企业生产的产品同种不同质

B. 企业是价格的接受者,而不是价格的制定者

C. 生产者较少,进入该行业十分困难

D. 一个行业仅有一个企业

5. 下列项目中,决定企业间的竞争强度的是( )。

A. 行业增长速度　　　B. 产品份额　　　　C. 规模经济　　　　D. 分销渠道

二、多项选择题

1. 下列项目中,企业财务战略的特征包括( )。

A. 从属性　　　　　B. 相对独立性　　　C. 支持性　　　　　D. 协调性

2. 下列项目中,企业总体环境因素包括( )。

A. 经济因素

B. 市场规模大小

C. 国家的法律政策从根本上影响着企业的竞争

D. 技术因素

3. 下列项目中,差异化战略实现的途径包括( )。

A. 增强产品设计能力和投入大量的研发支出

B. 生产众多的产品种类和建立灵活的生产方式

C. 采购高质量的原材料

D. 树立良好的品牌形象和提供优质的售后服务

4. 下列项目中,成本领先战略的实现途径有( )。

A. 简化产品设计和减少研发支出

B. 优化产品生产过程和利用规模经济降低生产成本

C. 降低采购成本

D. 降低营业成本

E. 建立严格的成本控制系统

5. 从产业结构"五种竞争力量"的角度分析,差异化战略的优势有( )。

A. 实施差异化战略,可以增加客户对品牌的忠诚度,降低客户对价格的敏感性,从而
为企业防御现有竞争对手提供屏障

B. 采用差异化战略的企业,由于产品独具特色,顾客的忠诚度很高,从而使潜在进入
者必须克服这种独特性才能与企业竞争

C. 差异化战略通过提高产品的性能来提高产品的性价比,以抵御替代品的威胁

D. 企业产品的差异性削弱了购买方议价的能力

三、判断题

1. 行业生命周期一般要经历初创期、成长期、成熟期和衰退期四个发展阶段。（　　）

2. 行业经济特征是指特定行业在某一时期的基本属性,反映行业的基本状况和发展趋势。它包括行业的竞争特征、需求特征、技术特征、增长特征、盈利特征等。（　　）

3. 财务战略的支持性表现在:第一,财务管理的地位逐渐独立,不再只是企业生产经营的附属;第二,财务活动在很多时候对企业整体发展具有战略意义。（　　）

4. 分析总体环境是要捕捉并分辨出企业的机会与威胁,机会是那些能帮助企业获得竞争优势的总体环境条件,威胁是阻碍企业获得竞争优势的环境条件。（　　）

5. 为了取得成本领先的优势,企业应该对价值链进行优化管理,也就是使企业整个价值链上的累积成本低于竞争对手的累积成本。（　　）

四、简答题

1. 企业财务战略分析的意义是什么?

2. 行业分析的目的和影响因素有哪些?

3. 什么是差异化战略?差异化战略的优势有哪些?

4. 行业生命周期是什么?

5. 什么是成本领先战略?成本领先战略的实现途径是什么?

练习题参考答案

第一章 财务分析理论

一、单项选择题

1. B 2. C 3. C 4. A 5. A

二、多项选择题

1. AB 2. ABC 3. ABC 4. AB 5. AB

三、判断题

1. √ 2. √ 3. √ 4. × 5. ×

四、简答题

略

第二章 财务分析方法

一、单项选择题

1. B 2. C 3. A 4. A 5. A

二、多项选择题

1. ABCD 2. ABCDE 3. ABCD 4. ABCDE 5. ABCE

三、判断题

1. √ 2. √ 3. × 4. √ 5. √

四、简答题

略

第三章 资产负债表分析

一、单项选择题

1. C 2. B 3. D 4. D 5. B

二、多项选择题

1. ABE 2. ABD 3. ABCDE 4. ABCDE 5. ABDE

三、判断题

1. × 2. √ 3. √ 4. √ 5. ×

四、计算题

1. (1) 对负债变动情况进行分析,如表 3-(1)所示。

表 3-(1) 负债变动情况分析表   单位:万元

项目	期初余额	期末余额	变动额	变动率
流动负债:				
短期借款	55 000	37 600	−17 400	−32.00%
应付票据	8 000	7 000	−1 000	−12.50%
应付账款	7 500	6 600	−900	−12.00%
其他应付款	230	387	157	68.26%
应付工资	270		−270	−100.00%
应付福利费	3 000	4 000	1 000	33.33%
未交税金	4 500	1 600	−2 900	−64.44%
应付利润	2 000	1 100	−900	−45.00%
其他应交款	430	700	270	62.79%
预提费用	2 400	4 100	1 700	70.83%
流动负债合计	83 330	63 087	−20 243	−24.29%
非流动负债:				
长期借款	17 000	18 400	1 400	8.23%
应付债券	25 000	20 000	−5 000	−20.00%
长期应付款	181 000	18 100	0	0
非流动负债合计	223 000	219 400	−3 600	−1.61%
负债合计	306 330	282 487	−23 843	7.78%

(2) 负债结构分析如表 3-(2)所示。

表 3-(2) 负债结构分析表   单位:万元

项目	期初余额	期末余额	结构变动情况		
			期初	期末	差异
流动负债:					
短期借款	55 000	37 600	17.95%	13.31%	−4.64%
应付票据	8 000	7 000	2.61%	2.48%	−0.13%
应付账款	7 500	6 600	2.45%	2.34%	−0.11%
其他应付款	230	387	0.10%	0.14%	0.04%
应付工资	270		0.10%	0	−0.10%
应付福利费	3 000	4 000		1.42%	0.42%
未交税金	4 500	1 600		0.57%	−0.90%
应付利润	2 000	1 100		0.39%	−0.21%

（续表）

项目	期初余额	期末余额	结构变动情况		
			期初	期末	差异
其他应交款	430	700		0.25%	0.11%
预提费用	2 400	4 100		1.43%	0.65%
流动负债合计	83 330	630 81	27.20%	22.33%	−4.87%
非流动负债：					
长期借款	17 000	18 400	5.55%	6.52%	0.97%
应付债券	25 000	20 000	8.16%	7.08%	−1.08%
长期应付款	181 000	18 100	59.09%	64.07%	4.98%
非流动负债合计	223 000	219 400	72.80%	77.67%	4.87%
合计	306 330	282 487	100.00%	100.00%	0

2. (1) 对存货的变动情况进行分析,如表 3-(3)所示。

表 3-(3)　存货变动情况分析表　　　　单位:万元

项目	期初余额	期末余额	变动额	变动率
原材料	1 880 000	2 366 450	486 450	25.87%
在产品	658 000	517 000	−141 000	−21.43%
自制半成品	1 325 400	1 379 450	54 050	4.08%
产成品	1 015 200	775 500	−239 700	−23.61%
合计	4 878 600	5 038 400	159 800	3.28%

(2) 对存货结构进行分析,如表 3-(4)所示。

表 3-(4)　存货结构分析表　　　　单位:万元

项目	期初余额	期末余额	变动情况		
			期初余额	期末余额	差异
原材料	1 880 000	2 366 450	38.53	46.97	8.44%
在产品	658 000	517 000	13.49	10.26	−3.23%
自制半成品	1 325 400	1 379 450	27.17	27.38	0.21%
产成品	1 015 200	775 500	20.81	15.39	−5.42%
合计	4 878 600	5 038 400	100	100	

五、业务题

(1)对 C 公司资产负债表的水平分析如表 3-(5)所示。

表 3-(5)　资产负债表变动情况分析表　　　　　　单位:万元

资产	期初余额	期末余额	变动情况		对资产影响
			变动额	变动率	
流动资产:					
货币资产	40 000	50 000	10 000	25.00%	1.02%
短期投资	28 000	20 000	−8 000	−28.57%	−0.80%
应收款项	15 500	25 000	9 500	61.29%	0.97%
存货	97 000	85 000	−12 000	−12.37%	−1.22%
其他流动资产	37 910	48 510	10 600	27.96%	1.06%
流动资产合计	218 410	228 510	10 100	4.62%	1.03%
长期投资	42 200	51 000	8800	20.85%	0.90%
固定资产净值	631 000	658 500	27 500	4.36%	2.80%
无形资产	91 000	94 000	3 000	3.30%	0.30%
资产总计	982 610	1 032 010	49 400	5.03%	5.03%

负债及股东权益	期初余额	期末余额	变动情况		对权益影响
			变动额	变动率	
流动负债:					
短期借款	37 600	55 000	17 400	46.28%	1.77%
应付账款	13 600	15 500	1 900	13.97%	0.19%
应付职工薪酬	7 400	9530	2 130	28.78%	0.22%
其他流动负债	4 487	3 300	−1 187	−26.45%	−0.12%
流动负债合计	63 087	83 330	20 243	32.09%	2.06%
非流动负债:					
长期借款	38 400	42 000	3 600	9.38%	0.37%
应付债券	181 000	181 000	0	0	0
非流动负债合计	219 400	223 000	3 600	1.64%	0.37%
负债合计	282 487	306 330	23 843	8.44%	2.43%
股东权益:					
股本	500 000	500 000	0	0	0
资本公积	107 000	102 640	−4 360	−4.07%	−0.44%
盈余公积	82 423	85 320	2 897	3.51%	0.29%
未分配利润	10 700	37 720	27 020	252.52%	2.75%
股东权益合计	700 123	725 680	25 557	3.65%	2.60%
负债和股东权益总计	982 610	1 032 010	49 400	5.03%	5.03%

分析评价:

从具体项目上看,该企业本期总资产增加了 49 400 元,增长幅度为 5.03%,其中:①主要是固定资产资产增加引起的,固定资产原值增加了 27 500 元,增长幅度为 2.8%,表明企业的生产能力有所增加。②流动资产增加 10 100 元,增长幅度为 1.03%,说明企业资产的流动性有所提高。特别是货币资金的大幅度增加,对增强企业的偿债能力,满足资金流动性需要都是有利的。同时也应当看到,本期存货大幅度减少应引起注意。应收账款的增加应结合企业销售收入的变动情况和收账政策进行分析。③对外投资增加了 8 800 元,增长幅度为 0.9%,应结合投资收益进行分析。

从权益方面分析,其中:①最主要的方面就是企业本期生产经营卓有成效,提取盈余公积和保留未分配利润共计 29 917 元,使权益总额增长了 3.04%;②流动负债增加 20 243 元,对权益总额的影响为 2.06%,主要是短期借款增加引起的。

(2) 对资产负债表的垂直分析如表 3-(6)所示。

表 3-(6)　资产负债表结构变动分析表　　单位:万元

资产	期初余额	期末余额	结构及变动情况		
			期初余额	期末余额	差异
流动资产:					
货币资产	40 000	50 000	4.07%	4.84%	0.77%
短期投资	28 000	20 000	2.85%	1.94%	−0.91%
应收款项	15 500	25 000	1.58%	2.42%	0.84%
存货	97 000	85 000	9.87%	8.24%	−1.63%
其他流动资产	37 910	48 510	3.86%	4.70%	0.84%
流动资产合计	218 410	228 510	22.23%	22.14%	−0.09%
长期投资	42 200	51 000	4.29%	4.94%	0.65%
固定资产净值	631 000	658 500	64.22%	63.81%	−0.41%
无形资产	91 000	94 000	9.26%	9.11%	−0.15%
合计	982 610	1 032 010	100.00%	100.00%	0

负债及股东权益	期初余额	期末余额	结构及变动情况		
			期初余额	期末余额	差异
流动负债:					
短期借款	37 600	55 000	3.83%	5.33%	1.50%
应付账款	13 600	15 500	1.38%	1.50%	0.12%
应付职工薪酬	7 400	9 530	0.75%	0.92%	0.17%
其他流动负债	4 487	3 300	0.46%	0.32%	−0.14%
流动负债合计	63 087	83 330	6.42%	8.07%	1.65%
非流动负债:					
长期借款	38 400	42 000	3.91%	4.07%	0.16%
应付债券	181 000	181 000	18.42%	17.54%	−0.88%

(续表)

负债及股东权益	期初余额	期末余额	结构及变动情况		
			期初余额	期末余额	差异
非流动负债合计	219 400	223 000	22.33%	21.61%	−0.72%
负债合计	282 487	306 330	28.75%	29.68%	0.93%
股东权益:					
股本	500 000	500 000	50.88%	48.45%	−2.43%
资本公积	107 000	102 640	10.89%	9.95%	−0.94%
盈余公积	82 423	85 320	8.39%	8.27%	−0.12%
未分配利润	10 700	37 720	1.09%	3.65%	2.56%
股东权益合计	700 123	725 680	71.25%	70.32%	−0.93%
合计	982 610	1 032 010	100.00%	100.00%	0

分析评价:

从企业资产结构方面看,本期和上期相比变化并不大,应该认为是比较稳定的,但其中存货比重变动幅度较大,而且与固定资产的变动幅度相差较大,应当引起重视。

从权益结构方面看,流动负债比重上升了 1.65%,长期负债和股东权益比重分别下降了 0.72% 和 0.93%,流动负债比重上升主要是由于短期借款增加引起的。

从资产结构与权益结构的对应关系看,在流动资产比重下降的同时,流动负债的比重上升,而且其上升的幅度超过流动资产下降的幅度,企业的短期偿债能力会相应降低。

(3) 对变动原因分析如表 3-(7)所示。

表 3-(7)　　变动原因分析表　　　　　单位:万元

资产	期初余额	期末余额	负债及股东权益	期初余额	期末余额	变动数
流动资产			负债	282 487	306 330	23 843
…… ……			股本	500 000	500 000	0
固定资产			资本公积	107 000	102 640	−4 360
…… ……			盈余公积	82 423	85 320	2 897
			未分配利润	10 700	37 720	27 020
合计	982 610	1 032 010	合计	982 610	1 032 010	49 400

分析评价:

从表 3-(7)可以看出,企业本期生产经营规模扩大,总资产增加了 49 400 元,其原因有两个方面:通过举债,使生产经营规模扩大了 23 843 元,增长幅度为 2.43%;最主要的原因是企业本期生产经营活动搞得比较好,从当年盈利中提取盈余公积和保留未分配利润 29 917 元,使总资产增加了 3.04%。

(4) 对对称结构分析如表 3-(8)所示。

表 3-(8)　对称结构分析　　　　　　　　单位:万元

流动资产 228 510	流动负债 83 330
	长期负债 223 000
长期资产 803 500	股东权益 725 680

根据表 3-(8)可以认为该企业资产与权益对称结构属于稳健结构。

第四章　利润表分析

一、单项选择题

1. D　2. B　3. D　4. D　5. B

二、多项选择题

1. ABE　2. CDE　3. BCDE　4. BCDE　5. BCDE

三、判断题

1. √　2. √　3. ×　4. ×　5. √

四、计算题

1. 运用水平分析法对企业 2019 年度利润的完成情况进行分析,如表 4-(1)所示。

表 4-(1)　华日公司 2019 年度利润水平分析表　　　　单位:元

项　　目	实　　际	计　　划	增减额	增减
产品销售利润	1 070 740	962 112	+108 628	+11.3%
其他销售利润	32 000	38 000	-6 000	-15.8%
投资净收益	75 000	70 000	+5 000	+7.1%
营业外净收支	-28 514	-33 944	+5 430	+16.0%
利润总额	149 226	1 036 168	+113 058	+10.9%

通过表 4-(1)计算可以看出,该公司 2019 年度利润任务完成情况较好,利润总额实际比计划超额完成 113 058 元,即增长 10.9%,主要原因在于产品销售利润增加了 108 628 元,超额 11.3%,投资净收益增加了 5 000 元,增长了 7.1%,营业外支出减少了 5 430 元,降低了 16%,此三项共使利润增加了 119 058 元,但由于其他销售利润减少了 6 000 元,所以 2019 年度利润总额只增加 113 058 元。

2. 对欣欣公司 2019 年度利润构成情况分析如表 4-(2)所示。

表 4-(2)　2019 年度欣欣公司利润垂直分析表

项　　目	2019 年度	2018 年度
产品销售收入	100.00%	100.00%
减:产品销售成本	55.90%	65.80%

（续表）

项 目	2019 年度	2018 年度
产品销售税金及附加	4.10％	4.20％
产品销售利润	40.00％	30.00％
加:其他销售利润	0.28％	0.20％
减:管理费用	9.75％	7.74％
财务费用	3.59％	2.63％
营业利润	26.94％	19.83％
加：投资净收益	2.19％	1.36％
营业外收入	3.11％	3.63％
减:营业外支出	1.50％	1.00％
利润总额	30.74％	23.82％
减:所得税	10.14％	7.86％
净利润	20.60％	15.96％

从表 4-(2)可以看出公司 2019 年度各项利润指标的构成情况,产品销售利润占销售收入的 40％,比上年的 30％上升了 10％;营业利润的构成为 26.94％,比上年度的 19.83％上升了 7.11％;利润总额的构成为 30.74％,比上年度上升了 6.92％;净利润构成为 20.6％,比上年上升了 4.64％。从公司的利润构成情况看,2019 年度的盈利能力比上年度有所提高。具体分析如下:2002 年度该公司的营业利润构成比上年有较大幅度的上升,这主要是由于产品销售利润构成上升导致的,而引起产品销售利润构成上升的原因,则是产品销售成本构成的下降,也就是说,成本的下降是营业利润构成提高的根本原因。但由于 2019 年度的管理费用和财务费用构成比上年度都有所提高,所以营业利润构成上升的幅度小于产品销售利润的上升幅度。从上表还可以看出,2019 年度公司对外投资略有改进,但营业外支出有增长趋势,值得注意。净利润构成上升幅度小于利润总额构成的上升幅度,这主要是交纳所得税的比重上升所致。

3. 运用水平分析法对甲产品成本完成情况进行分析,如表 4-(3)所示。

表 4-(3)　　甲产品单位成本分析表　　　　　　　单位:元

成本项目	2019 年实际成本	2018 年实际成本	增减变动情况		项目变动对单位成本的影响
			增减额	增减	
直接材料	655	602	+53	+8.80％	+4.90％
直接人工	159	123	+36	+29.27％	+3.33％
制造费用	322	356	−34	−9.55％	−3.15％
产品单位成本	1 136	1 081	+55	+5.08％	+5.08％

从表 4-(3)分析可知,A 产品 2019 年单位销售成本比上年度增加了 55 元,增长 5.08％,主要是直接人工成本上升了 36 元和直接材料成本上升了 53 元所致,但由于制造费用的下降,使单位成本又下降了 34 元,最终单位成本较 2018 年增加 55 元,增长 5.08％。至于材料和人工成本上升的原因,以及制造费用下降的原因,还应进一步结合企业的各项消耗和价格的变动进行分析,以找出单位成本升降的最根本原因。

第五章　现金流量表分析

一、单项选择题

1. A　2. A　3. A　4. A　5. A

二、多项选择题

1. ABC　2. ABC　3. ABC　4. ABCD　5. ABCD

三、判断题

1. √　2. √　3. √　4. √　5. ×

四、简答题

略

五、综合题

略

第六章　所有者权益表分析

一、单项选择题

1. B　2. C　3. A　4. A　5. D

二、多项选择题

1. BC　2. ABC　3. ABD　4. ABCE　5. ABC

三、判断题

1. ×　2. ×　3. √　4. √　5. ×

四、计算题

1. 根据净利润与所有者权益变动额的关系公式,本题所有者权益变动额为:

$$3\ 000 + 100 - 806 + 2\ 000 = 4\ 294(元)$$

2. 送股后的每股收益＝(5 000÷10 000)÷(1＋50%)＝0.33(元)

送股后的每股市价＝10÷(1＋50%)＝6.67(元)

五、综合题

本题应编制C公司所有者权益变动水平分析表,从变动额与变动率两项指标观察各个项目的变动情况,介意具体分析评价。

从所提供的报表可以看出,C公司2019年所有者权益比2018年大幅度增加,最主要的原因是2019年净利润的大幅度增长,效益明显提高所致。

第七章　偿债能力分析

一、单项选择题

1. C　2. C　3. A　4. D　5. D

二、多项选择题

1. ABC　2. AC　3. CDE　4. BD　5. ADE

三、判断题

1. ×　2. ×　3. ×　4. ×　5. √

四、计算题

1. 流动比率－速动比率＝$\dfrac{\text{平均存货}}{\text{流动负债}}$

即：3－2.5＝平均存货÷120

因此：平均存货＝60(万元)

存货周转率＝150÷60＝2.5

2. 流动比率＝450÷200＝2.25

速动比率＝(450－90－2－7－200×0.005)÷200＝1.75

3. (1) 存货周转次数＝630 000÷存货＝4.5

则：期初存货＝期末存货＝630 000÷4.5＝140 000(元)

(2) 应收账款净额＝864 000－588 000－50 000－140 000＝86 000(元)

(3) 流动比率＝流动资产÷流动负债＝(864 000－588 000)÷流动负债＝1.5

则：流动负债＝276 000÷1.5＝184 000(元)则：应付账款＝184 000－50 000＝134 000(元)

(4) 流动比率＝50%

则：负债总额＝432 000(元)

则：长期负债＝432 000－184 000＝248 000(元)

(5) 未分配利润＝432 000－600 000＝－168 000(元)

4. (1) 流动比率＝1.571 　　(2) 速动比率＝0.857

(3) 现金比率＝0.143 　　(4) 应收账款周转次数＝4(次)

(5) 存货周转天数＝89.11(天) 　　(6) 资产负债率＝54.5%

(7) 净资产负债率＝1.2 　　(8) 有形净资产负债表＝1.2

(9) 长期负债率＝45.45% 　　(10) 利息保障倍数＝5.178

五、思考题

1. 回答这问题可从以下几个角度思考：

偿债能力是指企业偿还本身所欠债务的能力。企业债务或负债,是指企业所承担的能以货币计量,将以资产或劳务偿付的债务。偿债能力分析的目的如下：

第一,了解企业的财务状况。

第二,揭示企业所承担的财务风险程度。

第三,预测企业筹资前景。

第四,为企业进行各种理财活动提供重要参考。

企业偿债分析的内容受企业负债的内容和偿债所需资产内容的制约,不同的负债其偿还所需要的资产不同,或者说不同的资产可用于偿还的债务也有所区别。一般地说,由于负债可分为流动负债和长期负债,资产可分为流动资产和非流动资产,因此,偿债能力分析通常被分为短期偿债能力分析和长期偿债能力分析。

2. 回答这问题可从以下几个角度思考：

第一,优点:直观、简洁、通俗。

第二,不足:主要表现在:①无法从动态上反映企业的短期偿债能力。流动比率各项要素都来自资产负债表的时点指标,用试点指标反映时期能力,难免片面。②具有较强的粉饰效应。流动资产中各要素所占比例的大小,对企业偿债能力有重要影响,流动性较差的项目所占比重越大,企业偿还到期债务的能力就越差。另外,企业可以通过瞬时增加流动资产、或减少流动负债等方法来粉饰其流动比率,人为地操纵其值的大小,从而误导信息使用者。③指标来源于报表,指标的真实性直接影响评价质量。

④应结合企业不同时期的生产经营性质与特点以及流动资产的结构状况进行分析。

3. 回答这问题可从以下几个角度思考：

第一，由于短期偿债能力的静态指标具有一定缺憾，所以还应该从动态指标角度进行分析与评价.

第二，从动态方面反映企业短期偿债能力的指标是建立在现金流量表和对经营中的现金流量分析基础上的，主要有现金流量比率，近期支付能力系数，速动资产够用天数。此外，应收账款周转率，应付账款周转率，存货周转率也是从动态上反映企业短期偿债能力的辅助性指标。

4. 权益乘数 $=\dfrac{1}{1-资产负债率}$

5. 企业资产是偿还企业债务的基本保证，因此，分析研究企业的偿债能力，最终还体现在资产规模与负债规模的比较上，一般地说，资产规模大于负债规模，则企业的偿债能力较好，否则，则说明企业偿债能力存在严重问题。

第八章　盈利能力分析

一、单项选择题

1. B　2. C　3. D　4. B　5. D

二、多项选择题

1. ABCE　2. DE　3. ABCE　4. BC　5. BCD

三、判断题

1. ×　2. ×　3. √　4. ×　5. ×

四、计算题

1. 在外发行普通股加权平均数＝年初发行在外股数＋年内新发行股数×发行月份/12＝48 800＋25 500×3÷12＝585 600＋76 500＝662 100（股）

$$每股收益＝(420\,000－3\,200×10×6\%)÷662\,100＝0.63（元）$$

2. 有关总资产报酬率因素分解的数据准备，如表8-(1)所示。

表8-(1)　资产利润率的分解　　　　单位:万元

项目	本年金额	上年金额	变动
营业收入	3 000	2 850	150
息税前利润	136	160	－24
总资产	2 000	1 680	320
总资产报酬率	6.8000%	9.5238%	－2.7238%
销售息税前利润率	4.5333%	5.6140%	－1.0807%
总资产周转次数（次）	1.5000	1.6964	－0.1964

秦台公司的总资产报酬率比上年降低2.7238%。其原因是销售息税前利润率和资产周转率都降低了。哪一个原因更重要呢？可以使用连环替代法进行定量分析。

$$销售息税前利润率变动影响＝销售息税前利润率变动×上年资产周转次数$$
$$＝－1.0807\%×1.6964$$
$$＝－1.8333\%$$

资产周转次数变动影响＝本年销售息税前利润率×资产周转次数变动

$$= 4.5333\% \times (-0.1964)$$

$$= -0.8903\%$$

合计＝ $-1.8333\% - 0.8903\% = -2.7236\%$

由于销售息税前利润率降低,使总资产报酬率下降1.833%;由于总资产周转率下降,使总资产报酬率下降0.8903%。两者共同作用使总资产报酬率下降2.7236%,其中销售息税前利润下降是主要影响因素。

3.(1)填入的资料如表 8-(2)所示。

表 8-(2)　　相关资料　　　　　　　　　　　　单位:元

产品名称	销售数量		销售单价		单位销售成本		单位销售利润	
	2018 年	2019 年	2018 年	2019 年	2018 年	2019 年	2018 年	2019 年
A	200	190	120	120	93	90	27	30
B	195	205	150	145	130	110	20	35
C	50	50	300	300	240	250	60	50
合计	—	—	68 250	67 525	55 950	52 150	12 300	15 375

(2) 2018 年销售成本利润率＝12 300÷55 950×100%＝21.98%

　　2019 年销售成本利润率＝15 375÷52 150×100%＝29.48%

分析对象:29.48%－21.98%＝＋7.5%

因素分析:

品种构成变动对成本利润率的影响:

$$\frac{190 \times 27 + 205 \times 20 + 50 \times 60}{190 \times 93 + 205 \times 130 + 50 \times 240} \times 100\% - 21.98\% = \frac{12\ 230}{56\ 320} \times 100\% - 21.98\%$$

$$= 21.72\% - 21.98\%$$

$$= -0.26\%$$

价格变动对利润的影响:

$$205 \times (145 - 150) = -10\ 250(元)$$

价格变动对销售成本利润率的影响:

$$\frac{10\ 250}{56\ 320} \times 100\% = -18.20\%$$

成本变动对销售成本利润率的影响:

$$29.48\% - \frac{\sum(190 \times 27 + 205 \times 20 + 50 \times 60) - 10\ 250}{56\ 320} \times 100\% = 29.48\% - 3.52\%$$

$$= 25.96\%$$

各因素对销售成本利润率的影响如下:

品种构成变动对销售成本利润率的影响:－0.26%

价格变动对销售成本利润率的影响：—18.20%

成本变动对销售成本利润率的影响：25.96%

合计：7.5%

（3）对企业商品经营盈利能力进行评价：

第一，企业 2019 年产品销售成本利润率比上年有较大提高，说明企业商品经营盈利能力有所增强。

第二，企业商品经营能力提高是各种因素共同作用的结果，其中成本降低对销售成本利润率的影响最为突出。而品种构成和销售价格对销售成本利润率都产生了不利影响。

第三，A、C 两种产品价格与上期相同，而 B 产品的价格却有所下降，从而导致的销售成本利润率大幅降低，应进一步分析原因。但由于成本降低幅度高于价格下降幅度，从总体看是有利的。

第四，由于两个年度的销售量水平变化不大，因而品种结构销售成本利润率的影响较小，但由于是不利影响，需进一步分析原因。

第五，虽然成本降低使销售成本利润率有较大提高，但是由于 C 产品单位成本的提高使销售成本利润率有所下降，应进一步分析 C 产品成本变动的原因。

五、思考题

1. 回答这个问题可从以下几个角度思考：

第一，盈利能力的基本内涵。盈利能力是指企业在一定条件下赚取利润的能力。盈利能力的大小是一个相对的概念，通常是指利润相对于一定的资源投入而言，如资产盈利能力、资本盈利能力、商品盈利能力等。

第二，企业财务目标决定了净资产收益率是反映企业盈利能力的核心指标。企业财务目标是企业所有者权益或股东权益最大化。在资本所有者投入一定情况下，股东权益最大化将要求净资产收益率最大化。企业一切财务活动都将围绕财务目标进行，因此，净资产收益率必然成为企业追求的最重要的盈利能力指标。

第三，净资产收益率最综合反映企业各个经营环节的盈利能力。资本经营是企业经营的最高层次。但资本经营不能与资产经营、商品经营以及产品经营相隔离。资本经营的效果是企业各项经营效果的综合体现，净资产收益率也是其他盈利能力，如资产经营盈利能力、商品经营盈利能力的综合体现。

2. 回答这个问题可从以下几个角度思考：

第一，资本经营盈利能力内涵与指标。资本经营盈利能力是指企业的所有者通过投入资本经营所取得的利润的能力。反映资本经营盈利能力的基本指标是净资产收益率，即指企业本期净利润与净资产的比率，其计算公式是：

$$净资产收益率 = \frac{净利润}{平均净资产} \times 100\%$$

第二，资产经营盈利能力内涵与指标。资产经营盈利能力，是指企业运营资产所产生的利润的能力。反映资产经营盈利能力的指标是总资产报酬率，即息税前利润与平均总资产之间的比率。运用资产负债表和利润表的资料，可计算总资产报酬率，计算公式为：

$$总资产报酬率 = \frac{利润总额 + 利息支出}{平均总资产} \times 100\%$$

第三，资产经营盈利能力与资本经营盈利能力的关系。

$$\begin{matrix} 净资产 \\ 收益率 \end{matrix} = \left[\begin{matrix} 总资产 \\ 报酬率 \end{matrix} + \left(\begin{matrix} 总资产 \\ 报酬率 \end{matrix} - \begin{matrix} 负债 \\ 利息率 \end{matrix} \right) \times \begin{matrix} 负债 \\ 净资产 \end{matrix} \right] \times (1 - 所得税率)$$

3. 回答这个问题可从以下几个角度思考：

第一，反映商品经营盈利能力指标的分类。反映商品经营盈利能力的指标可分为两类：一类是各种利润额与收入之间的比率，统称收入利润率；另一类是各种利润额与成本之间的比率，统称成本利润率。

第二，收入利润率。反映收入利润率的指标主要有产品销售利润率、营业收入利润率、总收入利润率、销售净利润率、销售息税前利润率等。

第三，成本利润率。反映成本利润率的指标主要有销售成本利润率、营业成本费用利润率、全部成本费用利润率等。

4. 回答这个问题可从以下几个角度思考：

第一，利用盈利能力的有关指标反映和衡量企业经营业绩。企业经理人员的根本任务，就是努力地为企业赚取更多的利润。利用盈利能力指标可以衡量经理人员工作业绩的优劣。

第二，通过盈利能力分析发现经营管理中存在的问题。企业经营的好坏，都会通过盈利能力表现出来。通过对盈利能力的深入分析，可以发现经营管理中的重大问题，进而采取措施解决问题，提高企业收益水平。

5. 回答这个问题可从以下几个角度思考：

第一，总资产报酬率指标。总资产报酬率是反映企业资产经营盈利能力的指标，即息税前利润与平均总资产之间的比率。其计算公式为：

$$总资产报酬率 = \frac{利润总额 + 利息支出}{平均总资产} \times 100\%$$

第二，企业总资产的资金来源有两部分：一是所有者权益；二是负债。既然总资产报酬率采用全部资产，并且从利润中没有扣除自己资本的等价报酬——红利，那么，同样也不能扣除借入资本的等价报酬——利息。何况从企业对社会的贡献来看，利息同利润具有同样的经济意义。

第九章　营运能力分析

一、单项选择题

1. D　2. A　3. B　4. D　5. D

二、多项选择题

1. CDE　2. ABE　3. ABC　4. ABC　5. ACE

三、判断题

1. ×　2. ×　3. √　4. ×　5. ×

四、计算分析题

1. 本年净利润＝100×(1－25%)＝75(万元)

本年营业收入＝75÷20%＝375(万元)

流动资产周转率＝375÷[(220＋280)÷2]＝1.5

2. 2018 年营业收入＝10 465÷1.15＝9 100

2018 年营业成本＝8 176÷1.12＝7 300

指标	2019 年	2018 年
应收账款周转率	10 465÷[(1 028＋1 140)÷2]＝9.65	9 100÷[(944＋1 028)÷2]＝9.23
存货周转率	8 176÷[(928＋1 070)÷2]＝8.18	7 300÷[(1 060＋928)÷2]＝7.34

(续表)

指标	2019 年	2018 年
流动资产周转率	10 465÷[(2 680+2 680)÷2]＝3.9	9 100÷[(2 200+2 680)÷2]＝3.73
固定资产周转率	10 465÷[(3 340+3 500)÷2]＝3.06	9 100÷[(3 800+3 340)÷2]＝2.55
总资产周转率	10 465÷[(8 060+8 920)÷2]＝1.23	9 100÷[(8 800+8 060)÷2]＝1.08

3. (1) 固定资产产值率 $=\dfrac{268\ 954}{(86\ 450+94\ 370)\div 2}\times 100\% = 297.48\%$

(2) 生产设备产值率 $=\dfrac{268\ 954}{(32\ 332+39\ 635)\div 2}\times 100\% = 747.44\%$

(3) 生产用固定资产产值率 $=\dfrac{268\ 954}{(57\ 786+66\ 059)\div 2}\times 100\% = 430.86\%$

(4) 固定资产收入率 $=\dfrac{273\ 368}{(86\ 450+94\ 370)\div 2}\times 100\% = 304.58\%$

4. (1) 总资产收入率的分析的有关指标计算如下：

总资产收入率： 上年：80 862÷95 132×100%＝85%

　　　　　　　本年：90 456÷102 791×100%＝88%

总资产产值率： 上年：76 840÷95 132×100%＝80.77%

　　　　　　　本年：82 987÷102 791×100%＝80.73%

产品销售率： 　上年：80 862÷76 840×100%＝105.23%

　　　　　　　本年：90 456÷82 987×100%＝109%

　　　　　　　分析对象：88%－85%＝3%

① 由于总资产产值率下降的影响：(80.73%－80.77%)×105.23%＝－0.04%

② 由于产品销售率提高的影响：80.73%×(109%－105.23%)＝3.04%

两因素影响额合计：80.73%×(109%－105.23%)＝3.04%

(和分析对象的误差系小数点取舍所致)

(2) 总资产周转率的分析的有关指标计算如下：

总资产周转率： 上年：80 862÷95 132＝0.85(次)

　　　　　　　本年：90 456÷102 791＝0.88(次)

流动资产周转率：上年：80 862÷42 810＝1.889(次)

　　　　　　　本年：90 456÷43 172＝2.095(次)

流动资产的比重：上年：42 810÷95 132×100%＝45%

　　　　　　　本年：43 172÷102 791×100%＝42%

　　　　　　　分析对象：0.88－0.85＝0.03(次)

① 由于流动资产周转加速的影响：(2.095－1.889)×45%＝0.093(次)

② 由于流动资产比重下降的影响：2.095×(42%－45%)＝－0.063(次)

两因素影响额合计：0.093－0.063＝0.03(次)

五、思考题

1. 回答这个问题可从以下几个角度思考：

第一,从评价资产流动性角度。

第二,从评价资产利用效益角度。

第三,从挖掘资产利用潜力角度。

内容包括:流动资产周转速度分析、固定资产利用效果分析、总资产营运能力分析。

2. 回答这个问题可从以下几个角度思考:

第一,通过两个指标的优缺点进行比较。

第二,通过总资产收入率的分解说明两者的关系。

3. 回答这个问题可从以下几个角度思考:

第一,从流动资产周转速度的含义方面说明。

第二,从销售收入与销售成本的区别方面说明。

第三,从流动资产周转率的分解说明两者的联系。

4. 回答这个问题可从以下几个角度思考:

第一,绝对节约额与相对节约额的含义。

第二,依据销售收入与流动资产存量的变动情况做出判断。

5. 回答这个问题可从以下几个角度思考:

第一,总资产周转率与流动资产、固定资产周转率的关系。

第二,流动资产周转率与流动资产垫支周转率的关系。

第三,流动资产垫支周转率与存货周转率的关系。

第四,存货周转率与各阶段周转率的关系。

第十章　发展能力分析

一、单项选择题

1. A　2. A　3. C　4. C　5. D

二、多项选择题

1. ABCDE　2. ABCDE　3. CE　4. AE　5. ABCE

三、判断题

1. ×　2. √　3. √　4. √　5. √

四、计算题

1. 2017 年的净利润增长率＝(180－140)÷140＝28.57%

　　2018 年的净利润增长率＝(210－180)÷180＝16.67%

　　2019 年的净利润增长率＝(245－210)÷210＝16.67%

2. 2016 年股东权益＝200－78＝122(万元)

　　2017 年股东权益＝296－130＝176(万元)

　　2018 年股东权益＝452－179＝273(万元)

　　2019 年股东权益＝708－270＝438(万元)

　　2017 年股东权益增长率＝(176－122)÷122＝44.26%

　　2018 年股东权益增长率＝(273－176)÷176＝55.11%

　　2019 年股东权益增长率＝(438－273)÷273＝60.44%

五、综合题

(1) 利用题目给出的有关资料,计算该公司的收入增长率,计算过程如表 10-(1)所示。

表 10-(1)　收入增长率计算表　　　　　　　　　单位:万元

项目	2016 年	2017 年	2018 年	2019 年
营业收入	4 576	6 194	8 671	12 413
营业收入增加额	—	1 618	2 477	3 742
收入增长率	—	35.36%	40.00%	43.16%

　　我们可以看出,ABC 公司的营业收入规模不断扩大,收入增长率呈现不断上升的趋势,且收入增长率均高于 20%,保持着较高的比率。因此可以初步判断该公司的销售成长性良好,产品正处于成长期。

　　(2) 利用题目给出的有关数据,计算 ABC 公司的股东权益增长率、营业利润增长率、净利润增长率、收入增长率、资产增长率,进而分析该公司的整体发展能力。其计算过程如表 10-(2)所示。

表 10-(2)　ABC 公司 2016—2019 年增长率计算表　　　　　　　　　单位:万元

项目	2016 年	2017 年	2018 年	2019 年
股东权益	797	988	1 343	1 915
股东权益增加额	—	191	355	572
股东权益增长率	—	23.96%	35.93%	42.59%
资产总额	1 369	1 649	2 207	3 103
资产增加额	—	280	558	896
资产增长率	—	20.45%	33.84%	40.60%
营业收入	4 576	6 194	8 671	12 413
营业收入增加额	—	1 618	2 477	3 742
收入增长率	—	35.36%	40.00%	43.16%
营业利润	674	913	1 298	1 866
营业利润增加额	—	239	385	568
营业利润增长率	—	35.46%	42.17%	43.76%
净利润	398	550	873	1 293
净利润增加额	—	152	323	420
净利润增长率	—	38.19%	58.73%	48.11%

　　分析该公司在股东权益、利润、收入、资产等方面的增长能力。

　　第一,从上表可以看出该公司自 2016 年以来,股东权益一直在增长,分析其增长原因,可以发现公司这三年的净利润增长率一直高于其当年的股东权益增长率,这说明该公司这三年的股东权益增长主要来自生产经营活动所创造的利润,可以判断该公司的股东权益发展能力较好。第二,对比三年的净利润增长率,可以发现该公司这三年来净利润增长率虽然一直保持较高的比率,但是呈现了先升后降的趋势,这说明该公司的净利润增长不太稳定。再将三年的营业收入与净利润指标进行对比,可知这三年的净利润增长率分别都高于当年的收入增长率,这反映出该公司这三年净利润增长能力较好,市场竞争能力较强。再与营业利润相比来看,三年的净利润增长率均高于营业利润增长率,说明净利润的增长除了来自营业利润的增加外,还有非经营性损益所引起的作用。这需要结合非经营性损益所占营业利润的比重来分析净利润的稳定性。第三,根据三年的收入增长率指标,可知该公司这三年的营业利润增长率均高于收入增长率,且营业利润增长率本身呈现出上升趋势,说明该公司营业收入的增长超过营业成本、营业税费、期间费用等成费用的增加,营业利润增长能力较好。第四,比较该公司这三年的收入增长率,可知该公司这三年来收入增长率一直保持较高的比率,并呈现上升的趋势,这说明该公司的销售具备良好的增长趋势。利用表中的资产增长率指标,分析各年销售增长是否具有效益性。这三年的收入增长率分别都高于当年的资产增长率,这说明该公司这三年中每一年的销售增长都具有效益性,也就是说具备良好的成长性。第五,从上表可以看出,该公司自 2016 年以来,其资产总额不断增加,从 2016 年的 1 369 万元增加到 2019 年的 3 103 万元,该公司 2016 年以来的资产增长率一直保持较高的比率,这说明该公司近几年资产规模不断增长。再分析该公司资产的增长的效益性和资产增长的来源。从上表可以看出,该公司这三年的资产增长率均低于当年的收入增长率,这说明每年的增长是正常的、适当的,从股东权益增加额占资产增加额比重可以看也该公司这三年资产的增加主要来源于股东权益的增加,而不是主要依赖于负债的增加。

综合以上几个方面的分析,除了净利润的稳定性值得进一步探讨以外,可知 ABC 公司股东权益增长率、资产增长率、收入增长率和净利润增长率基本能够保持同步增长,且保持较高水平,因此可以判断公司具有良好的整体发展能力

第十一章　财务综合分析评价

一、单项选择题

1. A　2. A　3. A　4. A　5. A

二、多项选择题

1. AB　2. ABCD　3. ABC　4. AB　5. ABC

三、判断题

1. √　2. √　3. √　4. √　5. ×

四、简答题

略

五、综合题

略

第十二章　企业财务战略分析

一、单项选择题

1. D　2. A　3. A　4. B　5. A

二、多项选择题

1. ABCD　2. ABCD　3. ABCD　4. ABCD　5. ABCD

三、判断题

1. √　2. √　3. ×　4. √　5. √

四、简答题

1. 企业财务战略分析是会计分析和财务分析的基础和导向,通过企业战略分析,分析人员能深入了解企业的经济状况和经济环境,从而能进行客观、正确的会计分析与财务分析。

2. 行业分析的目的在于分析行业的盈利水平与盈利潜力,因为不同行业的盈利能力和潜力大小是可能不同的。影响行业盈利能力的因素有许多,归纳起来主要可分为两类:一是行业的竞争程度,二是市场谈判或议价能力。

3. 差异化战略是指企业能够以低于客户愿意支付的价格提供某一独特产品或服务的竞争战略。实行差异化战略的企业试图在客户高度重视的某些方面保持独特性。

实施差异化战略,可以增加客户对品牌的忠诚度,降低客户对价格的敏感性。由于产品独具特色,顾客的忠诚度很高,从而使潜在进入者必须克服这种独特性才能与企业竞争。差异化战略通过提高产品的性能来提高产品的性价比,以抵御替代品的威胁。产品的差异性削弱了购买方讨价还价的能力。差异化战略可以为企业产生更高的边际效益,增强了企业对付供应者讨价还价的主动性和灵活性。

4. 行业生命周期是指从行业出现直到行业完全退出社会经济活动所经历的时间。行业生命周期的长短主要由社会对该行业的产品需求状况决定,一般要经历投入期、成长期、成熟期和衰退期四个阶段。

5. 成本领先战略是指企业以较低的成本提供与竞争对手同样的产品或服务。获取成本领先的方式,包括规模经济、提高生产效率、简洁的产品设计、降低投入成本和销售成本等。

成本领先战略的实现途径简化产品设计;优化产品生产过程;利用规模经济;降低采购成本;降低销售成本;建立严格的成本控制系统。

参 考 文 献

1. 袁天荣.企业财务分析(第3版)[M].北京:机械工业出版社,2018.
2. 张先治,陈友邦.财务分析(第9版)[M].大连:东北财经大学出版社,2019.
3. 杨淑娥.财务管理学研究[M].北京:经济科学出版社,2008.
4. 于文明,侯书森.企业战略管理[M].合肥:安徽人民出版社,2002.
5. 刘志远.企业财务战略[M].大连:东北财经大学出版社,1997.
6. 谢志华.财务分析[M].北京:高等教育出版社,2009.
7. 樊行健.财务分析[M].北京:清华大学出版社,2007.
8. 池国华.财务报表分析[M].北京:清华大学出版社,2008.
9. 陆正飞.财务报表分析[M].北京:中信出版社,2008.
10. 胡玄能.财务报表分析[M].北京:清华大学出版社,2009.
11. 邓德军,谢振连.财务分析学[M].北京:国防工业出版社,2009.
12. 魏素艳.企业财务分析[M].北京:清华大学出版社,2011.
13. 苗润生,陈洁.财务分析[M].北京:清华大学出版社,2010.
14. 程隆云.财务报表分析[M].北京:经济科学出版社,2007.
15. 陈学庸.财务分析[M].北京:中国商业出版社,2006.
16. 财政部会计司编写组.企业会计准则讲解2008[M].北京:人民出版社,2008.
17. 财政部.中级会计资格考试用书——财务管理[M].北京:中国财经出版社,2007.
18. 戴德明.新企业会计准则:阐释、应用与难点透析[M].北京:中国人民大学出版社,2007.
19. 韩良智.Excel在财务管理与分析中的应用(第二版)[M].北京:中国水利水电出版社,2008.
20. 何金生.企业战略管理[M].天津:天津大学出版社,2004.
21. 贺志东.企业财务会计报告的阅读与分析[M].武汉:华中科技大学出版社,2008.
22. 黄世忠.财务报表分析:理论、框架、方法与案例[M].北京:中国财经出版社,2007.
23. 罗斯,威斯特菲尔德,杰富.公司理财[M].吴世农,译.北京:机械工业出版社,2009.
24. 帕利普,希利.经营分析与评价(第4版)[M].宋荣,译.大连:东北财经大学出版社,2008.
25. 企业会计准则编审委员会.最新企业会计准则讲解与运用[M].上海:立信会计出版

社,2019.

26. 斯蒂克尼,威尔.财务会计:概念、方法与应用(第12版)[M].刘华伶,译. 北京:机械工业出版社,2009.

27. 宋常.财务分析学[M].北京:中国人民大学出版社,2007.

28. 宋娟.财务报表分析从入门到精通[M].北京:机械工业出版社,2009.

29. 张新民.企业财务质量分析与管理透视[M].北京:中国财经出版社,2006.

30. 张燕,张樟德.最实用的118种财务分析工具[M].北京:中国经济出版社,2008.

31. 熊楚熊.财务报表分析原理与技术[M].上海:立信会计出版社,2008.

32. 王化成,支晓强,王建英.财务报表分析(第2版)[M].北京:中国人民大学出版社,2018.

33. 胡玉明.财务报表分析(第3版)[M].大连:东北财经大学出版社,2016.

34. 万如荣,张莉芳,蒋琰.财务分析(第2版)[M].北京:人民邮电出版社,2020.